KB233254

인간학의 역사적 탐색

인간학의 역사적 탐색

배 영 기 저

한국학술정보(주)

머 리 말

누가 「사람」을 「인간(人間)」이라고 불렀을까? 사람은 삶의 생물학적인 주체자이다. 그러나 인간은 사이적인 존재요, 관계적인 존재요, 사회적인 존재로 심화, 발전, 확대하여 가는 인간적인 삶의 본질로 파악한다. 그렇다면 사람에 따라서, 또는 사람의 됨됨이에 따라서 사람 사이(人의 間)의 관계를 맺는 방식, 질, 양상, 심도, 영역, 내용이 다양하여지리라는 것은 자명한 이치가 아닐까? 이를테면 아린기(期)는 자아와 타인을 구별하지 못할 뿐만 아니라 자아에 대해서도 무의식 상태이다. 어쩌면 천진무구(天眞無垢) 그대로이다. 이를 피아제는 감각운동기라고 불렀으며 매스로우는 생리적 욕구 단계라고 하였다. 그 다음으로 어린기(期)에 접어들면 비록 생각하는 것이 비좁고 단순하기는 하지만 자아의식이 분명히 확립되어 있다. 피아제는 전개념적 전조작기라고 하였으며 매스로우는 안전감이 시작되는 단계라고 하였다. 어린이는 수치심을 느끼며 자기 속에 타인과 비아(非我)를 공존시키거나 대치할 줄 아는 의식의 변화가 일어난다. 열등감이나 정체감, 회의감, 신뢰감, 불신감과 같은 이 모든 감정이 분출하기에 이른다.

어른기(期)에 접어들면 사회성의 확대로 인하여 사고, 행동, 느낌의 진폭이 하늘과 땅만큼이나 넓고 깊어져서 헤아릴 수 없게 된다. 이를테면 다 같은 어른이라 할지라도 성자(聖者)는 의식이 강렬하여 천지를 뒤흔드는가 하면 너무나 그 생각과 행동이 넓고 복잡하여 범사를 초월하는 경지에 이르게 된다. 그런가 하면 어른이라 할지라도 정신분열자는 자꾸만 자기 자신 속으로 움츠러들다 못해서 한계에 이르면 혼자 말하고 혼자 웃고 혼자 화내고 혼자 어디론지 자꾸만 걸어간다. 길 옆의 유리창문에 자신의 모습이 비추어지기나 하면 발걸음을 멈추어 자신의 모습을 물끄러미 바라본다. 일러서 이런 사람을 자폐증세의 환자라고 한다.

이러고 보면 사람과 인간과는 구별이 되지 않으면 안 될 존재이기도 하다. 생득적 사람과 사회적 인간의 공통적인 삶의 본질을 규명하기 위해서 많은 학자들의 고심이 최근에 와서 현격히 연구되기 시작하였다. 프로이드는 인간을 다른 동물과 마찬가지로 충동적인 존재로 규정하였는가 하면 스키너와 호만스 같은 사회심리학자는 인간도 다른 동물처럼 조건에 따라 반응하는 매우 타산적으로 이득이 있는 행동은 하고 손해될 짓은 하지 않도록 학습의 능력을 갖추었다고 하였다. 화이트 같은 인류학자는 인간은 제아무리 잘나고 천재적이라 해도 궁극에는 「문화의 수인(囚人)」이라고 하였다. 인간은 그가 태어난 시대, 사회의 문화가 지시하는 대로 살아갈 수밖에 없는 문화 지배의 산물이다. 파슨즈는 기능주의적인 체계론의 관점에서 인간은 마치 사회체계라는 커다란 기계의 톱니바퀴처럼 각자의 사회적 지위에 따라 그 사회의 가치와 규범이 부과하는 의무와 책임과 권리를 부지런히 이행하는 존재로 파악하였다. 그 외에도 맑스는 인간을 노동하는 유(類)적 존재로 파악하였으며, 미드나 블루머는 인간을 상징적 존재로 보면서 인간 상호간의 공동행위를 하면서 능동적으로 사회를 꾸려 나가는 존재로 본 것은 인간의 주관성을 강조한 또 하나의 측면이다. 이러한 인간에 대한 사회적 물음은 인간의 사회화와 사회의 인간화를 동시에 충족시키기에는 부족하다. 나는 누구인가, 나는 무엇인가, 나는 무엇을 원하는가, 나는 무엇을 할 수 있는가, 나는 무엇을 해도 되는가 어디에 생의 목적을 두어야 하나, 나는 어디로 가는 것인가, 이렇게 내적인 물음을 던졌을 때는 나의 존재양식은 또다른 고통과 직면해야 한다. 인간이 설정해 놓은 많은 이상향―토마스 모어의 유토피아(Utopia), 플라톤의 공화국(Republic), 도연명의 무릉도원(武陵桃源), 힐톤의 샹그릴라(Shangrila) 아담과 하와가 살았다고 하는 에덴동산, 불국 정토의 낙원, 천국―이 모두는 인간이 만들려고 노력한 이상 사회이며, 또한 인간 자체를 이상적으로 만들려고 시도한 사람들도 많았다.

오늘의 시대는 불확실성의 시대(갈브레이스), 불안과 위기의 시대(다니엘 벨), 정보화 시대(토플러), 전자 기술 시대(브레진스키), 지구촌 시대(맥루한) 등으로 각자의 자기의 관점에 따라 이 시대의 성격을 규정짓고 있다. 그러나 아무리 시대가 변화하여도 변화하지 않는 것이 있다. 그것이 진리이다. 이를테면 석가의 만법귀일(萬法歸一), 공자의 오도관일(吾道貫一), 노자의 도생기일(道生其一), 예수의 주(主)도 하나요, 성령도 하나요, 믿음도 하나라고 한 이 「한」의 진리는 인간의 전체와 하나를 묶는 길이다.

재판에 부치는 한 줄의 글을 덧붙인다. 「여러분에게 당부합니다. 여러분은 무엇이든지 참된 것과 고상한 것과 순결한 것과 사랑스러운 것과 영예스러운 것과 덕스럽고 칭찬할 만한 것들을 마음속에 품으십시오(빌 4 : 8).」 그리고 같이 함께 더불어 어울려 살아가는 나눔의 인간이 우리의 위선을 거두리라는 생각을 한다.

3판에 부치는 한 줄의 글을 더 붙인다면 희망에 부풀러 있는 한국인의 자존심을 세계 앞에 망신시킨 황 교수의 줄기세포 논문 조작 사건을 지켜보면서 소운 박사의 글이 생각났다. 「흙탕물을 가만히 두면 가라앉지만 저으면 더 흐려지듯이 억울하고 분통이 터지는 일은 변명하려고 하지 말고 가만히 띄어 놔두면 시간이 지난 후에 진리의 햇살에 의해 저절로 사필귀정(事必歸正)으로 풀리게 마련이다.」

2006년 새해 새날
목역산 도서관에서 배 영 기

차 례

Ⅰ. 인간에 대한 기본적 시각(視角)

1. 글머리

오늘날 많은 사람들이 인간의 문제가 심각하게 제기되지 않으면 안 될 절박한 상황에 봉착되어 있다. 그러나 이러한 절박한 인간의 문제를 이해하며 규명하는 시각에 있어서 요청되는 문제 상황과는 매우 걸맞지 않는 (Irrelevant) 논의만 풍성할 뿐 실제에 있어서는 매우 단편적인 접근에 머무르고 있다. 말하자면 종래의 인간관을 답습하고 있을 뿐이지, 보다 인간의 본질에 대한 절실하고도 살아 있는 탈전문 영역적 시각(meta-disciplinary perspective)에서 인간 존재의 근원적 의미 연관을 규명함에는 소홀하고 있다. 그러므로 인간의 본성은 의미 연관의 맥락 위에서 자연과 사회와 신을 연결하는 상호관계성으로 파악하지 않으면 안 된다. 이를 란드만(M. Landmann)은 거시적 인간 이해의 방법(Approach of Micro-anthro-pology understanding)이라고 하였다. 이러한 입장을 동조하는 학자로는 고전적 인간학의 태두인 셸러(Scheler)를 비롯하여 Plessner, Rothacker, Gehlen, Portmann 등을 들 수 있다.

따라서 본고에서는 거시적 인간 이해의 총체적인 문제를 전부 다룰 수는 없으므로 지금까지의 인간 사유의 족적(足跡)을 살피는 뜻에서 일찍이 로마의 테렌티우스(Terentius)가 「나는 인간이다. 인간에 관한 것은 그 어떤 것도 나에게 무관하지 않다(Homosun: human: nihil a me alienum puto)」라고 말하면서 인간에 관계되는 문제에 대해서 강렬한 인식을 역설하였던 것을 연상하면서, 소크라테스의 「너 자신을 알라」라는 델포이 신전의 비문에 새겨진 글을 가지고 인간이 추구해야 할 인식의 최종 목표로 삼고자 한다. 여기서 잠시 「너 자신을 알라」는 2인칭에서 「나는 누구냐?」라는 1인칭 의문문으로 다시 바꾸어 본다.

왜냐하면 인간의 본성을 사유함에 있어서는 「너 자신을 알라」라는 2인칭 명령문은 본질의 범주를 빗겨 갈 우려가 있을 뿐만 아니라 무수히 쏟아지는 인간에 대한 질문의 폭을 좁히기 때문이다. 나 자신부터 「나는 누구요?」 하는 물음에 대해서 비정하게 느끼면서도 「나는 나요」 또는 「나는 사람이요」라는 대답을 편안한 마음으로 입밖에 내뱉지 못하는 까닭은 무엇 때문인가? 그것은 삶의 주체가 단순하지 않다는 공유의식에서 아(我)와 비아(非我)가 어느 정도 분리되어 가는 하나의 과정으로 나의 모습을 드러내고 있는 증좌이다.

사람을 인간(人間)이라고 한 것은 인간의 관계성, 사이(間)성, 사회성 속에서 인간 본성의 귀납적 접근 인식의 한계를 설정하고 있다. 물론 해부학적 인간관이나 계량적 인간관을 전연 배제하자는 뜻은 아니다.

2. 존재론적 인간 이해

인간에 대한 정의는 이루 다 헤아릴 수 없을 정도로 자기 나름의 견해를 표명하고 있다. 일찍이 희랍의 소크라테스의 이성적 동물을 비롯하여 아리스토텔레스의 사회적 동물, 그리고 파스칼의 생각하는 갈대, 카시러의 상징적 동물, 듀이의 도구를 사용하는 동물, 호이징거의 놀이를 할 줄 아는 동물, 칼 맑스의 생산적인 동물, 니체의 권력의 화신, 프로이드의 Libido적 동물, 다윈의 진화하는 생물, E. 프롬의 파괴적 동물 등 이루 다 헤아릴 수 없이 많다. 어디 그뿐인가? 학문의 영역에 따라서 고고학에서는 진화하는 존재로, 신경생리학에서는 뇌가 있는 존재로, 생태학에서는 매일 32만 명씩 번식과 동시에 3천 2백만 톤씩 오물을 내뿜는 존재로, 물리학에서는 자연을 볼 줄 아는 존재로, 사회학에서는 역할(Role)을 담당하는 존재로, 경제학에서는 교환하는 존재로, 법학에서는 정의(正義)를 실현하는 존재로, 사회윤리학에서는 차등과 평등이 함께 보장된 존재로, 교육학에서는 인간과 사물을 보는 방법을 배우는 존재로, 미학에서는 예술의 조건을 가진 존재로 규정하고 있다. 특히, 한의학에서의 인간관은 우주의 모습을 닮은 존재로 보면서 머리가 둥근 것은 하늘이 둥글기 때문이며, 하늘에 4계절이 있듯이 인간에게는 4지(四肢)가 있으며, 지구의 5대양 6대주가 있듯이 인간에게도 오장육부가 있으며, 지구의 바다가 차지하는 면적이 70%이듯이 인체의 수분도 70%이며, 땅속에 수맥과 광맥이 있듯이 인체에도 정맥과 동맥이 있으며, 하늘에 천둥과 번개가 있듯이 사람에게도 화냄과 기쁨이 있다고 보면서 인체도(人體圖)와 천체도(天體圖)를 일치시키고 있다. 그래서 인간을 소우주로 보고 있는 것은 동양적 인간관의 흥미로운 일이 아닐 수 없다.

또한 종교에서 보는 인간관도 다양하다. 이를테면, 불교에서는 깨달

음의 존재로, 기독교에서는 내세에 영생하는 부활의 존재로, 유교에서
는 군자가 될 수 있는 가능성의 존재로, 이슬람교에서는 알라를 위한
샤히드가 되는 것이 최후의 영광이다.

더욱이 인체 구조에 대한 역사적 해석은 새로운 인간관에 접근하는
시도가 되고 있다. 이는 인체의 구조를 생리적 기능별로 상관시켜 하나
의 인체 기능사관(人體機能史觀)으로 전개하는 것이다.

인체 구조를 생리 기능적으로 대별하면 이성(정신, 사유)으로 개념
화할 수 있는 머리 부분, 오성(悟性) 또는 감성(의지, 정감)으로 표현
되는 가슴(심장) 부분, 본능에 비유되는 배(胃, 腸)의 부분, 마지막으
로 비교적 자율성의 폭이 넓은 다리(발)의 4부분으로 대별할 수 있다.
이를 다시 역사관에 비추어서 보면 머리(이성)는 그리스의 Helenism
적 Logos라고 할 수 있고, 가슴(오성)은 로마의 Hebraism적 Pathos
라고 할 수 있고, 배(본능)는 근세의 Modernism적 Eros라고 할 수
있으며, 그리고 다리(행동)는 Mechanism적 Chaos(불확실성의 시
대)로 해석하고 있다. 물론 여기서의 Chaos는 합리적 성향(Rational
orientation)에로의 긍정적 성격임을 부연으로 달고 있다. 물론 이러
한 인체 기능 사관에 많은 논의의 여지를 남기고 있지만 다음의 도표를
제시함으로써 부족한 설명을 보충하고 있다.

물론 신이 인간을 창조하였다면 인간은 역사 창조의 주체자였다는
이원적 사유에서 일원적 사유는 당연히 배제될 수밖에 없으며, 한 가
지 위의 도표에서 제시한 것이 분명한 것은 인체 구조가 머리 부분에
서 하향하여 다리 부분으로 가까워질수록 정신적 가치에서 물질적 가
치로 이행되고 있듯이, 인류 역사도 정신문명에서 물질문명으로, 인간
주의에서 탈인간주의로 이행되어 온 역사적 산물이 창출되어 가고 있
다는 데 대해서 누구도 부인할 수 없는 현실이 되고 있다.

Developing Body	① 生理的 特性	② 精神作用	③ 觀念	④ 人類史 (主流國)	⑤ 基督教 史觀	⑥ Hall	⑦ Freud
순화성	(Head) (a) ·思 考 ·判 斷 ·明 哲	(Logos) ·理 性 *Hellen-ism	·神秘主義 ·觀念主義 (Humanis-m)	古 代 哲人政治 (Greece)	Animism Totem Shaman	Chaos/ Opening 幼兒/兒童	Super-ego
感 / 善	(Heart) (b) ·熱 情 ·情 感 ·勇 氣…	(Pathos /mythos) ·悟 性 *Hebra-ism	·宗教主義 (Humanism)	中 世 전제정치 (Rome)	(舊約) Cain/ Abel	Storm/ Stress 青年期	Ego
	(Stoma) (c) ·欲 望 ·저 장 ·수 탈 ·本 能…	(Eros) ·感 性	·經驗主義 ·物質主義 ·Capita-, lism	近 世 帝國主義 (England)	(新約) 無神/有神	Take and taking 成 人 期	id
	(Foot/ Leg) (d) ·移 動 ·근 면 ·분 주 ·自 律 性…	 ·合理性 ·個人主義	·Commun ism ·Mechan-ism ·Pragma-tism ·Anti-Hu-manism ·Egoism/ Indivi-dualism	現 代 자본/共産 (U.S.A /U.S. S.R)	共産/民主 福祉社會	Closing Anguish Complex 老 年 期	id

3. 가소론적 인간 이해

예수와 석가는 다같이 1인칭(「나는 길이요……」, 「유아독존……」)을 사용하여 인간 이해의 첫 포문을 열었는데 비하여 소크라테스는 2인칭 (「너 자신……」)을 사용하여 인간 이해를 시도하였다는 점에서 여러 가지 의미를 시사할 뿐만 아니라 인간의 본질을 가소성에로 전환하는

일대 코페르니쿠스적 사건이 아닐 수 없다. 2인칭의 인간관은 자아(自
我)와 타아(他我)를 객관화하여 분리시켜 생각할 수 있는 실마리를 제
공하였다. 그것은 인간의 양면성이라고도 할 수 있고, 인간의 자기 동
일적 모순이라고도 표현된다.

　희랍 신화를 굳이 들먹이지 않아도 인간은 야누스처럼 두 얼굴을 가
진 존재이다. 천진난만하기는 천사와 같고, 잔인하기는 야수보다 더하
며, 교활하기는 여우와 같으나, 지혜롭기는 뱀과 같다고 했고, 짐승처
럼 본능적이면서 신과 같이 이성적이다. 컴퓨터를 조작할 만큼 정확하
면서, 어떤 때는 장님보다도 더 주먹구구식이다. 생명과학자는 기업의
번창을 빌며 돼지머리 앞에 절할 때 더 공손히 하는가 하면, 학력이 높
은 주부일수록 입학철에 점쟁이에게 더 잘 간다는 통계는 이미 오래 전
에 보고서로 발표된 논문이다.

　카렐(Alexis Carrel)은 이러한 양면성을 더욱 재미있게 비유하고
있다. 인간의 본성 속에는 전투적이면서 화해적이고, 순교자이면서 기
회주의자이고, 사랑의 여신이면서 증오의 화신이고, 의를 위해서 자신
을 바치는가 하면 불의를 위해 다른 사람의 목숨을 뺏기도 한다. 또,
가난이 미덕임을 강조하면서 없는 것을 굴욕으로 느끼고, 밖에서는 만
인의 평등을 외치면서 집안에 들어와서는 말 못할 폭군으로 변한다. 어
디 그뿐이겠는가. 후각은 개보다 못하고, 뜀박질은 말보다 못하며, 힘
은 소보다 훨씬 못 미친다. 그러함에도 어찌해서 인간은 만물의 영장일
뿐만 아니라 역사의 주체자로 군림하게 되는가. 그것은 재론의 여지없
이 *Homo Sapiens*요, *Homo Faber*요, *Homo Obligatus*요, *Homo
Eractus*이며, 더 나아가 *Homo Ludens*요, *Homo Economics*이기
때문이다.

　그러나 로크(Locke)는 이러한 인간의 양면성을 부정하고 나선다.

왜냐하면 인간에게 있어서 성선설(性善說)이나 성악설(性惡說)을 주장
하게 되면 이는 대립적인 개념이어서 이편에서 저편을 설명할 수 없으
며, 저편에서는 이편을 설명할 수 없게 되기 때문이다. 그의 설명을
빌리면 동물은 완성되어서 태어나지만, 인간은 태어나서 완성되어 간
다고 하였다. 인간은 태어날 때 한 장의 백지와 같다. 백지 위에 하얀
회(灰)칠을 하였을 때보다는 검은 잉크칠을 하였을 때 확연히 드러나
며, 같은 면적일 때 흰색보다 적색이 크게 보이는 것이다. 이는 마치
하얀 백지와 같은 어린이가 좋은 말보다는 욕설을 먼저 배우는 것을
봄으로써 백지(어린이)의 속성을 알 수 있다고 하였다.

이러한 로크의 백지설(white paper theory)에 의하면 인간은 선한
것도 아니고 악한 것도 아닌, 다만 악할 수 있는 가능성의 존재라는 것
이다. 따라서 인간은 위에 열거한 이성과 감정, 지성과 본능, 이기심과
이타심 같은 양면성의 본성을 가지고 있지만 이것은 어디까지나 외연
적으로 나타난 현상일 뿐 본질은 아니며, 결과일 뿐 원인은 아니라고
하였다.

어떤 사물이 우리에게 좋게 보이기도 하고 나쁘게 보이기도 하는 것
은 원래 그 사물 자체에 양면성이 있어서가 아니라 그것을 받아들이는
인간의 의지와 능력에 따라 투각(投覺) 되어지듯이 인간의 본질 자체
도 마찬가지이기 때문이다.

인간의 눈으로 개를 보면 개가 보이지만, 개의 눈으로 인간을 보면
개로 보인다. 우리의 암시의 효과가 얼마나 큰 것인가를 두 가지 실험
결과에서 알 수 있다. 즉, 갑에게는 카페인을 뺀 커피를 주고, 을에게
는 카페인을 넣은 우유를 주었더니, 갑은 잠을 못자고 을은 잠을 잘 잤
다든가, 사형시킬 사람을 데려다가 동맥을 자르는 시늉만 하고 밑에 있
는 양철통에 물(피)이 떨어지게 하면서 카운트다운을 시작했더니 정말

로 죽어버렸다는 사실이다. 스키너(Skinner)의 말대로 「나는 인간이 인간의 모습을 제외하고 어떤 속성이든 조작(operation)이 가능하다」는 주장에 대해서 인간의 가소성의 무한함을 알 수 있다.

4. 실증적(實證的) 인간 이해

실존주의적 입장에서 비대상적(非對象的) 대상으로서의 인간은 본질에 후행(後行)하는 실존에서 이념에 선행하는 실존으로 이행한다는 실증의 적극적 인간관에 의하면 콩트(Comte)에 있어서와 같은 경험적 사실 확인에만 그치는 실증주의적 인간관은 하나의 대상에 지나지 않다는 데 대해서 이론의 여지가 없다. 그러나 초월자에 대한 의미 있는 표현을 보류한다고 해서 실증적 인간관이 완전히 배제될 수는 없다.

카렐의 「인간의 불가사의」에 의하면 모든 생물은 일정한 라이프 스팬(life span)을 가지고 살아가는데 인간은 뇌세포를 제외하고는 모두가 고정적이 아니고 새로운 것으로 바뀌어 오면서 척추는 신경이나 근육과 함께 한 개의 나눌 수 없는 조직을 형성하고 있다. 기능적인 관점에서 보면 근육은 단순히 뇌의 일부에 불과하며, 그 근육과 뼈의 힘을 빌려 인간의 지성은 이 세계에 자신의 흔적을 남기게 된다고 하였다. 인간은 골격의 형태 덕분에 환경을 극복하여 왔다. 또한 정신의 작용은 근육의 리드미컬한 수축에 의해 조력이 얻어지게 되므로 운동은 사고를 자극하는 원인이 되었다. 그래서인지 아리스토텔레스는 중요한 철학·과학 문제가 머리에 떠오를 때마다 제자들과 걸어 다니면서 토의하는 습관을 가졌었다. 따라서 내장, 근육, 골수, 대뇌도 기능적으로는 하나이다.

게헬른(A. Geheln, 1904~1976)은 그의 저서 「인간의 탐구」에서 '인간의 본성과 세계 안에서의 인간의 지위'라는 부제를 달고서 인간과 동물과의 비교 관점에서 인간은 살고 있을 뿐만 아니라 자기의 삶을 이끌고 간다는 명제를 도출하고 있다. 인간은 기본적으로 다른 생물에 비해서 결핍존재(Mängelwewesen)이기 때문에 자유로운 자연 속에서 살아가기가 불가능하다. 그래서 인간의 이러한 결핍을 보상하기 위하여 인위적인 자연, 즉 문화를 이룩하지 않을 수 없었던 바, 그것이 이른바 인간 본성에서 우러나온 문화 존재라는 것이다. 그 한 가지 예로서 생물은 삶의 전문화가 되어 있으나, 인간은 비전문화되어 있으며, 동물은 수태(受胎)시에는 성교가 불가하나 인간은 임신 중에도 성교가 계속되며, 동물은 영양이나 환경이 안정되었을 때 발정(發精)하나 인간은 환경과 건강이 나쁠 때 발정이 더욱 왕성하다는 것이다. 후진국의 질병 및 가난한 환경임에도 달동네를 형성하여 다산(多産)을 보인 것은 이를 입증하고 있다.

란드만(M. Landmann), 볼노우(O. Bollnow)로 이어지는 사람다움(Anthropinon)을 주장하는 학자들은 한결같이 인간의 진화론을 부정하면서 철학적 인간학의 초점을 *Homo Sapiens*에 맞추고 있다.

일리노이 대학 해부학 교수 몬슨(Hary Monson)은 인체의 성분을 분석한 결과 칼슘 2.25kg, 인산염 500g, 칼륨 25g, 나트륨 168g, 마그네슘 28g, 철 28g, 동 28g, 그의 전체 체중의 65%는 산소, 탄소 18%, 수소 10%, 질소 30%를 포함하고 있어 소위 트레이드코스트로 86.7%라고 하여 우리 돈으로 약 800원에 해당된다고 하였다. 그러나 예일 대학의 헤럴드 모로위치 교수는 호르몬과 DNA를 포함하여 650만 달러에 이른다고 하였으며, 미연방정부에서 공식적으로 제시한 인간의 생명값은 40만~700만 달러로 되어 있다. 연방항공국은 65만

83센트, 직업안정건강국은 350만 달러, 환경청은 400만 달러~700만 달러, 시카고 대학의 킵 비스커시 통계학 교수는 근로 조건에 따른 근로자의 월급×1만 배=×달러이어야 한다는 것이다. 그러나 미국 생명보험협회는 이를 외면하고 있다.

인류사상 최초로 인공심장 이식 수술을 받은 (미국 유타 대학에서) 치과의사 바니 B. 클라크는 플라스틱 특수 금속을 배합한 인공심장을 600만 달러에 구입하고, 15만 달러의 수술비를 부담하여 28일간 생명을 유지하면서 신문·방송국의 1회 3분 인터뷰를 하는 데 11만 달러를 받았다. 작년 6월 LA에서의 「베이비 제시」 사건은 전 미국을 뒤흔든 의료 윤리 논쟁의 대표적인 케이스인데, 우리나라도 의과대학에서의 의료 윤리 문제는 점점 중요 과목으로 시간이 늘어나고 있는 추세이다.

여기서 인간의 생존가치(Survival Value)를 계량화하는 것은 인간의 실존가치(Existent Value)를 상대적으로 약화시키는 결과를 가져오는 우를 범할 여지를 지니고 있음을 지적하자는 데 있다. 물론 생명에는 Bios와 Ioe가 있는데 이 두 가지 생명가치의 충돌은 피해야 한다.

5. 관계적 인간 이해

교육사회학자 에밀 뒤르켐(E. Durkheim)은 「인간은 사회의 아들이요, 사회는 인간의 어머니」라는 명제하에서 인간의 사회성을 강조하였다. 인간은 일생 동안 자기 확대의 연속에서 성장하고 있다. 동물은 탯줄을 한 번만 잘라주면 되지만, 인간은 세 번 잘라 줘야 한다. 첫 번째는 모태로부터 영양을 공급받았던 탯줄이요, 두 번째는 다른 사람에게 의존하려는 심리적 탯줄이며, 세 번째는 모든 것을 자기에게 유리한

방향으로 해석하는 자기중심적인 사고와 선입견 및 고정관념의 탯줄이
다. 이 세 가지 탯줄은 어느 것이 더 우선하고 어느 것이 덜 우선하다
고 할 수 없을 정도로 똑같이 중요하다. 모태의 탯줄이 끊어지지 않는
사람을 하나의 인간이라 할 수 없듯이 몸집은 다 커서 어른이 되었는데
도 부모나 다른 사람에게 의지만 하려는 사람도 사람의 탈을 쓰고 있으
나 인간일 수는 없다. 또한 이 사회는 기본적으로 「너와 나」의 관계 속
에서 균형을 이루고 있는 줄 모르고 자기의 아집과 독단에만 사로잡혀
도그마에서 헤어나지 못한다면 결코 사회화된 인간(Socialized man)
이라고 할 수 없다. 이런 맥락에서 앞에서 인간의 불완전 탄생과 같은
설명이 가능하게 된다. 한 가지 예로서 어린 아이와 방안에서 숨바꼭질
을 하노라면 장롱 앞에 가서 두 손으로 눈을 가리며 돌아서 있는 것이
고작이다. 자신의 눈만 가리면 아무도 찾지 못할 것이라고 안다. 말하
자면 나와 비아를 분리하여 인식하기 시작하는 초보 단계인데 이를 비
아의 객관화 단계라고 할 수 있다. 그 후 어린이로 자라면서 꼭꼭 숨어
라 머리카락 보인다고 하면서 온몸을 감추어서 숨바꼭질을 하게 된다.
아(我)와 비아(非我)를 완전히 분리하여 인식한다. 자신도 술래를 볼
수 없어야 할 뿐만 아니라 술래도 자신을 볼 수 없는 단계인데, 이는
자신도 대상화하여 인식하는 자아의 객관화 단계인 것이다. 그후 다시
청소년기가 되면 자기 자신을 객관화하는 단계를 넘어서 자신의 의식
또는 인식도 대상화하여 사유하게 된다. 3+4=7이라는 숫자를 손가락
을 포개지 않고도 의식 속에서 7이라는 숫자가 조작되어진다. 이를 나
는 무엇인가, 우리는 무엇을 해야 되는가의 인식 또는 의식의 객관화
단계라고 한다. 어른의 단계에 들어가면 나와 너를 코스모스화하는 초
월의 경지에 도달하는가 하면 또, 혼자 웃고, 혼자 말하고, 혼자 자신
의 그림자를 밟으며 두리번거리는 자폐증에 걸린 사람과의 사고의 세

계는 하늘과 땅만큼이나 차이가 있다. 그러나 인간의 본질적 차이는 촌척(寸尺)도 있을 수 없다.

나는 무엇인가, 인간은 무엇인가?

이와 같은 실존적 질문에서 「나는 누구인가, 우리는 무엇을 원하는가?」와 같은 사회·윤리적 물음에로의 전이가 인간 이해의 새로운 시각이 되고 있음을 이미 앞에서도 여러 번 지적하였다.

인간은 소아적 껍질을 깨고 밖의 것과 하나가 되지 않고는 결코 바람직한 인간이 될 수 없다. 혹자는 무슨 놈의 탯줄을 세 번씩이나 끊느냐고 불평할지 모른다. 그러나 하다못해 오동나무도 세 번 갈라줘야 속이 찬다고 했듯이 인간은 탯줄을 세 번 끊는 그것이 바로 베이컨이 말한 4가지 우상(Idol)을 극복하는 길이요, 현상학파 철학자들이 말하는 판단 중지를 실행하는 길이며, 석가가 말한 미망(迷忘)을 끊는 길이다.

인간이 자기 중심적 사고와 고정관념에서 얼마나 탈피할 수 있느냐의 길이가 인격의 척도(尺度)인 것이다. 1975년 미국 하버드대학교에서 한 가지 실험 결과를 도출하였는바, 정상적인 사람의 눈에다가 사물이 이지러져 보이도록 안경의 렌즈를 변형시켜 본 것이다. 그 결과 처음에는 이지러진 사물의 형상으로 말미암아 심한 두통이 일어나고 정신착란 증세가 보이더니 일주일이 지난 뒤에는 벌써 적응이 이루어져 두통이 없어지고 모든 것이 정상으로 돌아오게 되었다.

그러나 여기에서 놀라운 사실은 관념의 적응이 이루어진 것이 아니라 육체의 적응이 이루어진 것이다. 즉, 그의 관념이 렌즈에 맞춰 수정된 것이 아니라 그의 눈알의 수정체가 렌즈에 맞춰 돌아갔다는 사실이다.

석가의 사성제(四星諦)가 어찌해서 몇 천년간 진리로 이어져 내려오고 있는지를 짐작케 한다.

6. 맺음말

일찍이 히포크라테스는 인간에게 있어서의 기실(氣質)을 담즙질(Choleric), 다혈질(Sanguine), 우울질(Melancholic), 점액질(Phlegmatic)의 네 가지로 분류한 바 있다. 이의 반응을 상징적으로 불(영광), 공기(열정), 물(냉정), 흙(강인)으로 설명하고 있다.

프롬(E. Fromm)은 성격의 유형으로 수용정향, 착취정향, 저축정향, 시장정향 등 4가지로 분류하여 설명하고 있다.

부버(M. Buber)는 「인간의 본질은 참다운 만남을 통해서이다」라고 말하고 있다. 바스(Karl Barth)의 말대로 하느님은 하늘에 계시고 사람은 땅 위에서 살고 있는 한 인간은 만남에서 그 원형질이 형성된다. 예수와 바울의 만남, 공자와 안연의 만남, 맑스와 엥겔스의 만남, 듀이와 칠패트릭의 만남, 페스탈로찌와 프로벨의 만남, 퇴계와 율곡의 만남 등은 인간의 내면과 외면을 함께 바꾸어 놓았다.

그래서 인간은 자기를 성찰(省察)하기에 앞서 투영된 모습을 재투사시켜 보는 기회를 가지는 것은 매우 중요한 일이다. 그러기 위해서 다른 생명체를 관찰하는 것을 넘어서 하나의 의미를 투여하여 볼 필요가 있다. 예를 들어서 게는 왜 옆으로 기어갈까? 학은 왜 외다리로 서서 잠을 잘까? 하늘소는 왜 단성(單性)일까? 살모사는 왜 어미를 숙이고 태어날까? 뻐꾸기는 왜 꾀꼬리 둥지를 빌려서 부화하여 날아갈까? 박쥐는 거꾸로 매달려서 잠을 자야 편안하단다. 거미는 자신의 체액으로 허공에 집을 짓고 산다. 두꺼비는 알을 배어 일부러 뱀에게 잡히고, 뱀은 두꺼비의 독성을 이기지 못하여 죽고 만다. 그후 뱀의 뱃속에서 부화된 새끼 두꺼비는 죽은 뱀을 자양보 삼아 다시 성장해 간다. 이러한 생물의 재현상을 보노라면 인간의 생물학적 취약성은 여실히 드러나고 만다. 그런데도 인간은 외부와의 공생적 관계와 퇴행적 관계를 부단히 번갈아가면서 번성되어 가고 있다. 인간의 이러한 측면에서 동물행동학(Ethology)이라고 불리는 생명과의 분과를 창시한 로렌쯔의 업적은 시사하는 바가 크다. 인간도 일종의 동물임에는 틀림없으나 문명의 동물인 동시에 동물 이상의 것이 되고자 하는 의지를 가진 것이 인간이다.

Ⅱ. 이성적 인간관

1. 인간의 질문

우리가 동양인, 서양인, 혹은 야만인, 문화인할 때 우리는 무엇을 두고 그렇게 구별 하는가? 그것은 분명히 그들이 살고 있는 장소나 신체적인 특징보다 더 중요한 것은 그들이 신에 대해서 혹은 인간에 대해서 그리고 세계에 대해서 어떤 태도를 갖고 있는가 하는 것이다. 다시 말해서, 인간에게 중요한 것은 인간 외적인 자연조건이 아니라 인간 자신의 정신적 유산과 전통인 것이다. 그러므로 스페인의 철학자 오르테가 이 가셋은 「인간에게는 본성이 없다. 역사만 있을 뿐이다.」라고 말하였다. 이 말은 곧 인간은 인간 외적인 것에 의하여 그 본성이 결정되지 않고 오히려 인간 자신에 의하여 결정된다는 뜻이다. 여기서, 인간 자신이란 개인을 뜻하는 것이 아니고 어떤 공통되는 역사를 가진 문화적 집단을 뜻한다. 따라서 우리는 「인간의 본성이 무엇인가?」 하고 물을 수는 없다. 이런 질문은 만고불변(萬古不變)하는 인간의 본성이 없다는 것을 전제로 하기 때문이다. 인간의 본성이 역사의 산물이라면 우리는 다만 어떤 특정한 문화권 안에서의 인간관을 물을 수밖에 없을 것이다. 이것은 문제를 매우 복잡하게 만든다. 그러나 그것은 또한 불가피한 일이다. 인간의 본성이란 그와 같이 복잡한 경로를 거쳐서 형성되어졌기 때문이다. 그것은 다른 피조물(被造物)처럼 「주어진」것이 아니기 때문이다. 그런데 인간의 자기형성 과정은 자기 자신에 대한 의식이 있기 때문에 가능하다. 만약 다른 동물들처럼 인간도 자의식(自意識)이 없었더라면 역사나 문화가 없이 본능에 얽매여 살았을 것이다. 어렴풋이나마 자기의 존재를 의식하고 자기가 다른 존재와 다르다는 것을 인식하고, 그리고 가장 바람직한 이상형이 무엇인가를 알았을 때 인간은 자연의 세계를 뛰쳐나와 자연적이 아닌 인위적인 인간 본성을 형성하는 것이다. 그러므로 어떤 사람들은 인간의 특징을 자의식에다 두고 있다. 그런데 인간의 자의식이란 인간 문화가 시작된 지 상당한 세월이 지난 뒤에 비로소 시작되었다. 인간의 감각기관이란 모두 바깥으로 향해 있어서 자기 자신을 느끼기는 그렇게 쉽지 않다. 어떤 특별한 노력이 필요한 것이다. 그러므로 원시인이나 어린 아이들은 아직 자의식이 없고 심지어 「나」라는 단어조차도 사용하지 못한다. 자기 이름을 3인칭으로 사용하는 경우가 많다. 이런 것은 문화의 성장 과정에도 나타난다. 문화가 발달되었으면 되었을수록 자체에 대한 객관적인 인식이 더 뚜렷하다. 그래서 한 문화의 농축(濃縮)된 결과를 자의식의 객관성에서 찾을 수도 있다. 인간의 눈이 바깥 것만 볼 수 있게 만들어져서 그런지 몰라도 인류 최초의 과학은 사람으로부터 가장 멀리 떨어진 대상들을 연구하는 천문학(astronomy)이었다. 거기서부터 시작하여 점점 그 관심은 점차적으로 안으로 지향하게 된 것이다. 그러나 아직도 인류에게 가장 수수께끼로 남아 있는 것은 인간 자신이요, 그 가운데서도 어떻게 인간이 생각할 수 있는가 하는 것이다. 희랍의 신전에는 이런 것이 있다. 테베시의 길목에는 스핑크스라는 괴물이 있어 오고가는 사람들을 붙잡고 수수께끼를 내놓았다. 그가 낸 수수께끼를 풀지 못하면 여자의 머리와 가슴, 그리고 날개 달린 사자의 몸을 가진 이 스핑크스는 그 사람을 잡아먹고 말았다. 이리하여 테베시가 거의 황폐하게 되었을 때 영특한 오디푸스(Oudipus)가 그 수수께끼를 풀었다. 그 수수께끼란 「아침에는 네 발로, 정오에는 두 발로, 저녁에는 세 발로 걸어 다니는 것이 무엇이냐?」 하는 것이고 그 대답은 물론 「사람」이었다. 그 보상으로 오디푸스는 테베시의 왕비를 아내로 맞아들일 수 있었으나 운명이 정해 놓은 대로 그 왕비는 바로 자기를 낳은 어머니였다는 이야기다. 이 이야기가 보여 주는 것은 스핑크스의 수수께끼는 풀었으나 인생의 수수께끼는 더 고통스럽게 남아 있음을 보여 주고 있다. 동시에 그것은 이미 신화시대에 인간이 무엇이냐 하는 질문에 관심이 있었다는 것을 보여주고 있다. 기원전 6세기에 살았던 헤라클리토스는 아직도 남아 있는 그의 글 몇 구절에서 「모든 인간은 자기 자신을 알며 자기 자신에 대하여 반성할 수 있도록 되어 있다」고 썼다. 그러나 헤라클리토스가 본 자기 자신이란 아직도 자연의 일부로서의 자기뿐이었다. 그는 위에 인용한 말 다음에 바로 인간은 죽어서 물이 된다고 썼다. 인간과 자연을 근본적으로 구별하지 못했고 인간에 대한 자연의 반성의 정도를 넘지 못했다.

2. 이성의 태동(胎動)

서양에서 인간을 위로는 신으로부터 그리고 밑으로는 다른 동물로부터 구별하여 처음으로 분명하게 정의한 것은 아리스토텔레스의 「이성적인 동물」이었다. 유명한 아리스토텔레스의 분류학적 방법에 의한 정의로 인간은 다른 모든 동물과 같은 유(類)에 속하지만 이성을 소유했다는 점에 있어서 다른 모든 동물과 구별된다는 것이다. 물론 동물(생물)이란 점에서 인간은 또한 신과도 구별이 된 것이다. 매우 훌륭한 정의로 오늘날까지도 계속해서 유용하게 사용되는 걸작이다. 이 정의가 오늘날까지 공명(共鳴)을 받는다는 것은 단순히 그것이 인간에 대한 매우 적절한 표현이란 이유에서가 아니다. 오히려 그것은 인간에 대한 그 정의가 오늘날의 서양인을 그 모델에 맞추어 형성했다는 뜻도 된다. 다시 말해서 인간이 합리적인 본성을 가졌기 때문에 「이성적인 동물」이라고 정의했고 또 오늘날까지 공명을 얻을 수 있는 것이 아니라 오히려 아리스토텔레스가 인간을 「이성적인 동물」이라고 정의했기 때문에 오늘날의 서양인들이 합리적이 되었을 수도 있다는 것이다. 물론 아리스토텔레스의 정의는 그가 처음 무(無)에서 유(有)로 만들어 낸 것이 아니다. 그의 이런 정의(定義)는 수백 년간의 희랍의 정신을 한마디로 정리한 것이라 함이 오히려 옳을 것이다. 그러면, 어떻게 해서 인간이 아리스토텔레스에 의하여 합리적인 동물로 정의될 수 있었는가? 이성의 신화(神話)는 어떻게 되어 있었는가? 희랍의 신화가 생기기 이전에 이미 희랍 사람들은 운명이란 것을 믿었었다 한다. 그것은 개인의 의지와 관계없고, 비인격적이며 절대로 변하지 않는 힘이었는데 케임브리지대학의 희랍철학교수 콘포드(Konford)같은 분은 그것이 원시사회의 토지제도에서 비롯되었던 금기(禁忌)에서 연유된 것이라는 유물론적(唯物論的) 설명을 하였다. 그 근원이야 어쨌든 이 운명은 신정시대(神政時代) 뿐만 아니라 철학적 사고가 시작된 후에도 희랍 사람들의 의식을 오랫동안 지배했던 것 같다. 플라톤의 작품에서도 비록 다른 이름으로 표현되고 있지만, 이 운명에 대한 언급이 여러 번 나타난다. 호머의 신화에는 심지어 지고(至高)의 신인 제우스조차도 이 운명을 거역할 수 없는 것으로 되어 있다. 즉, 자기의 영역을 벗어나서 다른 신(神)의 영역을 침범하면 제우스도 복수를 받는 것이다. 그런데 이 운명이 희랍 사람들에게는 공포의 대상이었지만 동시에 그들의 절대적인 안전 보장의 힘이었음에 틀림없다. 그것은 우주와 사회의 질서를 유지해 주는 힘이었기 때문이다. 콘포드에 의하면 이 운명에서 나중에 법이 탄생되어 법은 긍정적으로 인간이 무엇을 해야 할까를 보여 주고, 운명은 부정적으로 무엇을 하지 말아야 할 것을 책임졌다고 한다. 그뿐만 아니라 콘포드는 이성이란 것도 이 운명관(運命觀)에서 역사적으로 진화했다고 주장한다. 즉, 호머의 신화에서 운명의 지배를 받던 제우스가 헤시오드의 「제신(諸神)의 발생」에서는 점점 운명을 앞질러 운명위에 선 지고신(至高神)으로 등장한다는 것이다. 여기서 희랍 중기의 인격적인 대신사상(對神思想)의 이성, 혹은 인격신과 동일시되게 이른 것이다. 그래서 법에는 이 이성이 운명과 인격신의 역할이 중요한 부분을 감당하는 것으로 받아들여졌다. 물론 운명의 전부가 이성으로 변신하는 것은 아니다. 이성의 탄생 이후도 운명은 이성에 대항하는 원칙으로 남아 있기도 했다. 어쨌든 이성은 이렇게 해서 전 우주를 다스리는 힘이요, 신적(神的)이며 개인을 초월한 보편적인 존재로 나타났다.

3. 이성의 전성(全盛)

운명의 대칭(對稱)인 이성이 인간의 이성으로 회귀(回歸)하게 된 데
는 기원전 5~6세기 때에 아테네를 휩쓸었던 소피스트들과 이들에 대
항해서 투쟁한 소크라테스의 공로가 크다. 희랍 역사상 최초의 회의론
자(懷疑論者)들 이었던 궤변론자(소피스트)들은 그들 이전의 자연주의
자들 이었다. 그들의 공로는 철학의 관심을 인간에게 돌렸다는 것이요,
그들의 해악(害惡)은 사회의 도덕을 문란하게 했다는 것이다. 그들의
허물을 꾸짖고 사회의 기강을 바로 세워 보겠다고 분연히 일어난 소크
라테스도 소피스트들의 인본주의(人本主義)는 버리지 않았다. 다만 그
들의 상대주의(相對主義)와 회의주의(懷疑主義)만 비판하였다. 사회와
개인에게 진위(眞僞)와 선악(善惡)의 기준을 제공하기 위하여 그가 강
조한 것이 인간에게 주어진 이성이었다. 소피스트들의 인본주의를 한
층 더 높은 자리로 올려놓은 셈이다. 모든 인간에게는 태어날 때부터
진리를 발견할 수 있는 이성이란 능력이 주어졌고 이를 통하여 인간은
모든 상대주의, 무식, 편견에서 해방될 수 있다고 가르쳤다. 그에 의하
여 이성의 인간회귀(人間回歸)는 확고하게 되었다. 한번 회귀한 이성
은 다시 나가지는 않는다. 플라톤에게는 그 이성이 아직도 안주(安住)
를 못하고 다소 이 세계에서, 그리고 인간의 몸속에서 나그네로 서성거
렸으나 아리스토텔레스에 이르면 거의 안주하게 된 것으로 나타난다.
그런데도 불구하고 이성의 고향은 인간의 육체도 아니고 이 세상도 아
니었다. 옷을 못 찾아 하늘나라로 못가는 선녀처럼 이성은 비록 이 세
상에 있으나 희랍시대에는 아직까지도 나그네로 남아 있었다. 그 이성
이 완전히 인간의 이성으로 인간 외에 아무 다른 숙소(宿所)가 없는 이
성으로 길들여진 것은 회의주의 시대 이후라고 할 수 있다. 아리스토텔

레스는 감정까지도 인간의 기능으로 보았으나, 이성은 인간의 기능이 아닌 신적(神的)인 것으로 보았다. 그래서 콘포드는 희랍의 철학자들은 종교시대의 선지자들의 후손들이었다고 했다. 즉, 선지자들이 미래를 예언하는 것이 그들 자신의 능력에 의한 것이 아닌 것처럼 철학자들의 합리적인 사유(思惟)도 신(神)의 것이라고 믿었다는 것이다. 마치 희랍의 시인들이 자기들의 시(詩)가 시의 신(神)인 뮤즈의 것이라고 생각한 것과 같은 것이다. 여기서 우리는 이성에 대한 절대적 신뢰가 곧 종교적 신앙의 연속임을 발견할 수 있다. 아무리 경험을 부인하더라도 이성의 존재를 의심하지 않았던 것은 이성을 인간정신의 한 기능 이상의 것 즉, 신적(神的)인 것으로 믿었기 때문이다. 중세 스콜라 철학에서도 이성의 권위를 조금도 의심하지 않았던 것은 이성의 출처가 신이었다고 생각했기 때문이다. 그것은 다소 약화되기는 했지만 현대 철학 초기의 합리론자들에게도 마찬가지였다. 이러한 이성의 신성시는 계몽주의 철학에 의하여 세속화되었고 인간화되어 버렸다. 재미있는 사실은 이 세속화가 이성 자신의 힘으로 이루어졌다는 사실이다. 이성에 의하여 이성을 비판한 칸트의 철학은 이성의 역사에서 볼 때 이성의 자살이었다. 그래서 이성을 가장 고양(高揚)한 계몽주의야말로 이성의 최대 위기였다. 그 뒤부터 이성은 내리막길을 달린 것이다.

4. 이성과 감성

신적(神的)인 이성이 인간에로의 회귀는 인간의 가치를 만물의 영장(靈長)으로 높여 놓았지만 동시에 그것은 끊일 줄 모르는 내란의 소용돌이를 일으켜 놓았다. 이제까지는 신적(神的)인 이성의 편에서 모든 자연과 평화스럽게 공존할 수 있었던 인간 속에 이제 신의 요소가 들어옴으로 말미암아 어쩔 수 없이 붙어 있어야 하는 육체는 한없는 천대와 모욕을 당하게 된 것이다. 플라톤에게 있어서 육체는 감옥이요, 악의 근원이요, 실체(實體)가 없는 무(無)였다. 육체 때문에 인간은 고통을 당하고 오류를 범하고 악을 행한다는 것이었다. 따라서 육체와 관계있는 것은 모두 천하고 상대적이었다. 육체와 관계있다면 사랑도 천하다. 그래서 순수한 정신의 사랑을 「플라톤적 사랑」이라고 일컫게 된 것이다. 육체는 수동적(受動的)인 것이라고 보았다. 종이 위에 도장이 찍히듯 물질은 정신에 의하여 형상을 얻는다고 생각했다. 따라서 모든 육체적인 것은 수동적이요, 수동적인 것은 천하고 악한 것이었다. 고통, 슬픔, 그리고 기쁨도 모두 감정들로서 외부의 영향에 의해서 일어나는 수동적인 것이다. 그래서 나전어의 passio라는 단어는 영어로 passion 「고통」인 동시에 「정열」, 「애정」의 뜻을 지니고 있으며, 수동(passivity)의 어원이 된다. 이 세 가지가 모두 능동적인 이성의 반대편에 있는 상태들이다. 그러므로 어거스틴은 그의 「참회록」에서 하나님의 사랑은 passio가 없는 사랑이라 했다. 정열과 고통이 없다는 뜻보다는 하나님의 사랑은 수동적이 아닌 능동적인 사랑이란 뜻이다. 즉, 사랑스러움과 미움에 영향을 받지 않고 원수를 사랑할 수 있는 창조적인 사랑을 말하고 있다. 여기서 어거스틴은 그가 받은 신(新) 플라톤 철학의 영향을 노출하였다. 여기서 우리는 합리적인 인간 감정의 억제력이 어떻게 생겼는가를 찾아볼 수 있다. 판문점에서 북괴군이 아무리 도발해도 꾹 참는 미국 병사들을 보고 우리는 더러 쓸개도 없는 녀석들이라고 화를 낸다. 그러나 그들은 그것이 합리적이고 더 훌륭한 인간형이라고 교육받았고 또한 믿고 있는 것이다. 그들에게는 참는 것이 곧 자유롭게 되는 것이다. 이성에 의한 감정의 억제는 사실상 이성을 통한 인간의 자연 정복의 일부다. 여기서 자연이라 함은 물론 물질적인 자연을 뜻한다. 물론 희랍 철학 초기에는 인간도 자연이요 신도 자연이었으나 이성이 태어난 뒤부터는 물(物)과 형(形)은 긴장 관계를 이루게 되었다. 그래서 물이란 형을 위협하는 힘으로 나타나게 되었다. 어떤 학자들은 두가지의 다른 종교에서 이 두 요소의 근원을 찾는다. 니체가 본 것처럼 이성은 올림피아산을 중심으로 한 아폴로의 종교에서, 그리고 물질은 소아시아에서 수입된 디오니소스 종교에서 유래되었다는 것이다. 어쨌든 희랍 사람들과 그들의 정신적인 후손인 서양인들은 자연의 정복을 자유의 신장과 동일시하게 되었다. 물질은 무질서의 원천이요, 이것은 동시에 자유에 대한 위협으로 본다. 참 자유란 법에서의 해방이 아니라 무질서로부터 해방되어 질서로 들어가는 것이라고 그들은 믿는다. 무질서 속에 살기 보다는 오히려 운명을 택함으로써 자유롭게 된다고 믿는다. 스피노자나 니체에서 볼 수 있는 운명에 대한 사랑은 그러한 배경에서 보지 않으면 이해가 되지 않는다. 희랍의 자연 정복은 어디까지나 정신적인 것에 머물렀다. 그러나 자연 그 자체를 완전히 세속화시킨 기독교가 중요한 영향을 끼치자 정신적인 자연 정복은 실질적인 자연 정복으로 나타나서 자연 철학과 과학 기술의 발달을 가져왔다. 희랍의 전통과 기독교의 세계관이 이렇게 교묘하게 만나지 않았더라면 오늘의 과학의 발달은 불가능했을 것이다. 과학을 하는 행위와 기술을 이용해서 자연을 실질적으로 정복하는 행위는 서양인에게는 곧 자유 신장의 행위로 간주되었다.

5. 이성의 위기(危機)

여기서 이성이 위기를 만났다. 이성과 함께 서양인이 위기에 직면하게 되었다. 이성의 위기는 기독교가 희랍 문명에 소개되었을 때 이미 싹이 텄다. 그러나 그것은 이성의 붕괴로 끝나지는 않았다. 만약 「예루살렘과 아테네가 무슨 상관이 있느냐?」라고 부르짖던 교부(敎父) 철학자들의 정신이 승리했더라면 이미 힘을 잃어 가던 희랍 문명은 그것의 기둥이었던 이성과 함께 몰락했을 것이다. 불길같이 일어나는 새 종교의 정력을 늙어 지쳐 버린 문화는 이기지 못했을 것이다. 그러나 이성을 구제한 것은 오히려 기독교 사상가들이었다. 오리겐, 클레멘트, 그리고 나중에 어거스틴 같은 교부(敎父) 철학자들은 희랍의 이성과 기독교의 신앙을 비록 불안하기는 했지만 공존, 조화시켜 주었던 것이다. 스콜라 철학에 와서는 아리스토텔레스의 신인 부동(不動)의 시동자(始動者) 대신 기독교의 하느님이 이성의 보호자로 등장하였다. 그리하여 이성은 당분간 옷만 갈아입은 채 옛날의 활동을 계속할 수 있었다. 그러나 그 불안한 균형은 문예부흥과 종교개혁이란 커다란 두 움직임에 의하여 깨어지고 말았다. 중세의 기독교적인 요소에는 문예부흥이, 그리고 중세의 희랍적인 면에 대해서는 종교개혁이 각각 반기를 든 것이다. 기독교의 하느님은 이성의 보호자 역할을 거부했고, 이성은 그 하느님을 필요로 하지 않으려 한 것이다. 그동안 자연과학이 발달되어 교만해질 대로 교만해진 이성은 모든 보호자들로부터 독립을 선언했다. 이것이 계몽사상이었다. 「계몽운동이란 무엇인가?」라는 논문에서 칸트는 계몽운동은 인간이 자기가 잘못해서 뒤집어쓴 미숙으로부터의 해방이라고 정의(定義)하고, 이제는 이성 외에는 아무것도 인간을 이끌 지도자가 필요 없다고 선언했다. 이제 이성은 스스로를 절대자로 자족(自足)하고 자율적인 것으로 등장한 것이다. 그런데 바로 이 순간에 이성의 몰락은 시작된 것이다. 신(神)의 제재(制裁)를 벗어난 이성은 모든 것을 연구하고 분석할 수 있다. 칸트는 「아는 데 주저하지 말라」가

계몽운동의 명제(命題)라고 하였다. 그러나 신(神)의 후광을 벗어난 이성은 스스로가 연구와 분석과 비판의 대상이 된 것이다. 위에서도 언급한 바와 같이 칸트의 이성 비판이 그것을 극적으로 표현해 주고 있다. 신성(神性)을 잃은 이성에게 이제까지 무시되었던 인간 경험이 도전해 오고, 인간의 감정이 도전을 하기 시작 하였다. 여기에 대하여 이제는 신(神) 대신 이성 스스로가 응수하지 않으면 안 되었다. 모든 것을 신(神)의 도움 없이 해결할 수 있다고 믿었던 이성을 생각했던 것보다는 약하다는 것이 드러났다. 로크에게 맞고 흄에게 맞고 니체, 쇼펜하우어, 마르크스에게 얻어맞은 이성은 비틀거렸다. 그러다가 두 차례의 세계 대전과 실존주의에 의하여 이성은 치명적인 공격을 당하고 말았다. 그리고 핵무기와 공해 문제가 마지막 결정타를 가하였다. 현상 철학자 훗셀을 마지막으로 이성의 후손은 대(代)가 끊기고 말았다. 오늘날 여기저기서 죽어 가는 이성을 살려 보려는 부르짖음은 들리나 이미 때는 지났다. 자유의 극치에 다다랐을 때 이성은 이미 스스로의 무덤을 판 것이다. 이와 함께 서양 문명이 위기를 당하고 있다. 위기란 언제나 치명적인 것은 아니다. 새로운 것이 정말 올 수 있을지, 그것이 과연 어떤 것일지는 모르고 불확실한 반면에 과거의 것은 분명히 죽어 가기 때문에 위기는 불안한 것이다. 현상 철학자 훗셀은 그의 마지막 저서이었던 「유럽 학문의 위기와 현상학」에서 오늘날의 유럽의 위기는 이성에 대한 믿음의 약화에 있다고 하였다. 매우 적절한 관찰이었다. 그는 또 말하기를 유럽의 위기는 동시에 유럽인들의 위기라고 하였다. 유럽의 인간이란 이성에 의하여 특징 지워진 인간이기 때문이라고 하였다. 1930년대에 그랬다면 지금은 더 그렇다고 하겠다. 서양인은 그들의 주체성을 상실하고 있다. 이제까지 그들을 인도해 왔던 이성이 무력해졌기 때문이다. 인간을 인간으로 만든다고 믿었던 바로 그 이성이 한갓

심리적 기능(machanism)에 불과하고 진위(眞僞)와 선악(善惡)의 표
준을 제공해 준다고만 믿었던 이성이 인간 이기욕의 도구로 전락할 수
있음을 그들은 발견했기 때문이다.

6. 이성의 한계

서양인과 서양 문화의 위기는 서양이란 지리적 한계에 머무르지 않
고 전인류의 위기로 확대되고 말았다. 훗셀(Hussel)이 바로 지적한
대로 유럽인이란 지리적(地理的)인 유럽 사람들을 뜻하는 게 아니라
문화적 유럽인, 즉 이성에 대한 신앙 밑에서 문화를 이룩한 모든 사람
들이다. 그래서 그는 1930년에 벌써 일본을 유럽의 일부로 간주하였
다. 만약 1930년대에 일본이 유럽이었다면 오늘날은 전세계가 유럽으
로 되었을 것이다. 어떤 의미에선 지리적으로 아시아, 아프리카 사람들
이 유럽인들보다 더 유럽인이 되어 보려고 안간힘을 쓰고 있다. 자신들
을 위해서나 인류 전체를 위해서 불행한 일이 아닐 수 없다. 그러나 이
성이 이루어 놓은 물질적인 성과가 무시해 버리기에는 너무나 큰 유혹
이 된 것이다. 신의 후광을 입은 이성은 이젠 물욕(物慾)과 물리적 힘
의 시녀(侍女)가 되고 말았고 바로 이런 이성이 세계 방방곡곡에서 환
영을 받고 있다. 너도나도 이성의 모조품을 수입하기에 정신이 없다.
그러나 이 도구적인 이성은 다른 신들을 파괴하는 데는 아직도 강력한
힘을 가지고 있다. 다른 모든 신을 추방하고 자기 자신을 보호하던 신
까지 축출을 한 뒤, 이제는 세계를 돌아다니며 모든 신(神)들을 대대적
으로 살해하고 있다. 수십 년간, 수백 년간 기다리고 믿어 왔던 모든
전통적 종교, 가치, 문화는 이 살신기(殺神機)앞에 여지없이 희생이 되

고 있다. 그를 통해 전세계는 하나가 되고 있다. 모두 이 시녀(侍女)가 가르쳐 준 대로 집을 짓고, 길을 닦고 차와 비행기를 몰고 다닌다. 거기에 사는 모든 사람들은 모두 서양인 아닌 서양인이 되고 있다. 사람이 먹는 것을 사람이 만드는 것이 아니라 텔레비전에 비치는 인간의 모습이 인간을 개조하고 세계의 텔레비전에는 비슷한 모습들이 어른거리고 있다. 모두 방향을 모르고 지금에 만족한 인간들이다. 인류 전체의 위기다. 인간의 본성이 한 가지로 바뀌어 가고 그것도 이미 인간 스스로의 손아귀에서 벗어나 버린 본능으로 되고 있다. 이 위기에서 인류는 다시 자리를 털고 일어날 수 있을까? 인간의 어떤 대안도 이를 보장하지 않는다. 인간의 본성은 인간 스스로 만들지 않으면 안 되기 때문이다.

Ⅲ. 양면성의(Double-Faced) 인간관

1. 인간의 이중성(二重性)

인간의 본성은 무엇인가? 천사의 영토에 속하는 시민인가? 아니면 악마의 영토의 시민인가? 보라, 인간은 신의 형상대로 만들어지고 신의 생기를 이어받지 않았던가! 그러니 인간은 천사의 영토의 시민인 것이다. 그러나 그렇지가 않다. 인간은 카인의 후예가 아닌가?

인류역사의 최초의 살인자의 후예이다. 그러므로 인간은 악마의 영토의 시민이다. 이런 논쟁은 아직도 이어지고 있는 터이다. 인간은 이 두 가지 영토의 시민이라고 하는 편이 옳을 것이다. 인간에게는 신의 모습도 있거니와 악마의 모습도 있다. 태초에 신이 천지를 창조할 때 인간을 흙으로 빚었다. 흙은 물질의 세계를 대표하는 원소(原素)들로 되어 있다. 그리고 신의 형상대로 모습을 만들고 거기에 신의 생기를 불어넣어 주었으니 이것이 바로 인간 본질의 이중성을 나타내 주는 증거라고 하겠다. 즉, 물질세계의 법칙과 영적 세계의 법칙 모두의 지배를 받는 이중적 성격을 지니고 있다고 하겠다. 이러한 이중성은 비단 정신과 육체의 세계의 대립관계(對立關系)에서만 존재하는 것이 아니라 인간의 정신세계 내부에도 존재하고 있다. 그 전형(典型)이 바로 「사랑과 미움」의 대립 관계에서 잘 나타내고 있다고 하겠다.

신은 「사랑의 신」이라고 한다. 그러나 또한 신은 질투하는 신이다. 구약성서(舊約聖書) 출애굽기 20장에 보면 애굽에서 종노릇하던 이스라엘 사람들을 구출해 준 여호와 하느님이 이스라엘 사람들에게 내린 십계명에 이렇게 쓰여 있다. 「나 외에는 다른 신들을 네게 두지 말라. 우상을 섬기지 말라……여호와 너의 하느님은 질투하는 하느님이니 나를 미워하는 자의 죄를 갚되 아비로부터 삼대(三代)까지 이르게 하거니와 나를 사랑하고 내 계명을 지키는 자에게는 천대(千代)까지 은혜를 베풀리라……」

이스라엘의 신은 사랑의 신인 동시에 증오의 신이었다. 이런 신의 양면성은 신의 형상대로 만들어진 인간의 본성 그 자체가 된 것이다. 말하자면 운명적인 본성이라고 하겠다. 「사랑과 미움」은 태초부터 있어 왔고 지금도 있고 또한 영원히 있을 것이다.

사랑이란 무엇인가? 사랑은 우리 생활의 흔하디흔한 주제이다. 인간의 본성을 문제삼을 때부터 사랑은 인간 생활의 주제가 되어 왔다. 인간의 본성에 관해서는 쪼개고 분석하고 상세히 연구해 왔었으나 사랑만은 그렇게 되는 것을 거부해 왔었다. 사랑은 과학적인 연구의 대상이 되기보다는 시나 음악에 영감(靈感)을 불어 넣어 주는 구실을 해 왔다. 그리고 사랑에 관한 한은 누구나 전문가일 수가 있다. 그는 사랑을 가

습속에 느낀다. 남을 사랑하고 남에게서 사랑받는 경험을 통해서 인생을 풍요롭게 살아갈 수 있는 것이다. 그러나 이 사랑이 사라질 때 그들은 절망(絶望)하고 자살(自殺)하고 때로는 살인도 하게 되는 것이다.

사랑이 무엇이냐 하는 것은 고금(古今)과 동서(東西)를 막론하고 끊임없이 질문되어 왔었으나 이것을 올바로 이해한 사람은 많지가 않다. 옛날에는 「사랑의 인식」이라고 한 사람이 있는가 하면 플라톤은 「사랑(에로스)은 애지(愛智)다」라고도 했다.

연애도 모성애도 우정도 모두가 정서적인 인간관계를 나타내는 것이라 하겠다. 사랑은 이밖에도 애국심, 애교심, 인류애, 신에 대한 사랑으로까지 확대되어 질 수도 있다.

2. 사랑과 미움 - ①

그러나, 이 모든 사랑을 다 다루기란 벅찬 노릇이므로 여기서는 좁은 의미로의 인간 사이의 정서(情緖)로서의 사랑만을 다루기로 한다.

부모 자녀간의 사랑, 부부간의 사랑, 친구간의 사랑과 함께 연애도 포함해서 사랑의 본질은 그 상대가 자기 자신의 자아(自我)속에 합일되어지는 경험을 말한다. 특히 어떤 두 사람이 서로가 마음의 중핵 속에까지 접촉하고 겹쳐지고 합일이 될 때 비로소 사랑이 경험되어 지는 것이다. 말하자면 이 두 사람은 공생적 관계(共生的 關係)에 있는 것이며, 한쪽이 사는 것은 다른 쪽이 사는 것이 되고, 한쪽이 죽는 것은 다른 쪽도 죽는 것을 의미하게 되는 것이다.

이와 같은 공생적 관계는 어머니와 아기 사이에 가장 잘 나타나게 된다. 머지않아 아이들이 성장하게 되면 어머니와의 공생적 관계에서 독립해 간다. 그러나 어머니인 여성이 남편에 대한 애정 욕구가 채워지지 않을 때에는 어머니는 언제까지나 일방적으로 아이와의 공생적 관계를 끊어 버리지 못하게 된다. 이 말은 곧 여성에게 있어서는 자녀로부터의 애정 욕구가 채워지지 않으면 그것이 해소되어지는 것이 아니고 불만의 상태인 채로 계속 남아 있다는 것을 말하는 것이다.

이것은 다른 사랑의 경우에도 같다. 자기 자신 속에 채워지지 않는 것이 있고 그것 때문에 고독감이나 소외감(疎外感)을 가지고 있을 때 사람들은 그것을 다른 대상으로 보상하려고 한다. 이와 같은 욕구 불만의 상태에 있을수록 애정 욕구는 증가되어지고 사랑의 대상에 대해 결합하려는 힘의 강도가 더욱 높아지게 된다.

상대방을 자신의 자아 속에 합일시키는 것이 사랑의 본질이므로 상대방의 마음의 움직임 모두가 자기의 마음의 움직임과 전적으로 똑같이 민감하게 감지(感知)되어진다. 더욱이 그 상대편의 자아는 자신의 자아의 부족한 부분을 보완해 주는 것이 아니면 안 되므로 상대편의 결점을 될 수 있는 대로 무시하고 장점을 미화하고 여기에 가치를 부여하려고 노력하게 되며 또 그렇게 해야만 애정이 유지되는 것이다.

한편, 상대방의 자아가 자신의 자아 속에만 머물러 주지 않고 딴 대상에게도 머무른다면 그것 때문에 사람들은 끊임없이 불안에 휩싸이게 된다. 사랑은 상대방을 독점하고 그의 모든 것을 흡수하게 되는 것인데, 이것이 불가능하게 되거나 방해를 받게 되면 불안이 오는 것이다. 따라서 상대방의 일부가 자기 이외의 것에 결합되어 있거나 점령당하고 있다는 것을 알게 되면 상대방에 대한 증오와 제3자에 대한 질투가 나타나게 된다.

3. 사랑과 미움 - ②

현실의 인간이란 언제나 특정 대상에 대해서만 완전히 결합되어 있을 수는 없게 되어 있다. 부모 자녀 사이가 그렇고, 부부 사이가 그렇고, 친구 사이가 그렇고, 애인 사이도 그렇다. 우리는 이런 몇 가지 형태의 인간관계 속에서 살고 있지만 그중의 어느 한 가지 관계에만 매일 수는 없게 되어 있다. 이들 관계에서 생겨나는 사랑의 양태(樣態)는 서로 다른 면을 가지고 있어서 때로는 서로 반발하기도 한다. 남편의 사랑이 그의 어머니에게로 결합되어 있을 때 아내는 끊임없이 불만으로 번민하며 때로는 남편의 어머니(시어머니)에 대한 증오로 발전하기도 한다. 남편의 사랑이 채워져 있지 않은 아내의 사랑이 이들과 결합되는 예는 우리나라에서는 흔히 볼 수 있는 예이다. 부모의 사랑을 둘러싼 형제간의 갈등과 시샘, 아내인 동시에 어머니인 여성의 사랑을 놓고 남편인 아버지와 아이들이 서로 경합한다는 것을 특히 강조한 것은 오스트리아의 정신분석학자인 프로이트이다. 그에 의하면 사랑이 있는 곳에 미움이 있고, 미움이 있는 곳에 사랑이 있다고 하였다. 완전한 무관심이 지배하는 곳에는 사랑도 미움도 없다. 사랑을 방해하는 자에 향해신 미움이 가장 격렬하고 또한 지속되게 된다.

미국의 저명한 정신 분석 학자인 칼. A. 메닝거 (Karl A Menninger)는 「애증」(Love Against Hate)이라는 책을 쓴 적이 있다. 이 책은 이미 이 방면의 고전이 되다시피 한 책인데, 이 책 속에서 메닝거는 인간에게 공존하는 상반되는 선천적인 두 본능, 즉 삶의 본능과 죽음의 본능을 유익하게 합일시킬 수 있는 방법을 제시해 주고 있다. 그것은 낙관주의인 동시에 이상주의였다. 죽음의 본능은 곧 파괴의 본능인데 이 본능은 전쟁, 증오, 살인, 고뇌, 기아, 황폐, 절망, 공포, 비애로 나타나고 때로는 자살과 파괴로도 나타나게 된다. 이렇게 병든 인간을 고칠 수 있는 유일한 처방(處方)은 사랑이고, 이러한 죽음의 본능이 만들어 놓은 모든 슬픔을 고치는 묘약(妙藥)은 이미 석가와 예수에 의해서 처방전이 씌어졌던 자비(慈悲)와 사랑이라고 했다.

그런데, 증오와 사랑이 숨겨졌을 때 과연 사랑이 증오를 압도할 것인가, 증오가 사랑을 압도할 것인가에 대해서 뚜렷한 해답은 없으나 증오가 사랑을 압도할 가능성을 배제할 수가 없다는 것이 일반적인 이론이고 보면 사랑과 증오의 합일이나 융합은 단순한 에너지의 합산이어서는 안 되고 목적 지향적인 융합이 되도록 하지 않으면 안 된다. 이렇듯 미움의 힘은 사랑의 힘만큼 강하고 집요한 것이다.

사랑은 개인과 사회와 인류를 행복하게 하며 미움은 개인과 사회와 인류를 불행의 심연(探淵)으로 모든 근원적인 힘이므로 평화롭고 행복한 개인과 사회를 만들기 위해서는 근원적인 애정의 불만→ 증오 → 공포 → 공격 → 파괴 → 자기 처벌 → 죽음의 악순환을 끊어야 한다. 그럴 수 있는 힘은 오직 사랑뿐이다. 이 사랑과 미움은 언제나 우리의 내부 세계에서 끊임없이 갈등을 야기하고 있는데 이를 용해시키는 길은 사랑을 격려하고 미움을 죽이는 일이라고 메닝거는 주장했다.

한 개인에게 특히 심리학적으로 문제가 되는 것은 사랑의 대상과 미움의 대상이 다를 경우보다도 동일 대상에 대한 사랑과 미움이 동시에 존재할 경우이다. 「사랑하기에 미웠노라」라는 애증의 갈등이 사랑과 미움을 둘러싼 문제 중에서 가장 심각한 문제가 된다. 어떤 사람은 강한 애정 욕구를 가지면서 모든 인간을 두려워하며 자기만의 세계에서 묶이어 신음하고 있다.

또, 어떤 사람은 어머니와의 공생적인 관계를 스스로 절단(切斷)하기 위해서 자기절단으로서 자살을 기도하기도 한다. 이 자기 절단이란 것은 마치 도마뱀이 위험에 처했을 때 자기의 꼬리를 절단하고 도망치듯이 자기의 자아에 투입했던 타(他)의 자아를 끊기 위해서 자기의 일부를 절단하는 일인데 자살뿐만이 아니고 청소년의 비행 등에도 그와 같은 자기절단을 위한 행동이 나타나기도 한다.

상대방을 자기 속에 집어넣고 있기 때문에 더욱 고민해야 되며 이것을 깨끗이 자신에게서 절단해 버리기만 하면 아무런 고뇌도 없이 지낼수가 있다고 믿는 것이 애증 갈등의 가장 단순한 해결 방법이다.

유아(幼兒)의 반항기에도 이와 같은 자기절단을 엿볼 수가 있다. 한국인의 인간관계에서는 특히 의존욕구(依存慾求)가 강하다. 그래서 응석부리고, 기대고, 사랑받고 싶은 욕구가 채워지지 않을 때 토라지거나 앙갚음을 하거나 하는 의존적 공격의 형태를 취하는 경우가 많다. 우리 문화는 특정 개인에 대해서 아주 뚜렷한 적의(敵意)나 증오(憎惡)를 표시하는 것을 극력 회피하고 있기 때문에 응석부리고 사랑받고 싶은데 그러지 못하거나 기대고 싶은데 기댈 수가 없을 때 의존욕구의 불만이란 형태로 나타나게 된다.

연로(年老)한 부모가 사랑하는 외아들에게 사랑을 주고도 싶고 또 사랑을 받고도 싶은데 며느리 때문에 방해를 받게 되니까 며느리를 정신적으로 학대해서 집을 나가게 만들거나 양보하게 하는 일이 일찍이 허다했던 것은 우리 문화 속에서 보아 오지 않았던가? 이것이 바로 애증욕구와 의존욕구의 불만의 표현이라고 하겠다.

어린 아이의 부모에 대한 반항, 연로한 부모의 자녀에 대한 불만, 아내와 남편의 감정적인 얽힘 같은 현상에서부터 상사(上司)나 교사(敎師)에 대한 태도에 이르기까지 이와 같은 의존적 욕구의 불만에서 일어나는 소극적 반항이 인간 생활의 어느 구석에서도 잘 나타난다.

구미인(歐美人)과 비교한다면 한국인의 애정표현은 훨씬 복잡하여 직접적이 아니다. 그것은 노골적인 표현에 익숙하지 않다는 점, 즉 감정적 억제에서도 오지만 생존적 욕구가 일반적으로 강하기 때문에도 표현을 불명확하게 하는 원인이라고 생각하게 된다.

최근에는 일반적으로 아이들을 돌보고 보살피는 태도가 과잉 보호적이어서 이 의존욕구가 오랜 시간 동안 강화되어진다. 그러다가 이 욕구가 단절의 위기, 예를 들면 청년기(靑年期) 이후의 자아의 확립, 제2반항기, 결혼에 의한 분가(分家)등으로 문제가 생기게 되기 쉽다.

또, 우리네의 가정에서는 일반적으로 부부 관계를 보면, 남편이 아내에게 매우 의존적이고 수동적인 면이 많이 있다. 예를 들면 손이 닿는 위치에 재떨이가 있어도 "여보 재떨이 좀 가져와 줘", "세숫물 떠 줘요", "해장국 끓여요", "양말 벗겨요", "발 씻어요", "넥타이 매요", "인감증명 떼어 와요", "당신이 학교에 가 봐요" 등 무수히 많은 잔심부름을 마치 유아기의 어린 아이가 엄마한테 조르듯 심부름시키는 일이 많다. 그러다가 남자는 늙으면 쓸모없는 인간이 돼 버리고 만다. 지나치게 사소한 일상적인 일을 아내에게만 의존해 왔기 때문이다. 그런가 하면 아내는 남편에게 마치 어머니가 자녀를 다루듯이 대하고 있는 것이다.

이런 관계가 당연지사로 받아들여지고 있는 한국에서 아내가 조금만이 보살핌을 소홀히 하게 되면 의존적 욕구의 불만에서 비롯된 공격이 나오게 된다. 이와 같이 애증욕구의 불만이 격렬한 증오를 낳는 것은 동서를 불문하고 같은 것이며, 그 근원에 있어서는 대인 관계의 특징이 애증의 표현을 규정하는 점은 틀림이 없다고 하겠다.

4. 생리(生理)의 비극

일본 동경 시내의 한 산부인과 병원에서 얼굴빛이 새까만 혼혈 여아가 침대 위에서 살해된 채 뉘어져 있었다. 아기를 죽이고 병원을 도망쳐 나간 것은 그의 어머니인데, 오랫동안 양공주를 하고 있던 여자였다.

이 여자는 종전 후(終戰後) 시골집에서 뛰쳐나와 상경한 후 창녀 노릇을 하고 있었다. 처음에는 길거리에서 아무나 상대자를 고르는 외인상대(外人相對)의 창녀였었는데, 사건 7개월 전부터 어떤 백인병사의 only(독점)가 되었다고 한다. 그러나 이때 이미 아버지를 알 수 없는 아기를 임신하고 있었는데, 약 2개월 전에 이 백인병사가 도망가고 말았다.

이 여자가 only를 하고 있을 때부터 방을 세내서 쓰고 있던 집의 둘째 아들인 청년과 사랑하는 사이가 되어 버렸다. 이 청년은 매우 순정파 청년이어서 이 여자를 재활시키려고 매우 노력하였다. 이 여자도 이 청년에게 다른 남자와는 다른 연애감정을 가지고 있었다. 이 여자가 임신하고 있었다는 것을 알았을 때에도, 이 청년은 "내 호적에 넣으면 되지 않아 함께 키우자"고 해서 임신중절을 중단하고 아기를 낳기로 마음을 돌렸다. only인 백인병사가 떠나고 난 후 생활에 쫓기고 있던 터이지만 중절을 하기에는 이미 손쓰기가 늦고 말았다.

물론, 청년의 부모는 이 여자의 직업을 알고 있었으므로 두 사람이 결혼하겠다는 것을 반대했다. 그러자 얼마 후에 태어난 아이는 새까만 깜둥이가 아닌가? 이 청년은 "깜둥이면 어떤가? 부모가 반대하면 세 사람이 부모를 떠나서 살면 되지 않는가" 하면서 격려해 주지만, 그것은 영화나 서푼짜리 소설의 해피엔드신이 될지는 모르지만, 먼 장래를 생각하면, 이 아이 때문에 불원간 불행이 닥쳐 올 것은 명약관화(明若觀火)한 것이고, 또 계모 밑에서 자라 온 이 여자로서는 감당키 어려운 감정이 된 것이다.

이 여자는 장녀로 태어났지만 목수를 하고 있던 아버지는 생활이 무절제(無節制)해서 어머니는 그것 때문에 이 여자가 겨우 젖을 뗄 무렵에 가출하고 말았다. 그 후 계모가 들어와서 세 동생이 태어났다. 생활이 어려워서 이 여자는 초등학교 4학년 때 중퇴하고 아기 보는 아이로 남의 집에서 일을 하게 되었다. 그 후 식당의 여급, 전쟁 중에는 여자정신대원(女子挺身隊員)이 되고, 사설 철도의 역원(驛員), 영화관의 안내양 등등으로 전전하다가 전후(戰後)에 거리의 소녀들과 함께 몸을 팔기 시작한 것이다. 그 후 5년 동안 세상의 쓰고 단맛을 맛본 이 여자가 한 청년의 순수한 애정의 사랑을 맛보게 된 것이다.

이 여자는 취조 검사에게 이렇게 말했다고 한다.

"이 아이(깜둥이)가 커서, 어머니가 외국인과 놀아나서 난 아이다, 깜둥이 새끼다 하고 놀림을 당하게 된다면, 도대체 어떻게 해야 될까 하고 생각하니 불쌍해서 죽겠습니다. 숯처럼 새까만 피부색, 들창코, 두툼한 입술, 이 아이를 껴안고 있을 때 장래의 생활이 어떻게 될지를 생각하니 불쌍하다는 생각도 들지만, 뭐라고 말할 수 없는 미운 생각이 가슴에 복받쳐 올라왔습니다. 그래서 정신을 차렸을 때에는, 나는 그 아이의 목을 담요를 씌워 놓고 힘껏 눌러 주고 있었습니다."

이와 같은 "영아 살해(嬰兒殺害)", "매춘(賣春)"이라는 두 개의 여성 특유의 범죄는 대체로 어떤 사회에서 전쟁이 가져온 현상이라고 하겠다. 이 여자는 이 영아 살해 이전에도 몇 번이고 인공 임신중절을 하고 있었으며, 이것은 모두 여성에게만 있는 월경, 임신, 출산, 육아와 같은 생리와 깊은 관련이 있는 것으로, 말하자면 여성의 숙명적인 범죄라

고 하겠다. 특히 영아 살해는 모성애와 증오(憎惡)가 얽혀 있다는 점에
서 커다란 문제가 되고 있다.

그러나, 이것보다 더 큰 문제는 모자동반자살이다. 우리나라에서는
아직도 아기를 독립된 인격으로 보지 않고 자신과 미분화된 비이원적
(非二元的)인 분신(分身)이라 보는 경향 때문에 어머니가 생활고라든
가 남편의 외도라든가 또는 학대 때문에 자살을 결심할 때 아기와 동반
자살하게 되는 것은 바로 너무도 사랑하기에 죽이는 예에 속한다고 하
겠다. 부모와 자녀가 공생적 관계에 있기 때문에 나의 아픔이 아이들의
아픔이요, 아이들의 고생이 곧 나의 고생이 되어서, "내 사랑하는 아들
을 계모에게서 학대받게 할 수 없으므로 같이 죽는 편이 낫다."고 생각
하는 것은 바로 "사랑하기에 미워한다."는 우리의 감정의 논리적 표출
이라고 할 수 있다.

5. 애정(愛情)과 애증(愛憎)

여기서 「사랑과 미움」의 양면성이 몰고온 비극적 범죄의 결말에 관
한 실례를 들겠다. 흉기는 엽총이며 장소는 변소인데 죽은 사람은 커다
란 철근 콘크리트 3층 건물의 주인인 71세 되는 회사 사장으로 두개골
의 좌측이 마치 입을 벌리듯이 총알자국이 난 상태로 변소에 넘어져 있
었다.

상해(傷害)를 계획한 것은 이 사장의 후처가 데리고 온 의붓아들인
데 후처가 이에 합세를 했다. 그리고 이밖에 이 두 사람의 사정에 동정
을 보였던 세 사람의 부랑아 중의 하나가 직접 하수인 노릇을 한 것이
다. 이 소년들은 곧 체포되었고 범행 일체를 자백 받았다. 그러나 후처

는 계속 범행을 부인했다. 그러나 최후에는 감출 수가 없어서 자백했을 때에는 이번에는 자기 혼자에게만 책임이 있다고 계속 우겨대었다.

공범자(共犯者) 다섯 사람 중 의붓아들은 냉혹한 의부(義父)를 증오해 왔다. 그런데 41세 되는 후처의 심리를 이해할 수가 없는 것은 범행의 진짜 동기가 무엇인지를 알 수가 없었기 때문이다.

후처는 일찍이 아버지를 여의고 학교에서는 우수한 재원으로 평판이 있었다. 22세에 결혼하여 큰아들을 낳은 후 그 이듬해 남편과 사별했다. 그러다가 30세나 나이가 많은 부자 홀아비에게 재혼을 했다. 그런데 이 회장 영감은 부자이면서 자기는 잘 먹고 잘 지내면서 자기가 낳은 아이들에게까지도 미움을 받을 정도로 인색하고 엄격하게 다스렸다. 그런데 이 의붓자식은 입적을 안 시키려고 버티었으며 의붓아들이 폐결핵으로 고생하는 데도 약값을 주지 않았다. 그래서 이 여자는 헤어지기로 하였다.

이 의붓아들은 의부를 지독하게 증오했다. 자기의 폐병까지도 꾀병이라고 말하고 일하면 낫는다고 치료비를 주지 않을 뿐더러 입적도 안 시켜 주기 때문에 죽이기로 결심하고 친구들의 도움을 받기로 하여 어머니에게 이야기했더니 어머니는 이를 한사코 말렸다고 동기를 말했다. 그런데 이 여인의 고백을 들어 보자.

"……사실을 말하자면 나는 정말로 영감님을 사랑했습니다. 한창때의 여성으로서 나는 서른 살이나 연상(年上)인 영감님을 사랑했다고 하면 믿기지 않을지 모릅니다. 이 애정은 두 사람만이 잘 알고 있습니다. 영감님이 나를 친정어머니와 의붓아들에게서 떼어놓으려고 무척 애를 쓴 것도 영감님이 나를 잃어버리지 않고 독점하고 싶다는 애정의 나타남이라 하겠습니다. 나는 그것을 잘 알고 있습니다. 나는 그러한 영감님의 아기처럼 거칠고 깊은 애정이 한편 내 아들의 마음을 상하게 하는 것에 마음 아팠습니다.

세상 사람들이 생각하는 것보다 영감님은 훨씬 훌륭한 사람이었으며, 70세까지 가정적인 애정에 굶주렸기 때문에 나는 나의 사랑으로 영감님을 따뜻하게 해주고 싶었습니다. 영감님에 대한 나의 애정이 깊어지면 깊어질수록 반면 아들에 대한 태도로 나의 영감님에 대한 증오도 점점 깊어 갔습니다. 이 두 감정이 언제나 마음속에서 다투고 있었습니다. 내 마음속의 사랑과 미움은 애정 때문에 증오가 깊어지며 증오 때문에 애정이 더욱 깊어졌습니다.

이 두개 마음이 싸우다가 끝내는 될 대로 되어라 하고 운명에 맡기고 말았습니다." 사랑과 미움은 이렇게 치근덕스럽게도 서로가 서로를 덮치고, 누르고, 이기려고 하는 동안 인간에게는 가지가지의 희극과 비극이 생겨나는 것이다. 앞의 두 범죄 실화는 어떤 특정 인물만이 당하거나 저지른 범행이 아니라 인간 누구에게나 가능한 잠재적인 가능성을 가진 사건이라고 본다면 지나친 일반화가 될까? 아니면 극복되어질 수 있는 문제일까?

6. 시기(猜忌)와 질투(嫉妬)

프로이트는 원래 사랑이란 자기애(自己愛)에서 출발한다고 했다. 그러나 사랑 중에도 연애는 사랑하고 사랑받는 자신의 상태에 도취하는 사랑이다. 상대방의 이성을 자기 속에 투입시켜 독점하려고 하더라도 불가능할 경우 연애는 고뇌를 낳게 된다.

만일, 연애에 만족을 하고 행복에 젖어 있을 수가 있다면 사랑하고 사랑받고 있는 자신에 대해서 만족한다는 자기애 없이는 불가능한 것이다. 그런데 이와 같은 사랑하고 사랑받는 자기애가 금이 가고 상대방과의 사이에 애정의 유대가 끊어지게 되는 경우가 생기게 된다. 어떤 경우일까?

그 원초적인 형태가 질투(嫉妬)라는 체험이다. 질투의 최초의 체험은 어릴 때 동생이 태어나면서 어머니의 애정을 동생에게 빼앗긴다고 하는 두려움 속에서 생기게 된다. 지금까지 막내나 독자(獨子)로서 어머니의 사랑을 거의 독점해 온 아기는 어머니의 유방에 매달려서 만족스러운 얼굴로 자고 있는 동생에게 어머니를 양보하지 않으면 안 된다. 이때의 애정의 상실은 마음을 불안하게 한다. 그러나 더욱 복잡한 질투는 남녀간의 질투이다.

애정을 빼앗으려는 제3자에 대한 증오와 함께 사랑하는 사람에 대한 질투가 생기게 된다. 애정의 대상을 빼앗겼을 때 증오가 생기는 것은 당연하지만 질투의 특징은 그 증오에 상상력이 더해짐으로써 비현실적인 것이 사실화되고 만다. 이렇게 해서 사람들은 서로 갈라지게 되는 것이다.

부부간의 관계에 있어서도 부부를 갈라지게 하는 요인은 무엇일까? 상대방의 친척과의 접촉, 가계 문제, 서로의 성격 차이, 성적 관계, 배우자의 부정가치관(否定價直觀) 등 여러 가지 요인이 있을 수 있다. 이런 것들은 어느 한 가지도 서로의 협력이나 타협 없이는 성립되지 않는 것들이다. 이런 경우 이혼이라는 합리적인 방법을 취하는 경우도 있지만 실제로는 그렇게 못하고 단순히 동거를 하고 있는 부부도 많다.

부부간에 애정이나 신뢰는 상실했으면서도 한쪽은 일에 열중하고 다른 쪽은 육아(育兒)나 가사에만 정신을 쏟음으로써 서로의 갈등을 피하거나 인종(忍從)의 생활을 강요함으로써 이름만의 부부로 생활하고 있는 경우가 적지 않다. 가족 제도의 틀이 튼튼한 사회는 애정이 약해도 제도가 묶어 놓고 있기 때문에 그런대로 부부간이 유지되나 제도화 (制度化)가 약한 사회에서는 애정이 유일한 지주(支柱)가 되며 끊임없이 애정을 확인해야만 된다. 부부 사이를 갈라놓는 요인은 매일의 생활에 수없이 많이 내재하고 있다. 대개는 두 사람의 성숙된 태도로써 극복할 수가 있으나 이것이 실패했을 때, 노이로제, 자살, 나아가 반사회적 행동 등이 나타나게 된다.

마지막으로 「애증」의 메커니즘의 전형으로서의 고부 관계를 들지 않을 수 없다. 고부 관계는 두 사람 사이의 관계이기는 하지만 매우 복잡한 관계에 있다. 오늘날 시어머니와 며느리의 역할분화(役割分化)의 문제에서 오는 갈등, 한국 가옥 구조의 공개성에서 오는 비밀 유지의 어려움, 며느리가 아들을 낳았느냐 안 가졌느냐의 문제 등으로 매우 복잡한 양태(樣態)를 띠게 된다.

대개 이 고부간의 문제는 이런 갈등들이 얽혀서 가정 전체의 화목 또는 불화의 안정—불안정과 균형—불균형이 결정되어지는 것이다. 이 갈등들이 잘 해결되고 안 되고가 가족간을 융합하게도 하고 갈라놓게도 한다. 이렇게 인간들을 갈라놓게 하는 것은 증오이고 융합하게 하는 것이 사랑이라고 한다면 사랑은 인간 실존 문제의 해결자라고 하겠다.

시인이었던 쉘리(Shelley)는 「우리가 사랑이라고 부르는 것, 저 심원하고도 복잡한 감정은 친밀히 사귀려는 보편적인 갈망이다. 또한 지적—상상적—감각적인 우리의 온갖 본성의 갈망이다」라고 읊었다. 사랑은 인간의 갈망이다. 그리고 또 사람은 사랑에 빠지는 것이 아니라 사랑으로 성장하는 것이다. 삶의 본능은 사랑 속에 발견되는 것이며, 파괴 본능을 중화시켜서 흡수한다. 파괴의 힘을 승화를 통해 완성하는 것이다.

사랑이 손상되기 쉬운 것은 우리의 왜곡된 감정 때문이라기보다도 도리어 우리의 가면, 즉 허위에 찬 문화양식들 때문에 오는 경우가 더욱 많다. 서로의 이해를 방해하는 많은 문화적인 장벽들 때문에 인간은 서로 증오하게 되는 것이다. 인간과 인간 사이의 이해와 동일화를 높여 주는 것은 우리가 쓰고 있는 문화적 가면(假面) 허세, 지위, 명성, 체면, 규격화된 제도, 견고한 장치, 습관을 벗어버리는 것이다.

사랑을 기르는 방법은 무엇인가? 우리의 미움을 제쳐 버리는 방법은 무엇인가? 주는 이가 받는 이보다 행복하다는 말은 심리학적으로 보아서 진리인 것이다. 사랑을 주자 그리고, 우리는 서로 얘기를 하자. 부드러운 대답은 노여움을 물리친다.

그러나 원한(怨恨)을 품은 말은 화를 돋워 줄 뿐이다. 얘기는 하느니 보다는 듣는 편이 더 중요하며, 듣는다는 것은 인간의 교제 중에서 가장 힘 있고 영향력이 큰 기술이라고 하겠다. 듣는 귀를 가지자. 인간은 사랑하기 위해서 태어났다고 한 뮤리엘 제임즈(Muriel M. James)의 말은 우리의 심장을 노크하는 말이다. 그리고 인간에게는 사랑할 능력이 있는 것이다. 그 힘은 위대한 힘을 낳게 된다. 미움을 지옥으로 보내자. 미움의 생각을 마음속에서 제거하는 노력을 뼈아프게 하지 않고는 불가능하다. 악은 잡초와 같아서 기르지 않아도 잘 자란다. 그러나 아름다운 꽃은 정성스레 기르지 않으면 꽃을 피울 생각을 하지 않는다.

우리의 가슴속에 피어나는 미움의 마음을, 미워하는 생각을 잠시도 망각하지 말아야 한다. 미움은 나눌수록 작아지고 사랑은 나눌수록 커진다는 말은 진리이다.

Ⅳ. 실존적 인간관

1. 불안의 근원

실존주의 철학자들은 현대를 불안의 시대라고 하였다. 「불안의 시대」라는 오-든의 시가 나온 후 카뮈는 「이방인」에서 20세기를 「공포의 세기」라고 불렀다.

불안이란 과거에는 정신을 가진 인간에게만 있고, 동물에는 없는 것으로 생각했지만 중추 신경이 발달된 동물일수록 불안의 현상을 현저히 나타내고 있다. 보신탕 냄새를 맡고 눈물을 흘리는 개나, 도살장에 끌려가는 소의 불안이 그 예다. 현대가 전면적인 불안의 시대로 보여지는 이유는 고대나 중세에 있어서는 일시적인 천재지변(天災地變)이나 질병이나 재난을 제외하고는 비교적 안정된 종교, 정치, 경제, 사회적 질서가 유지되고, 따라서 개인의 신분이나 역할이 고정되어 있었고, 가치의 변동이나 사회의 변동이 급변하거나 빈번하지 않았었다. 그러나 이와는 달리 현대는 정치, 사회, 문화적인 급변의 연속이요, 가치의 혼란, 신분과 역할의 혼란, 파괴를 목적으로 한 무기의 가공스런 발달과 공해의 만연으로 인한 인류 전체의 멸망이란 전면적인 불안을 말하지 않을 수 없게 되어 있다. 일찍이 불경의 하나인 「유마경」에 의하면 모든 인간은 어머니 뱃속으로 들어가려고 한다는 구절이 있는데, 불교에서는 건강하고 성숙된 마음을 단단하고 부서지지 않는 견실심(堅實心)이라고도 하고 여덟 가지 바람에 흔들리지 않는 부동심(不動心)이라고도 한다. 이와 반대로 흔들리는 마음이 넓은 의미의 불안이고, 공포도 여기에 속하며, 유교에서 말하는 칠정(七情: 喜怒哀樂愛惡欲)이나 불교의 칠정(七情: 喜怒憂懼愛憎慾)이 모두 여기에 속한다. 서양의 정신분석학에서도 사람은 어머니 뱃속에 있을 때에는 모든 것이 자동적으로 공급이 되어 불안을 느끼지 못하다가 출생과 더불어 생기는 탈생불안(誕生不安)이 불안의 원형이라는 주장을 한다. 물론, 최근의 연구에 의하면, 어머니의 자궁(子宮)에 있을 때에도 어머니의 심신 상태에 따라서 반드시 안정감을 주는 것이라고는 할 수 없다는 것이 과학적으로 증명된 바도 있지만, 상대적으로 보면 대부분 안정감을 준다는 얘기다. 정신분석의 창시자인 프로이트의 불안에 관한 최종 이론을 보면 불안을 자동불안(自動不安)과 신호불안(信號不安) 두 가지로 구분한다. 자동불안은 자기 힘으로 소화 또는 감당하기에는 너무나 크고 많은 자극을 받으면 언제든지 자동불안이 생긴다. 자동불안의 원형은 탄생불안이다. 이러한 자극은 밖으로부터 올 수도 있고 안으로부터 올 수도 있으나 대부분 본능 즉, 욕망(慾望)에서 비롯된다. 자동불안은 유아기의 특징이다. 발육 도상에 위험한 사태가 일어나면 불안을 만들어 내는 능력을 가지게 된다. 나중엔 위험한 사태를 예견만 해도 불안해진다.

이 신호불안이 있기 때문에 자아가 본능을 조절할 수 있게 해준다. 이것은 도둑질을 하고 싶은데 도둑질을 하면 형무소에 들어간다는 위험한 사태를 예견하기 때문에 신호불안이 일어나 도둑질을 못하게 한다는 뜻이다. 인생을 살아가는 동안에는 계속 이러한 신호불안을 일으키는 위험한 사태라는 것은 언제나 있다. 인생을 산다는 것 자체가 불안의 연속이고, 이 불안 즉 문제가 생기면 불안이 일어났을 때 문제를 처리하면 불안이 없어지지만 해결을 않고 두면 정신장애가 일어나고 성격이 삐뚤어진다고 볼 수 있다. 신호불안은 불안의 약화된 형태로 볼 수 있고, 정상 발육에 중요한 역할을 담당한다. 그러면서 노이로제의 특징적인 불안 형태이다. 어떤 정신 분석학자는 기본적 불안(基本的 不安), 기본적 신뢰(基本的 信賴)란 말을 쓰기도 한다. 기본적 신뢰는 젖 먹는 것, 잠의 깊이, 위장의 장애, 즉 속이 쉽게 편해지느냐 않느냐에 달려 있다. 이것이 안 되면 사회적 불안이 생긴다. 이것이 잘되면 기본적인 신뢰가 생긴다. 어머니가 보이지 않아도 불안이 없을 정도로 어머니와의 관계가 신뢰하는 정도로 되어 있어야만 된다. 이것은 어머니가, 아이가 추워하면 춥지 않게 덮어 주고, 배고파하면 젖을 주고, 기저귀를 갈아주어야 될 때 갈아주고, 안아 주어야 할 때에는 안아 주고, 졸릴 때는 재워 주고, 가만히 두고 지켜보고 있다든지, 같이 놀아야 할 때에는 같이 놀아 주고, 어린이의 성장에 필요한 것만 해주고, 불필요한 간섭을 않는 것이며, 불편해 하면 그 원인을 알아내 원인을 없애 주는 것이다. 이러한 어머니 밑에서 자란 사람은 평생을 불안 없이 일생을 지낼 수 있다. 불안한 어머니를 가진 아이는 커서도 항상 불안해하고, 겁이 많고, 잘 놀라거나 위축이 되거나, 포발적, 충동적인 성격 등의 여러 가지 형태의 정신장애를 일으킨다. 정신 분석학에서는 신호불안을 일으키는 전형적인 사태는 어머니로부터 떨어질 때 일어나고 1년 6개월까지는 대상상실(對象喪失)에서 생긴다. 이것은 어머니가 여행을 가거나 형무소로 가거나 사망 등의 경우다. 여태까지 나를 사랑하던 사람이 나를 사랑하지 않게 되었을 때 3살 전후에는 소위 거세불안(去勢不安)이란 것을 일으키기도 한다. 이것도 일반적인 위협감에서 온다고 볼 수 있다. 5~6세경부터는 양심(良心)이 발달되어 죄악감 즉, 양심의 가책이 생긴다. 이렇게 불안이 태어나자마자 누구나가 경험을 해야 되고 산다는 것 그 자체가 불안을 전제로 한다. 배가 고픈데 먹을 것이 없다면 불안해진다. 어떠한 방법을 써서 먹을 것을 구해 먹으면 불안이 없어진다. 또다시 그런 경험을 하지 않기 위해서 미리 양식을 준비해 둔다든지 돈을 준비해 두게 된다. 그러나 이러한 불안은 상태가 오래 지속되면 불안이 병적으로 된다. 그러나 신호 불안이 있음으로 해서 정상적인 인격이 발달될 수 있고 교육이 가능하다. 무슨 짓을 해도 괜찮다는, 말하자면 법률이나 도덕, 부모의 지시를 어기는 행동을 해도 불안이 없다면 인격의 성숙이나 교육은 불가능하다. 이것이 불안의 효용이고 긍정적인 면이다.

2. 불안(不安)의 자각(自覺)

불안이란 살고 있는 동안에 여러 가지 내적욕구(內的慾求)가 충족되지 않을 때, 외부적인 위협이 있을 때 발생하는 필연적인 면을 지니고 있다. 인생의 행복과 불행, 가정이나 사회, 인류의 평화가 불안을 어떻게 처리하느냐의 여하에 달려 있다. 점(占)도 여기에서 나오고, 여러 가지 미신(迷信)도 모든 종교 활동도 여기에 집중이 되고, 술집이나 각종 오락 시설, 정치, 경제, 과학 기술 모든 예술활동, 인간의 모든 활동이 불안 해소의 목적을 지니고 있다. 문제는 그 해결 방법이 적합하고 항구적(恒久的)이냐 일뿐이다. 앞서 말한 바와 같이 정상적이고 건강한 인격이 길러진 건강한 사회에서 건강한 부모 특히 건강한 어머니 밑에서 풍부하고 건강한 사랑─부모 자신의 욕구 충족이 위주가 아니고, 자녀의 성장 위주인 사랑─을 받고 자란 사람은 바람직한 인격을 지니게 된다는 칭찬을, 그것도 지나치지 않을 정도로 받고, 잘못했을 때에는 꾸중이나 매를 맞고, 나이가 들어감에 따라 자기가 할 수 있는 일은 본인이 하도록 권장되고 부모가 대신해 주는 일이 없이 자라고, 본인이 견딜 수 있는 정도의 욕구충족을 보류 지연시키는 훈련, 다시 말해서 견딜 수 있는 정도의 가벼운 병을 일으키는 정신적 예방주사를 맞고 자란 사람은 인생을 살아가는 도상에서 문제가 생기면 그때그때 해결하고 자기 힘이 모자라면 가족이나 친구, 스승이나 선배나 상사에게 상의해서 도움을 받아 처리한다. 그리고 시간이 오래 걸리고 긴 시간이 걸려도 해야 할 일은 장기 계획을 세워서 해결을 스스로 해 나간다. 불가능하거나 그렇게까지 큰 시간이나 노력을 할 만한 가치가 없다고 생각되면 포기하여 항상 불안이 오래 지속이 되지 않도록 한다. 그러나 불건강한 사회, 불건강한 부모 특히 불안한 어머니 밑에서 자라거나, 건전한 어머니의 역할을 하는 사람이 없거나 부모가 건강해도 부득이한 사정으로 제대로 역할을 못하거나 어머니 대신 역할을 하는 할머니, 가정부나 가정교사, 아버지 역할을 하는 할아버지나 삼촌 등이 건강하지 못할 때 인격 성숙이 제대로 안 돼 미숙한 인격이 형성된다. 이러한 경우에 불안이 생기고 일단 불안이 생기면 불안의 처리 방법이 적절하지 못하게 되어 일시적으로 호도(糊塗) 하거나 모르는 척하면서 지나려고 하여 한마디로 제대로 처리를 못 한다. 비근한 예로 초등학교에 들어가기 전에 부모들이 자기 자식을 잘 기른다고 밖에 나가서 놀면 다친다거나 이웃 아이들이 제대로 돌보는 아이들이 아니거나 또는 없는 집 아이들이라 음식을 잘 못 먹거나 병이나 옮지 않을까, 좋지 못한 행동을 배울까 봐 불안한 정도가 심해서 집안에 가두어 키우면 학교에 가서 불안 공포가 심해지고 경우에 따라서는 학교 가기를 싫어한다. 이러한 문제를 일찍이 학교에서나 가정에서 손을 써서 극복하게 도와주지 않으면 점점 접촉을 꺼리고 결국은 정신병에 까지 이른다. 노이로제나 정신병에 걸리는 사람들은 이러한 불건강한 인격 다시 말해서 미숙한 인격 나이는 먹었는데 마음과 감정이 어린 상태에 있는 사람이 다른 사람은 자기를 자기 나이에 합당한 사람으로 보고 거기에 합당한 책임을 요구하고 기대를 갖는데 본인에게는 그것이 부당한 것으로 받아들여지기 때문에 공연한 적개심(hostility)이 생겨 대인관계가 원활하지 못하게 되고 항상 갈등상태(葛藤狀態)를 헤매다가 도저히 더 이상 적응하기가 어려워질 때 여러 가지 병적인 증세가 나타난다. 정신장애란 불안의 처리 방식이 잘못된 것이고 처리 방식에 따라 종류가 달라진다. 정신병이나 신경증(노이로제)등 신체 증상을 주로 하는 정신·신체장애는 불안을 일으키는 원인이 되는 감정을 억압하는 데에서 생긴다. 말하자면 남에게 기분 나쁜 소리를 들었을 때 속으로는 기분이 나쁘면서도 기분 나쁘다는 감정을 즉각 억제하고 오히려 웃거나 아니면 표현을 못하거나 대항을 못하면 속에서는 적개심이 점점 더 커진다. 이 세 가지는 정신 분석에서 인격의 3대 구성 요소(三大構成要素)를 본능(本能), 자아(自我), 초자아(超自我 : 양심)로 구분하는 것 중에 초자아가 지나치게 비대해 있어 자기의 욕구 충족이나 감정표현이 타인에

해가 되지 않는 데도 불구하고 해서는 안 된다고 양심이 금지시켜 발
생한다. 정신병과 신경증은 주로 정신작용이나 행동면에 증상이 나타
나고, 정신병은 인격의 붕괴(崩壞)가 일어나고 현실감각이 없어진다.
신경증은 인격의 붕괴가 없고 현실감각이 상당히 많이 남아 있다. 간
단한 예를 들어보면, 건강한 사람이면 튼튼하게 지어진 빌딩의 사무실
에서 사무를 보고 있으면서 천장이 무너질 것이라는 생각을 전혀 하
지 않는다. 그러나 신경 증세가 있는 사람은 혹시 시공(施工)을 잘못
해서 천장이 무너지면 어떻게 하나 하는 불안이 가끔 일어나지만, 그
것은 엉뚱한 생각이라는 자각이 있다. 그렇지만 정신병의 정도가 심하
게 되면 천장이 무너져서 떨어지는 것이 환각(幻覺)으로 보일 정도로
현실감각이 없어진다. 정신·신체장애는 누구나가 경험하는 것으로 밥
상머리에서 기분 나쁜 소리를 들었을 때 불쾌감을 잘 처리하지 못하
면 체(滯)하는 경우다. 어떤 사람은 밥상머리에서 부인이 귀에 거슬리
는 소리를 하면, 즉시 수저를 놓고 밖으로 나가서 한 바퀴 돌고나서
밖에서 식사를 한다 했다. 왜냐하면 그냥 앉아서 밥을 먹으면 반드시
체하기 때문이라고 한다. 정신병이나 노이로제에 여러 가지 종류가 있
듯이 정신·신체장애(또는 심신 장애)에도 여러 가지 종류가 있다. 흔
한 것은 위궤양, 십이지장궤양, 당뇨병 등등이다. 위의 세 가지 범주
의 정신장애와 대조적인 정신장애로는 인격장애자라는 것이 있다. 앞
의 세 가지는 불안이 생기면 무조건 불안의 원인이 되는 감정을 억압
하여 화가 내공발병(內攻發病)하고 자기 자신의 심신에 파괴작용이
일어나는 경우지만, 인격장애라는 범주에 속하는 사람들은 성장 과정
에서 양심이 제대로 길러지지 못해 자기의 본능 욕구를 제어하는 장
치인 양심이 결여되어 있다고 한다. 화가 잘 나고 화가 나면 즉각적으
로 남을 친다. 남을 말로써나 폭력이나 기타 방법으로 공격하여 자기

의 불안을 해소한다. 그러기 때문에 자기의 심신에는 별로 파괴작용(破壞作用)이 일어나지 않는다. 인격장애도 여러 가지 종류가 있지만 범죄자, 깡패, 여러 가지 관리직(管理職)에서 성공한 사람, 정치가들 중에 이런 종류의 사람들이 많다. 냉정하고 사람 조종을 잘하며 말을 잘하고 상냥한 경우도 많다. 지금까지는 개인의 경우에 국한해서 얘기했지만, 인간이란 자연의 일부이고, 과거의 역사를 등지고 미래를 향하면서 현재의 지구 위에서 자기 나라, 자기 가정, 자기 직장, 자기 교우 관계 속에서 살고 있다.

  앞에서는 개인 내부를 주로 얘기했으나 외부와 내부가 항상 끊임없는 상호작용(相互作用)을 하고 있기 때문에 불안의 해소나 정신 건강 문제의 해결은 개인을 벗어난 전체를 고려하지 않으면 안 된다. 여러 해 전에 미국의 의회에서 저명한 정신 분석 의사를 초청해서 국제 분쟁의 해결책에 관한 증언을 들은 일이 있다. 이때 한 사람의 증언에 의하면 국제 분쟁은 가족 관계가 잘못된 것이 원인이며, 가족 관계를 바로해야 건강하고 성숙되고 상호 이해하며 협조하는 인간이 되어 세계 평화가 성취될 수 있다고 증언했다. 여기에서 우리는 유교(儒敎)에서 말하는 효(孝)내지 효제(孝悌)를 상기한다. 효란 건전하고 기본적인 인간관계를 바탕으로 하여 자기실현(自己實現)을 하는 것이 되고 있음을 오늘날 한국의 대부분의 지식인들은 망각하고 있다. 효경(孝經)에도 효로써 천하를 다스리는 근본을 삼는다고 했고, 수신제가치국평천하(修身濟家治國平天下)란 말도 천하를 평화롭게 하는 것이 수신에서 출발한다는 것인데, 수신은 효에서 출발한다. 이 때문에 효로써 세계 평화의 근본을 삼는다는 뜻이 되고, 효란 건전한 친자관계(親子關係)를 말하는 것이며, 친자관계가 바로 되면 형제관계(兄弟關係)가 바로 되고, 이러한 건전한 친자·형제관계와 가족관계를 바탕으로 해서 가족 아닌 모든 대인관계를 가족관계와 같이 한다는 것이 유교의 기본 정신이다. 오늘날 서양의 정신 분석, 가족 치료, 심리학이나 문화 인류학의 연구 결과에서도 우리의 전통 문화의 정수(精髓)가 연구 내용의 기초가 되고 있다.

3. 불안(不安)과 공포(恐怖)의 극복

현대는 전면적인 불안·공포의 시대로 불안의 의미와 발생 근원을 밝혔고, 불안의 해소 및 해소되지 않을 때 일어나는 현상을 주로 개인 문제에 국한시켜서 밝혔다. 개인 내부의 불안과 외부의 불안 요소가 상호 관련성(相互關聯性)이 있기 때문에 우리의 모든 사회 활동이 불안 조성과 해소 내지, 해소되지 않는 것과 관련이 있고, 궁극적으로는 효가 근본 해결책이기는 하나 이미 효가 제대로 되기 어려운 것이 과거의 현실이었고, 현대는 더욱더 실현이 어려운 상황이기 때문에 이미 잘못 자란 것이 현실적인 인간인지라 이러한 인간들을 어떻게 치료를 하여 올바른 인간상으로 구제를 하느냐가 또 한편의 해결 문제다. 효로써 예방이 더 중요하지만 현실적으로는 치료가 어려운 문제가 되었다. 여기에서는 정치, 경제, 사회, 예술 등을 관련 지워서 다루기보다는 기본 원리만을 다루기로 한다. 한 정신과 의사는 다년간 서양의 정신 의학과 정신 분석, 정신 치료, 카운슬링을 공부하고, 많은 환자를 치료했으며, 과거 십여 년 동안은 틈틈이 동양의 도(道)에 대해서도 관심을 가지고 공부해 오는 동안 서로 관련성이 있음을 알게 되었다. 이미 잘못 길러져서 불필요한 불안 공포를 가지거나 불안 공포를 가진 사람을 자신과 타인에게 파괴적이 아니고 건설적으로 해결하게 도와주는 방법 중 서양에서 가장 발달된 것이 20세기에 와서 이루어진 정신 분석 치료이다. 물론, 인류의 역사 특히 서양의 역사나 원시 사회를 볼 때에 미국의 철학자 죤 듀이(John Dewey)의 말을 빈다면 원시인이나 인류의 고대에 있어서는 끊임없는 자연의 위협 앞에 인간은 무력하였고 심한 불안을 경험했다. 고대인은 이 불안을 해소시키기 위하여 주술(呪術) 등과 같은 여러 가지의 금기의식(禁忌儀式)을 창안했다. 이러한 생존의 위협에서 오는 불안에 대처하는 또 다른 방법은 현실(자연)을 개조하여 인간에 봉사시키는 기술(技術)로 발전하였다. 전자는 위협적인 현실에 눈을 가리기 위한 관념적인 조작에 불과하므로 미신으로부터 종교로, 종교로부터 신학(神學)으로, 신학으로부터 전통적인 서양 철학으로 발전해 온 것이다. 관념의 유희(遊戱)란 말이 여기에서 나온다. 인간의 생존을 위협하는 자연적 현실에 작용하여 현실을 변경시켜 인간생존에 봉사시키는 기술은 오늘날의 과학으로 발전했다. 불안의 해소는 이러한 자연 과학적인 방법으로는 궁극적으로 해결할 수 없다. 그것은 여기에 다루는 좁은 범위에서 볼 때 정신 장애의 치료에 있어서 물리 화학적인 치료로써 근치(根治)가 되지 않는다는 사실에서도 나타난다. 영국 태생으로 미국 시민이 되어 성공회(聖公會) 신부(神父)로 있다가 동양의 도(道)에 심취되어 동양사상을 계몽하는 저서도 십여 권 내고, 몇 해 전에 작고한 알란 왓츠는 「정신 치료─동(東)과 서(西)」라는 저서에서 동양의 종교는 서양적인 의미로는 종교도 아니고 철학도 아니며 개념으로서의 정신 치료라고 간파하고 있다. 동양의 종교는 유불선(儒佛仙)을 말하는데 근본을 따져 보면 같다. 왓츠는 서양 문화는 하나의 문화이고 동양의 도(道)는 그 문화들을 비판하며 영원불변한 것이라고 했다. 여기에서 그 정신과 의사는 다음과 같은 몇 가지를 소개하고 있다. 첫째로, 서양에서 가장 발달된 정신 분석 치료와 동양의 선불교(禪佛敎)와의 비교이다. 정신 분석 치료의 과정을 우선 살펴 보면 분석자는 처음에 환자 즉, 피분석자를 만나서 우선 그 사람의 증상이나 여러 가지 고통이 되는 문제의 원인이 되는 핵심과 이 핵심을 이루게 되기까지의 어려서부터의 가족관계에서 생긴 감정을 진단 파악한다. 다음으로 분석자는 환자로 하여금 이러한 자기 장애의 핵심적 원인이 되고 일거수일투족에서부터 자나 깨나 전인격(全人格)을 지배하고 있는 핵심적인 감정동기(感情動機)를 이해시킨다. 다음으로는 이러한 감정 동기 욕구를 분석자에게서 느끼고 있다는 것 즉 전이감정(轉移感情)을 이해하고 다음으로 환자로 하여금 환자가 분석자에게 이러한 감정을 느끼고 있다는 것을 깨닫게 된다. 마지막으로는 환자가 이러한 핵심적인 감정을 치료받기 전과 같이 억제하지 않는 상태에서 해소시키는 작업을 분석자와 협동으로 하게 된다. 이 작업이 끝나면 분석치료가 끝나게 된다. 이것은 참선(參禪)에서 겪는 각(覺)의 과정을 그린 흑우도(黑牛圖) 또는 십우도(十牛圖), 목우도(牧牛圖)와 비교하면 그 유사성을 볼 수 있다. 처음에는 소를 찾아 나선다(黑牛). 다음에는 소의 발자국을 본다(見跡). 다음엔 소를 본다(見牛). 그 다음에는 소를 잡아 고삐를 단다(得牛). 다음에는 소를 먹인다(牧牛). 다음에는 소를 타고 집으로 돌아간다(騎牛歸家). 다음에는 소를 잊고 사람만 있다(忘牛存人). 다음엔 사람도 소도 다 잊어버리고(人牛俱忘), 본래의 자기로 돌아간다(返本還源). 마지막으로 보살(菩薩)이 되어서 세속으로 들어가서 중생을 제도(濟度)한다. 소는 자기의 마음이다. 불가(佛家)에서는 처음에 보는 소는 검은 소라고 한다.

이것은 정신치료에서 환자로 하여금 성실하게 마음을 관찰, 보고케 하면 처음에 나타나는 것이 부정적인 감정인 것과 일치한다. 핵심적 감정의 지배를 받고 있다는 것을 자각하고, 이 감정을 억압하지 않고 다

루는 것을 배운다는 것과 이 과정을 극복하는 것은 득우(得牛), 목우
(牧牛), 기우귀가(騎牛歸家)에 해당하고, 망우존인(忘牛存人), 인우구
망(人牛俱忘), 반본환원(返本還源)은 진정한 자기로 돌아가는 것이다.
수도(修道)를 하면 검은 소에 흰점이 하나 생겨서 흰 부분이 확대되고
나중에는 흰 소가 된다고 한다. 이것은 파괴적인 감정이 없어지고 건설
적인 사랑의 감정이 성장하는 것이며 긍정적인 힘의 성장이다. 입록수
수(人鹿垂手)는 성숙된 분석자가 되어서 타인을 위해, 인류를 위해서
봉사하는 것에 해당한다. 도와 정신 분석의 그 밖의 공통점은 매슬로우
(Maslow)가 말하는 결핍동기(缺乏動機)를 없애고 자기현실화 동기
(自己現實化 動機)를 나타내게 한다는 점이다. 노자의 도덕경(道德經)
에 「爲學日盆 爲道日損 損之又損 以至于無爲……」란 표현이 적절하다.
이것은 학문 즉, 지식을 공부하면 나날이 지식이 불어나지만 도(道)를
닦으면 신경증적인 욕망 즉, 결핍 동기가 나날이 떨어지고 자기 현실화
동기만 있게 되는 것―이것이 무위(無爲)다. 욕심, 결핍 동기 콤플렉스
를 없애는 것이 치료인 동시에 수도(修道)요, 불안을 없애는 방법이다.
돈오(頓悟)하고 보임 3년(保任三年) 한다는 것과 정신 분석에서 통찰
(洞察)을 얻어서 극복한다는 것이 같고, 치료가 되어감에 따라서 꿈이
현실에 가까워지는 것과 각(覺)의 애각(愛覺) 일여(一如)와 상통한다.
정신 분석 의사가 자기 치료부터 성공해야 남을 분석 치료할 수 있다는
점은 자각자(自覺者)라야만 각타(覺他)를 할 수 있다는 불가의 전통과
일치한다. 부처의 직전 단계인 보살(菩薩)은 상속직(相續識), 지식(智
識), 현식(現識), 전식(轉識)을 벗어나고 업식(業識)을 자각하고 이의
지배를 받지 않는 경지를 말한다. 이것은 성숙된 정신 분석 의사가 자
기의 남아 있는 무의식적 동기(無意識的 動機)의 흔적을 자각하고 이
의 지배를 받지 않는 것과 같다. 성숙된 정신 분석 의사는 이웃만큼 전

인류에 대한 사명감을 갖는다. 이것은 보살정신(菩薩精神)과 통한다. 서양의 정신 치료자나 실존 철학자들은 불안을 병리적(病理的)인 신경 증적 불안과 정상적인 실존적 불안의 두 가지로 구분한다. 그들은 주장 하기를 정신 분석이나 실존분석(實存分析) 정신 치료로서 병리적인 신 경증적 불안은 없앨 수 있지만 정상적인 실존적 불안은 여하한 방법으 로도 없앨 수가 없다고 주장한다. 왜 그러냐 하면 아직 그들은 도의 경 지를 모르기 때문이다. 서양 문화에서의 불안·공포의 해결책은 정신 분석, 실존분석(實存分析) 등의 정신 치료이지만 이러한 방법은 서양 인들 자신이 주장하고 있는 바와 같이 불안을 완전히 없앨 수가 없다. 도는 생사지심(生死之心)을 타파함으로써 정상적인 실존적 불안마저 없애고, 견실심(堅實心)과 부동심(不動心)에 도달하게 된다. 이렇게 해서 불안·공포를 극복한 자만이 진정한 용기를 가진 자다. 처음부터 불안 공포를 모르는 것은 용기라고 할 수 없다. 끝으로 그 정신과 의사 는 서양의 정신 분석에서 발견한 것과 동양의 도에서 이미 알고 있었던 것 사이에 많은 공통점을 발견할 수 있는데 여기에서는 앞서 말한 것 외에 한 가지만 첨가한다면 모든 정신 분석 치료의 중심적인 양상은 환 자가 치료자에게 사랑받고, 인정받고, 칭찬받고 싶은 욕망이 너무나 강 해서 도저히 충족이 되지 않기 때문에 치료자에게 적개심(敵愾心)이 생기고, 사랑받고자 하는 대상에게 적개심을 갖기 때문에 표현을 못 하 고 억압하면서 죄악감 불안, 자학(自虐) 등이 생긴다. 억압하기 때문에 사랑받고 싶은 욕망은 더 가중된다. 불교에서도 가령 원각경(圓覺經) 에서도 모든 인간의 고통 즉, 불안의 근원은 애증(愛憎)에 있다고 하며, 증(憎)은 결국 갈애(渴愛)에서 비롯된다고 말하고 있다. 애증 이 더 나아가서는 갈애가 되며, 이는 모든 불안·공포의 근원이고 갈애의 욕구가 식어지는 것이 불안이 없어지는 길이라는 것이 일치된

점이다. 갈애란 대상갈구(對象渴求)이다.

이상 불안의 의미와 근원, 불안의 해소와 불해소의 결과, 불안 해결을 위한 동서고금의 방책, 그리고 현대가 전면적 불안의 시대라는 것을 말했으나 왜 이러한 전면적 불안의 시대가 왔는가를 검토해 볼 필요가 있다. 그것은 서양 문화 만연의 결과요, 그것은 또한 가까이는 서양의 르네상스의 결과이며, 이 르네상스에 대해 오늘날의 지식인들은 자아의 각성(覺醒)이라고 하고 우리에게는 자아의 각성이 없었다고 한다. 그러나 르네상스는 서양의 정신 분석에서 말하는 자아가 아니라 본능의 각성이요, 해방이다. 르네상스가 해방시킨 인간성은 성적 충동, 타인을 말살하려는 경쟁심, 타민족을 정복하려는 침략적인 공격적 본능, 자연의 정복과 파괴의 충동, 이기심 등이었다. 미국의 루이스 맘포드가 지적한 바와 같이 최근 수백 년의 서양의 역사는 붕괴와 야만의 역사다. 오늘날 한국의 모든 병폐가 이 서양의 흐름에 휩쓸려 오는 야만화(野蠻化)로 붕괴의 길을 치닫고 있는 것이 사실이다. 지금 서양에서 절규(絶叫)되고 있는 것은 자기제어(自己制御)이고, 맘포드가 지적한 바와 같이 서양 문명의 위기를 극복하는 길은 자기이해 자기검토, 자기기율(紀律), 자기제어뿐이라고 갈파하고 있다. 이것이 바로 도(道)요, 휴머니즘의 극치요, 서양의 진정한 자아의 군림이 없는 파괴적인 본능의 해방과는 다른, 본능을 제어하는 진정한 자아, 진정한 인간성 회복이다. 그렇기 때문에 서양 문화에서는 이러한 20세기의 전면적 불안에 대한 치료제로서 등장한 것이 정신 분석이나 카운슬링, 실존 사상과 동양의 도에 대한 관심의 대두다. 정신 분석은 도에다가 서양의 전통적인 합리 개념 이론(合理槪念理論)의 옷을 입혀 놓은 것이고, 실존 사상은 서양인의 죽음에 대한 불안·공포의 자각이고 서양의 정신적 성숙의 표현이라고도 볼 수 있다. 도는 죽음에 대한 불안을 극복해서 이루어지는 것이기 때문에 실존 사상은 도의 입문(入門)이다. 실존 사상은 죽음에 대한 불안의 자각을 일깨워 줬을 뿐 불안에 대한 해결책이 없다. 이에 대한 해결이 도의 목표이기 때문이다. 토인비도 인류 문제의 해결은 성실성의 회복과 자연과의 조화에 있다고 주장한 바 있다. 성실성과 자연과의 조화가 바로 도인 것이다. 이렇게 동과 서의 길이 한 방향으로 모아지는 것을 볼 때 우리는 무엇이든 서양 것이 우위(優位)에 있다는 패배의식(敗北意識)에서 배태(胚胎)된 생각을 버리고, 동서를 초월한 평등한 입장에서 동서 문화나 사상을 보고 우리의 전통을 서양 문화나 사상의 몇 분의 일이라도 알려고 할 필요를 느껴야 될 것이며, 그것을 알고 보면 우리가 얼마나 귀중한 보물을 지니고 있는가를 깨닫게 될 것이다.

V. 리비도(Libido)적 인간관

1. 인간의 동물성

사람의 본성 속에는 동물적인 것이 그대로 있는 면이 있다. 다른 동물보다도 월등하게 나은 존재라고 자부하는 인간이 자기 속에 있는 동물적인 것을 보고 비탄에 빠질 때가 있다. 「짐승과 같은 인간」이라는 표현은 그러한 동물적인 본성의 지배를 받아서 그대로 행동하는 사람을 두고 하는 말이다. 자기만 알고 다른 사람은 생각할 줄 모르는 사람, 다시 말하자면 극단적으로 자기중심적인 사람, 이기적인 사람 또는 성적인 욕망을 억제하지 못하고 자기 충동대로 성행위를 하는 사람이 그런 비방을 받는 사람이다. 도덕적인 기준만 생각하지 않는다면 자기보존(自己保存)의 욕망과 종족보존(種族保存)의 욕망이라고 할 자아의식과 성욕은 인간을 포함한 모든 생물이 공통으로 갖는 본성 또는 본능으로 인정해 주어야 할 것이다. 다른 생물들이 그런 본능대로 행동하는 것은 도덕적으로 문제삼지 않는다. 그러나 우리 인간이 그런 본능대로만 행동할 때는 도덕적으로 비난을 받게 된다. 이런 면에서 보면, 인간은 도덕적인 비판의 대상이 된다는 점에서 다른 동물 또는 생물과는 구별이 되어야 할 존재임이 틀림없다. 그러나 도덕적인 존재라고 자부하는 우리 인간이 인간 이하의 다른 동물들과 다름없는 본능의 지배를 받을 때가 있기 때문에 그러한 본능에 대한 관심을 갖게 되는 것이다. 동물적인 지배를 받는다는 사실 자체는 별문제가 되지 않을 수도 있다. 문제가 되는 것은, 그러한 본능의 욕망을 제한해 줄 수 있는 힘이 다른 동물에게는 본능적인 힘으로 마련되어 있으나 우리 인간에게는 개인의 판단 능력에 의존하도록 되어 있다는 데 차이가 있는 것이다. 다른 동물들은 자기에게 필요한 만큼의 먹이를 위해서만 살생을 한다고 한다. 그러나 인간은 식량을 위한 살생만이 아니라 사냥이라는 놀이를 위해 살생을 하기도 하고 운동 경기를 즐기기 위해서 살생을 하기도 하며, 사소한 의견의 차이나 감정의 대립 때문에 결투를 하거나 전쟁을 해서 많은 생명을 죽이기도 한다. 또한 다른 동물들은 종족보존을 위해서만 성행위를 한다고 하며, 성도덕적인 문제가 될 만큼 문란한 성행위를 하는 동물은 없다고 한다. 그러나 인간은 종족 보존과는 관계없이 쾌락(快樂)을 위한 성행위를 하게 되며, 그러한 쾌락의 추구(追求) 방법에 있어서도 다른 동물들의 세계에서는 볼 수 없는 문란한 성행위를 하고 있다. 짐승 같은 인간이란 말은 오히려 잘못된 표현일 때도 있다. 사람이 짐승들처럼만 행동할 수 있다면 차라리 이 세상이 더 평화롭고 질서 있는 곳으로 탈바꿈이 될 수 있지 않을까 하는 생각을 해봄직하다. 문제는 사람의 탈을 쓴 짐승이라고 이름 붙여야 할 존재들에게 있는 것이다. 사람의 모습을 하고 있으나 사람으로서 마땅히 가져야 할 판단 능력은 상실하고 그 대신 마치 짐승이 사람처럼 행동할 수 있게 된 것과 같이 필요 이상의 쾌락을 추구할 수 있는 능력을 함부로 남용(濫用)할 때 문제가 생기는 것 같다. 인간은 동물이 갖지 못한 능력을 가지고 있으면서 동물과 같은 본능적 욕망을 가지고 있기 때문에 짐승보다도 더 악한 행위를 할 수 있다.

2. 죽음의 본능 - ①

옛 로마 제국이 그 당시의 서방 세계를 지배하고 물질문명의 전성기를 이루었을 때 로마 시민들이 얼마나 타락했었던가 하는 것은 콜로세움(Colosseum)이라는 대경기장(大競技場)에서 일어났던 일들이 잘 말해 준다고 볼 수 있다. 관중이 38만 5천명이나 앉을 수 있는 이 거대한 경기장에서 1년 중 350일 계속 경기를 했다고 하는데, 처음에는 물론 힘과 기술을 겨누는 순수한 스포츠 경기로 시작되었었다고 한다. 그러나 관중들의 욕망은 점점 더 치열한 장면을 요구했기 때문에 결국은 인류 역사상 가장 참혹하고 발광적인 죽음의 경기장이 되고 말았다. 5천명의 사람들이 서로 죽일 때까지 싸우게 하는 경기며, 1천 2백 명의 죄인들을 사자들이 물어뜯어서 죽이게 하는 장면, 동물들끼리 싸우게 해서 무려 1만 마리가 죽게 하는 게임 등 이런 것들로도 부족해서 야간 경기를 할 때는 사람의 몸을 태워서 횃불로 사용하기까지 했다고 한다. 죽음의 장면만으로 만족하지 못한 그들은 젊은 여자들을 발가벗겨서 황소들이 끌고 다니게 한다든지 바보나 천치들이 미모의 젊은 여자들을 강간하는 장면이나 또는 짐승들에게 물어뜯기는 여자들의 비명 소리를 듣고 그들의 죽어 가는 모습을 보면서 열광했다고 한다. 이러한 인간의 잔혹성(殘酷性)은 어디에서 나오는 것일까? 프로이트(Freud)는 인간의 마음 깊숙이 자리 잡고 있는 본능에서 그 뿌리를 찾고자 했다. 처음에는 개인의 자기보존과 종족 보존을 위한 「삶의 본능」만을 주장했던 프로이트가 후에 「죽음의 본능」을 논하게 된 것은 인간의 심층 심리 속에 있는 어두운 면을 강하게 인식했었기 때문인 것 같다. 자기보존과 종족보존을 삶의 본능이라고 한다면 죽음의 본능은 생명체(生命體)로서 태어나기 이전의 상태 즉, 무생물의 상태로 돌아가고자 하는 본능이라는 것이다. 하나의 생명체로 태어난 이상 그 생명을 보존하려는 본능에 의해서 지배를 받지 않을 수 없으며, 그저 한 생명을 보존하려는 힘이 성욕(Libido)으로 나타난다는 것이다. 그러나, 모든 생명체는 생명의 상태를 유지하려는 본능과 더불어 생명 이전의 상태로 돌아가려는 본능 즉, 죽음의 본능도 있는데 프로이트는 이 죽음의 본능이 삶의 본능보다 더 기본적인 것으로 보았다고 한다. 무의식(無意識)의 세계를 파헤친 프로이트에게는 인간 역사의 밝은 면보다는 어두운 면이 더 강하게 보였을 뿐만 아니라, 그 심층(深層)의 세계는 인간의 의식적인 판단 능력이 미치지 못하는 자연 그대로의 세계이므로 생물학적인 인과(因果)의 법칙이 적용되는 결정론적(決定論的)인 세계로밖에 보이지 않았던 것 같다. 결국 프로이트가 보는 세계란 무의식의 어두운 힘들, 파괴적인 힘들에 의해서 결정하는 비관주의적(悲觀主義的)인 세계였다고 볼 수 있다. 생명의 역사란 죽음을 향해서 달리는 역사가 되고 마는 것이었다. 결국은 모든 것이 원점으로 돌아가고 말 역사라는 것이다. 모든 것은 생명이 없는 상태 또는 무기물(無機物)로만 존재하던 상태에서 시작했으므로 결국은 그 상태로 가게 되고 말 운명을 지니고 있다는 것이다. 인간 속에 있는 죽음의 본능은 이러한 미래의 상태로 인간 역사를 이끌어 가는 힘이 되고 있다. 오늘의 세계에서 우리 인간들이 전쟁 준비를 위해서 만들어 가는 무기는 사실상 각자 자기들의 생존을 위한 것이라고 하지만 인류의 멸망을 그만큼 더 쉽게 해주고 있다는 생각을 해볼 때 프로이트의 비관주의적인 인간관과 세계관은 · 역설적(逆說的)인 교훈으로 받아들여져야 하지 않을까?

3. 죽음의 본능 - ②

자기의 창작력(創作力)이 절정에 이르렀다고 생각될 때 자살해 버리는 예술가들이 있다. 헤밍웨이의 자살, 카뮈의 자살, 반 고호의 자살, 가와바다의 자살이 모두 그런 것이 아니었을까? 왜 이들은 자살을 해야만 했을까? 자기의 창작 능력이 쇠퇴해 가는 것을 견딜 수 없기 때문이었을까? 천천히 그러나 계속해서 죽어 가는 자신, 삶의 의지(意志)를 상실해 가는 자신이 용납될 수 없었기 때문이었을까? 살아간다는 것이 고통스럽기 때문에 자살하는 사람도 있다. 살아가는 것에서 아무런 의미를 발견하지 못하기 때문에 자살하는 사람도 있다. 더욱이 치열한 생존 경쟁을 하지 않고서는 자기의 존재를 지속시킬 수 없다는 사실이 역겨워서 자살하는 사람도 있다. 염세주의자(厭世主義者)나 허무주의자(虛無主義者)의 자살이 이런 것이다. 그러나 창작을 하는 예술가는 그런 사람들이 아니다. 생존 경쟁에 패배해서 자살하는 예술가가 없는 것은 아니다. 하지만 창작의 전성기에 있는 예술가에게 문제가 되는 것은 허무주의적인 것이라기보다는 자기 자신에 대한 일종의 불안감이라고 볼 수 있다. 예술가들이 체험하는 불안이란 실존주의 철학자들이 이야기하는 그런 종류의 불안일 수도 있다. 자기존재(自己存在)를 무(無)의 상태로 몰아가 버리리라는 불안 즉, 죽음이 가져올 무(無)의 세계에 대한 불안이라든지 자기의 창작력이나 창작품이 그 힘을 잃게 되는 미래의 상태에 대한 불안 같은 것이 예술가들이 그들의 전성기에서 부딪히게 될 문제일 수 있다. 이처럼 자기가 존재하기 때문에 느끼지 않으면 안 되는 불안이란 무엇에서 오는 것일까? 창작을 하고자 하는 의지가 강하면 강할수록 그러한 힘이 쇠퇴해 버릴 것을 불안하게 느껴야 하는 것은 무엇 때문일까? 왜 이러한 불안은 인간을 자살까지 이끌어 가는 힘을 가졌을까? 이것이 곧 죽음의 본능이라고 한 것이 아닌가? 삶의 의지가 강할수록 그것에 대한 죽음의 본능이 강하게 작용하기 때문에 생기는 불안이 아닌가? 다른 동물들에게는 자살을 선택할 수 있는 의지력이 없다고 한다. 우리 인간에게만이 죽음을 선택할 수 있는 의지력이 있다고 한다면 그것은 단순한 죽음의 본능이 아니라 죽음의 의지라고 해야 할 것이다. 그렇다면, 인간의 행동은 삶의 의지에 지배받는 것만이 아니라 죽음의 의지에도 지배받을 수 있다고 해야 할 것이며, 자살이란 것은 이러한 죽음의 의지로 설명을 해야 할 것이다. 그리고 두 가지 의지의 관계에 대해서는 자살을 하는 사람에게는 삶의 의지보다 죽음의 의지가 더욱 강하게 작용한 것으로 보아야 할 것이며, 어떠한 역경 속에서도 끝까지 삶을 추구하는 사람에게 있어서는 삶의 의지가 죽음의 의지보다 더 강한 것으로 이해가 되어야 할 것이다. 비슷하게 어려운 역경 속에서도 한 사람은 살아남고 또 한 사람은 자살해 버리는 것도 그와 같은 의지력의 차이(差異)에서 오는 결과라고 볼 수 있을 것이다. 그러면 무엇이 죽음의 의지를 더 강하게 하는 것일까?

4. 죽음의 본능 - ③

인간에게는 과연 죽음의 본능이라는 것이 있는 것일까? 이것은 아직
도 논쟁의 여지가 있는 문제이다. 프로이트가 말한 것처럼 생명 이전
의 상태, 즉 무생물의 상태로 돌아가려는 본능적인 충동이 모든 생명
체에 다 있는 속성인지는 아직 논쟁거리로 남아 있다. 죽음의 의지에
대한 것도 마찬가지로 사람은 누구나 죽을 수 있는 의지력을 가진 것
은 사실이지만 그것을 죽음의 의지라고 말할 수 있는 지는 의심스럽
다. 삶의 의지를 이야기하자면 죽음의 의지로 이야기할 수 있지 않느
냐라는 논리도 성립될 수 있겠으나 뚜렷하게 죽음의 의지라고 할 무엇
이 인간의 마음속에 하나의 본성으로 존재하느냐에 대해서는 사회 심
리학자들의 관심 분야가 될 것이다. 그러나 삶에 대한 태도라든지 죽
음에 대한 태도에 대해서는 사람마다 다르기는 하지만 개인의 특성(特
性)이나 인간의 본성으로 설명될 수 있을지도 모른다. 물론 인간의 본
성이라는 것을 타고난 천성(天性)으로만 보지 않는다는 것을 전제로
해야만 할 것이다. 타고난 능력 또는 특성은 유전 인자(遺傳因子)에
의해서 결정되는 것이라고 한다면 성숙한 인간의 본성이란 그가 태어
나서 성장하는 과정을 통하여 주위 환경의 영향에 의해서 형성된 것을
제외할 수는 없을 것이다. 삶에 대한 인간의 태도나 죽음에 대한 태도
는 이러한 성장 과정을 통하여 형성되는 것으로 보는 것이 심리학자들
의 입장이다. 프롬(Erich Fromm)은 죽음의 본능에 관한 이야기를
하지 않고 죽음을 사랑하는 사람(Necro Philia)에 관한 이야기를 하
고 있다. 죽음을 좋아할 수 있는 마음 바탕을 죽음의 본능이라고 해도
좋다는 것이다. 그러나 그러한 마음 바탕이 죽음을 좋아하는 태도나
성품으로 나타나기까지는 상당한 환경적 영향을 거쳐야 한다는 것이

다. 그리고 환경의 영향에 따라서 사람은 누구나 죽음을 사랑하는 성품(性品)으로 성장할 수도 있고 삶을 사랑하는 성품(性品)으로 성장할 수도 있으므로 두 가지 마음 바탕을 다같이 가지고 태어난다고 보아야 할 것이다. 따라서 중요한 것은 한 개인이 어떤 성품의 사람으로 성장하게 되느냐라는 문제이다. 왜냐하면 죽음을 좋아하는 사람은 자살을 할 수 있는 사람일 뿐만 아니라 살인을 할 수 있는 사람도 되기 때문이다. 사람이나 짐승이 피를 흘리며 죽는 것을 보고 열광적인 박수를 보낼 수 있었던 옛 로마 사람들은 죽음을 좋아하는 사람이었다고 볼 수 있다. 죽음을 좋아하는 사람의 특징을 프롬은 이렇게 설명하고 있다. 「죽음을 사랑하는 사람은 언제나 질병에 대한 것이라든지 무덤이나 장례식에 대한 것, 또는 죽음에 대한 이야기를 좋아한다고 한다. 죽음에 관한 이야기만 하면 생기가 넘친다고 한다.」 이런 사람의 대표적인 예가 히틀러인데, 그는 파괴나 죽음에 관한 이야기에 무엇보다 흥미가 있었던 사람이다. 히틀러가 처음 권력을 장악했을 때에 그의 원수들은 독일 민족의 적들을 죽이는 것이 그의 소원이라고 느꼈을지는 모르나 결국 그의 생애(生涯)가 말해 준 것처럼 자기의 원수들만이 아니라 자기의 동족과 자기 주위의 사람들 그리고 자기 자신까지도 죽음으로 몰아넣는 일만이 그에게 만족을 줄 수 있었다는 사실이다. 죽음의 사랑이 심하게 되면 표정이나 자세에까지도 그것이 나타나게 된다. 아주 차가운 인상, 사색(死色)의 피부빛 그리고 고약한 냄새를 맡을 때의 인상과 같은 표정들이 특징적이라고 한다. 이런 사람은 절대적인 법(法)과 질서(秩序)를 좋아하고, 명령 전통(命令傳統)이 확립된 것을 좋아하며, 기계적이고 관료적인 것을 좋아한다. 이런 인물의 대표적인 사람이 히틀러와 그의 명령에 따라 수백만의 유태인을 학살한 아이크만이라고 본다. 그러나 죽음을 좋아하는 경향은 히틀러나 아이

크만 같은 인간에게서만 찾아볼 수 있는 것이 아니라, 그들과 같은 살
인의 죄를 저지를 기회를 갖지 못한 일반 사람들 중에서도 그런 경향
을 찾아볼 수 있다는 것이다. 예를 들면, 죽음을 좋아하는 성품을 가
진 부모는 자기 자식이 병으로 앓는 것에 관심을 가지며, 자기 자식이
성공하는 것보다 실패하는 것, 자식을 위한 밝은 미래보다는 어두운
미래에 더 집착을 한다고 한다. 자기 자식이 발전하는 것에는 관심이
없고 자식이 즐거워하는 것에 무관하며, 무엇이든 새롭게 성장해 가는
것에는 오히려 불안을 느낀다고 한다. 이런 사람은 꿈에서도 주로 질
병에 관한 것, 죽음에 관한 것, 시체 또는 피에 관한 것을 자주 꿈꾸
게 된다고 한다. 이런 부모는 자기 자식에게 당장 표가 나는 상처나
해를 끼치는 일을 하지 않을지는 모르나 결국은 서서히 그의 자식에게
서 삶의 기쁨이나 성장에 대한 믿음을 메말라 버리도록 함으로써 그
자식도 죽음을 좋아하는 인간으로 만들어 버린다는 것이다.

5. 삶의 의지 - ①

삶의 본능과 죽음의 본능이 아무런 제한없이 발로하게 내버려두었던
로마 제국은 그 자체의 정신적인 타락으로 파멸되고 말았다. 인간은 본
능적인 욕구대로만 살아갈 수 없는 존재이다. 무의식의 세계를 지배하
는 본능의 힘만으로는 개체로서나 집단으로서의 인간 생존을 지속시킬
수 없다. 그러므로 인간은 생존하기 위해서 종교적 신앙(宗教的 信仰)
에 끌리게 되는 것은 삶의 의지가 그만큼 강하다는 것을 말해 준다. 삶
의 의지란 또 다른 측면에서 볼 때 인간의 창작 의욕(創作意欲)으로 표
현되기도 한다. 새로운 것을 창조해 낸다는 것 자체가 삶의 의지를 뜻

하기도 한다. 죽음이 파괴를 뜻한다면 삶은 항상 새롭게 창조해 나가는 것을 뜻하기 때문이다. 그러므로 창작 활동(創作活動) 그 자체가 삶의 의지를 표현한 것이 되며, 한걸음 더 나아가서는 그러한 창작 활동의 결과가 불멸하는 작품으로 남을 수 있기를 바라는 마음이 또한 삶의 의지가 요구하는 영혼 불멸을 대신하는 것이라고 볼 수 있다. 이것은 비단 창작 예술을 하는 예술가(藝術家)들에게만 나타나는 것이 아니다. 자기의 존재를 영원히 남게 될 어떤 물질을 통하여 이어 나가고자 하는 욕망은 누구에게나 있는 것이다. 자기의 무덤에 돈을 많이 들여 비석을 세우는 등 장식을 하는 행위도 그러한 것이며, 자기 이름을 새긴 건축물이나 기념비를 남기고자 하는 욕망도 그러한 것이다. 학문의 세계에서도 불멸의 저서(著書)나 논문(論文) 혹은 이론(理論)을 남기고자 하는 욕망을 찾아볼 수 있다. 심지어는 악한 일을 해서라도 역사에 자기 이름이 기록되기를 바란다는 인간심리는 이러한 불멸을 회구하는 삶의 의지가 얼마나 강한 것인가를 다시 말해 준다.

6. 삶의 의지 - ②

삶을 사랑하는 사람은 삶의 과정과 그 과정에서 성장해 가는 모든 것에 깊은 관심을 갖는다. 옛것에 집착하기보다는 새로운 것을 좋아하고, 새것을 찾아서 방황할 수 있는 사람이다. 기계적이고 확실한 질서보다는 모험성이 있고 예측할 수 없는 삶의 여유를 더 좋아하는 사람이다. 그는 어떤 삶이든 분석하거나 논리적으로 따져서 관찰하기보다는 전체적이고 유기적(有機的)인 관계 속에서 관찰하기를 좋아한다. 생명체(生命體)라는 것은 그것을 구성하고 있는 개개의 부분들이 전체적인 구조 속에서 유기적인 관계를 이루어 나갈 때 가능한 것이지 각 부분이 분리되어 버리면 이미 생명체(生命體)로서 존재할 수 없게 되는 것이기 때문이다. 삶을 사랑하는 사람은 한 개인을 대할 때나 하나의 집단(集團)을 운영(運營)할 때에 항상 이와 같은 생명체로서의 본질을 인정하고 존중하는 사람이다. 따라서 기계를 움직이는 것 같은 물리적인 힘을 사용하는 방법보다는 이해와 사랑을 통한 방법으로 자기의 뜻을 펴 나가려고 하는 것이 삶을 사랑하는 사람의 태도이다. 한 개인을 두고 말할 때는 그가 전적으로 삶을 사랑하는 사람이라든지 아니면 죽음에 관한 것만 좋아하는 사람이라는 판단을 내리기 어렵다. 정상적인 사람이라면 누구나 그 두 가지 측면을 다 가지고 있는 것으로 보아야 할 것이며, 개인에 따라서는 어느 한쪽으로 얼마나 기울어졌느냐를 말할 수 있을 정도의 차이만 있는 것으로 보아야 할 것이다. 그러므로 대학살(大虐殺)을 단행한 히틀러 같은 사람은 정상적인 사람이라기보다는 병적인 사람으로 볼 수밖에 없으며, 같은 뜻에서 슈바이처 같은 사람도 보통 사람들과는 다른 성인(聖人)에 가까운 사람으로 보아야 할 것이다. 그렇다면 문제는 왜 어떤 사람은 히틀러가 되고 어떤 사람은 슈바이처가 되느냐라는 것이다. 무엇이 한 사람에게는 삶을 사랑하는 마음을 기르게 하고 다른 한 사람에게는 죽음을 사랑하는 마음이 자라게 하느냐가 문제이다. 이 문제에 대해서는 프롬은 자신 있는 대답을 할 수 없다고 한다. 그러나 프로이트의 영향을 많이 받은 그는 역시 한 개인의 성격 형성 과정 중에서 어릴 때의 환경적인 요인을 중요시하고 있다. 삶을 사랑하는 마음을 기르는 데 있어서 가장 중요한 조건은 어릴 때부터 그러한 사람들과 함께 자라나는 것이다. 왜냐하면, 삶에 대한 사랑은 말로써 가르칠 수 있는 것이라기보다는 오히려 전체적인 분위기 또는 삶에 대한 태도 같은 것으로 느껴서 이해해야 하기 때문인 것이다. 좀더 구체적으로 그러한 조건의 성질을 설명하자면 프롬은 아래와 같은 몇 가지 특징을 들고 있다. 예를 들면, 유아기(幼兒期)에 타인(부모와 주위 사람들)에게서 받는 따뜻한 사랑이라든지 위협이 없는 자유로운 분위기며, 설교를 통한 가르침이 아니라 모범을 통해서 가르쳐 주는 정신적인 조화와 힘, 삶을 즐기면서 살아가는 방법을 찾는 일, 타인과의 관계에서 얻는 감정적인 접촉과 그것에 대한 반응의 표현을 할 수 있는 능력, 깊은 관심과 흥미를 갖게 하는 삶의 방법을 찾는 일 등을 말하고 있다. 한 개인의 성격 형성이 어릴 때의 환경에 크게 영향을 받는다는 것은 부정할 수 없다. 그러나 그것만으로 그 개인의 성격이 결정된다고 할 수는 없다. 인간은 성장해 가면서, 그리고 한 사람의 성인으로서 살아가면서 계속 그가 속해 있는 사회 환경의 영향을 받지 않을 수 없다. 그러므로 인간은 죽을 때까지 계속 신체적으로나 정신적으로 변화를 거듭하고 있는 것이다. 이렇게 생각해 볼 때 어떠한 사회 분위기 속에서 성장하고 일하며 살아가느냐라는 것도 그 사람의 인간성을 결정하는 중요한 요인이 되리라는 것을 인정하지 않을 수 없다. 같은 환경 속에서 자라난 사람들간에도 개인적인 성격의 차이는 있겠으나 일반적으로 이야기할 때 어느 특정한 사회의 사람들이 갖는 성격적인 특성은 그 사회의 정신적인 풍토에 의해서 결정된다고 생각된다. 어떤 사회의 사람들은 일반적으로 낙천적인 인상을 준다. 그런가 하면 또 어떤 사회의 사람들은 일반적으로 우울하며 비관적인 인상(印像)을 준다. 어떤 사회의 사람들은 삶을 즐기는 것 같은데, 다른 어떤 사회의 사람들은 한결같이 죽지 못해 살아가는 것 같은 어두운 표정들을 하고 있다. 그러면 모든 사람들로 하여금 삶을 사랑하고 즐기게 하는 사회란 어떤 사회인가? 프롬은 삶의 사랑을 위한 사회적 조건(社會的 條件)으로 아래와 같은 세 가지를 들고 있다. 첫째는 경제적 및 심리적 여유가 있어야 한다는 것이다. 겨우 생존하기 위해서 자기의 온 정력을 다 바쳐야 사는 상태에서는 마음의 여유가 생길 수 없으므로 삶을 즐길 수가 없고, 삶에 대한 적극적 태도를 가질 수도 없기 때문이다. 물질적으로나 심리적으로 여유를 가질 수 있도록 최소한의 생활 보장이 되어 있는 사회이어야 한다는 것이 첫째 조건이다. 둘째는 정의(正義)로운 사회가 되어야 한다는 것이다. 좀더 구체적으로 말하자면 어느 한 집단도 다른 집단에 의해서 착취를 당하지 않는 사회, 그리고 어떤 개인도 다른 사회에 의해서 인간적인 존엄성(尊嚴性)을 짓밟히고 남을 위한 수단이나 도구로 이용되지 않을 수 있는 사회가 두 번째 조건이며, 셋째는 자유로운 사회가 되어야 한다는 것인데, 여기서는 단순히 정치적인 탄압으로부터의 자유만을 뜻하는 것이 아니라 개인의 창작의욕을 살려서 개인마다 자기의 독특한 삶을 살아가면서 자기완성을 이루어 갈 수 있는 자유를 이야기하고 있다. 인간은 생물학적(生物學的)으로만 결정되는 물질이 아니므로 삶의 본능만을 이야기하지 않을 수 있다. 그리고 그러한 본능이 있다고 하더라도 인간은 누구나 그것을 초월하거나 지배할 수 있는 의지력을 가지고 있다. 그런데 그러한 의지력이 삶을 사랑하는 힘으로 이용되느냐, 아니면 죽음을 사랑하는 힘으로 이용되느냐는 것은 사회·경제적인 영향에 크게 좌우될 수 있다. 그렇다면 나쁜 사회 환경에서는 나쁜 사람들이 자라나서 계속 나쁜 사회를 만들어 갈 수밖에 없다는 악순환이 불가피할 것 같으나 인간에게는 또한 이러한 악순환의 고리를 깨뜨릴 수 있는 창의력(創意力)이 있으므로 그러한 악순환 속에서도 새로운 미래 사회를 희망할 수 있는 여지가 있다고 본다.

VI. 파괴적 인간관

1. 파괴적 인간 속성

인간이 타동물에 비해 보다 경쟁적이고 보다 호식적(好食的)인 존재라고 표현했을 때 의문을 제기할 사람은 별로 많지 않을 것이며, 인류역사의 특징을 자연과 인간에 대한 정복의 역사 또는 생활 투쟁의 역사라고 단적으로 표현할 수도 있다. 이처럼 인간의 투쟁성은 타동물과는도저히 견줄 수 없을 만큼 강렬하고, 이 강렬한 투쟁성(鬪爭性)이 인간으로 하여금 만물의 영장이란 위치에 올려놓게 된 원인이 될 수도 있는것이다.

이소로지(ethology)란 동물 행동학에서는 같은 종(種)에 속하는 동료에게 습관적으로 싸움을 걸고 싸움 끝에 동료의 신체에 손상을 입히거나 죽음이 초래될 정도로 강렬한 싸움을 전개하는 척추동물(脊椎動物)은 인간과 집쥐와 같은 동물을 제외하곤 없다고 한다. 뿐만 아니라, 인간을 제외하곤 어느 동물도 동료를 산인하게 다룸으로써 쾌감을 느낀다거나 적대자를 살생함으로써 승리감을 느끼는 동물도 없다고 한다. 실로 인간 세계는 공격성이 난무하는 대향연을 연상케 한다. 사각의 링 위에서 맞서 피 흘리고 싸우는 권투를 보면서, 학살과 약탈과 보복으로 연속되는 서부 영화를 보면서, 죄 없는 승객을 인질삼아 자신의 야망 달성에 급급한 인간들을 보면서 우리는 우리 인간의 공격적 욕구가 얼마만큼 강렬하고 잔인한 것인가를 알 수 있다.

혼히들 우리 인간은 인간에 의해서 저질러지고 있는 가공할 만한 잔인하고 야만적인 공격 행동을 야수적이니 동물적이니 표현하고, 반대로 이타적(利他的)이고 신사적인 행동을 인간적인 행동이라 표현한다. 이러한 표현이 과연 정당한 표현인가의 여부는 이 글을 통해서 다시 한 번 음미해 볼 필요가 있을 것으로 생각된다. 솔직히 말해서 이러한 표현은 우리 인간성을 지나치게 야성적 존재라고 표현하려는 뿌리 깊은 전통에 기인될 뿐 사실의 충분한 표현은 아니라고 단언할 수 있다.

공격성이란 말을 사용할 때는 사용하는 의도에 따라 이 말이 지닌 뜻이 다양하게 쓰인다. 살인마의 광적(狂的) 행동에서부터 스포츠 선수의 투지 있는 행동, 용감한 군인들의 전투 행동 또는 세일즈맨의 적극적 행동에 이르기까지 이 말이 지닌 뜻은 너무나도 다양하여 공격성을 정의하기란 여간 어려운 일이 아니다. 그러나 공격성이란 대체로 남에게 정신적으로나 신체적으로 손상을 가하려는 적대 행동(敵對行動)과 이에 대한 방어 행동(防禦行動) 또는 남보다 앞서 보려는 자기 발전적 진취 행동을 일반적인 공격성이란 개념에 포함시키는 것이 상례이다.

이 글에서 다루고자 하는 주된 내용도 이러한 범주 내에서 인간성

가운데 차지하는 공격성의 실체와 이의 전개가 인간 행동에 어떤 영향을 미치는가를 개관(槪觀)하려는 것이다. 정신 분석학의 태두(泰斗)이자 20세기 인간성에 가장 큰 영향을 미쳤다는 프로이트(S. Freud)는 처음엔 에로스 즉 성적(性的)인 것만이 인간 행동의 본능이라고 하다가 말년이 가까워지면서 타나토스 즉 죽음이란 것도 본능의 하나로 규정하였다. 프로이트는 모든 유기체가 완전한 긴장이 이완(弛緩)된 최고의 이상 세계가 「죽음」이라고 보고 이 죽음에 이르고자 할 때 발생되는 각종 긴장의 이완책으로서 공격성이 출현하는 것으로 가정하였던 것이다.

따라서 프로이트의 이론에 의하면 공격성은 쾌락 추구를 위한 수단이며 죽음에로 향하는 방법이며, 자기 발전적이 아닌 자기 파괴적인 것이다. 따라서 긴장이 발생되고 좌절이 있는 곳엔 필연적으로 공격성이 나타나게 된다는 것이다.

2. 열망의 인간성

그러나 프로이트의 생각과는 달리 한때 프로이트와 절친한 관계였던 아들러(A. Adler)는 「남보다 앞서 보겠다는 열망」 또는 「권력에 대한 의지」가 인간의 본능이라 간주하였는데, 이 개념은 생의 철학자 베르그송의 에탕비팔이란 생의 도약과 상통하는 것이다.

아들러는 프로이트가 인간의 본능을 쾌락 추구를 위한 에로스 또는 타나로스란 입장에만 국한한 데 반해, 인간의 자기 발전적 동력이 본능이며 이것이 공격성이라고 보았다는 데서 프로이트와 입장을 달리했다. 이러한 견해차가 두 사람이 결별되는 중요 계기가 되었다. 공격성에 관한 아들러의 생각은 현대의 여러 학자 특히, 1973년 노벨 의학상을 수상한 저명한 동물행동학자 K. 로렌츠의 입장과 매우 유사하다. 로렌츠는 「공격성에 관하여」란 저서에서 공격성은 부부간 또는 친구간의 애정 또는 우정과 같은 정서 관계를 유지하는 기본 에너지로 보았고, 쾌락 추구나 경계 도구가 아니라 자신의 생존을 위한, 또는 자신의 보호를 위한 단순한 생물학적 욕구로 보았으며, 공격성 때문에 동종(同種)의 동물이 집단을 이루고 질서 있게 살아갈 수 있다고 하였다.

그는 인간의 공격성도 동물의 경우와 같은 것이지만 오늘날의 지나친 공격성의 난무는 일시적인 진화상의 일탈(逸脫)에 불과하며, 멀지 않아 진화상의 정상 궤도로 되돌아올 것으로 낙관하였다.

이상에서 본 것처럼 공격성은 죽음이란 완전한 쾌에 이르는 수단으로 간주하는 프로이트의 생각이나 생의 귀착, 자기 발전, 생존 수단으로 간주하는 베르그송, 아들러, 로렌츠의 입장들을 간략하게 음미하였다. 이 모든 입장들은 한결같이 공격성을 본능적인 입장에서 설명하고 있는데 공격성이 식욕이나 성욕과 같이 생리적 근거가 강한 본능적 충동이란 사실은 현대의 생리학적 지식에 의해 잘 증명되는 것이다.

이를테면 동물에게 경질하부(硬質下部)라는 대뇌의 부위에 전극(electrode)을 꽂아 인공적으로 자극을 가하면 공격적 자세가 나타나고, 자체 내부에는 각종 자율 신경계에 변화가 일어난다. 이때 일어나는 제변화는 실제 위협적 자극이 출현하여 일어나는 공격적 반응과 일치한다. 그 밖에도 여러 가지 실험적 근거를 바탕으로 해서 심리학에선 공격성을 생리적 운동이라고 간주한다. 그러므로 공격성의 본능적 형태를 알아보기 위해선 동물 사회에서 전개되는 공격 행동의 저면을 이해하는 것이 인간의 공격성을 이해하는 데 도움이 될 것으로 믿어진다.

3. 집단적 귀속성(集團的 歸屬性)

우리는 수많은 야생 동물이 서식하는 정글 지대를 처절한 살전장(殺戰場)으로 연상한다. 그러나 정글 지대에서 보이는 동물들의 공격성은 엄격한 질서와 규율에 의해 유지되고 있다는 사실을 발견하곤 놀라움을 금치 못한다. 가령 가장 잔인(殘忍)하고 표독(慓毒)한 동물로 알려져 있는 표범조차도 먹이감 외에는 절대로 공격하지 않는다고 한다. 물론 야생의 정글에서는 같은 종의 동물끼리도 가끔 싸움을 전개하는 수가 있지만 신체적 손상이 일어날 정도의 싸움은 거의 없으며, 이런 싸움은 대부분 먹이 쟁탈이나 배우자를 차지하기 위한 싸움에 지나지 않는다.

동물들이 얼마나 저들의 동료를 아끼는가 하는 얘기는 로렌츠의 저서에도 잘 나타나 있지만, 최근에 발표된 어느 동물 심리학자의 논문의 흥미 있는 내용을 소개하면, 한 무리의 늑대 가운데 어느 한 놈이 먹이 쟁탈을 하다가 상처를 입어 외딴 움막에 피신하고 있는데 수십 일간을 동료 늑대들이 먹이를 구하여 상처 입은 늑대에게 갖다 주고 번갈아 가면서 보호하여 상처를 회복시켰다는 이야기인데, 이 내용은 심리학 교과서에 가끔 등장하는 싱(Singh) 목사 부부가 발견한 "늑대 소년"이란 사례가 말해 주듯이 이것은 실화이며, 우리 인간이 가장 음흉하고 잔인한 동물로 알고 있는 늑대의 이타 행동(利他行動)을 실증해 주는 이야기이다.

이런 발견을 통하여 우리 인간이 동물의 행동에 관해 얼마나 무지하고, 또 얼마나 그들의 행동을 비하(卑下)하고 있는가를 알 수 있다.

동물 사회에서는 공격성이 집단의 계급과 질서 유지에 매우 유익하

게 작용한다는 증거가 많다. 이를테면 위쉬번이 아프리카에서 원숭이
(baboon)의 집단행동을 관찰한 보고서는 매우 시사적(示唆的)이다.
이 원숭이들은 한 집단에 대체로 20~2백여 마리가 어울려 사는데, 이
중에서 가장 힘센 놈이 제왕으로 군림한다. 왕은 이 무리를 통솔하면서
집단의 규율을 어긴다거나 하극상(下剋上)을 일으키는 놈에겐 다른 놈
들이 보는 가운데서 집단적 공격을 가하여 질서 파괴를 용납하지 않는
다. 또, 집단의 공동 이익에 필요한 일은 각각의 동물에게 역할을 분담
시켜 독자적으로 수행토록 명한다. 예를 들면, 이들 집단의 외각에는
언제나 젊고 용기 있는 수컷들을 배치하여 외적의 침입을 경계하도록
한다. 만약 표범과 같은 약탈자가 출현하면 젊은 수컷들이 공동으로 적
을 격퇴한다. 이처럼 협동적인 공동 방어 체제는 평소 제왕의 엄격한
지도에 의해 개개 동물이 자신의 공격성을 절도 있게 조절할 줄 알고
질서를 시킬 줄 알도록 훈련된 결과이다.

　인간의 원시적 사회도 여러 가지 의미에서 원숭이의 사회와 유사한
점이 많다. 즉, 공격성의 정도에 따라서 계급이 분화되고, 개인은 자기
의 계급 내에 주어진 역할을 수행함으로써 집단의 안전과 질서가 유지
된다. 그러나 오늘날의 민주 사회에서는 물리적인 힘, 즉 공격성의 강
약에 따른 계급의 등차(等差)를 인정하지 않는다. 따라서 민주화, 근대
화된 사회일수록 공격성의 난무, 즉 권위에 대한 반항감, 집단의 구속
에 대한 반항감, 이기적 성향, 퇴폐와 무질서 등이 두드러진 현상으로
나타난다. 이것은 전근대적 공격성의 억압에서 갑작스런 공격성의 무
절제한 방임에 근거된 것으로 생각된다. 평화 시대의 인간은 집단의 구
속에 반항하며 자유를 구가(謳歌)하지만 위기가 닥쳐오면 절대적인 힘,
즉 집단에 귀속하려는 경향을 보인다. 무질서한 전면적 자유 방종(自
由放縱)에서 새로운 권위와 질서에로의 귀속하려는 인간의 심성을 프

롬(E. Fromm)은 「자유로부터의 도피」란 개념으로 나치스에 귀속하려는 독일 국민을 고발했다. 1940년대 영국이 독일로부터 공격을 받기 시작할 무렵 처칠은 수상으로 취임하자 풍요로운 자유와 평화의 생활에 젖어 있던 영국 국민에게 위기의식을 고조(高調)하고 전 국민의 결속을 요구했을 때 국민 개개인은 개인적 불평을 억누르고 절대적인 힘 앞에 귀속하였다. 이처럼 개개인의 공격욕의 해방과 억압이 집단 질서에 미치는 영향은 실로 다대(多大)하며, 한 집단의 건전한 유지는 개개인의 공격성을 적절하게 유지하고 조절하는 데 달렸다고 해도 과언이 아니다.

다음으로, 공격성을 생존권의 확보와 유지라는 개념에서 음미하여 보면 동물이나 인간은 생존하기 위해 일정한 공간을 자기 것으로 소유하려 한다. 영토 확보와 방어는 공격성에 의해 좌우되는 것이며, 공격성의 차등에 따라 생존권의 판도가 결정된다. 동물 사회에서도 생존을 위한 영토의 주장과 방어는 엄격한 규약(規約)과 질서에 의해 유지되며, 일단 영토가 확정되면 서로 침범하지 않는다. 시인(詩人)들은 새들이 우는 소리를 사랑의 노래 소리라고 낭만적인 표현을 하지만 실은 「이 땅은 나의 땅」이란 영토 선언에 지나지 않는다. 또 우리들의 집 울안에 살고 있는 한패의 집쥐들은 우리 집안에서만 살지 결코 원정하여 남의 집으로 가지 않는다.

따라서, 이들은 엄격한 씨족사회(氏族社會)를 이루어 일정한 영토 내에서만 살아간다. 그러나 제한된 영토 내에서 씨족 성원(氏族成員)이 계속 불어나 생존에 위협(威脅)이 생길 때는 자기들 씨족 내에 잦은 싸움이 전개된다. 이때의 싸움도 강자가 약자를 죽일 만큼의 강렬한 싸움은 아니고, 심리적으로 불안과 긴장을 고조시켜 스트레스로 인한 약자가 생식 불능(生殖不能)이 된다거나 심신에 병이 일어나 자연사(自然死)가 잦아지므로 씨족원이 과도하게 불어나지 않는다.

그러므로 자연계에서 동물의 수가 무제한으로 불어나지 않고 적정선을 유지하는 것은 심리적 긴장과 불안에 의해 자연사(自然死)가 늘어나기 때문이다.

로렌츠는 과도한 밀집이 지나치면 공격성의 유발에 근본 원인이라 보았고, 캅훈은 이를 실험적으로 증명한 유명한 업적을 남겼다. 그러나 동물원처럼 밀폐된 좁은 영토에다 많은 수의 동물을 키우면 자연계와는 달리 싸움이 잦아지며 심지어는 서로 죽이는 일까지도 저지르게 되고, 오늘날 도시인에게서 주로 나타나는 문화병(文化病)이라 일컫는 각종 심신 장애 질병, 즉 심장병, 위궤양, 고혈압 등이 발생된다. 또, 레스란 학자는 현대인의 제한된 삶을 철장 속에 갇힌 동물의 신세, 즉 「인간 동물원」이란 표현을 쓰고 있다. 오늘날처럼 문화란 미명하(美名下)에 전개되는 각종 숨 돌릴 수 없는 거대한 도시의 메커니즘이 우리 인간에게 과다한 공격성을 유발케 하는데, 이의 배경에는 생활 공간이 줄어드는 과도한 밀집이 주된 이유이다.

이러한 과밀집(過密集)에 따라 도시의 기능은 마비되고, 생활공간은 협소하게 되고, 자기 생존을 위한 투쟁은 지나친 이기심을 낳게 된다. 한 뼘이라도 더 자기의 생활권을 넓히기 위한 투쟁은 개인의 차원에서는 택지 점유(宅地占有)의 형태로, 회사란 단체의 차원에서는 비업무용 부동산 점유 형태로, 국가간에서는 영토 확장이란 형태로 다양하게 나타난다. 이 모든 생활권 확장 행동의 배경엔 생존 수단이란 공격성의 본체(本體)가 바탕이 되어 있는 것이다. 지금까지 우리는 공격성이 종족의 생존 유지 수단으로 동물이나 인간의 생존에 절대적 요소이며, 집단의 유지와 집단행동의 제 현상의 뒷면에 도사리고 있는 중요 원인이란 점을 개관하였다.

4. 생득적 공격성(生得的 攻擊性)

한 개인의 공격성이 출생에서부터 성인으로 발달해 가는 인생의 과정이 어떻게 전개되어 가는가를 알아보고자 한다. 정신분석학자 스토르에 의하면 신생아의 세계는 분노(憤怒)와 공포(恐怖)로 가득 차 있는 환상 속이라고 하면서 신생아는 본능적으로 공격성을 소유하고 있는 것으로 보고 있다. 신생아의 공격성은 주로 욕구 충족의 좌절에서 오는 것으로서 배가 고프다거나, 구체적으로 불편할 때 우는 행동이 바로 공격성의 표현이라고 말하고 있다. 그러나 아동이 기어 다닐 때쯤이면 아동은 스스로 외계를 탐색(探索)하려 하는데, 이 때는 공격성이 외계 탐색 행동 형태로 바뀌어 표출된다.

이 견해에 따른다면 공격성은 쾌락 추구란 개념과는 상이하게 되고, 아들러(Adler)의 타인보다 앞서려는 열망이란 개념과는 상충하게 된다. 어린아이들의 외계 탐색 행동에 대해 오늘날의 문화에선 생활 구조상의 위험성 때문에 이들의 자유스런 탐색 행동이 여러 가지로 억압당한다. 그러나 심리학의 실험에 의하면 아동들은 어른들의 도움 없이도 스스로 위험스런 상황을 인지(認知)할 수 있는 능력이 있어서 자기 자신이 위험스런 행동을 억제할 줄 안다는 것이다. 따라서 부모의 지나친 염려나 과보호는 아동에게 자기 스스로 외계로 뻗어 나가려는 탐색의 동기를 미리 좌절시키게 되며, 이로 말미암아 자신감을 신장시키는 데에 장애를 가져오며 의존성이 큰 아동을 만들게 된다고 한다.

산 너머 산이란 말이 있듯이 오늘날의 삶이란 계속된 장애물의 연속이다. 이러한 장애물의 산맥을 독립적으로 극복할 투쟁 동기가 없는 사람은 이 문화의 낙오자가 된다. 어린 시절 스스로 조절할 수 있는 환경에 대한 탐구 동기를 「보호」란 미명하에 미리 좌절시키는 따위의 어리석은 육아법을 삼가야 할 것이다. 어린 시절의 탐구 동기와 의존심간에는 매우 밀접한 관계가 있다. 어린 아이들이 낯선 장면에 부딪쳐서 주위 환경을 능동적으로 탐색하다가 놀라운 일이 발생되면 갑자기 엄마의 품에 안긴다. 엄마가 안심시켜 주고 용기를 주면 이번엔 더욱 적극적으로 낯선 대상에 접근하여 생각했던 것만큼 두려운 것이 아니란 것을 체험하게 된다.

즉, 처음엔 호기심(好奇心)과 위험성(危險性)이 공존하던 것이 점차 익숙한 것으로 되어 대상에 대해 자신감을 갖게 되고, 더욱 적극적인 탐구 행동이 발전하게 된다. 아동이 부모에 의존한다는 것은 부모의 힘을 빌어 대상을 공격하겠다는 것이다. 어릴 때는 약하기 때문에 처음엔 부모의 힘을 빌지만 점차로 자신의 힘으로도 대상을 공격할 수 있다는 것을 아는 아동은 주체적으로 문제를 해결하려 한다. 그러나 매사에 부모의 힘을 빌어 공격하는 아동은 어른이 되어서도 독립적이거나 투쟁적이지 못하고 계속 부모의 힘에 의존하려 한다거나, 또는 다른 권위자의 보호하에 행동하려 한다.

만약, 일방적으로 의존했던 대상이 자기의 의존 욕구를 채워 주지 않으면 정면으로는 처벌이 두려워 적개심(敵愾心)을 노출하지 못하고 끓어오르는 적개심을 억압하여 의식의 밑바닥으로 밀어 넣고 만다. 이렇게 적개심을 억압하면 기분이 우울하게 되고 또 다른 의존 대상을 찾아 방황을 계속한다. 정신 분석학에서는 의존 욕구가 채워지지 않으면 적개심이 생기고, 적개심이 표현되지 못하면 더욱 심한 불안과 긴장이 발생되어 노이로제를 낳게 되며 심하면 우울증이 되고, 경우에 따라서는 억압된 적개심이 자살이란 자기 공격의 형태로 발전된다는 것이다.

한편, 어린 시절 부모로부터 정상적인 의존을 받지 못하고 의존의 실패에서 비롯되는 좌절감(挫折感)을 계속 맛보는 경우는 적개심의 노출이 만성화되어 어른이 되었을 때 극히 잔인하고 포악한 행동을 저지르게 되는 병적 성격이 된다고 한다.

아동의 눈에는 제아무리 무능한 부모라 하더라도 전지전능(全知全能)한 존재로 부각되어 아동이 겪는 어떤 공포나 위험도 부모에게 의존하면 능히 해결될 것으로 믿게 된다. 그러나 오늘날의 부모들은 세상사에 너무나도 불평이 많고 신경질이 많으며 정면으론 어떤 두드러진 공격성도 정정 당당하게 나타내지 못하고, 불안을 해소하면서 자신을 무능한 존재라고 한탄하는 경우가 많기 때문에 아이들의 기대를 부모 스스로 저버리는 경우가 많다.

이러한 부모 밑에 성장한 아이들이나 또는 남의 의견에 지나치게 잘 순종하는 나약한 부모 밑에서 자란 아이들은 성장 후 독립적으로 자기주장을 한다거나 정당하게 자기 요구를 주장하는 방법을 배우지 못한다. 만약, 어릴 때부터 부당한 요구에 대해서 정당하게 거부한다거나 반항하는 것을 배우지 못하면 언제나 감정의 세계는 해소되지 못한 채 적개심으로 말미암아 불안과 긴장이 자리 잡게 된다. 행동상으로는 각종 병적 태도인 손톱을 이빨로 물어뜯거나 설사를 자주 한다거나 변비를 보인다거나 밤에 잠자리를 적시는 야뇨증 등이 나타나기 쉽다.

만약, 어린 시절 외톨이이거나 놀이 친구가 없으면 공격성 처리는 더욱 난처하게 된다. 한 심리학자의 연구에 의하면 "외톨이의 정서 행동이 사회 행동에 미치는 영향"에 대해서, 매우 흥미 있는 결과들이 발견되고 있어서 여기 몇 가지를 소개한다. 그에 의하면 갓 젖을 뗀 어린 생쥐를 한 무리는 외톨이로 키우고, 다른 한 무리는 동료와 함께 자라게 한 후, 성숙된 후의 이들 동물의 행동을 비교해 보았다. 외톨이는 동료와 자란 놈들에 비해 정서적으로 매우 과민했고, 불안과 공포로 간주되는 제반 정서 반응의 지표가 두드러지게 높았으며, 특히 두드러진 현상은 외톨이에서 지나치게 높은 공격성을 목격했다는 것이다. 외톨이의 공격적 행동은 잔인하기 이를 데 없는 포악한 것으로서 상대를 물어뜯어 피를 흘리게 하는 경우가 허다하였지만 동료와 함께 자란 생쥐들은 낯선 놈들끼리 어울리게 하여도 거의 싸움이 없고 우정적 탐색 행동만을 주로 보였었다.

이처럼 어릴 때 부모나 동료 형제로부터 받는 건전한 의존, 즉 사랑과 교제는 성인이 되었을 때 자신감, 독립심 또는 정서적 성숙의 근본이 되지만 불건전한 의존과 교제의 실패는 소심(小心)하고 의타적(依他的)이며 포악한 성격으로 발전될 가능성이 많다. 인류 역사를 통해 많은 사상가들이 공격심이 없는 이성적 인간(理性的 人間)들이었으며, 이들이 추구하는 사회도 이상적 사회(理想的 社會)로써 유토피아를 생각해 온 것은 인류의 미래를 위해 다행한 일이다.

5. 파괴적 표출 양상(破壞的 表出樣相)

공격성이 생존을 위한 수단이란 의미에서 본다면 인간이 존재하기 위해선 어느 정도의 공격성은 필수 불가결한 것이며, 아무리 이상적 세계가 실현되었다고 하더라도 또 다른 권력의 분화(分化)와 계급의 출현은 피할 수 없는 것이다. 오히려 역사의 흐름 속에 위기가 있고, 빈곤이 닥쳐오고, 자유가 구속받던 시대에 위대한 예술적 창조와 위기를 극복하기 위한 생산적 삶의 방법들이 보다 많이 개발되었다. 이것은 시련에 대한 인간의 용기 있는 도전의 산물이며, 자기 내부 세계와 외계와의 갈등을 승화(昇華)란 이름으로 바꾸어 표출한 공격성의 덕분일 수 있다. 오늘날 우리 민족 우리 사회가 처해 있는 상황은 극히 위험한 상황이다. 안팎으로 가해 오는 각종 긴장의 연쇄 속에서 우리는 생존을 위한 건전한 공격심의 승화를 필요로 할 때이다. 공격심이 자기 내부나 씨족 내부로만 투사되면 이조 오백년의 민족 분열과 같은 악몽이 재현될 가능성이 크며, 공격성을 보다 높은 차원으로 승화할 때는 개인적으로는 위대한 성취가, 민족적으로는 세계를 향한 도약의 바탕이 마련될 것이다.

프로이트는 사람의 성격에 있어서 어린이는 어른의 어버이라고 했다. 즉, 어른의 성격은 아동의 경험 세계에 의해 이룩된다는 뜻이다. 어른도 어린이와 다를 바 없이 의존과 독립의 양면적인 감정 속에서 살아간다. 의존은 곧 사랑이며, 독립은 곧 공격심으로 나타난다. 제아무리 어른이라 하더라도 타인과의 의존 없이 로빈슨 크루소처럼 혼자 살아갈 수는 없다. 병이 나면 의사를 찾고, 필요한 물건은 돈을 주고 사듯이 우리 사회는 상호 의존의 관계이다. 이러한 의존은 건강한 의존이며, 서로서로 정당한 계약에 의해 이루어진 관계이다. 이러한 관계를 유지할 때는 서로 의존하는 관계이나 상호 구속이 없는 독립된 관계에서의 의존이다. 그러나 조직 속의 일원이 되었을 때 의존과 독립의 관계는 매우 미묘하게 작용한다. 이념을 같이 한다는 각종 단체가 오래지 않아 파벌이 생기고 사분오열(四分五裂)하는 것을 자주 목격하며, 다정했던 연인의 관계나 우정의 관계가 갑작스레 배신했다는 이유로써 적대적 관계로 바뀌는 것을 자주 본다. 이것은 상호 의존 관계가 일정한 거리를 유지하여 각기의 독립성을 지키면서 서서히 굳어져야 할 관계가 일방적 의존 욕구만 채우려 하는 병적 기대가 좌절된 데서 비롯된 분노의 표시인 것이다. 따라서 우리 인간에게 가장 중요하고도 지키기 어려운 일의 하나는 서로가 서로의 가치를 존중해 주면서도 일정한 거리를 유지하면서 건전하게 인간관계를 유지하도록 하는 일이다. 일방적으로 요구하는 의존의 기대가 채워지지 않을 땐 반드시 의존 상대에 대해 적개심을 나타내는 것이 우리 인간의 본성(本性)인 것이다. 우리는 진공(眞空)중에 고독하게 존재하는 것이 아니라 관계라는 거대한 맥락으로 구성된 조직 속의 일원으로 살아가는 것이다. 따라서 독립된 자기를 유지하기 위해서는 부단한 반대 속을 묵묵히 걸어가야 하며, 타인의 요구를 일격에 격파하려 해서는 안 된다. 법정에서 치열한 법률 공방전을 전개하던 두 변호사가 법정을 물러서서는 다시없는 우정의 친우로 되돌아가는 모습이야 말로 건전한 인간관계의 표본이 될 것이다. 「불타」는 일찍이 인간의 희로애락(喜怒哀樂)을 병적 망심의 집착에서 비롯된 어리석은 우상놀이로 보았다. 중생의 삶은 뜬 구름 같은 희로애락, 오욕칠정(五欲七情)에 매달린 노예이다. 지나치게 기뻐하거나 사랑을 느낀 뒤에는 반드시 분노와 슬픔이 뒤따른다. 의존의 욕구가 채워지지 않으면 분노가 밀려온다. 즉, 중생(衆生)의 삶은 오직 이러한 애-증(愛-憎)의 윤회(輪回)라고 갈파하였다. 희로애락이란 허깨비가 끊어진 심성의 본질 자리가 다름 아닌 불성이며, 이 불성의 세계는 곧 중생의 심성 내부에 있다고 하였다. 모든 중생이 직지인심(直指人心)하여 견성성불(見性成佛) 할 때 사랑과 미움의 윤회는 끝나는 것이다. 공격심이 없고, 갈등이 없고, 이성에 의해 지배되는 이상의 유토피아를 현실이 아닌 이상의 외부 세계에서 찾으려 한다면 억만년이 지나도 실현되지 않을 것이다.

지금까지 공격성이 죽음에 이르는 본능이니, 생존을 위한 본능이니 하는 등등의 구구한 이론들을 극히 피상적인 안목으로 열거해 보았지만 아직도 인간성에서 공격성이란 정체는 확연히 드러나지 않았다. 어쨌든 우리 인간은 가장 공격적인 존재인 것만은 사실이고 우리가 생존해 가는 한 공격성의 출현은 불가피한 것이다. 그것이 변형되어 남에게 공격을 가하는 실제적인 적대 행동으로 표현되고 반항으로도 표현되며 영토 확장으로도, 배우자 경쟁으로도, 출세에도, 사회질서와 위계(位階)로도 표출되는 행동인 것 같다. 이것이 지나치게 표출되면 남에게나 자기에게 손상을 끼쳐 유해로운 것이 되고, 지나치게 억압하면 남의 노예가 된다. 그리고 자신의 심신에 해를 끼쳐 노이로제나 정신병의 원인이 되기도 한다. 절제 있고 절도 있는 표현은 독립된 자아로서 자기가 자기의 주인공이 될 수 있도록 하는 원동력이 되고 승화되면 위대한 창조와 성취적 인물이 될 수 있도록 한다. 극단으로 치우치지 않는 중용적 절제와 조화가 만고의 진리다.

우리는 가졌을 때 군림하지 않고, 갖지 못했을 때 비굴하지 않을 자신이 있다면 이는 자기 초월의 삶을 현실에 실천한 사람이라고 볼 수 있다.

Ⅶ. 도덕적 인간관

1. 양심과 상황의 조건

사람의 삶은 어찌 보면 모순 덩어리이다. 사랑과 미움이 서로 엇갈리고 엉키는 예는 너무나 흔하다. 생각과 행동이 일치하지 않는 경우도 빈번하다. 심지어는 삼강오륜(三綱五倫)이나 십계명(十戒命)이 악덕이 되는 수도 있는 것이다. 이렇게 보면 인간 존재 자체가 불합리한 존재이다.

사람의 참다운 도리를 양심이나 죄의식에서 찾는다는 것은 매우 당연한 논리이다. 한데, 이 양심의 형성도 엄청난 자기모순을 지니고 있다. 프로이트의 정신 분석에 의하면 당초 그것은 질투와 증오에서 비롯된다. 아들의 아버지에 대한 미움, 그리고 형의 동생에 대한 질투 등등이다. 이 감정의 범벅에서 어린이는 부모를 동일시(identification)한다. 부모가 어린 아우를 사랑하듯 자기도 아우를 보살핌으로서 자기 자신도 부모에게서 칭찬받는다.

어린이는 감정의 자가당착(自家撞着)을 어른과의 동일시로 해결한다. 이것이 곧 양심의 형성이며, 프로이트는 이를 초자아(超自我)라 불렀다. 그러므로 도덕은 본래 자기의 모순된 감정의 범벅에서 비롯되었다고 할 수밖에 없다.

행위의 수준에서 보면 양심과 죄의식은 유혹에 대한 저항력이다. 비도덕적인 유혹에 접했을 때 그것을 뿌리칠 수 있는 힘이다. 그러므로 양심이 강할수록 유혹을 멀리할 수 있을 것이다. 그리고 이것이 우리가 일상적으로 생각하는 죄책감이다. 그러나 실험 심리학에 있어서 내놓은 연구 결과는 사실과 판이하다.

즉, 가장 흔하게 연구된 비도덕적인 행위가 "거짓말"이라는 사실이다. 이를테면 도둑질이나 살인보다 실제로 측정하기도 쉬우려니와 사람이 저지르는 비윤리적 행위 중 가장 흔한 것이 "거짓말"인데, 이 거짓말이 양심과 죄의식에 얼마만큼 강한 충격을 주는가는 중요한 변화 계기를 준다고 하였다.

하트쇼온을 중심으로 한 콜롬비아 대학교의 연구 결과를 보면, 어떤 상황에서 거짓말을 하였다고 해서 다른 상황에서도 거짓말을 잘하는 것은 아니다. 더구나 사람을 분류할 때 거짓말을 잘하는 사람과 거짓말을 안 하는 사람으로 나눈다는 것은 매우 힘들다. 「정직-거짓」을 측정하는 검사를 실시해 보면, 점수의 분포가 종(鍾) 모양의 정상 분포 곡선을 그린다. 두루 평균치를 중심으로 모여지기 때문에 거짓말을 잘하는 사람과 안하는 사람으로 양극적으로 분류하기 어렵다.

나아가서, 도덕 검사를 어떤 상황에서 실시하느냐에 따라 한 개인 안에서도 점수가 달라진다. 예컨대, 가정, 학교, 교회 등 어디에서 검사를 하느냐에 따라 도덕의 평가 기준이 달라진다. 남을 해치는 일은 학교에서는 어느 정도 허용이 되나 교회에서는 아주 나쁜 것으로 판단한다.

또 다른 관찰에 의하면 집단마다 거짓말하는 정도가 다르다. 중산층의 가정이 하층의 가정보다 도덕률이 엄하다는 것은 잘 알려진 사실이다. 그런데, 집단마다 거짓말하는 정도가 다르다는 것은 계층적인 차이를 말하는 것이 아니다. 같은 학교의 같은 학년이라 하더라도 사회·경제적인 계층에 있어 비슷한 학생들이 모여 있는데도 불구하고, 어떤 학급은 더욱 거짓말을 많이 하는 경향을 띠고 있는 반면에 다른 어떤 학급은 매우 정직한 학급이 있다.

그러므로, 거짓 행위는 개인의 양심에 의해서 결정되는 것이 아니다. 생활하는 상황이 결정하는 것이다. 그런데 이 상황은 집단에 대해서 상대적인 개념이다. 어떤 집단이 가지고 있는 가치, 그리고 상과 벌을 얼마나, 어떻게 받느냐 하는 집단의 특성이 정직한 행동을 결정한다.

가치라든가 상과 벌을 상황에 따라서도 다르듯이 거짓도 그것이 탄로 날 가능성이 높으면 상대적으로 정직의 행위는 낮은 경향을 보인다는 실험 보고가 있다.

이 사실을 과장하면, 탄로가 나지 않는 조건과 보장만 있으면 온통 거짓말을 할 가능성을 암시한다. 역으로 엄격한 조건에서만 정직할는지도 모른다. 말하자면 도덕 행위는 환경 결론적이다. 이처럼 환경 조건을 과장하면 양심이니 죄책감이니 하는 것은 한 푼의 가치도 없게 된다.

2. 피아제의 도덕론

심리학적으로 보면 상황이란 물리적인 조건이 아니다. 제도(制度)도 아니고 법률 조항도 아니다. 상황의 성질은 사람이 그것을 어떻게 지각 (知覺)하느냐에 따라 결정된다. 환경의 성질은 우리가 그것에 대해 가지는 지식이다.

사람은 그의 주변 환경을 거울처럼 그대로 복사하여 반영하지 않는다. 새롭게 체계화하고 재구성하여 갖는다. 이것이 곧 인지(認知)의 문제이다.

따라서, 우리는 도덕의식을 인지와 관련하여 고찰하지 않을 수 없다. 상황에 따라 도덕의 기준이 달라진다고 하였거니와, 상황은 우리가 그것을 어떻게 지각하고 판단하느냐에 따라 그 성질이 달라지기 때문이다.

인지 발달과 도덕 발달을 관계시킨 이는 누구보다 쟝·피아제이다. 피아제의 업적은 프로이트의 업적만큼 센세이셔널하진 않지만 그의 영향력은 프로이트보다 더욱 중요하고 더욱 오래 지속될 것이다. 그의 주된 업적은 인지의 발달 단계를 자세하게 파헤친 것이다. 인지 발달을 소개한다는 것은 이 글의 범위를 벗어나므로 여기서는 도덕 발달에 관계되는 인지만을 다루고자 한다.

크게 보아, 인지 발달의 단계를 자아 중심성(自我中心性)과, 사회성 (社會性)으로 나눌 수 있을 것이다. 특히, 7세 혹은 8세 이전의 어린이는 놀 때든 일할 때든 혼자 중얼거리는 일이 많다. 어린이들끼리 모여 있어도 제각기 중얼거린다. 자기의 이야기를 객관적으로 남에게 이해시키려 하지도 않고, 남의 이야기를 들으며 남의 입장을 이해하려고도 않는다. 이것이 자아 중심성이다.

이 연령의 어린이가 그림을 그린 것을 보면 자동차 안에 타고 있는 사람의 몸뚱이와 다리까지 죄다 그린다. 물론 창문에 비치는 것은 얼굴 뿐이다. 보이는 얼굴과 보이지는 않지만 알고 있는 몸뚱이를 모두 그린 것이다. 말하자면 보이는 것과 아는 것을 혼동하고 있다. 말하자면 일종의 자아 중심성이라고도 할 수 있고, 시지각 혼재 현상(視知覺混在現像)이라고도 할 수 있다.

자아 중심성은 자기와 남, 그리고 주체와 객체를 일원적(一元的)으로 파악한 인지의 세계이다. 이 연령의 도덕 판단도 인지와 마찬가지로 일원적이다. 모든 행위의 옳고 그른 기준을 부모의 기준에 따른다. 이러한 도덕 판단을 피아제는 타율성(他律性)이라 부른다.

7내지 8세, 그리고 특히 11세 혹은 12세부터는 자아 중심성에서 벗어나 인지의 특성이 사회적이 된다. 자기의 입장과 남의 입장을 바꾸어 생각하고 비교할 수 있다는 뜻에서 사회성이다. 그러므로 온전한 의사소통이 가능하다. 남의 입장이란 일종의 가정(假定)이다. 어떤 가정 위에서 옳고 그름을 판단한다는 것은 어느 면에선 논리적이고도 추상적인 사고를 할 수 있다는 증거이다. 의사소통이 추상적이고 형식적인 사고를 가능하게 한다.

그러므로, 이러한 사회성은 인지의 다원화(多元化)를 보여준다. 이 때에야 비로소 자율적인 도덕 판단을 보인다. 인지가 자아 중심성을 벗어나 사회성을 갖추어야만 도덕 판단의 자율성을 보인다. 남의 입장을 이해한다는 것이 자신의 세계를 그만큼 넓혀 주는 것이다. 남과 자기가 동등한 입장에 설 수 있을 때에 비로소 정당성에 대한 올바른 감각을 지닌다. 요컨대, 도덕 판단도 일종의 인지적인 판단이다. 사람의 삶은 모순과 갈등과 대립되는 가치 속에 던져져 있다. 이것이 심리적인 현실이다. 이 진퇴유곡(進退維谷) 속에서 어떻게 일관성 있는 도덕적인 판단을 할 수 있을 것인가? 모든 모순을 포괄할 수 있는 추상적인 지적 활동만이 그것을 가능케 한다.

3. 도덕의식의 발달

쿨버그는 피아제에 뒤이어 도덕의식의 발달 단계를 3단계의 수준으로 나누어 연구하였다. 즉, 제1수준이 도덕 이전의 수준이다. 아직 엄밀한 의미에서 도덕의식이라고 할 만한 개념이 발달하지 않은 시기이다. 여기에 다시 제1단계와 제2단계가 있다. 제1단계의 도덕 발달 단계는 복종과 벌의 지향이다. 벌을 피하기 위해서 도덕적인 규칙을 지키는 단계이다. 제2단계는 소박한 이기적 지향의 단계이다. 도덕 규칙을 지키는 까닭이 쾌락을 얻기 위한 것이다. 제1단계에서 도덕상의 절대 권위를 인정하는 반면에, 제2단계에서는 권위보다는 쾌락을 얻기 위한 수단을 도덕이라고 생각한다.

도덕 이전의 제1수준은 대략 피아제의 타율적(他律的)인 도덕의 단계와 일치하고 있다. 자아 중심적인 인지의 세계 속에서 도덕 개념을 생각하고 있는 것이다. 이와는 달리 제2의 수준에서는 도덕의 사회성을 고려할 수 있는 시기이다. 이것도 역시 2단계로 나뉜다. 즉, 제1단계의 도덕 발달은 「착한 아이」라는 칭찬의 지향성이다. 남들과 따뜻한 관계를 가지려는 것이 이 시기의 어린이의 가치관이다. 따라서 좋은 행위를 하는 것은 남들에게서 따돌림을 받기 싫은 까닭이다. 제2단계는 법과 질서의 지향성이다. 부모나 어른의 권위에서 완전히 벗어나 도덕을 사회 규칙으로 이해하게 된다. 정의와 책임을 사회에 통용되는 관례적인 가치로 인정하게 된다. 제3수준에서는 도덕을 하나의 관습으로 생각하여 사회적인 규범에 순종하는 도덕률(道德律)이라 할 수 있다. 반면에 제3수준에서는 도덕의식이 내면화되고 개인의 자의식으로 자리를 잡게 된다. 이 제3수준의 제1단계에서는 도덕 발달에서는 법이라는 것도 하나의 사회 계약(社會契約)이라는 것을 깨닫게 된다. 법을 비판할 수 있는 인지의 능력이 발달한 것이다. 그리고 법의 필요성을 공평한 사회 복지라는 점에서 생각하여 그것을 준수한다. 나아가서 제2단계의 지향성은 개인의 원리이다. 보다 궁극적인 원리로서 도덕을 생각한다. 개인의 이상을 보편적인 타당성과 관련하여, 도덕을 개념화한다. 그러므로 제1단계와 제2단계는 모두 원리 지향적이지만 제2단계가 더욱 개인적이다. 참다운 자율성을 지니는 도덕의식의 발달이다.

콜버그의 3단계 수준의 도덕 발달은 여러 나라에서 여러 모로 연구되었다. 그리하여 이들 3단계 수준 도덕론이 어떤 문화에든 보편적인 도덕의식임이 규명되었다. 법률 조항과 도덕률은 문화마다 다를 수 있으나, 도덕 판단의 정향(定向)은 모든 문화에 공통된다. 이들 도덕의식이 보편적인 까닭은 사람의 인지가 보편적이기 때문이다. 근본적으로 도덕 개념은 지적 작용(知的作用)의 기반 위에서 발달한 것이다. 지적 발달은 도덕 발달의 필수 조건이다. 그러나 충분조건은 아니다. 지적 발달이 이루어졌다고 해서 저절로 도덕 발달이 형성되는 것은 아니다. 인지의 다원화는 개인의 사회적인 역할 수행과 필연적인 관계가 있다. 실제 표본 연구 결과에 의하면 어떤 집단에서 인기가 있는 사람이 인기 없는 사람보다 도덕의식이 더욱 발달되어 있다. 인기 있는 사람은 대개의 경우 폭넓은 이해력과 활발한 의사소통력을 갖고 있기 때문이다. 다양한 역할 수행을 할 수 있는 사람이므로 지적 능력과 더불어 폭넓은 사회성이 높은 차원의 도덕의식을 갖게 하는 것이다.

대체로 도덕의식은 윤리적인 행위와 밀접한 관계가 있다. 콜버그는 제1단계의 도덕 발달을 보인 사람이 제2단계의 도덕 발달을 보인 사람보다 실험적으로 볼 때 특별한 상황에서 더욱 거짓말을 쉽사리 하였다는 것을 밝히고 있다.

그러나 이것은 어디까지나 일반적이고도 평균적인 현상이다. 생각과 행동이 일치하지 않는 사례가 흔할 것이다. 아마도 생각과 행동의 불일치는 언행의 불일치보다 더욱 빈번하기 마련이다. 본질적으로 사람의 마음이 모순(矛盾) 덩어리이기 때문이다.

4. 자기변명

여기 재미난 실험을 하나 소개한다. 어린이들에게 5가지 장난감을 주고 놀게 하였다. 그 후 각자가 장난감의 재미난 정도를 순서 매기도록 하였다. 그리고 나서 선생님은 두 번째로 재미나다는 장난감을 책상 위에 올려놓으며, 다른 장난감들은 가지고 놀아도 되지만 이것만은 가지고 놀지 않도록 당부하였다.

한 집단의 어린이에게는 두 번째로 재미난 장난감을 선생님이 안 계실 때 가지고 놀면 엄한 벌을 주겠다고 엄포를 놓았다. 다른 집단의 어린이들에게는 꾸지람을 하겠노라고 약한 벌을 예고하였다.

엄한 벌과 약한 벌을 지시한 후 선생님은 교실 밖으로 나가서 한참 후에 되돌아왔다. 그리고는 5개 장난감에 대해서 다시 재미난 순서의 정도를 물어 보았다. 그 결과, 엄한 벌과 약한 벌의 지시는 엉뚱한 차이를 불러일으킨 것을 알 수 있었다. 엄한 벌을 예고 받은 어린이는 두 번째로 좋아하던 장난감을 제일 좋아 한다는 반응의 경향을 보였다. 반면에 약한 벌을 예고 받은 어린이는 두 번째로 좋다고 하던 장난감을 세 번째나 네 번째로 낮추어 평가하는 경향을 보였다.

무엇 때문이었을까? 약한 벌의 지시는 어린이들로 하여금 자기가 벌 때문에 그 장난감을 가지고 놀지 않는 것이 아니라는 변명을 스스로의 마음속에 심어 준 것이다. 「별신통치도 않은 장난감을……」 이라는 마음 갖춤새가 그 장난감을 덜 재미난 것으로 만들어 버린 것이다.

「신 포도」라는 이솝 우화를 생각해 보면 이해가 간다. 이와는 달리 엄한 벌의 지시는 엄한 벌 때문에 더욱 더 장난감만 돋보이게 한 것이다.

사람은 이처럼 비합리적인 존재이다. 비단, 어린이라고 하여 이러한 결과가 나오는 것이 아니다. 어른을 대상으로 하여 실험해도 마찬가지 결과를 얻는다.

그러므로, 불합리한 것을 합리적으로 처리할 수 있고, 서로 상반되는 모순을 이성적으로 조화시킬 수 있는 지적 능력은 무엇보다 중요한 사람의 길이다. 교육은 개인의 사회적 공헌 이전에 자신의 자가당착(自家撞着)을 해결하기 위해서 우선 필요한 것이다.

더욱이, 오늘날 우리 사회는 비리와 비정뿐만 아니라 반도덕적인 행위가 글자 그대로 난무한다. 신문에 보도되고 있는 잡다한 스캔들을 읽고 독자들은 그것이 빙산의 일각이라고 판단하여 아예 놀라지도 않는다.

이러한 상황에서는 도덕의식이 유혹의 저항력이 되기 힘들다. 어떤 도덕 판단은 있으나, 행위가 그 판단의 기준을 따르지 못한다. 논리적 및 추상적인 지식과 그리고 폭넓은 사회적인 역할 수행이 도덕의식의 발달에는 필요충분조건이지만 윤리적 행위까지 전적으로 책임지는 것은 아니다.

끝내는 의식과 행위의 어긋남이 어떤 결과를 초래할 것인가? 사람을 모순덩어리라고 하였지만, 그것은 외부 조건에 의하여 짊어진 짐이지 마음의 본질은 아닐는지도 모르겠다. 왜냐하면 누구든 모순과 갈등을 즐기는 사람은 없기 때문이다. 사람은 욕구의 갈등과 상반된 지식을 그대로 용납하지 않는다.

그것을 어떻게든 균형 있게 조화시키려고 하는데 이를 심리학에서는 인지적 균형 또는 인지적 일치 이론이라고 한다. 그럼 실험의 한 사례를 보면 실험 대상들에게 우선 거짓말에 대한 그들의 도덕관을 측정하였다. 그 후 거짓말을 하여야 할 상황을 실험적으로 유발하였다. 즉, 거짓말을 하여야 상을 얻을 수 있게 하였다. 실험조건을 두 개로 하여, 한 집단에는 커다란 상을 받게 하고, 다른 집단에는 조그만 상을 받게 하였다. 그러고 나서 다시 거짓말에 대한 도덕관을 측정하였다.

결과는 앞에서 인용한 결과와 동일하였다. 즉, 작은 상을 얻은 사람은 큰 상을 얻은 사람보다 도덕관의 변화가 더욱 크게 일어났다. 첫 번째 측정 때보다 거짓말을 하고난 이후 거짓말을 덜 나쁘게 평가하였다. 큰 상을 받은 사람은 거짓말을 하기 전과 그 이후에 도덕관의 차이가 거의 없었다.

연구 결과는 상식적인 예측과는 정반대였다. 작은 상을 받으면 거짓말 행위를 크게 뉘우쳐야 했을 터인데도 불구하고 자신의 비윤리적인 행위를 오히려 합리화하였다. 결과적으로 거짓말을 덜 나쁘게 평가하였다. 큰 상을 받은 사람도 뉘우친 기색은 없다. 도덕관의 변화를 보이지 않는 것은 거짓말의 값어치가 그만큼 큰 상에 합당하다고 생각한 때문이다.

대체로 사람이 뉘우친다는 것은 잘못을 저지르거나 실수를 범했을 때에라야 일어난다. 손해를 보거나 벌을 받을 때에라야 과오를 인정하는 것이 일반적이다. 위의 실험 사례에서는 크든 작든 모두 상을 받았었다. 이것이 행위에 대한 진정한 반성을 회피하게 한 것이다.

누구든 갈등과 모순을 좋아하는 사람은 없다. 그러나 자신의 도덕적 가치를 비판하는 사람은 드물다. 더군다나 일단 비도덕적인 행위를 저질러 놓은 사람은 더욱 반성하려고 하기보다는 오히려 변명에 급급하려는 경향이 있다.

변명은 자신의 행위를 정당화하려는 노력의 일환이다. 따라서 도덕의식의 발달이 아니라 퇴행(退行)이다. 그러므로 제2단계 내지 제3단계의 도덕 발달을 형성하였다 하더라도 자기가 저지른 과오는 자신의 도덕의식을 퇴행시키기는 결과이다.

5. 가치 판단(價値判斷)의 기준(基準)

일반적인 가치를 평가할 때는 「좋다」와 「나쁘다」의 정도의 감정적 수준의 문제라고들 한다. 즉, 선호(選好)의 문제라고들 한다. 그런데 도덕적 가치는 「해야 한다」와 「하지 말아야 한다」의 의지적(意志的)인 문제라고들 한다. 즉, 당위(當爲)의 문제라고들 한다. 본래 당위의 문제에서는 자기 합리화란 있을 수 없는 것이다. 변명이 아니라 뉘우쳐야 마땅하다. 자기 합리화는 악순환만을 초래한다. 도덕의식의 퇴행임을 앞에서 언급한 바와 같다.

무엇이 자기 합리화를 하게 하는가? 사랑과 미움이 엇갈리고 엉키는 자기모순의 심리적 현실과, 이 모순과 갈등에서 균형을 찾으려는 또 다른 심리적 현실이다. 게다가 우리의 사회적 현실이 여기에 한몫을 담당한다. 비도덕적인 행위를 하여도 상을 받는다는 사회적 상황이 그것이다. 그릇된 행위가 벌을 받거나 손해를 가져와야 할 터인데 우리의 사회적 현실은 반드시 그렇지도 않다. 오히려 도덕적인 행위가 손해를 보는 일이 더욱 흔할지도 모른다.

지나치게 사람이 처해 있는 현실에 적응 훈련을 강조한 결과에서 빚어진 기형일 수도 있다. 사람이 불합리한 존재인 것도 사실이지만, 창조적이고 이성적인 존재인 것도 사실이다. 사람은 적어도 천사다운 면과 악마다운 면을 연결하는 다리를 놓을 능력이 있다.

콜롬비아는 도덕 행위가 일반성을 보이는 것이 아니라 특수성을 드러낸다는 점을 강조하고 있다. 한 장면에서 비도덕적인 행위를 한다고 해서 다른 장면에서도 동일한 행위를 보이는 것이 아니기 때문이다. 달리 말하면, 사람은 가능한 모든 장면에서 비도덕적인 행위를 보이는 것은 결코 아니다. 도덕적인 지식이 비도덕적인 행위에 대해서 제동을 걸 수 있는 것이다. 유혹의 저항력이 도덕적인 지식에서 나온다고 하였다. 역시 사람은 일관성 있는 심리적 균형을 바라기 때문이다. 지식이 한 인간의 감정의 모순을 극복할 수 있게 한다. 도덕의식과 도덕 행위는 제각기 별개로 작용하는 독립적인 심성이 아니다. 서로 상호 작용한다.

우리는 도덕 발달의 1단계에서부터 거짓말이 나쁘다는 것을 안다. 그러나 아는 것도 수준이 여러 가지였음을 보았다. 제1수준에서처럼 벌을 받기 싫고 자신의 이익을 위해서 거짓말을 않는다면, 유혹을 이기지 못한다. 요즈음의 우리 상황은 용인하는 메커니즘으로 인하여 도덕의 부재를 노출하고 있다. 제2수준의 도덕 발달도 유혹에 견디기에는 아무래도 약하다. 법과 질서의 정신만으로는 도덕적 기준을 확립하기에는 어려운 때가 많다. 왜냐하면 법이 바뀌는 일을 숱하게 경험하는 속에서 생활할 뿐만 아니라 법의 악용도 경험할 때가 빈번하기 때문이다.

권위의 복종에서 벗어나 관습과 사회 계약의 임의성(任意性)을 깨달아야 한다. 이 깨달음 위에서 양심의 개인적인 원리를 생각할 수 있어야 한다. 보편적인 인간의 가치와 나의 내적(內的) 이상에 대해 지적인 통합을 이루어야 한다. 제3단계의 도덕 발달을 내 것으로 내면화하여야 한다.

사람은 본래 양면적인 감정이 혼합된 존재이므로 인간이 살고 있는 사회는 본래 적자생존(適者生存)의 전쟁터이다. 우리의 지금은 자신의 갈등을 짊어지고 약육강식을 위해 투쟁하는 만인에 대한 만인의 이리떼인 것이다.

이러한 실정과 상황과 시대가 갖는 최대의 난제는 반지성적인 움직임과 논리의 일관성의 결여이다. 그것이 다름 아닌 자기 합리화를 낳는 것이 되어 결과적으로 도덕의식의 퇴행을 촉진하게 된다.

비합리적인 것과 대항할 수 있는 것은 합리성이며, 자기 합리화와 대항할 수 있는 것은 논리의 일관성이다. 불에 대해서 불로 싸울 수도 있지만 역시 정도(正道)는 물로 대항하는 것이다. 우리는 원래 정(情)에 대해서 매우 순응적인 성격을 지니고 있다. 요즘엔 감성의 풍부함이 우리의 자랑이라는 감성 옹호론자도 없지 않다. 그러나 이 감성이 논리의 일관성을 유지 못할 때는 하나의 감상(感傷)이 되고 말 것이다. 나의 심리적인 현실과 그리고 나의 사회적인 현실에 대한 지적인 통찰이 나를 나의 모순에서 건져낸다. 추상적이고도 합리적인 논리가 나의 고차원의 도덕의식을 형성시키고 나의 행위를 일관성 있게 만들어 주기 때문이다. 우선 냉엄하게 나의 도덕 발달 단계를 생각하고, 나의 도덕의식이 얼마나 퇴행하고 있나를 생각해 봄으로써 도덕심의 싹을 키우게 될 것이다.

Ⅷ. 자아 개념의 인간관

1. 자아의 탐구(深究)

　인간은 참으로 복잡하고 섬세한 존재이기 때문에 그러한 인간의 복잡성을 완전히 이해한다는 것은 거의 불가능한 일인지도 모른다.

　우리 인간이 일상생활을 해 나가는 가운데 가장 중요하게 고려되어야 할 개념으로 자아개념(自我槪念)이라는 것이 있다. 각 개인이 자기 자신을 어떻게 보고 있느냐, 자기 자신을 어떻게 생각하고 있느냐 하는 것이다. 이것은 각 개인이 지니고 있는 능력, 흥미, 사회적 관계 등과 깊은 관계가 있으며, 더 나아가서는 우월감, 자신감을 가지느냐, 반대로 열등감을 가지느냐와도 밀접한 관계가 있는 것이다. 특히 사춘기(思春期)에 들어서면서부터 자아개념의 문제가 중요시되는 것은 이 시

기가 자기 자신을 발견하고, 하나의 성숙된 인간으로 자아를 확립하고
자 하는 의욕이 강하게 부각되는 시기이기 때문이다. 그런데 우리 인간
은 그 자신을 볼 때 정확하게 바라보는 경우도 있지만 잘못 바라보는
경우도 있다. 잘못 바라본다는 말 가운데는 자기 자신의 어떤 일면을
지나치게 확대하여 보는 경우와, 반대로 지나치게 축소하여 보는 경우
가 있다. 이 경우 전자(前者)는 우월감, 자신감이 될 수 있고, 후자(後
者)는 열등감(劣等感)이 될 수 있다. 이런 현상이 지나치면 실재(實在)
의 자기(自己)가 아닌 모습을 자기라고 생각하게 되는 것이다.

여기 서로 다른 세 대학생의 경우를 생각해 보자. A군은 가난한 농
부의 아들로서 아버지는 그가 훌륭한 전문직에 종사할 것을 오랫동안
기대하여 왔다. 그는 자식이 어렸을 때부터 좋은 성적을 받아 오면 격
려해 주고 적절한 보상을 주어 왔다. 그래서 A군은 강력한 성취동기
(成就動機)를 가지게 되었으며, 열심히 일하는 것을 조금도 두려워하
지 않았다. 사실 그는 언제나 높은 욕구 수준을 설정해 온 까닭에 A학
점을 받아야 만족이 되었던 것이다. B군은 아주 부유한 집안의 출신으
로 돈이나 장래의 진로 문제에 대하여 조금도 걱정하지 않았다. 책 한
두 권을 읽는 것만으로 만족했으며, 어떻게 해서라도 대학만 졸업하면
자기 아버지의 사업을 이어받을 것이라고 생각해 왔다. 그래서 B군은
높은 성적을 받을 것을 조금도 기대하지 않았으며, 공부만 하는 학생들
을 보고 시시하고 쩨쩨한 존재라고 비꼬아 왔다. 그는 낙제나 면하고
C학점 정도 받는 것만으로도 충분하다고 생각하는 것이다. 그러나 C
군의 사정은 그렇게 간단하지 않았다. 그의 아버지는 형편없는 가정에
서 태어나 허리를 졸라매고 노력한 끝에 지금은 훌륭한 변호사가 되어
있었다. 그는 자기 아들도 아버지와 같이 되기를 기대하는 것이다. 그
러나 C군은 아버지를 두려워하며 그렇게 해낼 자신이 없다고 생각해

왔다. 대학에서 시험을 칠 때면 언제나 불안해 졌고 가슴이 두근거렸으며 손바닥에 항상 땀이 나곤 하였다. 그는 이같이 너무나 불안해서 제대로 공부도 할 수 없었고 시험도 칠 수 없었으며, 결과적으로 낙제 점수를 받는 것이 고작이었다. 이들 세 대학생을 비교해 볼 때, A학생은 지식 탐구에 대한 동기, 다시 말하면 새로운 지식을 획득하는 데 대한 호기심이 강렬하고, 학업이나 장래에 대한 성취동기에 충만되어 있지만 B학생은 대학을 졸업했다는 간판이 중요할 뿐이며, 물질적 풍요나 황금만능(黃金萬能)을 더 숭상하고 있는 학생이다. 이들에 비하여 C학생은 학업에 대한 성취동기는 왕성했지만 그를 방해하는 정서적 불안정 때문에 제대로 공부하지 못하고 있는 것이다. 이들을 우월감과 열등감의 차원에서 생각해 볼 때 A와 B는 질적 차이는 있지만 우월감 내지 자신감을 가지고 있는데 반하여 C는 열등감에 빠져 있다고 할 수 있다. 얼마 전에 기차에서 일어난 일인데, 술에 취하여 횡설수설하고 있는 두 청년과 화려한 원피스 차림에 큼직한 귀걸이에 색안경까지 끼고 떠들고 있는 세 여성과 그들 맞은편에 가슴에 십자가를 달고 앉아 있는 외국인 남녀를 우연히 한 열차 안에서 볼 수 있었다. 흔히 있을 만한 열차 안의 풍경이었는지도 모른다. 그런데 어쩌면 그렇게도 사람들의 모습이 다를까? 이 세 유형의 사람들은 취미나 관심, 생각하는 사고방식이 모두 다를 것이다. 가령, 술에 취한 사람과 가슴에 십자가를 단 사람이 인간의 열등감에 대하여 대화를 나눴다고 하면 두 사람의 견해는 전혀 다를 것이다. 술에 대한, 인생에 대한, 세상 모든 것에 대한 의견에 큰 차이가 있을 것이다. 술 취한 사람의 마음은 술과 술잔에 쏠릴 것이며, 십자가를 가슴에 단 사람의 마음은 신을 향해 있을 것이다. 그러나 이같이 서로 다른 유형의 사람들은 같은 열차를 타고 어딘가로 가고 있는 것이다. 이러한 생각에 잠기는 동안 도대체 「인간은 무엇인가?」하는 본질적인 의문이 가슴을 파고든다. 그러나 솔직히 말해서 이 의문에 대해서 제대로 대답할 길이 없다. 술에 취한 젊은이는 술기분에 일종의 우월감을 가지고 있을 것이며, 세 젊은 여성은 유행에 뒤떨어지지 않았다는 점에서 역시 그 나름의 우월감을 가지고 있을 것이다. 십자가를 가슴에 단 사람은 역시 자기들이야말로 신의 은총을 받고 있다고 해서 은근한 자만심을 가지고 있을 것이다. 결국 모두가 자기 나름의 우월감을 가지고 있는 셈이다. 그러나 다른 관점에서 본다면, 그들 모두는 각기 마음 한구석에 서로 다른 우월감을 느끼고 있는지도 모른다. 그렇기 때문에 우월감이나 열등감의 어느 한쪽만으로 인간을 이해하고 평가한다는 것은 어리석은 일인지도 모른다.

2. 우월의식(優越意識)

대체로 우월감을 가지고 있는 사람은 자신을 지도자나 창의력과 강한 성취동기를 가진 존재로 생각한다. 여러 사람과 어울리는 이른바 사회적 일원으로 있을 때 다른 사람이 하자는 대로 좇아가지 않고 다른 사람을 지휘하려고 한다. 무슨 일에나 자신을 가지고 자기주장을 하며, 특히 집단 상황에서 적극적인 역할을 담당하려고 한다. 그러나 우월감이 지나치면 자신을 과대평가(過大評價)하거나 자기 과시적 행동을 하게 되는 것이다. 본래 우월감-열등감의 차원은 인간의 성격 특성을 정의적(情意的)인 면에서 표현한 것이라고 할 수 있는데, 긍정적 또는 적극적 측면에서는 지도성, 창의성, 성취성, 책임감, 통찰력, 진취성, 박력, 주체성 등과 통한다고 할 수 있고, 소극적 측면에서는 지배성, 전제성(專制性), 권위성, 단정성을 비롯하여 전능의 환상에 빠지는 병리적(病理的) 현상과도 통한다고 할 수 있다. 앞의 세 대학생의 예에서 A학생을 긍정적 적극적인 우월감의 소유자라고 한다면, B학생은 소극적 부정적인 우월감의 소유자라고 할 수 있을 것이다. 최근에 심리학자 가운데에는 우월감의 긍정적이며 적극적인 측면에 속하는 이른바 성취동기와 성취 의욕에 대하여 지대한 관심을 가지고 활발한 연구를 진행시키고 있다. 그들은 각 나라에서 사용되는 각급 학교 교과서의 내용을 분석함으로써 그 나라 학생들의 성격, 가치관, 태도, 동기, 사고들에 영향을 끼치는 요인이 무엇인가를 규명하려고 하고 있다. 미국 하버드 대학의 심리학 교수인 멕클레엔드는 오랫동안 문화를 달리하는 40여 개국을 대상으로 그 나라에서 전해 내려오는 설화(說話)등을 분석하여 그 나라 국민의 성취동기 수준을 측정해서 그 나라의 경제 발전 수준과 비교 연구한 결과 양자간에 밀접한 상호 관계가 있다는 사실을 입증하게 되었다. 터키의 교과서에 나오는 「이상한 월급」 이야기는 긍정적, 적극적인 우월감(그쪽에서도 성취동기)에 해당하는 좋은 예가 되고 있다. 일자리를 찾는다는 것, 그리고 알맞은 봉급을 받는다는 것은 어느 사회에서나 중요한 문제이다. 여기 일자리를 찾는 젊은이의 이야기가 있다. 이 청년은 먼저 일하고 싶은 회사의 상무를 찾아가 취직을 부탁하였다. 마침 그 회사의 경리계에 사람이 필요하였지만 그 청년을 취직시킬 것인가 아닌가는 얼마간의 테스트 기간이 지난 뒤 결정될 일이었다. 상무는 이렇게 말했다. "일자리를 주고 싶소. 그런데 우선 임시 직원으로 채용해서 한 달 동안 훈련을 마친 뒤 업무 능력이 만족할 만하면 정식으로 채용하겠소. 물론, 임시지만 어느 정도의 보수는 있소. 가서 실무 담당자를 만나 보도록 하시오.」 이 청년은 실무 담당자를 만나러 갔다. 잠시 후 실무 담당자가 상무에게 왔다.

　실무자: 「그 젊은이와 이야기 했는데요……」

상　무: 「그래 어떻던가?」

실무자: 「괜찮은 것 같아요. 그런데 그 친구가 요구하는 보수는 색다
　　　　르더군요.」

상　무: 「어떻게?」

실무자: 「견습 기간 동안 한 달에 백 원씩 준다고 했더니 그렇게 딱
　　　　정해진 보수는 싫다는 것입니다. 그 친구는 하루 일한 만
　　　　큼씩 받아야겠다는군요. 그가 요구하는 보수라는 것이 글
　　　　쎄 첫날에는 1전입니다.」

상　무: 「뭐? 1전!」

실무자: 「네 1전입니다. 우리가 첫날에 만족하면 다음날엔 2전, 그
　　　　다음날엔 4전, 또 그 다음날엔 8전…… 이렇게 매일 그가
　　　　일을 잘하는 동안은 그 전 날에 받은 금액의 배를 달라는
　　　　것입니다」 상무는 하도 이상해서 실무 담당자를 쳐다봤다.
　　　　「뭐라고! 1전, 2전, 4전씩으로 한 달에 몇 푼이나 받겠다
　　　　는 거야?」 실무 담당자는 어깨를 으쓱하면서 「뭐 거기까지
　　　　걱정하실 필요 있습니까? 자기가 좋다는데……」 하며 자기
　　　　의 면담 기술을 자랑이라도 할 것 같았다.

상　무: 「좋아! 그렇게 원한다면 그렇게 하기로 하지. 그리고 그 젊
　　　　은이는 내일부터 출근하도록 하게」 이렇게 해서 이 젊은
　　　　이는 일을 시작하게 되었다. 그는 자기 일에 포부를 가지
　　　　고 매일 업무를 더 잘 수행하려고 노력하였으며, 새로운
　　　　아이디어를 짜내어 장부 처리에 능률과 효율성을 찾는 방
　　　　법을 연구하였다. 그리고 남달리 자기 일에 보람을 가지고
　　　　그 회사에 근무하는 누구에게도 뒤지지 않게 일을 신속하
　　　　게 처리하였다. 그의 유일한 희망은 끈기와 노력으로 먼

훗날 훌륭한 사업가가 되겠다는 것이었다. 이 집념은 그의 가슴속에 언제나 엉켜 있었다. 드디어 월말이 되었다. 그는 실무 담당자에게 약속대로 보수를 요구하였다. 실무 담당자는 씩 웃으며 「나는 아직 계산해 놓지 않았는데 계산 좀 해주시겠소?」 하는 것이었다. 젊은이는 이미 계산해 놓았었다. 주머니에서 계산서를 꺼내 주었다. 첫날엔 1전 다음날부터는 그 전날의 배가 되도록 계산한 총액은 1천 73만 7천 4백 18원 24전, 무려 1천 1백만 원에 이르는 금액이었다. 실무 담당자는 놀란 눈으로 다시 정신을 차리고 읽어 보았다. 그리고 젊은이를 노려보며 「당신 돌았소?」 하고 고함을 지르는 것이었다. 「왜요? 계산은 분명합니다. 원하신다면 다시 해보겠습니다.」 하고 젊은이는 침착하게 이야기하는 것이었다. 계산에는 조금도 실수가 없었다. 이것은 젊은이에게 지불할 정확한 금액이었다. 실무 담당자는 무척 당황했다. 상무도 역시 아연실색할 수밖에 없었다. 이 회사의 전 재산을 털어도 보수를 지불하기엔 충분치 못했다. 조용히 두 사람을 바라보던 젊은이는 미소를 띠며 이렇게 말하는 것이었다. 「저는 보수를 요구할 때 한 달 후에 얼마가 될지 미리 계산하고 있었습니다. 그리고 이 회사가 그 보수를 도저히 지불할 수 없다는 것도 알고 있었습니다. 저의 목적은 제 자신이 경리 업무에 얼마나 세심한가를 보이는 것이었습니다. 특히 장기 계정(長期計定)이 포함된 문제에 대해서 말씀입니다.」 청년은 그날 정식으로 채용이 되었다. 그리고 풍족한 보수를 받으며 이 회사 업무에 참가하게 되었다.

3. 열등의식(劣等意識)

우월감의 상대적 개념인 열등감에 대해서 생각해 보자. 열등감이란
용어는 금세기 초에 심리학자 아들러(Adler)가 처음으로 사용한 말이
다. 이로써 인간의 마음을 해석해 보려고 한 것이다. 그러나 이 말이
사용된 이후에 얼마나 많은 사람들이 열등감에 빠져 고민하게 되었는
지 모른다. 인간이란 참으로 「말」에 좌우되는 경우가 많다. 아무도 본
일이 없는 「도깨비」란 말 때문에 얼마나 많은 사람들이 그 나름대로 공
포에 사로잡혔는지 모를 일이다.

여기에 열등감에 고민하는 사람이 있다고 하자. 덧니가 나서 항상
창피하다든지, 공부를 잘못해서 고민이라고 한다든지 이럴 경우 두 가
지의 자각이 일어날 것이다. 첫째는 자기의 덧니가 보기 싫다는 자각
과, 둘째는 덧니가 보기 싫다는 것을 알기 때문에 늘 열등감을 가지고
있다는 자각이다. 결국 열등감을 가지고 있다는 것과 열등감 때문에
고민하고 있는 것이다. 이들 사이에는 상당한 차이가 있다. 이에 대하
여 하나씩 생각해 보기로 하자. 열등감은 자신을 약하게 만들고 다른
사람 앞에서 기(氣)를 펴지 못하게 만든다. 이러한 열등감을 없애
는 방법은 없을까? 만일 여러분이 이와 같이 생각하고 있다면 열등
감이란 병은 이미 여러분 가슴속에 파고들고 있는 것이나 마찬가지
다. 누구도 「열등감」이란 말을 사용하기를 꺼려하는 것은 열등감
의 자각이 곧 열등감을 더욱 조장하는 기능을 하기 때문이다. 나는
못난 인간이라고 생각할수록 점점 못난 인간으로 생각되어진다. 「
이렇게 생각되는 것은 바로 내가 못난 인간이기 때문이다. 이러한
사고의 과정은 인간을 더욱 열등감 속으로 빠지게 하는 것이다.

그러면, 사람들이 왜 열등감에 사로잡히게 될까?

앞에서도 설명한 바와 같이 열등감은 갖가지 회의를 많이 가지고 있는 청년들만이 느끼는 것이 아니라 모든 사람이 정도와 내용의 차이는 있지만 대부분 경험해 온 것이다. 그것은 누구든지 그들의 욕망이 무한한 데 비하여 그 능력에는 한계가 있기 때문이다. 누구든지 불완전하고 미숙한 점을 가지고 있기 때문이다. 잠시 열등감의 원천이 어디에 있는가를 살펴보기로 하자.

첫째, 신체적 요인을 지적할 수 있다. 사람은 누구나 멋진 체격과 아름다운 용모를 가지고 싶어 하며, 신체 기능을 자유자재로 발휘하기를 기대한다. 그러나 지극히 제한된 사람을 제외하고는 그렇게 늘씬한 체구를 가질 수는 없는 것이다. 어떤 신체적 결함이나 용모상의 불만족을 그대로 받아들이지 않고 너무 확대 해석하거나 너무 과장할 때 열등감에 빠지게 되는 것이다.

둘째, 능력 요인을 지적할 수 있다. 사람은 누구나 자기의 능력을 표현하려 하고 과시해 보고 싶은 욕망을 가지고 있다. 가령, 학업 성적에 있어서, 토론을 하는 데 있어서, 오락프로를 진행시키는 데 있어서, 글이나 그림을 그리는 데 있어서 다재다능한 실력을 마음껏 발휘할 것을 기대한다. 그러나 그 능력과 재능이 다른 사람에 비하여 상대적으로 아주 떨어질 때 그 사람은 모임이나 회합에 나가는 것을 회피하고 열등감을 느끼게 되는 것이다.

셋째, 사회-경제적 요인을 지적할 수 있다. 사람은 누구나 소유하고 싶은 물건이 많으며, 보다 풍성하게 살고 싶어 하는 욕구를 가지고 있다. 따라서 자기가 남보다 빈약하다든지 소유하고 있는 물건이 형편없다면, 그리고 빈약한 모습을 한 채 다른 사람 앞에 나서지 않을 수 없다면 열등감에 빠지게 되는 것이다.

넷째, 실패의 경험도 포함된다. 사람은 누구나 자기가 하고자 하는 일을 성취시켜 완성하고자 하는 욕구가 있다. 그러나 그러한 일이 모두 뜻대로만 되는 것은 아니다. 일상생활에서 어떤 일이건 실패의 경험을 계속적으로 하면 열등감에 빠지게 된다. 그런데, 실패의 연속은 대개 해야 할 일의 양이 너무 많거나 그가 도달하고자 하는 목표를 너무 높게 세웠기 때문에 생기는 경우가 많다. 대학 입시에 3수, 4수를 할 때 느끼는 감정이 바로 그 예가 될 것이다. 이 밖에도 열등감을 일으키는 원인은 개인에 따라 여러 가지가 있을 수 있다. 가령, 부모나 교사나 직장의 상사로부터 자주 꾸지람을 듣는다든지, 친구로부터 따돌림이나 비판을 받는 경우에도 당사자가 그 사태를 어떻게 받아들이느냐에 따라 다르기는 하지만 열등감에 빠지는 계기가 되는 것이다. 이 점에서 볼 때 열등의식은 사람들이 자기 자신을 잘못 바라보거나 자기 자신을 있는 그대로 받아들이지 못하는 데서 생겨난 감정이라고 할 수 있다. 객관적으로 누가 보든지 열등하게 판단되는 사람이라고 반드시 열등감을 느끼는 것은 아니다. 도리어 우수한 사람 가운데서 열등감을 느끼는 사례가 더 많은 것 같다. 현재의 자기 위치를 비관하고 자포자기하여 삶의 의욕을 잃어버리거나 어떻게 그의 생활을 이끌어 갈지 모를 정도가 되면 전문가의 도움을 받아야 할 것이다. 그러면, 열등감에 사로잡힌 사람들의 증상은 어떠한가? 열등감의 증상을 개관해 보면 다음과 같다.

첫째, 그들은 비사교적(非社交的)인 일면이 있다. 자기 자신에 대하여 자신이 없는 사람일수록 가능한 대로 혼자 있기를 기대하며, 다른 사람과 접촉함으로써 생기는 긴장 상태를 피하려고 한다. 설사, 어떤 모임에 참가하더라도 지극히 어색해 하며, 심할 때는 고통을 느끼기까지 한다. 따라서 이들은 고독을 즐기며 공상에 사로잡히는 경우가 있다.

둘째, 그들은 다른 사람의 비판에 대해서 예민하게 반응한다. 아주 특별한 사람을 제외하고는 솔직하게 말해서 남의 비판을 대범하게 받아들이기 어려운 것이다. 만일 자기에 대한 남의 비판을 수긍하고 그렇게 받아들이는 사람이 있다면, 그는 그만큼 여유가 있고 자신에 가득 차 있는 증거지만 그렇지 못하고 남의 비판에 대해서 예민하게 반응하거나 아예 자리를 피해 버린다면 열등감에 빠져 있다고 할 수 있다.

셋째, 그들은 사소한 일에 신경을 많이 쓰며 충고를 좋아하지 않는다. 그들은 자신의 가치를 높이 평가하지 않으면서도 자기와 관련된 조그마한 일에도 신경을 쓰며 노여움을 잘 탄다. 이들은 작은 일에도 자기 의사를 반영시키려 하며, 다른 사람의 충고를 아주 싫어한다.

넷째, 그들은 칭찬을 갈망하며 이른바 보상 행동(補償行動)을 많이 한다. 누구나 자신에 대해서 칭찬하는 것은 마다하지 않으며 어쩌다 실패한 일은 다른 것으로 메워 보상함으로써 자기 위신을 세워 보려고 한다. 그러나 열등감을 가지고 있는 사람은 그 정도가 지나쳐 사소한 실수도 자신의 위신을 떨어뜨리는 것이라고 속단하고 무엇인가 보상할 것이 없는가를 이것저것 궁리하게 된다. 그런데, 이러한 보상은 사회적으로 인정을 받지 못하는 불건전한 것일 때가 많다.

다섯째, 그들은 다른 사람을 선의로 권고하거나 제안하려고 하지 않는다. 열등감에 사로잡혀 있는 사람은 다른 사람을 칭찬하거나 다른 사람의 언행을, 호의를 받아들이지 못한다. 자기가 다른 사람으로부터 부당한 대우를 받고 있고 백안시(白眼視)되고 있다는 생각에 사로잡힌 나머지 다른 사람을 너그럽게 대하지 못하고 있다.

여섯째, 그들은 의타심(依他心)이 강하며 남을 부러워하고 자기 연민을 자주 느낀다. 앞서도 지적한 바와 같이 이들은 자기 능력을 과소 평가(過小評價)하거나 가치 없는 존재로 생각하는 경향이 농후하므로 다른 사람이 잘되는 것이나 자기가 바라던 자리에 다른 사람이 올라갔을 때 그를 무척 부러워하며 의타 감정을 느끼게 된다. 이 같은 현상은 보통 사람에게도 있는 일이지만 열등감에 빠져 있는 사람은 그 정도가 심한 편이다. 이들은 또한 자기 자신을 「소용없는 사람」, 「불쌍한 존재」로 규정하고 자신의 신세를 동정하거나 경멸하는 경우까지 있다.

4. 자기 극복(自己克服)

열등감을 극복할 수 있는 어떤 방법이 있겠는가? 이에 대하여 아무도 자신 있게 대답할 수는 없을 것이다. 왜냐하면 열등감을 극복하고 안하고는 전적으로 그 개인에게 달려 있기 때문이다. 그러나 다음에 제시하는 내용은 열등감을 극복하는 하나의 방법으로 참고로 삼을 수 있다.

첫째, 자기 자신을 객관적으로 올바르게 이해한다. 이는 열등감을 해소시키기 위한 직접적 방법이라기보다는 일상생활에 필요불가결한 조건이라고 생각된다. 이미 설명한 바와 같이 열등감에 빠져 있는 사람은 그 자신을 왜곡하거나, 낮게 평가하거나, 잠재적 가능성을 발휘해 보지 못하는 경우가 많기 때문에 무엇보다도 먼저 자신을 올바르게 이해할 필요가 있는 것이다.

둘째, 열등감의 원인이 어디에 있는가를 규명해 보는 일이다. 열등감을 느끼는 사람에게 왜 그렇게 되었느냐고 물으면 아무도 제대로 대답하지 못할 것이다. 이러한 상황에서는 열등감이 해소될 수 없는 것이다. 인간의 모든 행동에는 반드시 원인이 있는 법이므로 「무엇이 문제가 되어」, 「언제부터」, 「어떻게」 열등의식을 가지게 되었는지 차근차근 규명해 볼 필요가 있다. 만일 열등감의 원인을 스스로 밝힐 수 있다면 지금까지의 열등감이 아무 것도 아니었음을 알게 될 것이다.

셋째, 자신감-우월감을 키워 나갈 수 있는 어떤 일에 열중하는 것이 필요하다. 지금까지의 열등감을 해소했다고 하더라도 언제 어디서 또 다시 유사한 열등감에 사로잡힐지 모르므로 성공의 경험을 계속 유지하는 것이 요청된다. 이때의 우월감-자신감은 소극적-부정적인 내용이 아니라 적극적인 긍정적 내용이어야 한다는 것은 더 말할 나위도 없다.

넷째, 자신의 생활 철학이나 장래의 목표를 뚜렷이 세워야 한다. 열등감은 망설임과 주저와 우왕좌왕을 하는 속에서 생겨나는 것이므로 항상 자기 나름의 갈 길을 뚜렷이 하고, 판단 기준을 분명히 설정하여 그 방향으로 확고하게 밀고 나가려는 신념과 의지가 필요한 것이다. 다시 말하면, 열등감이 침범할 틈을 주지 말자는 것이다. 벤자민 프랭클린은 집안이 빈곤했기 때문에 10세 때 학교를 그만 두었다. 낮에는 일을 하고, 밤에는 산수 공부를 했다고 한다. 12세부터는 어학 공부를 시작했다. 그는 10대에 이미 불어, 스페인어, 이태리어를 배웠다. 이렇게 빈곤한 중에서도 그는 「나는 불우하다」라는 의식을 발판으로 하여 후에 크게 성공했던 것이다. 「열등감은 성공의 발판이 된다」고 누가 말했듯이 때로 열등감은 사람들을 분발하게 만들기도 하는 것이다.

앞에서도 말했듯이 인간은 결코 단순한 존재가 아니므로 우월감-열등감의 차원으로 판단하거나 해석해서는 안 되는 것이다. 열등감의 표면에는 반드시 우월감이 있다는 것을 잊어서는 안 되며 열등감을 지나치게 확대 해석하지 말자는 것이다. 왜냐하면 열등감이 인간을 소유하는 것이 아니라 인간이 어쩌다가 우월감, 열등감에 빠지게 된 것이기 때문이다.

Ⅸ. 권력 욕구적 인간관

1. 인간의 심층 욕구

홉스(T. Hobbes)는 그의 유명한 「리바이어턴」에서 「권력에 대한 강렬한 욕망은 인간이 가진 가장 강력한 추진력으로 전 인류의 보편적 경향성이며, 「죽음만이 앗아 갈 수 있는 영구적(永久的)이며 상존(常存)하는 욕망」이라고 갈파하였다. 그러나 권력에의 욕망을 심리학적으로 분석하려고 한 최초의 사람은 프로이트이다. 프로이트는 인간에게는 죽음에 대한 본능이 있으며, 이 본능이 성적 본능과 융합할 때 두 가지 현상이 나타난다고 보았다. 만일 그 융합의 결과가 자기 자신으로 향해질 때 이른바 피학적 성향(被虐的 性向)이 나타나며, 타인에 향해질 때 가학적 성향(加虐的 性向)이 나타난다고 보았다. 이 후자, 즉 가학적 경향성이 바로 권력의 욕구라고 프로이트는 분석하고 있다. 그 뒤 가학적 경향성과 권력에의 욕구와의 관계에 관해서는 E·프롬이 그의 저서 「자유로부터의 도피」에서 생생하게 분석하고 있다.

프롬은 권력을 가학적 성향으로 분석하면서 정상인에 있어서도 약간의 정도의 차이는 있을지언정, 서로 관련된 세 가지 가학적 성향을 가지고 있다고 보았다. 그 첫째는, 타인을 자기에게 의존하게 만들어 그들에게 절대적이며 무한한 힘을 행사함으로써, 그들을 자기의 목적 달성의 도구로 삼으려는 경향이며, 둘째는, 이와 같은 절대적 통제만이 아니라 타인의 것을 착취하고 약탈하고, 그들이 가진 모든 것—비단 물질적인 것만이 아니라 한 개인이 가지고 있는 감정적, 지적인 것까지—을 나의 소유로 만들려는 경향이며, 셋째는, 타인에게 물질적, 정신적 고통을 주거나 또는 타인이 고통을 겪는 것을 관망(觀望) 하려는 의식이 있다고 분석하였다. 타인을 적극적으로 상해(傷害) 하며, 모독하며, 곤욕을 먹이려고 하는 경향성이다.

타인을 억압하려고 하는 이러한 경향은 흔히 다음과 같은 합리화를 동반한다. 즉, 「내가 너를 정복하는 것은 너에게 가장 좋은 것이 무엇인지를 알기 때문이다. 그러므로 너는 네 자신을 위해서 나에게 반항하지 말고 나를 따르라」든가 「나는 너에게 아주 특출하게 의존할 것을 기대할 권리가 있다」는 등의 합리화이다. 이 밖에도 약탈성이 강할 때 「나는 너를 위해서 많은 것을 해주었다. 그러므로 내가 바라는 것은 너로부터 빼앗을 권리가 있다」고 합리화하며, 공격성이 가미되었을 때 「나는 다른 사람 때문에 해를 입었다. 그러므로 내가 그들을 해치려는 욕망은 정당한 보복에 불과하다」든가 「내가 선제공격(先制攻擊)함으로써 나는 내 자신을 위험으로부터 방어할 수 있다」는 식의 합리화를 하는 것이라고 분석하였다.

　프롬의 가학적 성향의 분석에서 명백히 암시되고 있는 것은, 힘을 소유하게 되면, 그 힘의 소유에서 끝나는 것이 아니라, 힘을 행사할 대상을 필요로 한다는 점이다. 얼핏 생각되기로는 강하고 지배적인 자가 약하고 순종적인 자를 필요로 할 이유가 어디 있겠느냐 싶지만 강자의 권력은 자기가 누구의 주인이라는 바로 그 사실에서 오는 것이기 때문에 강자는 자기의 힘을 향락하기 위해서 반드시 종속자를 필요로 한다는 것이다. 피지배자 없이는 힘의 뜻이 없어지기 때문이다. 무의식적으로는 실제로 지배의 대상에 대하여 애정과 고마움을 느낀다는 것이다. 그들을 지배하기 때문에 그들을 실제로 사랑하게 된다는 것이다.

　타인을 지배하려는 성향에는 파괴 성향이 혼합되어 있지만, 두 성향은 동일하지는 않다. 파괴적인 사람은 상대방을 파괴하고 없애 버리려 하지만 가학적인 사람은 상대방을 지배하고자 하기 때문에 상대방이 없어지면 오히려 고통을 느끼게 되는 것이다. 이러한 불합리한 가학성은 부부간의 불화에서도 나타난다. 가령, 부인을 학대하는 남편이 부인에게 「집을 나가려거든 언제든지 나가라. 제발 떠나 버리면 속이 시원하겠다」고 버릇처럼 말한다고 하자. 그러나 부인은 정작 떠나지 못하게 되고 그렇게 되면 두 사람은 남편이 하는 말을 진실인 양 계속 믿게 된다. 그러나 만일, 부인이 결심해서 남편을 떠나기로 작정하고 가방을 챙겨 나서면 전혀 예상하지 않았던 일이 벌어진다. 즉, 여태까지 구박하고 학대하던 남편이 기가 죽고 절망하여 제발 떠나지 말아 달라고 애원하게 되고, 「내가 당신을 얼마나 사랑하는데, 난 당신 없이는 못살아」 등등의 넋두리를 하게 된다는 것이다. 이런 경우, 대개는 부인이 양보하게 되어 남편이 한 말을 믿게 되고 떠나겠다는 결심을 꺾고 만다. 그러나 얼마 가지 않아서 이 악순환은 다시 되풀이된다. 즉, 남편은 이전과 다름없이 부인을 학대하게 되고, 부인은 또 가방을 챙기고,

남편이 울고불고하고 부인이 주저앉고 한다. 그러면, 남편이 부인에게
「사랑한다. 당신 없이는 못 산다」고 한 것이 거짓말이냐 하면 그렇지는
않다. 이 가학적인 남편에게는 가학의 대상인 부인이 필요하기 때문에
보호하고 사랑한다는 것이다.

　너를 지배하기 때문에 사랑한다는 상황은 불건전한 부모·자녀관계
에서도 엿볼 수 있다. 부모가 자녀들에 대해서 힘을 행사할 때, 부모는
자녀를 보호한다는 자연스러운 관계로 보이지만, 과잉보호는 마치 새
장과 같은 것이어서 「모든 것을 다 줄 힘을 나는 가지고 있다. 내 아들
아, 제발 이 새장만은 떠나지 말아다오」라는 상황이 된다. 이런 관계에
서 흔히 자녀는 장성해서도 「사랑의 공포」를 느끼게 된다. 이 아들에게
사랑이란 바로 자기 스스로 실험하고, 탐색하고, 향락하고, 성장할 수
있는 길을 막는 것을 뜻하기 때문이다.

　인간 행동의 가장 강력한 원동력이 힘의 추구라고 본 홉스의 생각
이 현대 사회에는 적절하지 않다고 프롬은 보고 있다. 그 이유는 홉
스 이래 법적, 도덕적 요인이 힘의 힘을 약화시키는 경향이 생겼다고
믿기 때문이다. 홉스는 한정된 부를 모든 사람들이 동등한 수준에서
추구했기 때문에 거기에는 상호 마찰이 불가피했고, 그 마찰의 와중에
서 더 많이 차지하기 위하여 남과 싸워 이기는 힘이 있어야 한다고 보
았던 것이다.

　그러나, 인간이 자연을 정복하게 되고, 과학이 발달하고, 경제적으로
풍요를 누리게 되고, 보다 합리적 소득 분배 체제가 갖추어지면서 싸워
서 이겨야 한다는 뜻 외 힘이란 그 필요성이 줄어들게 된 것이다. 따라
서 프롬은 남을 지배하는 힘을 순수한 물질적 의미에서의 힘의 표현이
라고 보았다. 그리고 프롬은 힘에의 열망은 심리학적으로는 인간의 약
점에 그 근원을 찾을 수 있다고 보았다. 혼자 설 수 없고, 혼자 살 수

없는 개아(個我)의 무능감이 힘에의 추구로 표현된다는 것이다.

따라서, 프롬에 있어서 힘은 누구를 지배하는 능력을 가지고 있다는 뜻과 어떤 일을 할 수 있고, 영향을 미치는 힘을 소유하고 있다는 뜻의 두 가지로 해석했다. 이 두 번째 힘의 개념은 타인을 지배한다는 뜻이 아니라, 자기가 소망하는 일을 이룩할 수 있다는 뜻을 내포하고 있다. 그러나 인간의 모든 활동에 있어서의 무력감은 곧 정복과 지배를 지향하는 가학적 추구로 표현된다는 것이다. 자기 자신의 의지와 자기 개아의 성실성으로써 가능성을 실현할 수 있는 한, 그는 지배의 욕구를 느끼지 않을 것이며, 힘에의 열망은 이와 비례해서 약화될 것이다. 지배하는 뜻으로의 힘이란 능력감이 왜곡된 표현이며, 그것은 마치 성적 가학성이 정상적인 성애(性愛)의 도착(倒錯)인 것과 같은 것이다. 이런 의미에서 프롬은 힘에의 열망을 다분히 비합리적, 병리적인 심리 활동으로 분석하고 있다. 힘에의 소망을 보다 합리적인 것으로 분석한 사람은 알프레드 아들러이다.

아들러는 힘에의 소망은 열등감에 그 근원이 있다고 분석했는데, 이 점에서는 프롬의 분석의 출발점과 같다. 그러나 아들러는 힘을 추구하는 소망은 자기 자신의 불완전과 열등감에서 유래하는 위험으로부터 자기를 보호하기 위해서 대처하는 것이며, 그런 동기가 있기 때문에 인간은 그 열등감을 극복하고 완전하게 되기를 바라며, 탁월(卓越)을 추구하게 된다는 것이다. 인간은 자아실현의 이상 상태로 밀어주는 원동력이 바로 출생 직후의 무력 상태이며, 이 무력 상태를 극복하는 것이 바로 완성에의 길이라는 것이다.

경우에 따라서는 자기 신체의 일부분에 결손(缺損)이 있을 때, 그것을 극복하게 만드는 원동력이 바로 그 결손인 것이다. 말더듬이었던 희랍의 데모스테네스가 위대한 웅변가가 된 것은 바로 그 말더듬이라는 결손을 보상(補償)하기 위한 것이라고 분석된다. 1살 된 어린이가 걸음마를 배울 때의 좌절감과 무력감은 대단히 클 것이다. 그러나 넘어졌다 일어서고 또 넘어졌다 일어서면서 자기를 마스터하는 것은 그 무력감을 이기고 자아실현을 하는 처절한 출발점일 것이다. 그것이 힘인 것이다.

2. 관계 속의 권력 욕구

인간은 본래 무력감에서 권력에의 소망이 싹튼다고 하였다. 그리고 정도의 차이는 있지만, 인간은 누구나 다 가학적 성향을 가지고 있다. 이러한 힘의 역동이 인간 상호 관계에서 어떻게 표현되는가가 관심사로 대두된다. 어떠한 인간관계건 간에 거기에는 항상 힘의 관계가 성립되며, 그 힘의 관계는 권위를 중심으로 형성된다. 권위란 한 사람이 다른 사람을 자기보다 우위에 있는 사람으로 올려다보는 인간관계를 가리키는 말이다. 권위에는 합리적 권위와 억제적 권위가 있다. 합리적 권위는 교사와 학생의 관계에서 볼 수 있고, 억제적 권위는 주인과 노예의 관계에서 볼 수 있다.

교사와 학생의 관심은 동일하다. 학생을 잘 가르치면 교사는 만족하며, 그 반대로 학생이 실패하면 그것은 교사와 학생 둘 다의 실패이다. 그러나 노예와 주인의 관계에서는 그렇지 않다. 주인은 노예를 가능한 한 많이 착취하려고 하며, 많이 착취하면 할수록 주인은 만족한다. 주인과 노예의 권위 관계는 정반대 방향이다. 이 사람에게 유리하면 저 사람에게 불리한 상황이기 때문이다. 위의 두 경우 권위 관계의 역동(力動)도 다르다. 학생이 많이 배우면 배울수록 학생과 교사의 차이가 줄어들며, 학생이 점점 교사와 유사해 지게 된다. 결국 권위 관계가 점점 해소되고 만다. 그러나 억압적 권위 관계인 주인과 노예의 경우는, 주인의 착취가 많아질수록 주인과 노예의 관계는 멀어진다. 합리적 권위 관계에서는 사랑과 칭송과 감사의 요소가 있어 권위와 동일시하려는 경향이 생기지만, 억압적 권위 관계에서는 분노와 적개심이 만연한다.

어떠한 경우든 권위 관계에는 힘을 가진 자와 힘이 없는 자가 명백하며 상하가 뚜렷하다. 그러나 반드시 그렇지 않은 상황이 있다. 식당의 경우를 생각해 보자. 손님이 웨이트리스에게 명령(주문)을 하면 웨이트리스는 자기보다 훨씬 윗사람인 요리사에게 명령을 하는 상황이 된다. 이런 경우, 웨이트리스와 요리사간에 묘한 권위의 긴장이 생성된다. 그러나 이러한 긴장은 웨이트리스와 요리사간에 회전 도르레를 설치하여 주문 쪽지를 웨이트리스가 도르레에 걸어서 전달했을 때 쉽게 해결될 수가 있었다. 요리사는 자기보다 봉급도 적고 지위도 낮은 웨이트리스로부터 명령을 받는 것에 신경을 쓰지 않아도 되게 되는 것이다. 1대 1의 관계에서는 권위 관계가 명백하지만, 조직이 대형화하고 권위 관계의 위계가 「고층화」 해 질수록 권위 피라미드가 생기며, 따라서 과제 중심의 조직에서 감독 중심의 조직으로 바뀌어 나가게 되는 것이다.

파킨슨은 상사가 부하를 많이 거느리려고 하는 것은 일의 능률을 위해서라기보다는 위계를 만들려고 하는 권력 동기의 발로라고 말하고 있다. 권력 피라미드가 생기는 것은 1대 1로 일할 수 있는 인간관계가 줄어드는 데에서 발생하는 것이기도 하다.

이와 같이 집단 내에서의 권력 관계는 교호적(交互的) 권력 관계라는 특징을 지니고 있는데, 여기에는 여러 가지 형태가 있다.

그 첫째는, 정보의 권위이다. 정보가 개인의 행동에 영향을 미치는 것은 정보의 원천이 명백하지 않을 때 그 영향력이 가장 강하다. 위의 웨이트리스와 요리사의 경우, 요리사와 특정 자연인 웨이트리스 김 양이 맞대면 했다면 요리사의 행동이 상당히 달라졌을 것이다. 회전 도르래에 걸려서 주방에 들어온 주문 정보는 그 원천이 명백하지 않기 때문에 요리사의 행동에 강한 영향력을 미치게 된다. 프롬은 정보의 원천이 명백하지 않은 경우를 암시적(暗示的) 권위라고 부르고, 흔히 명시적(明示的) 권위보다 더 강력한 영향을 미치는 경향이 있다고 말했다. 권위가 표면화되지 않는 한 그 명령에 복종 하는 것을 자기의 양심, 정의 등의 당위로 합리화하기가 용이하기 때문이다.

중요한 것은 커뮤니케이션의 내용이지 권위 자체가 아니라는 뜻이다. 감명 깊은 연설을 들었을 때, 그 연설을 한 사람은 잊어버려도 그 내용은 잊지 않는 것은 청자(聽者)의 인지 구조(認知構造)에 변화가 일어났기 때문이며, 일단 그런 변화가 일어나면 정보의 영향력이 권위자보다 더 강하게 되는 것이다.

권력 관계의 두 번째 형태는 강압과 보상의 힘이다. 강압적 권력 관계는 물론 응하지 않으면 벌을 줄 것이라는 상황이며, 보상적(補償的) 권력 관계는 상사가 부하에 대한 보상을 조절할 수 있는 상황이다. 이 두 경우 부하는 계속 동조해야 하지만 상사는 동조가 실제로 일어났는지 않은지를 확인하지 않고는 보상을 조절할 수 없기 때문에 힘이 작용하기 위해서는 항상 감독-감시가 필요하게 된다. 집단적 상황에서의 감시는 흔히 극적인 동기 현상을 나타낸다.

예컨대, 7명의 대학생이 교수를 중심으로 앉아 있는데, 길이가 비슷하지만 누가 보아도 A가 B보다 긴 두 개의 막대기를 보여주면서 어느 것이 더 긴가를 물어 보았을 때, 첫째부터 여섯 번째 학생들이 모두 B가 길다고 말했다면 일곱 번째 학생은 뭐라고 대답하겠는가 하는 상황을 생각해 보자. 이러한 상황에서 대부분의 사람들은 A가 길다고 판단하고서도 집단의 착오에 동조하는 경향이 있다. 바꾸어 말하면, 이 마지막 사람은 다른 사람들이 모두 정확하게 판단하고 있다고 가정하고, 자기의 비판이 자기가 지각한 것과는 다르다는 것을 알면서도 집단에 동조하는 경향이 있다는 것이다. 이와 같은 집단적 감시하에서는 집단이 권위의 원천이 되는 것이다.

감시가 없는 상황에서도 집단의 영향을 받는 권력 관계가 성립한다. 준거집단(準據集團)의 권위가 여기에 속한다. 준거집단은 개인이 소속하기를 바라고 권위와 동일시하기를 바라는 집단이기 때문에 개인의 행동에 영향을 미치게 된다. 준거권력의 핵심은 준거집단의 비교 기능에 있다. 즉, 집단이 개인으로 하여금 자기를 비교하고 평가하는 표준 또는 준거의 역할을 하게 된다. 준거집단의 힘이 개인의 행동에 영향을 미치는 상황은 일상생활에서 항상 관찰된다. 멀리 떠나가는 동료에 대한 송별 회비를 낼 때 다른 동료들이 얼마나 내는가를 살피게 되며 결국 비슷비슷한 금액을 내게 된다. 다른 사람들이(특히 자기가 좋아하는 사람이) 교통 규칙을 위반하면서 길을 건너면 자기도 따라서 건너가게 된다.

감시가 없어도 권위가 작용하는 상황으로서 다른 한 가지는 전문가의 지식에 부여되는 힘이다. 전문가의 영향력은 개인이 그에게 탁월한 지식과 능력이 있다고 판단할 때 나타난다. 전문가는 지도자가 되고, 목적 달성의 길잡이가 된다. 전문가의 힘은 개인이 그 전문가가 지식을 얼마나 많이 가지고 있다고 판단하는가, 개인 자신이 얼마나 많은 지식을 가지고 있다고 생각하는가, 그리고, 어떤 과제에 대해서 두 사람이 얼마나 관여하고 관심을 가지고 있느냐 등에 의해 좌우된다. 특히 과제가 어렵고, 복잡하고, 모호할수록 전문가의 권위는 그에 비례해서 더 큰 힘을 발휘한다.

따라서, 설득을 통해서나 실패 경험을 통해서 자신감이 저하됐을 때 전문가를 보다 탁월한 지식의 소유자로 판단하기 쉽고, 따라서 그 권위에 복종하는 경향이 높아진다. 전문가의 권위는 특수한 분야에 제한되는 경향이 있다. 즉, 심리학의 전문가는 심리학 분야에서만 권위와 영향력을 가질 뿐, 그 영향력이 다른 분야에까지 보편화하지 않는다. 그러나 사회적으로 널리 알려져 있는 전문가의 경우는 그 전문 분야의 범위를 넘어서는 때도 있다. 따라서 의사(醫師)에 대한 사회적 지위가 높은 사회에서는, 그가 가령 사회심리학의 전문가가 아니지만 그의 말에 권위와 힘을 부여하고, 그의 지식을 믿는 경향이 생길 수 있다.

대인 관계(對人關係)에서의 힘의 역동으로서 가장 일반적인 형상은 합법적 권력이다. 어떠한 행동, 어떠한 신념, 어떠한 의견, 어떠한 태도가 적절한가에 대해서는 비록 성문화(成文化) 되지는 않았다 하더라도 일반적인 규범이 있다. 그것이 전통에서 유래하든, 내면화된 가치관에 뿌리를 박고 있든, 타인의 기대에 원인이 있든 간에 인간은 타인에게 적용하는 일련의 행동 처방을 가지고 있는 것이다. 그것은 거의 자동적으로 부여되는 힘이기 때문에 누구도 의심하거나 박탈하려 하지 않는다.

합법적인 권력은 사회 조직 속에서 한 개인이 유지하는 지위에 따라 달라진다. 가정에서는 아버지와 어머니, 그리고 형과 아우에게 각각 그들에게 특유한 합법적인 권리가 주어지고 있다. 이와 같은 인간관계 속에서의 역할 부여는 아버지는 가족에게 어떤 행동을 요구할 권리를 합법적으로 가지며, 자녀들은 부모의 명령을 어느 정도까지 복종해야 한다는 규범에서 비롯된다. 따라서 합법적 권력관계에서는 권력 구조 속에서의 자기의 위치를 받아들이되, 권위자는 종속 자에게 어떤 행동의 지침을 설정할 수 있는 힘을 가지며 종속 자는 그러한 힘의 행사를 정당한 것으로 받아들일 의무를 가지는 것이다.

합법적인 권력 관계가 다른 양태의 권력 관계와 다른 점은 그 보편성에 있다. 즉, 합법성은 예컨대 어떤 정치적 지위에 합법적으로 오를수 있는 사람은 그의 부하에게 명령을 할 수 있다는 것을 효과적으로설득시키는 커뮤니케이션인 정보의 힘으로도 확립될 수 있고, 어떤 집단의 특수한 멤버가 다른 멤버들의 행위를 조절해야 한다는 신념이 집단적으로 작용하는 준거집단의 힘으로 확립될 수 있으며, 일의 능률을올리기 위해서 어떤 특정한 사원에게 품질 관리의 임무를 주는 지식의힘으로도 확립될 수 있고, 또는 군대에서와 같이 장교가 어떤 특정한사병에게 일을 위임하는 합법적 영향력으로써 확립될 수 있다. 결국,합법적 권력은 사회 문화적 규범과 가치관에 그 원천이 있기는 하지만합법성 그 자체가 신념의 일종이기 때문에 위와 같은 특수한 집단 상황과 권위 관계의 영향을 받지 않을 수 없는 것이다.

힘에의 동기는 인간의 열등감에서 유래한다는 아들러의 말은 되씹어볼 만한 말이다. 어린이가 태어났을 때부터 환경에 강하게 적응할 수있는 힘을 가지고 있다면 아마도 힘을 추구하는 동기는 없을지도 모르며, 따라서 탁월하려는 동기가 없을지도 모른다. 그러한 열등감을 어린이가 의식하지는 않겠지만 성장 과정이 열등감의 연속 속에서 거듭재기하여 극복함으로써 탁월의 이상으로 향하는 것이다.

실패할 자유를 박탈하고 모든 면에서 부모의 권위로서 과잉 보호받았을 때 인간의 탁월에의 길은 포기되고 말 것이다. 그 반면, 지나친복종 관계를 강요했을 때에도 인간이 본래 소유하고 있는 힘에의 동기,탁월에의 동기를 무디게 하고 말 것이다. 합리적 권위 관계에서 어린이로 하여금 자기의 무능감을 스스로 극복할 기회를 줄 때, 그는 환경을마스터하고 굳건히 설 수 있을 것이다. 힘에의 소망은 인간의 기본적동기이며 인간 완성의 원동력이다.

X. 과학적 인간관

1. 과학의 한계성

스피노자(Spinoza)에 이르러 절정에 도달한 과학으로서의 철학에 의하면 우주는 하나의 커다란 기계이며, 인간은 우주의 주체가 아니라 객체이다. 그러므로 과학자의 임무는 중립적인 객관성(meutral obje-tivity) 과 분석적인 환원(analytic reduction)에 의하여 조금도 의심할 수 없는 지식을 추구하는 것이다. 지식은 확실해야 되며, 불확실한 지식은 지식이 아니다. 그러므로 오늘 불확실한 것은 내일 확실하게 될 수 있어야 한다. 그러므로 지금 우리에게 중요한 것은 물질의 본질을 규명하는 일이다. 우주의 모든 형체는 원자로 환원시켜서 설명할 수 있으며, 인간의 감정까지도 물질적인 운동으로 설명할 수 있다는 것이다.

두 세기가 지난 오늘날 18세기의 과학만능주의를 그대로 믿는 사람은 거의 없다. 심지어 과학자들까지도 이제는 「과학의 불확정성」을 주장하며, 지금까지 과학 이상의 혹은 이외의 분야로만 인정해 왔던 인간의 종교적 신앙성의 문제까지도 과학을 정당하게 인정한다. 과학의 이와 같은 변신(變身)의 이유를 우리는 어디서 찾을 것인가?

일부 신학자들은 「과학(科學)의 한계(限界)」라는 개념에서 그 이유를 찾는다. 과학으로는, 불완전한 인간 지성의 한계가 있게 마련이다. 오늘날 인간은 자연을 정복했으며, 원자탄, 수소탄, 중성자탄을 발명했다. 이제는 과학이 그 한계점에 도달했다. 그렇다고 해서 우리는 과학을 포기하고 원시주의(原始主義)나 신비주의(神秘主義)로 귀의할 수는 없다.

그러나 많은 과학자들의 견해로는 과학의 한계성에 대해서 합당한 설명을 할 수 없다. 과학은 그 자신의 한계를 스스로 인식해서 그 자신의 변신을 촉구한 것이 아니다. 과학이란 원래 그 자신의 한계를 부인해 왔다. 과학자를 살펴보면 우리는 고대(古代)로부터 종교가 위협을 받을 때는 언제나 과학의 한계설(限界說)을 들고 나왔다는 사실을 알수 있다. 갈릴레이 당시의 종교 지도자들은 그가 과학의 한계를 벗어났다고 비난했다.

그러나 과학은 언제나 이러한 한계설을 극복해 왔다. 외계(外界)의 탐험과 핵무기가 가져다주는 여러 가지 장단점을 인식할 수밖에 없는 현대의 종교인들은 다시 과학의 한계설을 외칠 것이다. 그러나 50년이나 1백년 이후의 과학은 오늘의 한계를 극복하고 새로운 한계설에 도전하게 될 것이다.

과학을 위한 과학에 열중하던 많은 과학자들이 「과학의 가치(價値)」를 논의하고, 그 다음에는 「가치론(價値論)의 과학적 근거(根據)」를 논의하고, 더 나아가서는 「가치의 과학」과 같은 윤리적인 문제와 인간의 믿음성과 같은 종교적인 문제에 관심을 갖게 된 이유는, 그들이 과학 자체의 한계를 스스로 의식했기 때문이라기보다는 과학의 발달에서 오는 여러 가지 부정적인 요소에 자극을 받았기 때문이다.

원래 인간의 삶의 질적 향상을 목적으로 출발된 과학과 테크놀로지는 이제 인간 복리를 저해하고, 더 나아가서는 인간을 괴롭히고 인간을 파멸시킬 수 있는 가능성을 보인다. 노벨이 발명한 화약은 노벨 평화상이라는 연례행사에도 불구하고 더욱 사람을 살해하는 데 사용되고, 핵 개발은 핵에너지보다는 핵무기를 만드는 데 사용된다. 무의식의 개발은 세뇌 공작에 이용되고, 유전 인자의 연구는 헉슬리의 「용감하고 새로운 세계」를 창조하기에 이르렀다. 따라서 지금까지 과학과 테크놀로지는 주로 경제적인 발전에만 관심을 가져 왔다고 할 수 있다. 그러나 과학이 이룩한 성과는 실로 엄청난 것이다.

지게로 나르던 짐은 이제 기계가 대신하게 되었고, 인간의 수명도 상당히 연장되었다. 그리하여, 스노우(P. snow) 는 1959년에 출판된 「두 개의 문화와 과학적인 혁명(革命)」 이라는 저서에서 오늘날 공업화된 선진국들이 그들의 테크놀로지를 모두 저개발국에 수출한다면 앞으로 50년 이내에 이 세계의 모든 나라들이 최소한의 생활수준에 도달할 수 있게 될 것이라고 선진국들에게 선포까지 했다. 그럼에도 불구하고 과학과 테크놀로지는 줄곧 부정적인 방향으로만 줄달음쳐 온 것이다. 인구 증가, 대기 및 환경오염, 자연 자원 및 이용, 자원의 고갈, 도시 인구 폭발, 극도의 소외(疎外) 의식이 우리를 괴롭히고 있다.

이제 「더 많은 것(more)」은 「더 좋은 것(better)」과 동의어가 아니다. 더 많은 재산은 더 많은 행복을 가져오지 못하며, 더 많은 육체적 안일은 더욱 보람 있는 삶이 아니다. 그리하여 심리학자이며, 철학자인 매스로우(Abraham Maslow)는 「동기(動機)와 인간 성격(人間性格)」이라는 저서에서 인간의 모든 욕망을 배가 고플 때 음식을 찾는 것과 같은 생리적 욕구, 집이나 피난처를 찾는 안정의 욕구(safety needs), 남에게 존경을 받으려는 욕구(esteem needs), 자기 실현화의 욕구(needs for self-actualization), 인정적인 욕구(cognitive needs)와 미(美)를 추구하려는 욕구(aesthetic needs)의 7가지로 분류하고, 이러한 욕구를 충족시키는 것이 바로 가치 있는 삶이기 때문에, 오늘날의 과학과 테크놀로지도 이러한 가치를 염두에 두고 발전되어야 한다고 주장했다.

프롬(Erich Fromm)은 「희망의 혁명」이라는 저서에서 「기술적으로 가능한 것은 꼭 성취되어야 한다」(Something ought to be done because it is technically possible)라는 원칙과 「최대의 효과와 최대의 생산」(maximum efficiency and output)이라는 두개의 원칙에 의하여 움직이는 오늘날의 테크놀로지는 비인간화(非人間化)와 소외화(疎外化)를 가져오고, 더 나아가서는 인간의 창조력과 향상력을 말살해 버리기 때문에, 과학자들은 인간적 요인(human factor)을 염두에 두고 테크놀로지를 재평가 및 재편성해야 한다고 주장했다.

여기서 매스로우나 프롬의 사회의 진단이 옳다거나 그들의 처방이 현대 사회를 구원할 수 있다는 것을 주장하려는 것이 아니다. 다만, 인간의 복지 향상을 목적으로 출발했던 과학이 이제 인간의 복지를 해치고 있다는 엄연한 사실을 강조하고 싶을 따름이다. 그리고 이러한 사실을 초래한 것은 다름 아닌 인간이라는 사실이다. 현대 테크놀로지의 가공할 만한 부정적인 요소를 만들어 낸 것은 바로 인간이다. 그러므로 이 병폐의 치료를 찾으려면 우리는 다시 인간의 본성을 투시하지 않을 수 없다.

인간은 되는 대로 말하고, 생각하고, 행동하는 동물이 아니다. 인간은 일정한 방향으로 말하고, 생각하고, 행동해야 된다고 믿는 동물이다. 인간은 언제나 당위성(當爲性)을 의식하고 사는 동물이다. 그리하여 맹자(孟子)는 우선 어떤 일은 하지 않겠다고 작정을 하고, 그 다음에는 어떤 일을 꼭 해야 되겠다고 작정을 해야 된다고 믿었으며, 베이콘은 사람이 무엇을 하느냐는 문제보다는 무엇을 해야 되느냐는 문제가 더욱 중요하다고 말했다. 버크(Edmund Burke, 1729~1797)는 「변호사는 내가 어떻게 행동할 것이라고 말하지만 휴매니티(humanity), 이성(理性), 정의(正義)는 나에게 어떻게 행동해야 된다고 가르친다」고 말했다. 킹(Martin Lutner King·Jr 1929~1968) 박사는 1964년 12월 11일 노벨 평화상을 수락하는 연설에서 인간의 현재 상태(The present condition of man) 때문에 인간이 어떻게 되어야 한다는 경지에 도달할 수 없다는 것을 받아들일 수 없다고 선언했다.

더 나아가서, 인간은 당위성을 의식할 뿐만 아니라 언제나 그 자신 이외의 존재를 믿으면서 살아가는 동물이다. 파스칼의 말을 빌면, 인간의 상태는 불안, 권태, 불확실성으로 규정지을 수 있고, 인간은 언제나 혼자서 죽어 가기 때문에 의식적이든 무의식적이든 자기 자신 이외에 다른 존재를 열망하면서 이 세상을 살아간다.

여기서, 다른 존재는 출세(出世)나 명예(名譽)가 될 수도 있고, 영원한 불변의 진리(眞理)일 수도 있고, 하느님이나 불타(佛佗)가 될 수도 있다. 인간은 불완전하기 때문에 완전함을 믿으며, 허약하기 때문에 강력한 존재를 희구한다. 인간은 무상(無常)하기 때문에 영원을 갈망하고, 자유롭지 못하기 때문에 자유를 찾는다. 「밤이 되면 무신론자까지도 절반은 하느님을 믿는다」는 영(Edward Young, 1683-1765)의 말이나「곤경 속에서는 무신론자가 있을 수 없다」는 커밍스(William Thomas Cummings, 1903-1944)의 말도 인간이 가지는 신앙의 보편성(普偏性)을 나타내는 표현이다.

2. 과학과 종교

인간을 연구하는 학문은 인간의 모든 모습을 관찰해야 한다. 인간의 사실적인 모습(factual state)도 살펴보고, 평가적인 모습(evaluative state)도 살펴보고, 신앙의 상태(belief state)도 살펴보아야 한다.

한 가지 모습만 관찰하는 인간학(人間學)은 소경이 코끼리 만지는 식의 학문이다. 인간 전체를 파악하려는 인간학은 이런 의미에서 윤리학(倫理學)과 종교학(宗敎學)을 필요로 하게 된다.

사회학(社會學)은 인간을 사회적 동물로 연구하고, 역사학(歷史學)은 인간을 역사적 동물로 연구한다. 심리학(心理學)은 인간을 심리적 동물(動物)로 연구하고, 철학(哲學)은 인간을 이성적 동물로 연구한다. 그러나 이상과 같은 학문은 모두 인간을 있는 그대로(as he is) 보려고 노력한다.

그리고, 인간을 있는 그대로 사실적으로만 관찰한다는 것은 인간의 일면만 관찰하는 것이다. 윤리학은 인간을 있는 그대로 보지 않고, 인간을 당위적으로(as he ought to be) 보려고 노력한다. 그리하여, 윤리학에서는 인간이 실제로 이성적인 동물인지 아닌지를 문제로 삼지 않고, 인간이 이성적인 동물이어야 하는지 아닌지를 문제로 삼는다. 이와 같은 윤리학을 이론적으로 어떻게 정당화(正當化)시킬 수 있느냐는 것은 그리 쉬운 문제가 아니다. 그리하여, 사실적인 명제(is-state-

ments)로부터 당위적인 명제(ought statements)를 끌어낼 수 있느
냐는 문제는 오늘날 철학의 중요한 과제로 남아 있다.

오늘날, 많은 경우에 있어서 사실(is)은 가능성(can)을 내포(內包)
하고 있으며, 많은 경우에 있어서 가능성은 당위성(ought)을 내포하
고 있다.

종교학(宗敎學)은 인간을 있는 그대로도 보지 않고 당위적으로도 보
지 않고, 신앙의 입장에서(as he believes)만 보려고 노력한다. 그리
하여, 종교학에서는 인간이 실제로 이성적인 동물인지 아닌지, 혹은 이
성적인 동물이어야 하는지 아닌지를 문제로 삼지 않는다. 인간의 신앙
성이 인간을 이성적으로 받아들이려는 가설(假說, hypothesis)에 어
떤 관련이 있느냐를 문제로 삼는다. 이런 의미에서 종교학은 윤리학을
초월했다고 할 수 있다. 인간이 인간 아닌 다른 존재(혹은 물체)를 믿
는다는 것은 그 나름대로 그 존재(혹은 물체)를 믿어야 된다는 윤리적
인 결단(決斷)을 거친 다음에야 가능하기 때문이다.

그리고, 이러한 윤리적 결단을 거친 다음에도 그는 무엇을, 그리고
어떻게 믿어야 되느냐를 결정하기 전에는 실제로 신앙을 가질 수 없는
것이다. 그러므로 종교학을 이론적으로 정당화시킨다는 것은 윤리학의
경우보다 더욱 어려운 일이다.

그러나, 우리는 학문의 정당성을 이론적(理論的)인 면이 아니라 실
천적(實踐的)인 면에서 찾을 수도 있다. 순수 이성(純粹理性)에 대한
실천 이성(實踐理性)의 우위를 주장한 칸트가 옳다면, 인간에게 가장
중요한 것은 무엇을, 그리고 어떻게 믿느냐는 것이 된다. 그 다음에는
왜 그리고 어떻게 어떤 일을 꼭 수행해야 되느냐는 것이고, 그 다음에
는 실제로 무엇을 그리고 어떻게 하느냐는 것이다.

이렇게 보면, 종교학보다는 윤리학의 정당화가 더욱 어렵고, 윤리학

보다는 일반 과학의 정당성을 찾기가 더욱 어렵다고 말할 수 있다.

인간에게 어떤 대상에 대하여 확신을 갖게 한다는 것은 참으로 어려운 일이다. 그리고 어떤 확신을 갖느냐에 따라 그의 인생의 길이 결정된다. 그리하여, 기독교의 성서에서는 「믿음은 산을 옮길 수 있고, 죽음을 극복할 수 있다고 말했다」 또한, 성서는 「믿음과 소망과 사랑」을 선포했다. 기계화되고 소외된 현대인은 모두 사랑을 찾는다.

또, 바가밧드 기타는 「신앙을 가지고 감정을 억제하고 지혜를 추구하는 자는 지혜를 얻을 것이요, 지혜를 얻으면 평화를 얻으리라. 그러나 무식하고 신앙이 없고 의심을 하는 자는 멸망하리라.」고 말했다.

인간은 사회적 동물이며, 역사적 동물이며, 심리적 동물이며, 이성적 동물이기 이전에 인간은 어떤 믿음으로 사는 종교적 동물이다. 그러기 때문에 인간은 믿음으로 자신의 삶을 창조하며 유지해 나간다고 종교 문화론자는 일치된 의견을 진술하고 있다.

3. 종교의 과학화

인간이 종교적 동물이라면 우리는 이제 「무엇을」 그리고 「어떻게」 믿어야 되느냐는 문제를 살펴보지 않을 수 없다.

무엇이냐는 대상의 문제에 대하여 역사 이래의 종교인들은 서로 의견을 달리해 왔다. 우선 그 대상의 숫자에 있어서도 다신론(多神論, polytheism)은 다수의 신이 존재한다고 믿었으며, 단일신론(單一神論, henotheism)은 다수의 신이 존재하지만 그 중에서 한 분에게만 충성을 바쳐야 한다고 믿었으며, 유일신론(唯一神論, monotheism)은 단 하나의 절대자(絶對者)가 존재한다고 믿었다.

인류 역사는 종교투쟁(宗教闘爭)의 역사이다. 모슬렘교에 의하면 모하메드가 가장 위대한 선지자(先知者)이며, 기독교에 의하면 예수가 가장 위대한 존재이다.

그리하여, 크리스천(W. A. Christian)은 「종교의 의미와 진리」라는 저서에서 기독교가 주장하는 「예수는 메시아이다」, 힌두교가 주장하는 「아르만은 브라만이다」, 모슬렘교가 주장하는 「알라는 자비롭다」, 불교가 주장하는 「모든 부처는 하나다」와 같은 각기 다른 종교의 근본적인 신앙 요청(信仰要請, belief-proposal)을 비교함으로써 종교간의 근본적인 갈등과 모순을 지적했다. 예를 들어 기독교인과 유태교인은 이 세상을 구원할 메시아를 믿으나 스토아 철학자는 그러한 구속자를 믿지 않는다. 더 나아가서, 다같이 역사 속에 나타나는 메시아를 믿으면서도 기독교인은 예수가 메시아라고 주장하는데 반하여, 유태교인은 메시아가 아직 이 세상에 나타나지 않았다고 주장한다.

여기서, 우리가 주목해야 될 일은 모든 종교가 제 나름대로의 진리를 주장하고 다른 종교의 진리 주장(眞理主張)을 무시해 왔다는 사실이다. 물론, 역사적으로 모든 종교가 언제나 이렇게 배타적으로 고립되었던 것은 아니다. 그러나 지금까지 종교간의 접촉은 대화하기보다는 갈등과 투쟁의 연속이었다. 십자군 전쟁(十字軍戰爭)으로부터 인디아와 파키스탄의 전쟁에 이르기까지 모든 종교는 다른 종교를 이해하려는 입장이 아니라 자신의 종교의 절대성을 주장하려는 노력의 연속이었다.

역사에 나타난 전쟁이나 갈등을 제외하고도 대부분의 종교인들은 자기들이 믿는 절대자가 진정한 의미에 있어서 절대자라는 것을 논리적으로 증명하려고 노력해 왔다.

기독교에 있어서 안셀름(Anselm, 1033-1109)과 데카르트로 이어지는 소위 존재론자(存在論者)들은 하느님이라는 개념(idea)이 존재하

는 한, 하느님은 개념적으로 뿐만 아니라 실제로도 존재해야 한다고 주
장했으며, 아퀴나스를 비롯한 소위 우주론자(宇宙論者)들은 인간이 발
견할 수 있는 우주의 질서로부터 이 질서를 심어 놓은 설계자(設計者)
를 증명하려고 노력했다.

일반적으로, 철학은 인간이 지식을 얻거나 증명하는 방법으로 두 가
지를 인정해 왔다. 합리주의(合理主義)는 인간의 이성을 믿었으며, 경
험주의(經驗主義)는 인간의 경험을 내세웠다.

존재론적인 방법이 합리주의적이라면 우주론적인 시도는 경험주의적
이라고 할 수 있다. 합리주의자들에 의하면 인간이 지식을 얻을 수 있
는 유일한 길은 인간의 이성을 통하는 길이며, 인간이 진실로 안다고
주장할 수 있는 것은 이성적으로 완전히 증명할 수 있는 명제뿐이다.
그러나 이러한 합리주의자들은 결국 인간이 얻을 수 있는 지식의 범위
를 분석적(analytic)인 명제와 중복적(tautological)인 명제에 국한
시킴으로써 절대자의 존재를 논리적으로 증명하려는 그들의 시도 자체
를 부정해 버리는 아이러니를 범하고 말았다. 기독교의 하느님이 존재
한다는 주장은 논리적으로 분석적이거나 중복적인 명제가 아니기 때문
이다.

이와 반대로, 경험론자들에 의하면, 인간의 지식은 경험을 통해서 얻
어지는 것이다. 둘에다 둘을 보태면 넷이 된다는 것과 같은 수학적 진
리(數學的 眞理)는 논리적으로 증명할 수 있다. 그러나 인간이 오늘날
이 세상에 살고 있다든지, 내일 해가 뜰 것이라든지, 우리가 지금 신앙
에 대하여 글을 쓰고 있다는 것과 같은 주장은 논리적으로 설명할 수
없고, 우리들의 경험적 인식을 통하여 설명되어야 한다. 아무것도 경험
할 수 없다면 아무 것도 사유(思惟) 할 수 없다. 그러나 이러한 경험론
적 방법으로는 인간의 경험과 인간의 지식을 초월해서 존재하는 하느

님을 증명해 낼 수 없다.

칼 바르트의 표현대로 「하느님은 하늘에 있고 인간은 땅에 있다」 인간의 경험은 하느님과 인간과의 어쩔 수 없는 간격(an unbridgeable hiatus)을 극복할 수 없다. 그리하여, 오늘날 많은 신학자들은 한편으로 논리적 및 경험적인 증명 자체의 한계를 의식하고, 다른 한편으로는 하느님의 존재를 당연한 것으로 받아들인 성서의 근원적 입장으로 돌아가야 한다는 의미에서 하느님의 존재는 증명할 수 없는(indemonstrable) 것으로 믿는다. 그들은 또한 각기 상이한 종교를 갖게 된 외적인 요인을 중요시한다. 예를 들어, 우리가 만약 인디아에 태어났다면 아마도 힌두교인이 되었을 것이며, 이집트에서 태어났다면 모슬렘교인이 되었을 것이며, 스리랑카에서 태어났다면 불교인이 되었을 것이다. 그리하여, 그들은 제 나름대로의 절대적(絶對的)인 진리를 주장하는 모든 종교를 역사적, 사회적, 철학적으로 연구하게 되었다. 「유일한 종교」는 이제 「하나의 종교」로 변하고 말았다.

휙(John Hick)은 「종교 철학(宗教哲學)」이라는 저서에서 종교적 신앙의 대상을 「궁극적 실재(窮極的 實在)」라고 부르고, 모든 종교가 이 궁극적 실재에 대하여 주장하는 상호 모순적(相互矛盾的)인 개념을 다음과 같은 세 가지 면에서 관찰한다.

첫째, 인간이 어떤 형태의 궁극적 실재를 추구하느냐에 있어서 모든 종교는 의견을 달리한다. 유태교의 야훼, 기독교의 하느님, 모슬렘교의 알라, 힌두교의 크리슈나는 모두 인격적인 실재이다. 그러나 힌두교와 불교의 궁극자는 인격적인 존재가 아니다. 더 나아가서, 인격적인 실재를 주장하면서도 어느 종교는 무서운 심판자로 그 실재를 추구하며, 어느 종교는 자비(慈悲)로운 아버지로 믿는다. 그러나 휙은 이러한 차이점을 각 종교간의 모순(incompatible)보다는 상호 보충(相互補充)의 역할을 할 수 있는 것이라고 주장한다.

왜냐하면, 유한(有限)한 인간의 범주를 초월해서 궁극적 실재가 존재한다면 그는 동시에 인격적일 수도 있고 비인격적일 수도 있을 것이며, 무서운 심판자도 될 수 있을 것이고, 자비로운 친구도 될 수 있기 때문이다. 아르빈(Sir Aurobinco, 1872-1950)의 말을 빌면, 궁극적 실재는 「무한(無限)의 논리(the logic of the infinite)」에 의하여 움직이기 때문에 유한한 인간에게 모순적인 개념으로 나타나는 것은 오히려 당연한 일이다.

둘째, 궁극적 실재에 대한 철학적 및 신학적 이론에 있어서 모든 종교는 의견을 달리한다. 그러나 힉은 이 차이점도 인간 역사가 발전함에 따라 언젠가는 없어질 것이라고 믿을 수 있다고 주장한다.

우리는 과거 몇 백 년 동안에 일어난 기독교 신학의 변화를 예로 들수 있다. 오늘날 많은 신학자들은 성서를 극히 비판적으로 검토하고, 적어도 신약에 있어서는 불트만의 비신화론적(非神話論的) 입장을 전적으로 받아들인다. 그러나 다윈, 아인슈타인, 프로이트가 존재하지 않았던 몇 백 년 전만해도 이러한 신학은 상상조차 할 수 없었다. 이제 우리는 다른 종교에도 이러한 변화가 일어날 것이라고 예상할 수 있다. 그리고 교통적(交通的)으로나 문화적(文化的)으로 「하나의 세계」가 되고야 말 미래에 있어서 각 종교간의 신학적 및 철학적 이론의 갈등은 스스로 없어지고 말 것이다.

셋째, 인간의 종교적 경험을 구체적으로 통일화(統一化) 시키는 인물이나 경전에 있어서 모든 종교는 의견을 달리한다. 기독교의 예수와 성서, 모슬렘교의 모하메드와 코란, 불교의 석가모니와 불경 등이 모두 제 나름대로의 절대성을 주장하고, 우리에게 절대적인 복종을 요구한다. 그리하여, 기독교는 예수가 우리에게 나타난 유일한 신이며, 유일한 하느님의 아들이며, 하느님과 인간을 화해시키는 유일한 중개자(仲介者)라고 주장한다. 그러나 이러한 주장은 전통적인 기독교 사상의 약점이 아닐 수 없다.

한편으로, 하느님은 모든 인간의 창조주(創造主)이며 모든 인간을 사랑한다고 가르치고, 다른 한편으로는 예수를 통해서만 구원을 얻을 수 있다고 가르치고 있기 때문이다. 이러한 모순을 은폐하기 위하여 가톨릭의 제2회 바티칸 성회(1963~1965)는 「본인의 잘못이 아닌 다른 이유 때문에 그리스도의 복음과 교회를 알지 못하는 사람일지라도 하느님을 진실로 추구하며, 하느님의 은혜로 자기 자신의 양심대로 살려고 노력하면 영원한 구원을 얻을 수 있다」는 예외 조항을 설치했다. 이러한 선포는 각 종교가 가지고 있는 상호모순 되는 진리 주장을 해결하려는 진실된 노력이라고 할 수 있다. 그러나 그것은 문제의 해결책으로서는 부족할 뿐 아니라 설득력이 없을 것이다.

예수를 믿지 않는 모든 힌두교도들과 불교도들은 모두 멸망한다는 뜻인가? 예수의 복음을 듣고도 전통이나 다른 이유 때문에 전래적인 종교를 양심적으로 고수해 온 모슬렘교인들, 유태교인들, 힌두교인들, 자이나교인들은 전부 지옥으로 갈 수 밖에 없다는 뜻인가?

이상과 같은 종교 간의 갈등에 대하여 힉은 구체적인 대안을 제출하지 않았다. 다만, 이 갈등은 처음 두 가지 갈등보다 더욱 심각한 것이기 때문에 기독교를 비롯한 모든 종교의 재편성(reconstruct)이 선행되어야 한다고 암시했다.

우리는 여기서 이와 같은 재편성이 가능하다거나, 처음 두 가지 갈등은 힉이 주장하는 바와 같이 쉽게 해결될 수 있다고 주장하려는 것이 아니다. 다만, 지금까지 고찰해 온 종교 간의 갈등은 「무엇을」 신앙의 대상으로 삼아야 하느냐는 전제 위에 성립된 갈등이라는 점을 강조하

고 싶다. 나의 견해로는 「무엇을」 믿느냐는 문제보다 더욱 중요한 것은
「어떻게」 믿느냐는 문제이다. 물론 신앙의 대상은 아무 것이라도 상관
이 없다거나, 신앙의 대상은 신앙 그 자체에 아무런 영향을 끼칠 수 없
다는 것은 아니다. 그러나 어느 사람에게 있어서 천지를 창조(創造)한
하느님은 아무런 의미가 없으나, 하나의 조그만 돌이 무한한 삶의 신비
와 삶의 의미를 열어 줄 수도 있다는 사실이다.

신앙의 대상은 큰 것일 수도 있고, 작은 것일 수도 있다. 그것은 인
격적일 수도 있고 비인격적일 수도 있다. 그것은 실제로 존재할 수도
있고, 가공적 대상(intentional object)과 같이 실제로는 존재할 필요
가 없을 수도 있으며, 동양의 신비적(神秘的)인 동물인 용(龍)과 같이
실제로 존재하지 않는 것일 수도 있다. 그러나 신앙의 진정한 의미는
이와 같이 다양한 신앙의 대상에 달려 있는 것이 아니라, 신앙의 주체
인 인간이 어떻게 믿느냐는 데 달려 있는 것이다.

그리하여, 제임스(William James, 1842-1910)는 「심리학의 원칙
(原則)」에서 「인간이 중요하다고 생각하면 모든 것이 중요하다」고 말
했으며, 「믿으려는 의지」에서는 「삶을 두려워하지 말라. 삶이란 실제
로 가치 있는 것이라고 믿으라. 그러면, 그대의 믿음이 사실(fact)을
창조하리라.」고 말했다. 그리고 그는 「다양(多樣)한 종교(宗敎)」에서 이
렇게 선언했다. 「우리가 마치 하느님이 존재하며, 마치 인간은 자유로우
며, 마치 자연은 특수한 계획에 의하여 만들어졌으며, 인간의 영혼(靈
魂)은 마치 불멸하는 것이라고 믿고, 또 그대로 행동한다면, 하느님이나
자연이나, 영혼이나 자유 같은 개념은 우리들의 도덕적인 생활에 새로운
의미를 가져 올 것이다」고 한 말은 많은 시사를 우리에 주고 있다.

4. 믿음의 방법

오늘날 종교 철학자들은 종교의 내상인 궁극적 실재를 인간이 경험할 수 있는 유일한 길은 그 실재가 인간 역사 속으로 현현(顯現)되는 길밖에 없으며, 인간은 그 실재의 현현을 바로 궁극적 실재의 참모습으로 받아들이는 길밖에 없다고 주장한다. 신학적으로 실재의 현현을 계시(啓示)라고 부르고, 받아들이는 인간의 마음을 신앙(信仰)이라고 부른다. 그러므로 중요한 것은 무엇을 믿느냐는 것이 아니라, 어떻게 믿느냐는 것이다. 어떻게 믿느냐는 문제에 대하여 힉은 두 가지 견해를 소개한다. 첫째, 우리는 신앙을 명제론적(命題論的, propositional)으로 해석할 수 있다. 계시에 의해 나타난 진리는 논리적인 설명이나 명제로 표현할 수 있으며, 이러한 설명이나 명제를 받아들이는 것이 바로 신앙이다. 그리하여, 우리는 자연 신학(自然神學, natural theology)과 계시 신학(啓示神學, revealed theology)을 구별할 수 있다. 자연 신학을 통하여 우리는 계시의 도움 없이 인간의 지능을 통하여 진리를 배우고, 계시 신학을 통하여 인간의 지능으로 알 수 없는 진리를 배운다. 예를 들어 T. 아퀴나스는 하느님의 존재 자체는 자연 신학의 분야이며, 하느님이 하나이면서 셋이 되는 진리는 계시 신학의 분야라고 말했다.

둘째, 우리는 신앙을 비명제론적(非命題論的)으로 해석할 수 있다. 계시란 하느님에 대한 몇 가지 명제가 아니라 하느님 자신이 인간 역사 속으로 들어옴으로써 자신을 나타내는 것이다. 그러므로 모든 신학적 및 철학적 명제는 계시된 진리의 의미를 이해하려는 인간의 노력이다. 신앙이란 계시를 통하여 위로부터 내려온 진리를 단순히 받아들이는 것이 아니다. 신앙이란 우리 주위에서 일어나는 몇 가지 평범한 사건을 평범한 사건으로 보지 않고 하느님의 실재와 역사를 나타내는 특수한 사건으로 이해하는 것이다.

　기독교인들은 구약 성서에서 이스라엘의 역사를 읽으며 동시에 하느님의 섭리를 읽는다. 그리하여 휙은 신앙을 「어떤 사건을 특수한 방향으로 바라보고, 이해하고 설명하는 것(seeing, apperceiving or interpreting events in a special way)」이라고 정의(定義)했다.

　인간은 지금까지 진정한 의미에 있어서의 인간학은 인간의 모든 면을 관찰해야 된다고 주장했다. 인간을 인간 그대로 관찰할 뿐만 아니라 당위적으로 행동하는 인간을 관찰해야 되며, 더 나아가서는 실제로 인간에게 가장 중요한 신앙의 참모습을 관찰해야 한다. 인간이란 「거의 우연에 의해 태어난 하나의 얼룩점」이 아니다. 인간은 「절대자의 계획에 포함된 독특한 가치를 가진 존재」일 수 있는 가능성이 있으며, 비록 이것이 사실이 아니더라도 우리가 그렇게 믿음으로써 인간은 다른 동물을 초월할 수 있는 것이다. 모든 인간은 제 나름대로의 가치와 가능성을 가지고 있다. 인간은 자신의 가치와 가능성을 믿고 행동함으로써 더욱 충실(充實)해진다. 그리하여 워드워스는 「설득과 신념이 신앙으로 무르익으면 열정적인 직관(passionate intuition)이 될 수 있는 가장 값진 것은 신앙이다」라고 말했다. 그러나 신앙이 인생의 전부라고는 할 수 없다. 그리고 이러한 사실은 소위 신앙으로만 인생을 관찰하려는 보수주의(保守主義)에 대한 경종이 아닐 수 없다.

　인간을 신앙의 면에서만 관찰해야 된다는 주장은 마치 인간을 세포의 입장에서만 분석해야 된다는 주장과 같다. 그리하여 파스칼은 「인간은 결코 악을 행할 수 없으며, 종교적 확신에서만이 기쁨을 누릴 수 있다. (Man never do evil so carefully and cheerfully as when

they do it from religious conviction)이라고 경고했으며, 제임스
는 신학자들이 말하는 지옥(地獄)의 고통(苦痛)이란 우리가 이 세상을
살아가는 동안 우리들의 성격을 계속해서 나쁜 방향으로 몰고 가는 지
옥만큼 견디기 어려운 것은 아니라고 역설적(逆說的)으로 말했다.

또한 「무엇을」 믿느냐는 문제보다 더욱 중요한 것은 「어떻게」 믿느
냐는 것이라고 주장하였듯이 믿음의 대상보다 중요한 것은 바로 믿는
주체(主體) - 인간(人間) - 이다. 우리는 가끔 우리가 가지고 있는 무한
한 능력을 무시하고, 마치 죽어 가는 병자와 같이 연약한 존재로 생각
한다. 그러나 인간은 인간이 생각하는 이상의 가치(worth)와 가능성
(potentiality)을 소유하고 있다. 인간은 믿을 수 있는 힘이 있다. 물
론 인간이 인간 아닌 다른 존재를 믿는 것은 충분한 근거(根據)가 있어
서 믿는 것이 아니다. 그러므로 신앙이란 마치 수학적 명제와 같이 논
리적으로 증명(證明)하거나 설명할 수 있는 것이 아니다.

그러나, 신앙은 인간에게 삶의 의미를 부여할 수 있는 힘이 있다. 그
러므로 신앙은 인간의 약점이 아니라 강점이다. 그리고 삶의 의미를 부
여할 수 있는 신앙을 소유하는 것은 바로 인간의 의무이다. 이런 의미
에서 진리란 이미 객관적(客觀的)으로 존재하는 것이 아니라 우리가
부단히 「만들어」 가는 것이다. 진리는 밖으로부터 인간에서 계시되는
것이 아니라 인간의 내면에서 솟아나는 것이다. 진리는 인간의 영원한
과정이다.

XI. 로고스(Logos)적 인간관

1. 사고(思考)의 초기 단계

사람은 최초에는 자연인으로서 의식주의 생활을 위하여 거친 자연의 환경 속에서 싸우면서 오랜 생활 경험을 겪었다. 그러는 동안에, 새로 얻은 획기적인 경험은 도구를 만드는 공작(工作)의 활동이었다. 도구란 사람이 자연적 생활 가운데에서 자연과 싸우는 동안에 축적된 경험에 의하여 얻은 새로운 무기였으며, 이 무기의 발견과 그 제작 활동을 통하여 인간의 생활과 역사와 더불어 인류의 역사에는 새로운 획기적인 대변혁(大變革)이 생겼다. 여기에서 사람은 대자연 속에서 자연적인 생활의 충족을 위하여 다만 피동적으로만 생활하던 단계에서 한걸음 더 나아가서, 능동적으로 적극적으로 살 수 있는 승리와 환희의 자유스러운 생활 단계에 이르게 되었다. 이와 같은 도구 제작의 활동에 의하여 자연인은 순동물적인 생활 상태에서 벗어나지 못하던 극히 원시적인 상태에서 벗어나서 다른 생활양식(生活樣式)을 갖게 되었으니, 이것은 사람의 역사에 있어서 도구를 만드는 사람, 즉 「호모 파베르」 (Homo faber)의 새로운 획기적 단계인 것이다.

사람은 도구라고 하는 「메디아」의 발견에 의하여 의식주의 자연적 생활에 있어서 새로운 해결책을 강구할 수 있었을 뿐만 아니라, 교통 (交通)의 수단(手段)에 있어서 또는 인간관계(人間關係)에 있어서도 새로운 양상을 나타내게 되었다. 새로운 「커뮤니케이션 메디아」 의 발달은 생활 수단의 발달과 함께 사람의 생활 양상을 전면적(全面 的)으로 변혁시키었다. 그리하여, 새로운 지상의 생활은 시작되었으며, 자연에 대한 싸움에 있어서도 승리의 역사를 가져오게 되었다. 그런데, 사람에 있어서의 원시적 생활의 역사는 대단히 오래되었으며, 여기에 대한 학문적 연구는 오늘날에 있어서 그 성과가 대단히 크다. 이것은 인류 문명(人類文明)의 발달의 시초인 동시에 그 기반(基盤)이며, 그 발생 과정의 기본적인 모습이었다. 그런데, 사람의 역사에는 또 새로운 제2의 역사적 단계(段階)가 이루어지게 되었으니 그것은 오랜 싸움의 경험과 도구의 발달과 그것에 의한 생활의 변동에 따라서 이루어진 육체적·정신적 발달의 총체적 변혁(變革)이었다. 우리는 이와 같은 사람의 생활 경험의 발달의 단계를 특히 구별하여 사고하는 사람, 즉 「호모 사피엔스(Homo sapiens)」라고 한다. 특히 이 단계에 있어서 사람은 자각(自覺)하는 존재로서의 역사를 가질 수 있었기 때문에, 여기에서 비로소 사람의 사고에 대한 철학적 고찰(考察)이 가능하게 되었던 것이다.

2. 사고의 탐구 단계

사고란 다만 생각한다고 하는 심리적인 현상(現象)이나, 또는 그것을 표현하는 심리학적 용어에 그치는 것이 아니고, 생각으로서 넓게는 사람이 당면한 문제 사태에 대하여 해결의 수단 방법을 강구(講究)하는 정신적 활동 과정의 전체를 의미한다. 우리가 어떠한 어려운 사태에 당면하였을 때에, 만일에 그 사태가 습관적(習慣的)인 기존의 수단 방법에 의하여 해결될 수 있는 것이면, 그 문제 해결의 수단 방법은 거의 반사적으로 반복되며, 또는 무의식적으로 대치함으로써 사고를 필요로 하지 아니한다. 그러나 이와 같은 습성적인 기존의 수단 방법에 의하여서는 해결되지 못할 새 문제 사태에 당면하였을 때에는, 여기에서는 더욱이 사람으로서의 성격이 뚜렷하면 뚜렷할수록 문제 해결의 수단 방법의 탐색(探索)이라고 하는 새로운 탐구 과정이 절실하게 이루어지게 된다. 어떤 때에는 기존의 관념과 습관적인 수단 방법의 변용으로서 나타나기도 하며, 그렇지 아니하면 전연 다른 수단 방법을 발견하게 된다. 이와 같이 사람은 그가 생활하고 있는 객관적 상황 속에서 새로운 사태, 즉 문제 사태 또는 문제 상황에 대하여 그 해결의 수단 방법을 탐구하며, 올바르게 대처하려고 하는 정신적 기능(精神的機能)이 사고(思考)인 것이다.

이와 같은 넓은 의미의 사고는 사람에 있어서 뿐만 아니라, 고등 동물에 있어서도 인지(認知) 된다고 할 수 있을 것이다. 그러나 사람이 동물과 구별될 때에는, 예를 들면 새 길을 발견한다든가 도구를 만들어 활용하는 것과 같은 고차적(高次的)인 사고 작용에 의하여 비로소 그 본질적인 의미를 갖게 된다. 이와 같이 사람에 있어서 독특한 의미를 갖는 사고에도 여러 가지가 있는데, 어린 아이 때에는 주로 직접 구체적으로 눈에 보이며 손으로 잡을 수 있는 현상이나 상황, 그렇지 아니하면 적어도 마음속에 그릴 수 있는 이미지라든가 직접적인 형태로서 나타날 수 있는 대상에 한하여 관심을 갖는다. 여기에 있어서 사고는 구체적(具體的)인 대상에 대한 직관적(直觀的)인 사고인 만큼, 이와 같은 사고는 성질상 직관적인 사고, 구체적인 사고, 대상적인 사고의 성격을 갖는다. 그러나 정신생활이 복잡하게 되며 문제 사태의 해결이 극히 어려울 때에 사고는 이와 같은 직접적이며 구체적인 대책과 상황에 그치지 아니한다. 또한 시간적으로도 현재에 한하지 아니하고 과거와 미래에 관한 문제 또는 비현상적인 문제가 많아지기 때문에, 여기에 있어서는 구체적인 대상과 경험적인 상황에서 벗어나서 추상적(抽象的)인 세계의 문제를 다루게 된다.

따라서 문제 해결을 올바르게 하기 위해서는 언어적 기호(言語的 記號)의 도움을 받아야 하며, 따라서 언어의 발달은 사고의 발달과 중요한 관계를 가지고 있다. 각 국민이 자기의 국가의 특징을 자랑하며 그것을 올바르게 발달시키려고 노력하는 것은 언어에 의한 보다 나은 사고의 발달을 위함이며, 따라서 언어의 발달은 우리의 문제 사태의 해결 방안의 표출(表出)과 밀접한 관계를 갖고 있다. 그러기 때문에 양자는 밀접한 상호 작용의 관계를 갖고 있다. 그런데, 언어가 발달함에 따라서 일단 그 체계가 성립되면, 그 때에는 언어적 행위(言語的 行爲) 자체가 독립적으로 작용하며, 그 이용성이 커지는 동시에 풍부한 사상(思想)의 세계가 구성되기 때문에, 여기에서 사람의 정신적 활동은 지식에 그치지 아니하고 과학, 예술, 종교, 철학 등의 문화 일반의 발달에까지 이르게 됨으로써, 사람의 생활을 더욱 윤택(潤澤)하게 하며, 보다 자연스럽게 한다. 여기에서 사람의 참다운 역사는 자유의 역사에 있는 것이다.

그런데, 우리는 자유의 역사를 창조하는 「메디아」로서의 새로운 문제 해결의 수단 방법의 표현으로써, 예를 들면 새로운 발명이나 발견이 있으며, 그것을 돌발적으로 이루어지는 것 같이 생각하나 그것은 나타난 현상과 형태에 있어서 그렇게 보일 뿐이요, 실지에 있어서는 오랜 시간 가운데서 거센 위력과 싸우는 생활 체험을 통하여 보다 나은 수단 방법의 꾸준한 탐구에 의하여 이루어지는 창조적 실천(創造的實踐)의 산물(産物)인 것이며, 처음부터 문제 해결의 초점이 돌발적(突發的)이거나 우발적(偶發的)으로 나타나는 것은 아니다. 문제 해결의 길은 기성의 관념과 수단 방법의 활용뿐만 아니라, 적극적으로 사고에 의한 태도 전환인 동시에 사태의 구조 전환이며, 문제 중심의 변혁이기 때문에, 이와 같은 서로의 관련성을 잘 통찰하며 복잡한 사태를 해명과 동시에 단순화시킬 때 전체적 직관에 의하여 구조 전환의 새 해결 방법을 강구하는 데에 사고의 중요한 소임이 있는 것이다. 그러기 때문에 과거의 경험과 지식의 재생을 위한 재생산적(再生産的) 사고의 발달과 함께 새 문제 상황의 해결과 새로운 발명과 발견을 위한 생산적 사고의 발달은 사람의 자유와 역사의 촉진에 있어서 중요한 의미를 가지고 있는 것이다. 이와 같은 반성적(反省的)이며 창조적인 사고의 발달은 또 인류가 자유의 역사인 만큼, 그것의 발달 여하가 각 시대와 각 민족의 자유의 역사를 결정하였으며, 이와 같은 자유의 역사는 무엇보다도 동서양의 철학으로서 시작되었다.

3. 사고의 완숙 단계

인간은 본래부터 「휴먼 빙(human-being)」이라는 점에 그 특색이 있는 것이다. 그것은 동물과 같은 점을 지니면서도 동물적 존재는 아니라는 뜻이다.

물론 인간도 하나의 생물이라는 낮은 차원(次元)에서 보면, 동물과 공통되는 점을 많이 가졌다. 아니 식물과 공통되는 점도 많이 지녔다. 한걸음 더 낮은 차원에서 보면, 물리·화학적인 요소(要素)로서의 물질적인 에너지를 몸에 지니고 있는 존재이기도 하다.

인간은 우주 자연(宇宙自然)의 한 부분인 동시에, 물리·화학적인 법칙에 의하여 조성된 육체와 식물적인 성장력과 생리적(生理的)인 감관 조직(感官組織)과 중추 신경 계통에 의하여 움직이고 있는 동물적인 존재임에 틀림이 없다. 동물 가운데서도 포유류의 일종인 것도 사실이다. 그러한 점으로만 본다면 인간이 동물과 다를 바가 조금도 없다.

그러나, 인간은 「휴먼 빙」이라는 의미에서 동물적 존재에서는 전연 찾아 볼 수 없는 본성(本性)으로서의 인간성을 지니고 있다. 그것은 자연물 가운데서 볼 수 있는 물성(物性)과 같은 것도 아니고, 동물에서 볼 수 있는 동물성(動物性)과 같은 것도 아니다. 오직 「휴먼 빙」에게만 주어져 있는 인간성(人間性)으로서의 「휴머니타스(humanitas)」라는 것이다. 그것은 인간성에서만 볼 수 있는 「휴머니티」이다.

「휴먼」은 온갖 도구와 기계를 만들 수 있는 기능을 가졌다. 그것이 우선 손재주(만드는 재주)로 드러난다. 인간은 오늘날 교묘한 기술을 가지고 거대한 도구를 만들고, 우주의 비밀을 탐색해 낼 수 있는 정묘한 기계를 마련해 놓았다. 이러한 인간을 「호모파베르」라고 앞에서 언급하였다.

또한 인간은 여러 가지 기호(記號)와 말을 사용할 수 있는 존재일 뿐만 아니라, 그의 생활을 향상시키고 문화를 창조할 수 있는 정신적인 능력을 발휘하는 존재이기도 하다. 그런 의미에서 그를 하나의 휴먼

(human)으로서 다른 존재와는 전연 비교할 수 없는 독자적인 개성과 지혜를 가진 존재라고 한다. 그러한 인간을 「호모 사피엔스」라고도 앞에서 설명하였다.

사람은 극심한 개성(個性)의 차이(差異)와 비교할 수 없는 독자성(獨自性) 때문에 서로 통할 수 있는 말을 가지고 있기도 하나, 또 깊은 데 이르러서는 오히려 서로 막혀 버리는 수도 있다. 그와 같이 개인차가 심한 독자적인 개성 때문에 서로의 말이 막혀 버릴 때에는, 인간에게 주어져 있는 특징으로서의 「휴머니티(humanity)」가 스스로 저하되어 버린다. 여기에서는 인간이 비인간화되어지고 만다. 그것이 비논리적인 상태이다. 그것을 도덕적인 악이라 한다.

이와 같이 사람이 자기의 강한 개성과 특이한 독자성 때문에 남(상대방, 너)에 대하여 배타성과 오만함이 높아지면 스스로 그의 인간성이 저하되어 나와 너와의 모든 관계가 비인간적으로 무가치해 지고 만다. 여기에서는 「휴먼」으로서의 존재 가치(存在價値)가 소멸(消滅)되어 버리고 만다. 그러기 때문에 사람이 서로 남에 대한 깊은 이해와 존경으로써 열리어 통하게 될 때라야만 나·너가 모두 하나의 「휴먼」으로서 그들이 「휴머니티」가 「휴메인(humane)」해질 수 있는 것이다. 다시 말하면, 그럴 때라야 인간이 서로 진정한 관계를 가지는 순수한 사람으로서 설 수 있게 된다. 그러한 상태가 윤리적(倫理的)인 것이요, 그것이 도덕적(道德的)인 선(善)으로 된다.

사람은 나·너 사이의 깊은 대화에서라야만 비로소 개인으로서 차원이 높은 나 자신이라고 하는 주체성을 이룩할 수 있게 된다. 그러기 때문에, 사람이 서로 만나질 수 있는 마음의 자세, 서로 존경할 수 있는 마음의 자세, 서로 신뢰할 수 있는 마음의 자세가 중요한 문제로서 등장되어야 한다. 여기에서 주체성, 즉 인격이 문제된다.

위에서 말한 「호모 파베르」나 「호모 사피엔스」를 「휴먼」의 문화 가치 창조의 능력, 즉 「휴머니티」의 가능성으로서의 기능의 면을 표시한 것이라고 하면, 인격은 「휴머니티」 자체의 작용으로서, 즉 통일적인 핵심으로서의 마음의 자세를 의미한 것이라 할 수 있다. 인격은 작용이나 또는 가능성으로서의 기능과 그 자체의 내용뿐만 아니라, 마음의 자세로서의 주체성을 갖추어 가지고 있다.

4. 문화 인식 단계(文化認識段階)

그러기 때문에, 「휴먼」은 자기의 기능으로 문화 가치를 창조하고 상호간의 책임 관계를 다함으로써, 나·너 사이의 인격 가치(윤리 가치)를 높이어 나아가려 한다. 따라서 윤리의 문제는 인간성의 내용을 가치화(價値化) 함에서부터 시작된다.

인간성의 내용은 문화 가치 창조 능력으로서의 작용이나 기능을 의미하는 것은 아니다. 또는 자연보다 높으려고 하는 정신적인 우월성을 말한 것도 아니고, 「휴먼」의 궁극적인 의미를 말한다. 다시 말하면, 문화 가치 창조의 능력이 주어져 있는 「휴먼」 자신의 마음의 자세, 즉 근본 상태가 무엇인가를 말하는 것이다. 즉, 상호간의 관계에서 드러나는 마음의 내용이 무엇인가를 말하는 것이다. 일찍이, 동양의 오륜 사상(五倫思想)에서 밝혀준 인(仁)·의(義)·예(禮)·지(知)·신(信)과 같은 도덕적인 심정(心情)(덕성,德性)은 인간성의 작용이나 기능이 아니고, 인간성 자체의 내용으로서의 마음의 자세를 보여 준 것이라고 할 수 있다. 다시 말하면, 인간성의 내용은 모든 문화재로 드러날 수 있는 문화 가치 창조의 능력이 아니고, 문화 가치 창조자의 실천적인 근본

태도라 할 수 있을 것이다.

윤리에 있어서는 인간이 정신적인 존재냐 또는 문화를 창조할 수 있는 존재냐 함을 문제 삼기보다도 오히려 그가 정신적인 존재로서 어떻게 살며, 또 문화를 창조하는 생활 가운데서 무엇을 최종 목적으로 삼고 전진하려고 하는 가함을 더욱 중대한 문제로 삼는 것이다.

아무튼 문화 창조적인 정신만으로서는 「휴먼」을 「휴메인」하게 만들 수는 없다. 기능이 우수한 사람이 반드시 그의 마음(인간성의 내용, 마음의 자세, 주체성, 인격)이 올바른(순화된) 사람은 아니다. 아무리 위대한 천재라 할지라도, 그의 우수한 지력(智力)을 가지고 「인-휴맨」하게 사용함이 있을 수도 있을 것이기 때문이다.

모든 문화 가치 창조의 활동은 인생 가치, 즉 인간의 존엄성(尊嚴性)을 좀 더 높이기 위한 수단이나 방법으로 될 수는 있을지언정, 그것이 그대로 곧 인간성의 내용으로 되는 실질적인 인격 가치가 아니기 때문에, 인간이 참으로 인간다워지려면 상호간에 책임을 질 수 있는 관계와 서로 존경할 수 있는 관계와 서로 신뢰할 수 있는 관계를 가짐으로써 나·너 사이의 마음이 자세를 올바로 세워서 인간성의 내용을 성실하게 하지 않으면 안 될 것이다.

그러기 때문에, 인간성의 내용으로 되는 상호간의 마음의 자세가 불의(不義)로 되면, 문화 창조적인 기능과 과학적인 활동도 모두 「인-휴먼」한 방향으로 악용되기 쉬운 위험성을 내포한다.

「휴먼」은 그런 약점을 지닌 존재이면서도, 상호간에 더욱 철저한 책임과 더욱 높은 의(義)를 드러내려고 분발하는 존재이기도 하다. 그것이 더욱 높은 데로 향하는 의지의 지향이다. 그러한 당위는 인간 존재의 밖으로부터 부가되어 오는 어떠한 것이 아니고, 그의 핵심을 뚫고 나오는 도덕적인 의무감인 것이다. 그런 의미에서, 인간은 본질적으로

「호모 오불리가투스」라 해도 무방할 것이다. 그러나 인간은 인간성의 모든 면에 있어서와 같이, 그의 주체적인 도덕성에서도 유한한 존재임을 잊어서는 안 된다. 여기에서 인간성의 한층 더 깊은 면이 전개되어야 한다.

5. 사고의 한계성

인간은 있는 그대로의 존재로서는 만족하지 못한다. 그는 내적으로 숭고한 그 무엇을 향하여 지향하며 갈망할 뿐만 아니라, 또 그 무엇으로부터의 도전과 압제를 체험하기도 한다.

그렇게 사람은 자기보다 더 높은 데서 오는 무엇을 가지고 그의 마음과 생각과 말과 행동을 조정하게 된다. 마치 불나방이 불빛에 끌려 모이는 것과 마찬가지로, 인간이 자기를 초월한 무엇에 의하여 이끌려 가게 된다. 그것을 미지(未知)의 세계 속에 감추어져 있는 진리라고 해도 좋고 가치라고 해도 좋고, 성스러운 것이라 해도 좋을 것이다. 여하튼 그는 자기 속에서 어떤 초월적인 본질을 영감(靈感) 할 수 있는 존재이다. 그것은 존재에 밀착(密着)된 본질(本質)이기 때문에, 사람이 그것으로부터 떠나가면, 사람은 인간 이하의 존재로 전락되고 말 것이다.

인간은 이리하여 종교를 가지고 영원한 가치를 동경하는 존재이기도 하다. 그것이 다른 존재에서는 볼 수 없는 인간의 또 하나의 특이한 점이다. 그것은 원시생활에서부터 볼 수 있는 인간의 특질이다. 그는 「토템」이든, 신이든, 일월성신(日月星神)이든 간에 무엇이든지 숭배하지 않을 수 없었다. 그는 초자연적(超自然的)인 힘과 예술과 신비로운 행사를 가지고 신성(神性)을 찾으려 하였다. 이러한 점으로 보아 인간을 또한 「호모 렐리기오수스」라고도 할 수 있을 것이다.

아무리 인간이 신화를 버리고 초자연성(超自然性)을 부정하고 불가지론(不可知論)이나 또는 무신론(無神論)을 부르짖는 경우라 할지라도, 또는 종교적인 전통과 교리와 같은 것을 무시한다고 할지라도, 영원이나 절대의 차원은 누구에 있어서도 중요한 의미를 갖는 것이다. 사람이 구태여 신을 인정할 필요를 느끼지 않는다 할지라도, 신에 대치할 만한 무엇이든지 갖게 되는 것이 사실이다. 그것은 「타부」라고 하여도 좋고, 무슨 주의라 하여도 좋고, 문화생활이라 하여도 좋다. 사람은 신이 아니면 어떤 이념(理念)이라도 가지게 되는 존재이다. 사람이 과거(過去)·현재(現在)·미래(未來)의 시간적인 차원에서 벗어날 수가 없는 것과 마찬가지로 자기 존재 속에 주어져 있는 모든 차원에서 벗어날 수는 없을 것이다. 과거에 대한 생각이 사라지는 것과 같이 영원에 대하여서도 무관심할 수 있을 것이며, 또는 종교를 무시함으로써 미래에 대한 고투(苦鬪)를 감소시킬 수 있을는지는 모르나, 인간이 자기 자신의 존재를 포기해 버릴 수는 없을 것이다. 종교가 인간의 번뇌를 덜어 줄 수 없다 할지라도, 영원(永遠)의 차원은 언제나 남아 있을 것이다. 그것이 끝끝내 존재적(存在的)인 회의(壞疑)로 되는 동시에 존재의 가장 깊은 근원이 되기도 할 것이다.

그리하여, 「휴먼」은 물질·생·정신·당위·영원 등의 차원을 존재적인 본질로 하여 나와 서로 분립하면 상호(相互) 의존(依存) 독립(獨立)의 관계를 올바르게 해결하는 주체자로서의 존재인 것을 자인하는 한계 속의 인간일 수밖에 없다.

XII. 자기 철학적 인간관

1. 소크라테스의 인간관

소크라테스(B.C 469~399)는 자연보다 사람의 문제를 중요시하면서 사람의 참다운 가치는 프시케에 있다고 하였다. 소크라테스 이전에 있어서 프시케는 생명의 원리로서 사람이 살아 있는 동안은 사람 속에 내재되어 있으나, 죽으면 육체와 함께 사라지는 것이었다. 생명이 끊어지는 것은 이 프시케가 사라지는 것이다. 이와 같은 호메로스나 이오니아 철학의 프시케는 확실히 자연적인 것으로서 참다운 의미에 있어서의 휴먼한 것은 아니었다. 그런데 또 한편 종교적 사상에 있어서 프시케는 변할 수 있는 자연적인 것이 아니고, 불멸하는 영혼이었다. 그러나 소크라테스는 여기에 대하여서는 모두 반대하고, 사람은 신도 아니고 물질도 아닌, 말하자면 양자의 중간적 존재라고 하였다.

따라서, 소크라테스에 있어서 프시케는 로고스이며 이성이었다. 프시케가 로고스이기 때문에 그 기능은 지식의 사랑에 있으며, 따라서, 참다운 사람의 가치는 로고스로서의 프시케에 있는 것이다.

소크라테스에 있어서의 사람의 목적은 영예(榮譽)나 축재(蓄財)가 아니고 프시케를 선하게 하는 것이다. 즉, 로고스는 선악에 대하여 깊은 관심을 가져야 한다. 따라서 소크라테스에 있어서는 정의, 용감, 경건, 극기가 모두 덕이다. 더욱이, 소크라테스에 있어서의 이와 같은 덕은 그 실천적 행동과 분리되지 아니한 데에 그 특징과 함께 위대한 점이 있는 것이다. 그러기 때문에, 참다운 사람은 무지의 자각과 함께 덕이 있어야 하며, 여기에서 덕은 아는 것과 같은 것이다. 따라서 부도덕은 무지인 것이다. 더욱이, 덕은 개인적 덕에 그치지 아니하고 국민 또는 시민으로서의 덕인만큼, 덕은 선한 개인을 만드는 동시에, 선한 시민과 함께 위정자(爲政者)를 만드는 것이다. 여기에서 유덕(有德)하고 선한 사람이라고 하는 것은 지혜 있는 사람을 말한다. 지혜 있는 사람은 조국의 방위를 위하여서는 용감하게 출전하여야 하며, 정의를 위하여서는 희생을 감수하여야 한다고 하였다.

2. 플라톤의 인간관

플라톤에 있어서는 일반적으로 프시케는 운동의 원리인 동시에, 또 인식의 원리이기 때문에, 사람의 프시케는 한편에 있어서는 이데아의 세계에 대한 지식을 갖는 동시에 감각계(感覺界)에 대한 지식도 갖는다. 따라서 그것은 신적인 동시에 생명의 원리인 것이다. 그런데, 사람의 프시케는 절대적인 불멸(不滅)은 아니고, 다만 불사(不死)의 부분은 이성이요, 사멸할 수 있는 부분은 기개(氣槪)와 정욕(情慾)이라고 하였다. 정욕은 영양, 생식, 소유 등의 충동으로서 이것은 사람의 하복부에 위치하고 있으며, 기개란 명예, 권세, 지배 등의 충동으로서 정욕보다는 고차적인 충동인데, 이것은 사람의 흉부(胸部)에 위치하고 있으며, 이성은 이론적 탐구와 실천적 관심을 지도하는 것으로서 머리에 위치하고 있다고 하였다. 따라서 정욕에 뛰어난 사람은 재산을 사랑하는 사람이요, 기개에 뛰어난 사람은 명예욕이 있는 사람이요, 이성에 뛰어난 사람은 지혜를 사랑하는 사람, 즉 철학자라고 하였다.

신적인 것으로서의 사람만이 갖고 있는 기능은 이성인만큼, 사람에 있어서 선이라고 하는 것은 이 이성을 나타내는 데 있다. 덕은 이 선이며, 행복은 이 덕에 의하여 이루어진다. 그런데 육체라고 하는 장애물이 있기 때문에 사람이 할 일은 육체에서의 해탈(解脫)이며 순화(醇化)이다. 따라서 프시케가 육체에서의 분리를 말하는 죽음은 공포가 아니고 오히려 희열인 것이다. 그러기 때문에 육체에서의 순화는 그 사상과 의욕을 될 수 있는 대로 감각적인 것에서 떠나서 이데아적인 실재를 직관(直觀)하는 데 있다. 이와 같은 철학적 덕이야 말로 참다운 덕이요, 절제, 용기, 정의와 같은 습관과 수양에 의하여 이루어지는 시민적 덕은 극히 사소한 것이다.

사람의 사회생활에 있어서의 선은 지혜와 쾌락인데, 이 두 가지는 분리되지 아니하고 아름답게 잘 조화된 생활이어야 한다. 만일에 쾌락의 생활에 그치고 지혜가 없으면 그것은 사람의 생활이 아니고 동물의 생활이요, 또 반대로 지혜만이 있고 쾌락이 없는 생활은 다만 신에게만 허용될 뿐이요, 사람에 있어서는 바람직한 생활은 아니다. 따라서 선한 생활이란 양자의 조화에 있는 만큼, 사람은 그 특질로서의 프시케가 그

직분을 충분히 완전하게 발현(發顯)하도록 하여야 한다. 여기에서, 이
성은 그 진리의 인식(認識)에 의하여 지혜와 용기와 절제의 덕을 조화
시킴으로써 기개와 정욕을 조절할 수도 있기 때문에, 플라톤에 있어서
는 프시케에 세부분이 전체적인 정의와 조화되어 있는 사람이야 말로
참다운 사람인 것이다.

3. 아리스토텔레스의 인간관

아리스토텔레스는 누구보다도 심리학적 분석을 면밀히 함으로써 사
람의 정신, 즉 누우스에 대한 설명을 명확히 하였다. 프시케의 일반적
인 원리는 낮은 식물적인 단계에서 동식물인 것, 즉 감각적 단계를 거
쳐서 최고의 이성적인 단계로 발전한다. 감관적 지각에 의한 표상(表
象)이나 감정 또는 욕망은 동물적인 프시케에도 있으나, 의식적인 상
상은 사람에게만 있는 특유한 것이다. 이와 같이 사람에게만 고유한 프
시케의 형상은 정신, 즉 이성이다. 그것은 사고하며 직관하는 능동적이
며 피동적인 것으로 구별된다. 특히, 의지의 자유를 전제함으로써, 그
자신의 행동에 대하여 의식적인 목적을 설정하고 실천하는 실천적 이
성이야말로 사람에게만 고유한 것이라고 하였다.

아리스토텔레스는 덕을 지덕(知德)과 행덕(行德)으로 나누는 동시에
학문, 지혜, 기술, 실천적 식견(識見) 등의 지덕을 최고의 덕이라고 하
였다. 또 아리스토텔레스는 「사람은 정치적 동물」이라고 함으로써 협
동 생활에 대한 충동을 사람의 본성이라고 하는 동시에 사회적·국가
적 생활에 있어서의 도덕적인 문제, 즉 윤리의 문제를 중요시하였다.
국가의 목표는 시민의 신체적 생존뿐만 아니라, 도덕적 생활을 유지하

며 보증하며 완성시키는 데 있다. 즉, 선하고 행복한 생활이 최고의 목표라고 하는 동시에 자유스러운 시민으로서의 덕으로는 용기, 절제, 독립심, 정당한 자기 평가, 온순, 성실, 우정, 정의 등을 미덕이라고 하였다. 여기에 있어서는 사람의 도덕적·윤리적 목표는 선한 인격에 있는 것이다.

희랍 철학은 플라톤, 아리스토텔레스에 이르러서 그 독창성이 절정에 이르렀으나, 그러나 이미 아리스토텔레스가 만년일 때는 희랍은 정치적 자유를 잃고 헬레니즘 시대에 있어서의 정신적 지배권을 겨우 유지할 뿐이었다. 더욱이 많은 사람들은 정치적 불안 가운데서 세속적 문제에 많은 관심을 가지었기 때문에, 철학은 다만 처세술(處世術)이 아니면 인생론에 흐르고, 철학자는 다만 영혼을 치료하는 데 그치었다. 사람들은 현실적 불안과 옛 관념 및 신앙의 붕괴 가운데서 잃어버린 내적 만족과 심정의 안정을 철학에서 구하려고 하였으나, 그러나 그것은 학문의 통속화와 함께 윤리적·도덕적 퇴폐로 종교적 색채를 띠었으며, 플라톤 학파에 이르러서 철학은 결국 신학으로 화하고 말자, 사람의 문제는 신의 문제로 대치되었으며, 희랍철학은 중세의 신(神)중심 사상으로 전환하였다.

4. 스피노자의 인간관

스피노자(1632~1677)는 데카르트에 있어서의 심신의 이원론적(二元論的) 관계와 그 계승자들의 우연한 기회에 의한 결합에 대하여서는 모두 반대하고, 양자는 인과적(因果的)인 관계, 또는 우연한 원인의 관계가 아니라 본체(本體)의 양면이라고 함으로써, 다만 그 차별만을 인정하는 일원론적 사상을 전개하였다. 정신과 물체는 모두 그 자신의 원인과 운동을 가지고 있으며, 그 변화의 양상은 무한이나, 전체적으로는 하나인 것이다. 감각을 포함한 모든 정신적인 것은 신체의 변화와 상반한다. 다만 우리의 관념에는 능동적인 것과 피동적인 것이 있어서, 우리는 주어진 피동적인 상태를 벗어나서 능동적인 것으로 되려고 하는 욕망, 즉 장애와 억압에 얽히면서 자유로운 발전을 욕구하는 본성을 가지고 있다. 우리의 이와 같은 근본적인 본성으로서의 자유의 욕망을 충족시킴으로써 우리의 또 재를 확고히 하며 증진시킬 때에는 쾌락을 느끼며, 그렇지 못할 때에는 고통(苦痛)을 가진다고 함으로써 심신의 밀접한 관계, 즉 근본적인 일체론을 주장하였다. 따라서 여기에 있어서는 우리의 희로애락의 모든 정서도 그 근본적인 본성의 욕망에 의하여 설명하였다.

또한, 스피노자에 있어서는, 선악도 절대적인 것이 아니고 상대적인 것으로서, 우리가 근본적인 본성에 의하여 이상을 그리며, 그 자신을 자유롭게 하려고 노력하는데 있어서 유익한 것이 선이요, 불리하며 유해한 것이 악인 것이다. 이와 같이 선악의 구별은 결국 사물의 불완전한 상태에 있어서의 상대적인 것이기 때문에, 본체 자체의 영원한 삶으로 볼 때에, 근본적으로는 사멸(死滅)이 없는 것이다. 미(美), 추(醜)도 역시 우리가 사물을 구별할 때에 생기는 상대적인 관념인 것이다.

또 우리가 어떠한 것을 욕구하는 의지는 그것이 선하기 때문이 아니고, 오히려 우리가 자유의 근본적인 본성에 의하여 욕구하려고 하기 때문에 그것은 선하다고 생각하는 것이다. 여기에서 스피노자는 지성이 선악을 구별하는 것은 결국 우리가 의지에 의하여 정하기 때문인 것이다. 그러나 그는 어디까지나 지성의 작용과 의지의 승인을 하나로 보았던 것이다. 그러므로 스피노자에 있어서는 우리는 반드시 차별에서 벗어나지 못한 잘못된 생각에서 벗어나기 위하여 지성을 명확히 하며, 그 활동을 완전하게 할 때에 도덕은 성립된다는 것이다. 우리에게 질투, 공포, 증오 등 고통을 주는 것은 우리의 정신적 활동이 불충분하기 때문이며, 훌륭한 사람은 이와 같은 정념(情念)에 의하여 그 정신적 교란을 일으키지 아니하며, 그 본성을 완전히 발현시키는 데 있다. 다시 말하면, 우리는 이와 같은 활동을 통하여 노예적인 상태에서 벗어나서 자주적 자유의 경지에 이르러야 한다. 이것이 스피노자에 있어서의 번뇌(煩惱)없는 아타락시아의 상태이며, 이것은 영원한 진리의 발견에 의하여 가능한 것이다. 이것은 신과의 일치인 동시에 신에 대한 지성의 사랑이며, 근본 사상으로서는 신, 즉 자연에 의한 것이다. 사람의 본성은 선이다.

이와 같이 스피노자에 있어서의 사람의 본성은 이성으로서 그 자신의 참다운 복지를 구하며, 그 존재를 자주적으로 보존하며, 자유이며, 덕행에 의하여 행동하는 데 있다. 즉, 사람은 이성의 지도에 의하여 사는 데에 그 참다운 의미가 있는 것이다. 더욱이, 이성이 명석 분명하게 통찰(洞察)할 때에 정신이 될 수 있는 것이다. 즉, 사람은 이성의 지도에 따라서 생활하는 것이야말로 자연과의 일치인 동시에 또 신과의 일치인 것이다.

이와 같은 스피노자에 있어서의 일원론적(一元論的)이며 범신론적(凡神論的) 사상은 데카르트보다 일보 전진하였으나, 여기에는 아직 데카르트나 홉즈에 있어서와 같은 수학적 기계론적(機械論的)요소가 강하다. 그러기 때문에 아직 주지주의적(主知主義的) 요소와 자연주의적(自然主義的) 요소의 통일, 조화가 불완전하였다.

5. 데카르트의 인간관

데카르트는 근세초기의 범신론적 사상이나 또는 그 이후에 발달한 과학적 연구와 그 방법에 의하여 사람의 세계에 있어서의 독립적·자주적 존재를 확인하였을 뿐만 아니라, 사람 자체에 있어서의 적극적인 능력의 발휘를 위하여 심신 통일의 문제, 특히 정신을 기본으로 한 사람의 주체성(主體性)을 다룬 최초의 철학자이었다. 데카르트는 「나는 생각하기 때문에, 나는 존재한다」고 하는 유명한 명제를 제창하였으며, 그것이 근세 정신 철학 또는 근세 철학 체계의 근간이 되었다. 모든 진리는 명석 분명한 사람의 의식적 사상에 의하여 증명될 수 있다고 하는 동시에, 신도 신에 대한 관념에 의한 것이라고 함으로써, 사람과 신과의 관계에 있어서도 대혁명을 이루었던 것이다. 그러면 데카르트에 있어서의 정신, 따라서 속성으로서의 이성이란 어떠한 것인가?

사람은 사고와 분리할 수 없을 뿐만 아니라, 그것 때문에 사람은 사람으로 존재하는 것이다. 그런 의미에서 데카르트는 고대 희랍 사람에 있어서와 같이 생각하는 동물로서의 사람을 가장 가치 있는 것으로 재확인하였을 뿐만 아니라, 그것 때문에 사람은 동물과, 정신은 물체와 다르다고 주장하였다. 데카르트는 세계의 모든 사물을 정신과 물체의 두 실체로 나누는 동시에, 물체의 속성을 연장이라고 한 데 대하여, 정신의 속성을 사고라고 함으로써 사람에 있어서의 육체적·정신적 결합을 인정하는 동시에, 정신의 우위에 따라서 사고의 절대성(絶對性)을 강조하였다. 진리는 우리가 분명하게 사고할 때에 이루어지는 것이라고 하였으며, 동시에 그 기준을 작정하고 그것에 의한 정확한 판단의 결과가 진리에 합당한 것이라고 함으로써 사람의 자기 의식적인 존재를 명확히 하였다. 신에 대한 것도 논증(論證)이 아니고 그것에 대한 관념(觀念)이었다. 신은 절대적인 외적 존재로서 모든 것의 원인이 아니고, 모든 사물을 사고할 때에 있어서의 필수적인 근거로서 완전한 존재인 것이다. 그런 의미에서 데카르트에 있어서는 신도 실체이며, 그것은 무한한 것이었다.

데카르트에 있어서는, 심신 통일체(心身統一體)로서의 절대적인 실체성을 가진 육체와 정신으로 구성될 뿐만 아니라, 정신의 우월성에 의하여 물체와 운동에 의하여서만 설명되는 물질의 세계와는 달리 감정, 욕망, 의지 등의 사고의 양태에 의하여 물체의 기계적운동과는 전연 다른 정신의 세계를 이룬다. 여기에서 의지의 자유를 인정하는 동시에 선택의 자유에 의하여 과오에 빠지지 않도록 하는 의지에 이르러서 그 자유는 가장 고차적인 것이다. 생각하는 모든 사람은 자유이다.

이와 같이 데카르트는 사람의 정신적인 특유성을 인정함으로써, 사람의 이성적 존재와 함께 도덕적 행동의 중요성을 강조하였으나, 데카르트에 있어서의 정신과 육체의 두 실체에 의한 결합은 결국에 있어서는 완전한 통일체로서의 사람이 될 수가 없었다. 그러기 때문에, 데카르트는 정신과 물체의 대립되는 실체의 통일을 위하여서도 신을 전제하였으며, 또 신체의 구체적인 통일에 있어서도 송과선에서의 접촉을 문제 삼았으나 그것은 불충분하였다. 이것은 데카르트의 신체 관계의 해석에 있어서의 난점이었다. 따라서 그 후계자들은 그것의 해명을 위해 노력하였으나, 결국 스피노자는 범신론적 입장에서 그 문제를 해결하려고 하였다.

6. 칸트의 인간관

칸트(1724~1804)시대에 있어서는 이미 사람에 대한 과학적 · 사회적 연구와 함께 사람의 정신적·문화적·역사적 창조 활동에 대한 문제도 많이 연구되었다. 따라서 사람에 대한 육체적·생리적 연구로서의 과학적 연구보다도 후자에 대한 철학적 연구의 문제가 가장 중요하였다. 칸트 시대는 계몽사상(啓蒙思想)이 지배적인 시대였기 때문에, 처음에는 그 영향을 받았으나, 또 한편에 있어서는 독일 자체에 있어서의 볼프 학파의 극단적인 이성적(理性的) 추상을 비판하며, 또는 흄에 이르러서 극에 달한 경험론적회의 사상(經驗論的懷疑思想)을 비판함으로써 비판 철학(批判哲學)의 새 길을 개척하여 근세 철학 체계의 중심을 이루었다. 칸트의 이성은 선인 동시에, 사람은 도덕적 자유의 주체이다.

이성론과 경험론의 두 학파는 서로 인성으로서의 정신의 발달에 대한 견해를 전연 달리할 뿐만 아니라, 사람이 외계를 지배하기 위한 메디아로서의 지식의 성립에 대하여서도 전연 반대되는 입장에 섰다. 볼프 학파는 데카르트 이후 스피노자, 라이프니츠의 뒤를 이으면서 지식의 성립을 순전히 윤리적 연역과 수학적 방법에 의하여야 한다고 함으로써, 다만 개념 분석에 의하여서만 실재의 모습을 명확히 할 수 있다고 하는 동시에, 지식의 내용으로서의 경험적인 것과의 관계에 있어서는 형식을 중요시하고 소재를 무시하였기 때문에, 실지에 있어서의 우리의 인식 과정을 검토하지 아니하는 독단론에 빠졌다. 이와 반대로 흄은 록크, 버클리의 뒤를 이으면서 우리의 지식은 순전히 주관적 경험과 심리적 과정에 의하여서만 성립된다고 함으로써, 지식의 성립에 있어서 소재만을 문제 삼고 인과율(因果律)과 같은 보편적인 법칙으로서의 윤리적 형식을 전연 무시하는 경험론적 회의론(經驗論的 懷疑論)의 경향에 빠졌다. 칸트는 이와 같은 두 파는 모두 지식 성립에 있어서 형식과 소재를 분리시킨 입장이라고 함으로써 그것을 모두 비판하고, 사람의 정신 능력 전체의 입장에서 사람의 지식의 문제, 즉 새로운 인식론(認識

論)을 다룬 것이 그 유명한 선험철학(先驗哲學)의 기반이 된 것이다.

칸트는 그 당시의 두 파의 사상을 따라서 새로운 과학적 방법의 발생의 영향과 함께 순개념적 논리의 대립 사이에서, 사람의 정신의 이성적 특징은 경험적 감각의 세계에 대한 인식은 물론이요, 초감각적 예시(超感覺的 豫示)의 세계에 대한 파악도 가능하여야 한다고 함으로써, 정신의 이성적 발달의 중요성을 절대시 하였으며, 여기에서 이성적인 사람은 세계 전체를 대상으로 하는 말하자면 세계의 성좌(星座)가 되었다. 칸트에 있어서는 감각과 이성은 분리된 것이 아니며, 따라서 신체와 정신도 분리된 것이 아니고, 전체적 통일체로서 경험적 인식에서 이성적 인식에까지 이르러야 한다고 주장함으로써, 다만 정신적 발달 단계에 있어서의 형식을 달리 할 뿐이었다. 더욱이, 지식은 형식과 소재의 두 요소로 되어 있는데, 소재는 경험에 의하여 주어진 것, 즉 후천적인 것이며, 형식은 우리의 이성에 본래부터 있는 것, 즉 경험에 의하지 아니한 것으로서의 선천적인 것이다. 그럼에도 불구하고 경험론과 이성론은 모두 일방적이었기 때문에, 칸트는 종합적 판단에 의한 참된 지식의 형식에 대하여 논하였다. 감성(感性)에 의한 경험에서 시작하여 오성(悟性)에 의한 과학적 통일성, 즉 법칙을 부여하는 개념이 사고에 있어서의 형식이며, 이 오성적 개념으로서의 범주의 형식에 의하여 모든 현상에 대한 정확한 판단은 이루어진다. 따라서 현상의 세계에 있어서의 법칙을 탐구하는 것이 오성인 것이다.

여기에서 현상계(現象界)에 있어서의 법칙은 그 성립의 확실한 선천적 근거는 가졌으나, 그러나 과학에 있어서의 선천적 종합 판단이 경험적인 사물에 대하여서도 적용되어야 한다고 하였다. 또한 우리의 사고력에 의한 보편적이며 필연적인 종합이 이루어질 수 있어야 한다. 여기에서 칸트는 우리의 경험의 범위를 넘은 초경험적인 세계, 따라서 오성의 능력을 초월한 문제에 대한 파악과 함께 그 전체적 통일의 문제에 대하여 논하였다. 여기에 칸트의 이성의 새롭고도 특유한 의미가 있다. 즉, 초현상적·초경험적 문제에 대한 이성적 인식과 함께 인식의 전체에 통일성을 부여하는 정신적 능력이 이성인 것이다. 그것은 이론적 지식의 범위를 넘어서 실천적 자유의 문제에까지 이르는 데 있다. 칸트가 이론 이성(理論理性)과 실천 이성(實踐理性)을 구별하는 동시에, 실천 이성의 우위를 강조한 것은 그 의미가 여기에 있다.

그러기 때문에, 칸트에 있어서는 사람은 이성적 존재로서 다만 이론 이성의 소유자에 그치지 아니하며, 현상계에 대한 정확한 인식에만 그치는 것도 아니고, 사회적 존재인 동시에 도덕적·윤리적 존재로서 초현상계에 대한 관계까지도 올바르게 파악하는 예시적 존재(豫示的 存在)로서의 실천 이성의 소유자라야 한다는 것이다. 칸트는 사람의 세계에 있어서의 가치는 이론 이성, 즉 지식에 있어서 보다도 실천 이성, 즉 도덕의 문제가 더 중요하다고 함으로써, 실천 이성의 우위를 주장하였던 것이다. 사람은 사회생활에 있어서 그 욕구에 의하여 다만 경험적·물질적 쾌락을 추구하기 위하여 행동하는 것이 아니고, 인격으로서 도덕적 행동을 통하여 자유를 얻는 데 있다. 여기에서, 도덕적 행동이란 다만 의지에 의한 행동에 그치는 것이 아니고, 그 의지가 행동할 법칙의 설정뿐만 아니라 그 자주적인 도덕적 입법에 의한 법칙에 자진하여 복종하는 자율적인 행동이라야 한다. 따라서 인격의 가치는 그 자체에 있는 것이며, 다른 것으로 대신할 수 없는 품위를 가지는 데 있어서는, 사람은 목적이요 수단이 되어서는 안 된다. 이것이 사람의 가치이며 다른 물질적 존재와 구별되는 점이다. 따라서 자연의 법칙과 도덕의 법칙은 다르다. 자연의 세계에는 인과의 법칙과 필연성이 지배하나, 도덕의 세계에 있어서는 목적과 자유가 중요하다. 사람은 육체적인 존재인 동시에 사회적·도덕적 존재로서, 현상의 세계와 함께 초현상의 예시의 세계를 대상으로 하는 이성적 존재인 만큼, 인과의 법칙 및 자연성과 함께 도덕의 법칙 및 목적에 의하여 행동하여야 한다. 여기에서 사람에 있어서의 자유는 특히 중요한 의미를 가지고 있는 것이다. 사람이 자유를 올바르게 행사하기 위하여서는 사람의 영원성, 즉 영혼불멸(靈魂不滅)의 관념과 함께 가장 완전하며 신성한 것, 최고의 자유로서의 신의 관념이 올바르게 파악되어야 한다고 함으로써, 칸트는 도덕과 함께 사람에 있어서의 종교성의 중요한 것을 강조하였다. 사람이란 다만 감각적이며, 현실적이며, 현재적이며, 찰나적(刹那的)이며, 쾌락 추구의 자연적인 것이 아니고, 진선미의 이상을 추구하며, 그것을 현실의 세계에 실현하는 문화 창조의 주체인 것이다. 여기에서 칸트에 의하여 사람의 문제는 근본적으로 인간학적(人間學的) 입장에 있어서 뿐만 아니라, 철학적으로 그 기초 확립은 이루어졌으며, 여기에 근세철학(近世哲學)의 중심 문제가 있을 뿐 아니라, 또 칸트 철학의 역사적 의의가 오늘날에 있어서까지 있는 이유가 된다. 그러기 때문에, 오늘날에 있어서도 철학을 하는 사람은 그 이론적 체계에 대한 찬반을 막론하고 한번은 칸트를 거쳐야 한다고 한다.

그런데, 칸트 사상에는 근본적인 부조화의 개념으로서의 물체 자체와 최고의 정신적 통일체가 완전히 종합을 보지 못한 채 남아 있다고 함으로써, 그 이원론적 요소가 그 이후 많은 문제를 일으키었다. 결국은 피히테(1762~1814), 셸링(1775~1854)을 거쳐 헤겔(1770~1831)에 이르러서 그 정신적 선험 철학의 체계는 완성되었던 것이다. 피히테는 칸트에 있어서의 실천 이성의 우위를 절대시함으로써, 자아에 의한 인격의 특유성과 함께 자유의 개념을 강조하였으며, 셸링은 자아의 도덕적 활동에 의한 자유의 실현에 있어서는 자아의 반대 개념으

로서의 자연과 자유가 실현될 장(場)으로서의 자연이 적극적으로 문제
되어야 한다고 하였다. 그러나 이와 같은 피히테에 있어서의 자아의 절
대시, 셸링에 있어서의 자아와 자연의 동일 철학에 의하여서는 사람을
일방적으로만 파악하는 것이라고 함으로써 의식에 있어서의 이성적 발
달과 함께 역사적·문화적 창조에 있어서의 사람의 정신적 존재를 체
계화시킨 것이 헤겔이었다.

7. 헤겔의 인간관

헤겔은 인식에 대한 문제는 칸트에서 완성되었기 때문에 자기는 사
람의 사회적·역사적·문화적 창조의 활동에 대한 것을 철학의 과제로
한다고 함으로써, 피히테와 같이 칸트의 실천 이성의 우위의 방향을
문화 창조의 활동 전반에 있어서 발전시키려 한다고 하였다. 그러나
헤겔은 피히테에 있어서와 같이 주관적 관념론(主觀的 觀念論)에 그치
는 것도 아니며, 셸링에 있어서와 같이 객관적 관념론(客觀的 觀念論)
에만 의거하는 것도 아니고, 주관과 객관의 종합적 통일을 가능하게
하는 절대적 이념(絶對的 理念)의 입장에서 모든 현상은 이 절대적 이
념의 발전이라고 하였다. 정신과 자연은 대립인 동시에 그 대립의 종
합적 활동 속에서 주관 정신과 객관 정신은 발전하며, 여기서 절대 정
신은 이루어진다. 이와 같은 정신적 활동에 있어서의 가장 본질적인
것을 이성이라고 하였다. 따라서 헤겔에 있어서도 이성적 발전에 의하
여 모든 사회적·역사적·문화적 창조와 함께 그 개혁은 가능할 뿐만
아니라 그 개혁을 위하여 적극적으로 노력하는 데에 이성적 정신의 참
다운 의미가 있는 것이다. 헤겔에 있어서는 자연의 발달의 극치로서

정신에 이르며, 그 자신을 의식하며 그것을 의식적으로 극현시키는 데에 그 정신 철학의 특유성이 있는 것이다. 여기에서 헤겔은 처음에는 정신의 발전을 사람 자체에 있어서의 주관적인 의식의 발달에서 시작하였는데, 의식에서 출발하여 자기의식, 이성, 도덕성의 의식, 종교에 있어서의 정신의 완성 및 그 자신 역사 속에서 자기를 파악하는 정신으로서의 절대 인식(絕對認識)에 까지 이르는 발전 과정을 체계적으로 논하였다. 따라서 헤겔은 정신적 발전의 단계와 그 모습에 따라서, 그 사회적 · 역사적 · 문화적 발전의 양상에 중대한 차이가 있음을 논파하였다.

그것은 역사에 있어서의 이성이다. 그러기 때문에, 정신에 있어서의 이성적 발달은 자유를 구현하는 주체에 있어서 가장 중요한 것이다. 여기에서 헤겔은 피히테에 있어서와 같이 다만 주체로서의 자아의 원리에 의하여서는 자유의 실현은 불완전하다고 함으로써, 셸링에 있어서와 같이 객관 정신의 중요성을 다루었다. 즉, 정신이 자유를 구현하는 데 있어서는 주체적 자기의식으로서의 내적 · 이성적 발달과 함께 객관적으로 법률과 윤리의 세계에 있어서의 자유의 실현이라야 하며, 그것은 또 절대적 이념(絕對的 理念)을 예술, 종교 및 철학을 통하여 나타내는 자유의 정신이라야 한다. 객관정신으로서는 법률, 도덕, 윤리를 다루었으며, 그것은 세계사에 있어서의 보편 정신, 즉 세계정신(世界精神)이 각 민족정신을 통하여 올바르게 구현되는 것이라고 하였다. 이것이 역사에 있어서의 이성인 것이다. 그런데, 사람이 사람으로서의 가치를 최고도로 발현시키려고 하면, 한걸음 더 나아가서 주관 정신과 객관 정신의 종합으로서의 양자의 통일, 즉 주관과 객관, 사고와 존재의 대립을 지양하고, 무한한 것에서 유한한 것의 본질을 인식하는 절대 정신에까지 이르러야 하는데, 철학은 그 최고의 형식이다. 이와 같이 헤겔에 있어서는 사람의 정신, 즉 이성의 발전과 그 자유스러운 발현은 사람의 활동의 모든 영역에 있어서 그 새로운 창조의 길을 개척하는 데 있으며, 따라서 그것을 완성할 때에 사람의 자유는 완성된다고 하였다.

8. 스펜서의 인간관

헤겔 이후에는 헤겔에 대한 반대는 극렬하였다. 특히, 고도(高度)의 과학적 발달은 자연의 세계에 있어서 뿐만 아니라 사람의 세계, 사회에 대한 문제 해결에 많은 공헌을 하였으며, 따라서, 19세기 중엽 이후에는 인간관에 있어서도 과학적 유물론적(唯物論的) 사상이 많이 지배하였다. 여기에 대하여 가장 영향이 큰 것은 다윈의 생물학적 진화론(進化論)의 사상이며, 그것은 스펜서(1820~1903)에 의하여 인간의 전 영역에 적용되었으며, 종합 철학으로서 체계화되었다. 진화의 사상은 다윈(1809~1882)이나 스펜서에서 시작된 것은 아니고 희랍의 헤라클레이토스 사상에도 있었으며, 근세에 있어서도 몬테스큐(1689~1755) 이후 레싱(1729~1781), 헤르테르(1744~1803) 또는 칸트의 지구 형성설에서 볼 수 있었으며 19세기에 있어서는 셸링, 헤겔에서도 볼 수 있었으나, 이론적 체계로서는 다윈 이후의 일이었다. 이 생물학적 진화론을 절대로 신봉한 사람으로서 특히 철학에 적용한 사람으로서는 헉슬리(1825~1895), 헤겔(1834~1919)등이 있었으며, 그들은 생물학적인 진화론사상을 절대적으로 주장하였다. 그러나 그 사상을 누구보다도 철학에 널리 적용한 사람은 스펜서였다. 스펜서는 진화론의 일반적 법칙을 무기적(無機的)인 것과 함께 유기적(有機的)인 것에까지 널리 적용하였다. 즉, 생물학은 물론이요, 심리학, 사회학 및 윤리학에까지 적용함으로써 새로운 철학 체계, 즉 종합 철학의 체계를 완성하였다. 진화란 부분의 무규정적(無規定的)인 동질성(同質性)에서 규정적(規定的)인 이질성(異質性)으로 변화(變化)·분화(分化)하는 것을 의미하며, 그 현상을 설명한다고 하는 것은 이것을 진화 과정의 부분으로서 인식하는 것이었다. 그러기 때문에, 스펜서는 우리는 절대자를 인지할 수는 없고 다만 알 수 있는 것은 현상계라고 함으로써 현상의 근거는 알 수가 없다고 하는 불가지론(不可知論)을 주장하였다. 스펜서의 진화론적 철학은 자연현상은 물론이요, 정신적·역사적·사회적 현상의 설명에 있어서도 많은 영향을 주었으며, 그 철학은 19세기 후반에 있어서 세계적으로 절대적인 영향을 주었다. 그런데, 이와 같은 실증주의적(實證主義的) 입장에 선 과학적 고찰 방법(考察方法)만으로는 현상의 전체 또는 경험을 초월한 문제에 대한 완전한 설명은 불가능하다고 함으로써 통일된 세계관의 수립에 의하여 여기에 반대한 대표자로서는 페히너(1801~1887), 로체(1817~1881), 하르트만(1842~1906) 등이 있었다. 여기에서 사람에 대한 생물학적 설명에서의 전환 운동(轉換運動)이 새로 일어났다. 이와 같은 과학적 사상의 만능에 대한 반격과 함께 과학과 철학과의 관계를 철저히 다룬 것은 19세기 말에 있어서의 신칸트학파의 운동이었으며, 그것은 20세기의 철학적 사상의 발전과 밀접한 관련을 가지고 있기 때문에 자세한 것은 다음에 현대에 있어서의 인간관에서 논하기로 하겠다.

9. 마르크스의 인간관

에릭 프롬은 그의 「Marx's concept of Man」에서 마르크스의 인간관을 대부분 사회적 관계와 관련지어 다각적으로 조명하고 있다. 마르크스의 인간관은 오늘날의 사회학자나 심리학자들이 생각하듯이 인간 본성 같은 것은 존재하지 않는다든가, 태어날 때 인간은 백지와 같은 상태이며 그 위에 문화가 자기 활자를 박는다는 식으로 생각하지는 않았다. 오히려 이와는 반대로 마르크스는 인간이 그 자체로, 파악 가능하고 확정 가능한 존재이며, 그 자체로 생물학적, 해부학적, 생리학적으로 뿐만 아니라, 심리학적으로도 정의 가능하다는 생각에서 출발한다.

물론, 마르크스는 인간의 본성을 특수한 그 사회에 지배적인 우연적 인간 유형과 동일시하지 않는다. 그는 벤담(J. Bentham)을 논박(論駁)하는 자리에서 다음과 같이 쓰고 있다. 개에게 무엇이 유용한가를 알고자 한다면, 우선 개의 본성을 탐구하여야 한다. 이러한 본성이 유용성의 원리로부터 거꾸로 도출될 수는 없다. 이를 인간에게 적용해도 마찬가지이다. 유용성의 원리로서 인간 행위나 운동, 관계 등을 평가하고자 하는 사람은 우선 인간 본성의 일반을 보편적으로 다루어야 하며, 그러고 나서 각각의 역사적 시기에 있어서의 변형된 본성을 다루어야 한다. 마르크스에 있어 인간 본성에 대한 이러한 개념은 헤겔에서와 같이 추상적 개념이 아니다. 그것은 인간의 본질을 말하며, 이 본질은 그 다양한 역사적 존재 방식과는 구분되어진다. 이에 대하여 마르크스의 「인간 본질은 결코 개별적 인간에 내재하는 추상적인 것이 아니다」라는 생각은 그가 죽기 전까지 계속되고 있다. 다만 후기에 이르러서는 본질이란 용어가 추상적(抽象的)이고 비역사적(非歷史的)인 개념이기 때문에 사용하지 않을 뿐이다. 하지만 그가 보다 역사적인 관점을 취한 후에도, 보편적인 인간 본성과 각각의 역사 시대 속에 변형되어 나타나는 인간성과를 구분하는 데에서 알 수 있듯이 초기의 인간 본성에 대한 생각을 그대로 견지하고 있는 것이다.

마르크스는 이러한 구분에 의거하여 인간의 충동과 욕구를 두 가지 유형으로 구분한다. 즉, 이미 앞에서도 살펴보았듯이, 항상적이고 견고한 욕구로서 배고픔이나 성욕과 같은 인간성의 본질적 부분을 이루는 것과 그와는 다른 상대적 욕구를 구분하고 있는 것이다. 전자(前者)는 상이(相異)한 문화권(文化圈) 속에서 설령 변한다 하더라도 그 형식이나 방향에 있어서만 변할 뿐이며, 후자(後者)는 상대적인 것으로서 결코 인간의 본질적 욕구가 아니며, 그 발생도 일정한 사회 구조와 생산 조건, 교환 조건 등에 근거하는 욕구인 것이다.

「경제학 철학 수고」에서 돈에 대한 욕망이야말로 근대의 국민경제(國民經濟)가 낳은 욕망이며, 유일한 욕망이다. 이러한 욕망은 주관적으로도 나타난다. 왜냐하면 생산과 필요가 증가함에 따라, 인간은 사악(邪惡)하고, 비인간적이며, 비자연적인, 심지어는 상상적인 탐욕의 노예가 되며, 더욱 약삭빠르고 계산적인 노예로 되어 가기 때문이라고 하였다.

마르크스에 있어서 인간은, 말하자면 그 자체로는 변할 수 없는 원료와 같은 것으로서 이는 마치 뇌의 구조가 역사 이래 변하지 않는 것과 같다. 물론 역사의 경과와 함께 현실적으로 인간은 변화하며, 전개되고 변혁된다. 인간은 역사의 산물이다. 그러나 다른 한편으로 볼 때, 역사란 바로 인간이 만든 산물임을 부인하고 있다.

또한 마르크스의 인간관은 헤겔 사상에 뿌리박고 있다. 헤겔은 본질과 형상이 일치하지 않는다는 통찰(洞察)로부터 출발한다. 변증법적(辨證法的)인 사상가의 소임은 결국 현실에 있어서 본질적인 과정과 현상적(現象的)인 과정을 일단 구분하고, 그 양자의 관계를 파악하는 일이다. 달리 말하면, 이 문제는 본질(本質)과 실존(實存)과의 관계에 대한 문제이다. 그런 각도에서 볼 경우 실존의 과정이란 본질의 실현이며, 동시에 실존한다는 것도 곧 본질에로의 귀환을 의미하게 된다. 인간이란 세계가 갖는 생명 없는 객관성을 분쇄하여, 사물이나 법칙과 같은 고정된 형식의 배후에 있는 것으로 자신의 삶을 재인식(再認識)하지 않는 한, 세계란 소외된 세계이며, 거짓된 세계이다. 인간이 결국 이러한 자기의식을 획득할 때에 비로소 자신의 진리에로, 또 세계의 진리에로 접근하게 된다. 한편, 그러한 재인식과 동시에 행위가 등장한다. 왜냐하면 그는 일단 진리를 깨달은 이상 이러한 진리를 실현하고자 원할 것이며, 세계를 그 본질적 모습에로, 즉 인간의 자기의식을 충족시키는 방향으로 변혁시켜야 할 것이기 때문이다. 헤겔에 있어서 인식이란 주객분열(主客分裂)의 상태에서 획득되는 것이 아니다. 왜냐하면, 그 경우, 대상은 사상가로부터 분리되기 때문이다. 세계를 인식하기 위해서는 세계를 자기 것으로 만들어야 하는 것이다. 인간과 대상은 일정한 상태에서 다른 상태로서의 끊임없는 이행 과정(移行過程)에 있다. 이러한 과정에 있어서 자기내 복귀는 본질에 이른다. 이러한 본질, 즉 존재의 통일이며, 변화 가운데서의 자기 동일성(自己同一性)의 본질은 헤겔에 의하면 모든 사물이 자신의 내적인 모순에 직면하여, 그 결과 스스로를 전개하는 과정인 것이다. 따라서 본질은 역사적일 뿐만 아니라, 존재론적(存在論的)이다. 모든 사물은 하나의 포괄적인 과정 속에서 자신의 가능성을 전개하여 그 실존에 이르는 것이며, 거꾸로 실존의 근거에는 이러한 과정이 전개되고 있는 것이다.

헤겔은 생산적인 인간, 즉 수동적-수용적이 아니고 세계에 능동적으로 관계하는 인간에 대한 생각을 매우 체계적이고 심오하게 표현했다. 생산적 인간이란 세계를 생산적으로 포착하여 자기화하는 인간을 말한다.

　스피노자, 괴테, 헤겔과 마찬가지로 마르크스도 인간은 생산적인 활동을 할 때에만 생동적(生動的)일 수 있으며, 자기의 고유한 능력을 표현하고, 이 능력의 도움으로 자기 밖의 세계를 자기화(自己化)하여 세계를 포용할 때에만 생동적일 수 있다고 믿었던 것이다. 인간이 생산적이지 못하고 수용적이고 수동적인 한, 그는 아무 것도 아니며 죽은 것과 다름없다. 인간은 위와 같은 생산적 과정 속에서만 자신의 본질을 실현할 수 있으며, 자기의 고유한 본질에로 복귀할 수 있는 것이다.

　마르크스의 행위 개념을 이해하는 데 있어서 주객 관계(主客關係)에 대한 그의 사상을 이해하는 것은 지극히 중요하다. 인간의 감각은, 그것이 가공되지 않은 동물적인 감각인 한, 일정하고 제한된 의미를 갖는다. 배고픈 인간에게 있어서는 음식이 인간적인 형태로 존재하지 않는다. 다만, 음식일 뿐인 추상적 형태로 존재한다. 그것은 지극히 자연적일 뿐이어서, 먹는 행위에 있어서의 동물과 구분되지 않는다. 근심에 찬 배고픈 인간은 아름다운 구경거리를 즐길 만한 감각을 지닐 수 없다. 인간의 감각, 소위 본래부터 갖고 있다고 하는 감각은, 외적인 대상 세계에 의해 비로소 형성된 것이다. 모든 감각의 대상만이 나의 능력을 확인시켜 줄 뿐이다. 왜냐하면, 오감(五感)과 아울러 정신적인 감각, 즉 의지, 사랑과 같은 인간적인 감각도 인간이 바로 자신의 대상을 가짐으로 해서 비로소 생성되는 것이다. 즉, 감각의 인간화는 인간화된 대상을 통해 생성된다는 말이다. 마르크스에 있어서는, 바로 이러한 대상들이야말로 인간의 개체성을 확인시켜 주고, 실현시켜 주는 구체적 존재인 것이다.

XIII. 소외론적 인간관

1. 종교적 소외 문제

맑스는 포이에르바하와 바우어가 종교 비판의 형태로 전개시킨 「종교적 소외」를 정치 비판의 형태로 계승·극복한다. 당시의 종교 비판은 폐쇄된 전제 정치 상황 하에서 정치에 관한 직접적인 비판이 불가능함에 따라 간접적인 형태로 행해진 정치 비판의 성격을 지닌 것이었음에도 불구하고 결국 정치 비판의 형태로 승화되지 못한 채 단순한 이데올로기 비판, 지배적인 의식 형태에 대한 비판에 머물고 만다. 맑스는 이러한 한계를 극복하여 그것을 사회 상황에 대한 비판으로 구체화시키고 있다. 즉 이데올로기의 토대를 비판함으로써 사회에 대한 순수하고 무기력한 비판에 머무르는 것이 아니라 그러한 왜곡된 의식 형태의 뿌리를 근본적이고 철저하게 비판하고자 한다.

먼저 「종교적 소외」를 정리해 보자. 포이에르바하는 신을 인간의 자기 소외태로 본다. 그에 따르면 신은 인간 외부의 상상적이고 초월적인 공간에 투사된 인간 자신의 무한성(완전성)이다. 즉 인간은 자기의 유적 본질을 투사·대상화하여 이를 주체(주어)로 여기고 자신은 그것의 객체(술어)로 된다. 이때 이러한 자기 소외된 내용은 인간 「유」의 긍정적 속성이 이상화된 상(像)으로서의 신이다. 그러므로 신에게 부여된 모든 속성은 인간 자신의 속성에서 도출된다. 신은 인간 「유」가 가진 것만큼만 가지고 있다. 이처럼 신성한 속성들이 인간 본성의 서술이라면 그 술어인 인간의 주어가 되는 신은―그 술어에 담긴 것 이상을 지니고 있지 않기 때문에―인간 본성 자체가 된다.

이러한 자기 소외, 또는 인간 본질의 신에로의 전도(주어인 인간과 술어인 신의 자리 바뀜)로 인간은 소외된다. 인간은 자신의 모든 풍부함, 완전함을 신으로서의 자신의 상(像)에 바쳐 버렸기 때문에 자기 자신이 무가치하게 되고 궁핍한 상태에 내던져지게 된다. 나아가 신을 풍요롭게 하기 위해서 인간은 빈곤해져야 하고, 신이 전부일 때 인간은 무(無)이어야 한다. 따라서 신의 절대적 긍정은 인간의 절대적 부정으로 나타난다.

「빈곤한 인간만이 풍요로운 신을 갖게 된다.」 실제 세계의 황폐함과 신의 풍요로움은 동일한 형태이며, 인간은 종교의 환상적 보상으로 자기 기만에 빠지게 된다. 이처럼 포이에르비하의 신에 대한 부정은 인간에 대한 부정을 부정하는 것이다. 포이에르바하는 이렇게 하여 신학을 인간학에로, 신에 대한 사랑을 인간에 대한 사랑으로 전환시키고자 한다.

바우어(Bruno Bauer)의 종교 비판은 포이에르바하보다 투쟁적이고 무신론적이다(즉 종교 비판이 아니라 종교 부정이다). 그는 주체의

자기의식을 중심적인 것으로 보고, 신과 종교가 이러한 자기의식의 산
물이면서 동시에 자기의식을 왜곡, 부정하는 것이라고 본다. 바우어는
미성숙한 자기의식에 기초한 종교는 인간의 허약함의 상징이며, 자유
로운 자기의식을 결여한 것으로 이해한다.

그에 따르면 인간은 인간과 그를 둘러싼 불합리하고 왜곡된 세계와
의 긴장된 상태에서 주어지는 비참한 세계에서 자기실현이 불가능하다
고 보고 이 세계로부터 등을 돌리고 일상적 현실 「위」에 이상 세계, 천
상을 건설하여 보상받고자 한다.

바우어가 볼 때 종교, 특히 기독교는 객관적 세계 위에 소외된 유사
세계를 건설하고 그것에 매달림으로써, 현존 정치·사회 제도들의 제
결함을 승인·방어·정당화한다. 인간은 상상적이고 소외된 실체의 노
예가 된다. 그는 권위에 종속되고, 자율적 이성을 결하고, 인격을 거
대한 힘에 희생시키고, 수동적이 되고, 바보스럽고 보잘것없는 존재가
되고, 자기로부터 격리되는 비인간적이며 동물적인 상태로 전락한다.
종교는 천상의 가짜 보상으로 신자를 달래고, 그들이 천상에서의 축복
과 내세의 즐거움을 꿈꾸게 함으로써 현실과 화해하도록 하는 이데
올로기적 성격을 지닌다. 따라서 바우어는 종교를 「아편」이라고 주
장한다.

이데올로기로서의 종교는 왜곡되고, 전도되고, 찢겨진 현실에 대한
왜곡되고 전도된 의식이다. 이때 왜곡은 이중적이기 때문에 인간 의식
에 대한 변혁과 현실 변혁이 동시에 요구된다.

맑스는 이러한 종교적 소외를 수용하는 한편, 이러한 소외가 사실상
정치적, 사회적 소외가 표현된 것이라고 본다. 이러한 시각 전환에는
헤스(M. Hess)가 기여한 바가 크다.

2. 종교적 소외의 뿌리

헤스에 의하면, 이러한 종교 영역에서의 소외 현상은 본질적으로 사회적이며, 현실적으로는 자본주의 체제에 의해 생겨나는 것이다. 그는 생산적 생명활동(Produktive Lebenstätigkeit)이 유의 본질적 속성이며, 유적 생활은 이 생산적 활동을 객관화시키는 「협동적」 생산 행위에서 구현된다고 하였다. 그러나 근대 자본주의에서는 이기적 인간이 협동 생산 대신에 사유재산의 형태로 위의 생산 활동을 전유하게 된다. 따라서 인간의 생산적 활동은 이기적 개인의 화폐 숭배로 대치된다.

이러한 체제에서는 사유재산과 이윤 동기, 개인과 개인을 대립시키는 경쟁 법칙, 이기주의가 생산됨으로써 공동성이 해체되고 이처럼 왜곡된 양상이 보편화된다. 이 체제는 경쟁과 이기주의로 인하여 인간에 의한 인간 착취의 현장이 되고 만다. 약자는 자신에게 귀속되지 않을 부(富)를 생산하도록 강요당하고, 이것은 또한 그들을 그들의 본질로부터 소외시키고 노예화한다. 이 사회에서는 부(富)가 화폐로 객관화됨으로써 화폐가 사회의 진정한 신이 되며, 신속에서 인간은 그에게 이방인이 된 그의 본질을 숭배한다.

이러한 분석에 기초하여 헤스는, 이처럼 인간을 타락시키고 노예화하는 소외를 없애기 위해 사유재산과 경쟁은 소멸되어야 하며, 자본주의 체제는 이기주의가 없고 인간과 인간의 관계를 가능케 하고 이타주의와 사랑에 기초한 공산주의에 의해 대체되어야 한다고 주장한다. 그런데 이러한 대안적 주장은 사유재산에서 나온 사회·경제적인 적대관계를 도덕적 차원으로 바꾸어 버림으로써, 이기주의에 대한 투쟁이 사회 투쟁의 핵심으로 되어 공산주의를 도덕적 강령으로 이해하게 된다. 맑스는 헤스의 이상의 논점 전환(종교적 소외→사회경제적 소외)을 받아들여 이에 대한 구체적 분석을 해 나가면서, 공산주의를 사유재산에 대한 적극적 지양과 인간 해방을 실현하는 구체적 대안 으로 파악함으로써 헤스의 대안을 극복하고자 한다.

맑스는 종교적 소외가 개인의 공동체로부터의 분리라는 정치적 소외 의 표현이며, 이런 정치적 소외의 뿌리는 사유재산에 기초한 자본주의 적 생산 양식이라고 본다(후일 맑스는 「독일 이데올로기」, 「정치경제 학 비판 서문」 등에서 토대와 상부 구조의 관계를 해명하면서 이런 관 계를 개념화하여 사적 유물론의 기본 원리로 정식화한다. 즉 의식이 삶을 결정하는 것이 아니라 삶이 의식을 결정하며, 정치적·법적·이 데올로기적 제 관계는 기본적으로 사회경제적 토대에 의해 조건 지워 진다고 파악한다). 즉, 종교적 소외는 인간소외의 원인이 아니라 그 결과라는 것이다.

앞에서도 언급되었듯이 종교는 현실의 비참함에 대한 환상적 보상책 이며, 현실의 소외를 기만하는 의식 형태이다. 따라서 종교적 소외는 현실의 정치적, 사회경제적 소외에 그 뿌리를 두고 있다. 인간을 종교 적 환상으로 몰아넣는 비참함은 국가와 경제적 사회에서의 현실적 비 참함이다. 국가·사회가 소외, 전도된 세계이기 때문에 전도·소외된 의식이 만들어진다. 따라서 인간들의 환상적 행복인 종교를 폐기하려 면 인간들에게 현실적인 행복을 찾아 주어야 한다. 이때 현실적인 행복 은 현실적인 세계에서 가능한 것이다. 그러므로 현실적인 세계에 대한 구체적 파악을 통해 소외에 대한 현실적 극복이 가능해진다.

먼저 정치적 형태로 이러한 소외는 개인의 이중화(양분), 즉 국가 구 성원으로서의 공적·정치적 생활과 사회 구성원으로서의 사적 생활의 분리에 기초한다. 이러한 분리로 국가란 소외된 정치제도가 생겨나는 데, 이것은 개인의 공동체로부터의 분리, 정치적 영역의 자립성과 그것의 개인 생활 위에서의 군림, 국가의 개인 지배란 형태를 취하게 된다. 이때의 국가는 종교적 개인에게서 그를 지배하는 자기 소외된 신과 마찬가지로 사회생활을 지배하는 자기 소외된 정치적 신이다. 그런데 맑스는 이러한 정치적 소외는 그 토대인 사회경제적 소외가 현상적으로 표현된 것에 불과하다고 본다. 따라서 맑스에게는 사회경제적 소외가 모든 소외의 근원이자 핵심이 된다.

3. 노동의 소외

이때의 사회경제적 소외는 자본주의적 생산 양식 하에서의 노동의 소외를 가리킨다. 맑스에 의하면 자본주의적 생산 양식에서 인간의 자기실현으로서의 노동의 의미는 인간의 자기 부정인 소외된 노동으로 바뀌고 만다. 이러한 소외는 자본주의적 생산 양식에서의 우연적이거나 부분적인 현상이 아니라 자본-임금 노동관계하에서 노동, 상품 생산을 위한 노동에 기초한 생산 체제의 본질적이고 보편적인 모순이다.

그런데 맑스의 이러한 「노동의 자기 소외」 개념을 이해하기 위해서는 그의 독특한 노동관, 즉 인간의 자기 대상화로서의 노동의 의미와 그것이 자본주의하에서 어떻게 왜곡된 형태로 나타나는가 하는 것을 살펴보아야 한다.

㉠ 노동의 의미

노동은 인간의 생명활동이자 자기 산출 행위로서 자연 속에서 육체를 가진 인간이 행하는 신진대사(Stoffwechsel:물질대사) 활동이다. 인간은 노동을 통해 인간과 무관하게 그 자체로 있는 자연을 인간의 제

욕구와 자기실현에 알맞은 「인간적으로 변형·가공된 자연」으로 만들어 나간다. 이때 노동(생산)의 주체와 객체는 모두 자연을 근거로 하고 그에 규정되어 있지만 자연을 인간에 알맞게 동화시키는 정도·범위·양식 등은 항상 특정한 사회역사적 형태로 이루어진다.

"노동은 인간과 자연 사이의 과정이며, 이 과정에서 인간은 자신의 고유한 활동을 통하여 자연과의 물질대사(Stoffwechsel)를 매개하고 규제·조절한다. 그는 자연 소재 자체에 대하여 자연적인 위력으로써 대립한다. 인간의 육체에 속하는 자연력, 팔과 뼈 및 머리와 손을 운동시켜 자연 소재를 동화시킨다(Aneignen:자기 것으로 함). 인간이 이러한 운동을 통하여 자기 밖에 있는 자연에 대하여 작용을 가하며, 이 자연을 변화시킬 때 인간은 자신의 고유한 자연(Natur: 본성) 역시 변화시키게 된다."

이처럼 노동은 자연적 소재의 직접태를 부정하여 그것을 인간 생활에 알맞은 것으로 만드는-인간적 형식을 부여하는-합목적적 활동이다. 즉 노동은 인간적 욕구에 알맞은 새로운 대상 형식을 정립하기 위해 직접적인 것으로 주어진 대상의 형식을 부정함으로써 주체의 주관적 계기를 대상으로 객관화하는 것이다. 이리하여 대상은 주체의 형식이 부여된(형성된: ge-Form-t) 대상으로 되고, 주체의 활동성은 물질화되어 구체적 현실태로 된다.

이러한 매개를 통하여 직접적인 자연은 인간적인 것으로 산출되고, 자연적 대상은 인간적 대상으로, 대상화된 인간으로 산출된다. 이 결과 자연의 단순하고 죽어 있는 즉 자태(Ansich)는 인간을 위한 것(Fürden Menschen)으로 변화·연장됨으로써 생명력을 지니게 된다. 노동을 통해 매개되고 동화된 자연 소재는 사용가치를 지닌다.

이리하여 노동 주체는 자기의 욕구 일반을 충족시키고 자기의 현존성을 확보하며 나아가 자기의 본질을 자각하게 된다. 그는 자신의 욕구 일반을 지속적으로 충족시켜 줄 제2의 자연을 형성하고 산출함으로써 자기를 형성하고 또 발전시킨다. 자연을 변형하여 인간화, 사회화, 역사화 하는 인간의 대상적 행위(노동)는 비록 외적인 합목적성과 압력 밑에서 필연성의 강제 하에서 수행되는 것이긴 하지만, 또한 동시에 인간과 자연을 통일시키는 자유의 행위이기도 하다. 노동을 통한 자신의 세계와 자신의 산출은 자연으로부터의 해방이며 자유의 현실적 표현이자 그 실현이다. 노동은 자유와 필연의 통일이다. 즉 노동 주체는 자신과 자신의 자유를 노동 산물로 나타나는 대상화된 객관적 현실에서 실현시킨다. 이러한 맑스의 유물론적 관점에서는 물질생활의 생산은 곧 자기 생산이며 동시에 사회관계의 생산이기도 하다.

물론 맑스에게 있어서 노동은 개별적 주체에 의해서가 아니라 유적 주체에 의해 수행되는 공동적이고 사회적인 노동이다. 인간은 노동과 노동 대상에서 다른 인간과 현실적으로 만난다. 노동은 타자와 「함께」, 타자에 「대해서」, 타자를 「위해서」 하는 행위이다. 즉 유적 주체는 노동 대상에서 유적 생활을 표현하고 대상화한다.

ⓛ 자본주의적 노동 형식

이상에서의 노동에 관한 논의는 노동이 항상 특정한 사회적 형태로 행해지기 때문에 이것 자체만으로는 어떤 특정한 시기의 노동의 사회적 형식을 설명하지 못한다. 노동은 「노동」이 아니라 사실상 특정한 형태의 노동 형식들로서만 존재한다. 그러한 노동은 역사적으로 특정화된 시기의 구조화된 양식에 따라 일정한 방식으로 행해진다.

자본은 두 적대적 극(極)이 대립하는 특정한 사회관계를 형성한다.

그 한 극은 자신의 노동력을 자유롭게 처분할 수 있는 노동자이고, 다른 극은 그 노동력을 구입하여 가치, 궁극적으로는 잉여가치를 생산하려는 목적만 달성하기 위해 화폐 수단과 생산 수단을 마음대로 사용하는 자본가이다. 임금 노동자는 자신의 유일한 재산인 자신의 「노동력」을 상품으로 자본가에게 판다. 자본가는 노동력을 생산의 한 요소로 구입하여 자신의 소유물인 생산 수단과 결합시켜 상품을 생산하게 된다. 여기에서 특징적인 것은 이 관계가 성립하기 위해서(신분이나 토지에 매여 있지 않은) 자유로운 임금 노동자가 생산 수단으로부터 분리되고 그 생산 수단의 소유자에게 자신의 노동력을 판매한다는 점이다. 이처럼 특정한 사회관계를 표현하는 자본은 생산 수단과 노동력 상품의 소유자로서 노동과 그 산물들에 대한 지배권(Regierungs gewalt)을 갖는다(노동에 대한 자본의 이러한 지배가 자본이 사유재산의 최고 발전 단계임을 보여 준다).

이 관계에서 자본가에 의한 노동력의 소비 과정(노동 과정)은 다음과 같이 나타난다. ① 노동자는 자본가의 지배와 통제·감독하에서 노동한다. ② 생산물은 직접 생산자인 노동자의 것이 아니라 자본가의 소유물로 된다. 「노동 과정은 자본가가 구매한 물건들(노동력까지 포함) 사이의 과정이다. 그러므로 이 과정의 생산물은 그의 포도주 곳간에서의 발효 과정의 산물과 마찬가지로 자본가에게 속한다.」 노동 과정이 자본주의적 생산 과정으로 행해짐으로써 합목적적 생산 활동인 노동은 가치 증식을 위한 하나의 수단으로 전락하고 노동 생산물이 노동자로부터 소외되고 노동 자체도 노동자로부터 소외되게 된다. 「소외된」 노동력은 하나의 물건으로, 「살아 있는 노동 수단」으로 소비되고 잉여가치를 낳는다. 노동자는 생산 과정에서 자신의 노동력으로 가치를 생산한다. 그런데 그가 그의 생명, 즉 그의 노동력을 유지할 수 있을 정도의 가치를 생산하는 데에는 노동 시간의 일부로도 충분하다. 그는 하루 노동시간의 남은 부분을 자본가를 위해서 (자본가의 몫이 될 잉여가치를 생산하기 위해서) 무보수로 일하는 것이다. 바로 이러한 하루 노동시간의 지불되지 않은 부분에서 노동자가 산출한 가치 부분을 자본가는 잉여가치로 전유하게 된다.

이러한 관계에서는 「노동자의 노동의 창조적 힘이 자본의 힘, '소원한' 힘으로 되어 자신에게 대립함으로써……」 그는 오히려 빈곤하게 될 수밖에 없다.

ⓒ 노동의 소외된 양상들

맑스는 「경제·철학 초고」에서 이러한 노동 소외의 양상이 노동자의 ① 노동 생산물로부터의 소외, ② 노동 과정으로부터의 소외, ③ 유적생활로부터의 소외, ④ (소외된 노동을 전유하는) 인간으로부터의 (소외된 노동을 하는) 인간의 소외로 나타난다고 보았다.

노동산물이 생산 수단의 소유자인 자본가에게 귀속됨으로써, 노동자는 그의 산물과 외적인 관계에 있게 된다. 또 그가 생산물에 부여한 힘은 자립적인 것이 되어 주체에게 소원한 힘으로 작용한다. 자본에 속하는 엄청난 대상적 힘이 살아 있는 노동을 억누르게 된다.

"그것은 노동산물과 같은 것으로 현상한다. 그리하여 산 노동에 자립적으로 대립하는 현존방식을 갖는 「낯선 소유」로서의 그 산물이 스스로 존립하는 「가치(Wert)」와 같은 것으로 현상하게 된다. 그리고 노동 산물, 즉 대상화된 노동이 산 노동 자체로부터 영혼을 부여받아, 이제는 「낯선」 힘으로 그 산 노동에 대립하게 된다. 따라서 노동의 관점에서 볼 때, 노동은 생산 과정 속에서 활동하는 것으로 여겨진다.

그리고 그것은 그 실현태를 객관적 조건 속에서 낯선 실재물에 「자신」을 팔아넘기고 따라서 스스로는 비실체적이고 그저 욕구 충족적인 노동 능력으로서 그것에서부터 소외되어, 그것 아닌 다른 것에 귀속되는 실재물에 대립하게 되는 것으로 여겨진다.……노동은 자신을 객관화한다. 그러나 그것은 그 객관성을 자신의 비존재(부정)로, 즉 자신의 비존재인 자본의 존재로 정립한다."

노동자는 자신의 노동 산물에 예속된다. 그리하여 대상화(Ver-gegenständlichung)는 대상의 상실, 대상에로의 예속(Ent-gegenständlichung)으로, 동화는 소외(En-täußerung)로 나타난다.

"노동자는 그가 부(富)를 더 많이 생산하면 할수록, 또 그의 생산의 힘과 범위가 증대되면 될수록, 그만큼 더 가난해진다. 노동자는 그가 더 많은 상품을 만들면 만들수록 그만큼 더 저렴한 상품이 되어 버린다. 사물화된 상품세계(Sachen welt)의 가치 증식이 곧바로 인간 세계의 가치 절하를 가져온다."

맑스는 노동산물의 소외를 단적으로 나타내는 예로서 「자본론」에서 자본주의의 가장 요소적인 형태인 「상품」을 분석하고 그것의 물신적 성격(物神性: Fetischismus)을 지적한다. 그에 따르면 노동 산물은 상품으로서 (교환)의 「가치」로 나타난다. 상품은 타자의 요구를 만족시킬 「사용가치」와 교환을 매개할 「교환가치」의 통일체, 즉 구체적 유용 노동(질적인 측면)과 추상적 인간 노동(양적인 측면)의 모순된 통일체이다. 그런데 자본주의에서는 교환가치가 일방적 우위를 차지함으로써 상품의 교환가치가 「가치」로 나타나게 된다. 구체적이고 감각 가능한 상품은 이제 가치로, 추상적 노동(노동의 구체적, 질적 특성이 추

상된 동일하고 무차별적인 노동 일반)의 양적 크기로, 초감각적인 것
으로 나타나는데, 이때 가치는 상품 자체에 내재하는 자연적 속성인 것
처럼 여겨진다. 즉 인간 노동의 대상화인 가치가 그 스스로 존립하는
자립적인 것으로 나타난다. 이제 상품이 그것의 한 특성으로 가치를 갖
는 것이 아니라, 상품이 가치의 표상물이 된다.

> "그리하여 상품 형태의 비밀스러운 측면은 단순히 상품 형태가 인
> 간에게 그 자체의 노동의 사회적 성격을 노동생산물 자체의 대상적
> 성격으로, 즉 이러한 사물이 자연적으로 갖고 있는 사회적인 본성으
> 로, 인간의 머리 속에 반영시키며, 따라서 생산자들의 전체 노동이 갖
> 는 「사회적 관계(노동을 통한 생산자들의 상호관계」도 그들 외부에
> 현존하는 「대상들의 사회관계」로 반영시키는 데 있다. 이러한 전도로
> 말미암아 노동생산물은 상품, 즉 감각적이면서 동시에 초감각적인 또
> 는 사회적인 사물이 된다."

맑스는 종교적 세계에서 인간 두뇌의 산물이 그 자체로 독립된 생명
을 부여받아 인간을 지배하고 인간 위에 군립하는 것과 마찬가지로, 노
동 산물이 상품으로, 자립적인 가치로 나타나는 신비화를 상품 물신성
이라고 부른다. 노동생산물이 상품의 형태를 띠면 그것은 인간에 의해
만들어진 것임에도 불구하고 도리어 인간을 지배하는 수수께끼 같은
성격을 갖게 된다.

「상품의 마술」을 부리는 가치는 화폐로 표현됨으로써 이 신비화를
자연스럽게 받아들이게 하고 심화시킨다. 가치는 화폐 형태를 통해 가
격으로 나타난다. 사적 노동의 관계는 모든 상품의 화폐상품(Geldwa-
re)인 금으로 나타난다. 인간 노동은 이 금의 양으로(사물화되어) 나
타나며, 인간과 인간의 사회관계는(상품가치의 완성된 표현인) 화폐

형태에서 전면적으로 사물화되어 은폐되고 만다. 이처럼 상품과 화폐의 물신성으로 인하여 사회관계는 상품들의 가치관계라는 대상적 형태를 통해서만 나타나고, 그 가치관계는 상품들의 일반적 등가물인 금(화폐)과의 관계를 통해서만 나타난다. 이리하여 사회관계는 사물화 (Verdinglichung; Reification) 된다(화폐는 단순한 교환의 수단인 것이 아니라, 모든 것을 얻는 힘으로 여겨지고 화폐 추구에의 끝없는 열망이 인간 욕구를 주도하게 되어, 화폐는 세속적 세계에서 만인이 추앙해 마지않는 사물신(事物神)이 된다). 이러한 물신성은 자본의 물신성에서 더 완전한 형태를 갖추게 된다. 자본이 낳는 것으로 보이는 잉여가치는 실상 자본 구성의 한 요소인 가변 자본(노동력)에 의해서만 얻어질 수 있는 것임에도 불구하고 자본 자체의 한 속성으로 여겨진다. 자본가의 눈에는 토지가 지대를, 고리대 자본이 이자를 낳듯이 자본이 잉여가치를 낳는 것처럼 보인다. 이리하여 자본은 자기 증식하는(스스로 증식되는) 하나의 자율적 주체, 황금 알을 낳는 거위로 보여지게 된다. 자본은 자본주의 사회 전체를 움직이고 지배하는 힘이 된다.

상품 생산과 그 교환에 기초한 사회에서는 각 개인이 상품 소유자 (Warenbesitzer)로만 나타나고 인간과 인간의 관계는 인간과 사물 (상품)간의 관계, 또는 사물과 사물간의 관계로 사물화(Verdinglichung, Reification)되어 나타날 수밖에 없다.

맑스는 이상에서 설명한 노동 산물의 노동자로부터의 분리·소외는 생산 과정에서의 소외의 결과라고 본다. 즉 노동자의 생산 과정 내에서의 생산 행위 자체도 소외된 활동이라고 본다. 그리하여 노동자가 활동적 소외인 생산 행위를 해 나가면서 자기 자신을 소외시킨 결과가 노동 산물로부터의 소외로 나타나게 된다. 이처럼 생산 행위 자체가 소외된 것이라면 노동은 달갑지 않은 것이며, 자기를 긍정하는 행위가 아니라 자기를 해치는 행위가 되고 만다.

> "무엇보다도 노동은 노동자에게 외적인 것으로 노동자의 본질에
> 속하지 않는다. 따라서 노동자는 그의 노동 속에서 자신을 긍정하는
> 것이 아니라 부정하며, 행복하게 느끼는 것이 아니라 불행하게 느
> 끼며, 자유로운 육체적, 정신적 힘을 개발하는 것이 아니라 그의
> 육체를 쇠약하게 하고 그의 정신을 황폐하게 한다. 그리하여 노동
> 자는 노동을 벗어나서야(노동하지 않을 때에야 - 역주) 비로소 자
> 기를 되찾고, 노동 안에서는(노동하면서는 - 역주) 자기를 상실한
> 다. 노동자는 노동하지 않을 때는 편안하고 노동할 때는 불편하여
> 자기를 상실한다."

나아가 노동과 그 산물은 유적 생활의 대상화이어야 하지만 이러한
소외로 인하여 노동자는 그의 유적 생활, 유적 본질로부터도 소외된다.
따라서 소외된 노동은 유적인 삶과 개인적인 삶을 소외시키며, 유적이
고 인간적인 삶과 자기 활동성 및 자유로운 활동성을 그 육체적 생명
보존을 위한 수단으로 격하시킨다.

노동은 노동자 자신의 생명 활동이며 그 자신의 생명력의 발현인데,
소외된 노동 주체인 임금 노동자는 이 생명 활동을 생활용품을 얻기 위
해 다른 인간(자본가)에게 팔아 버린다. 이때의 노동 행위는 살아가기
위한 수단에 불과한 것이다. 노동자는「노동을 자기 생활의 일부로
여기지 않는다. 노동은 오히려 그의 자기 생활을 희생하는 것일 뿐
이다. 그것은 만든 다음에 남에게 넘겨줘 버리는 상품에 불과하다.
그의 활동 목적 역시 자기 활동의 생산물이 아니다. ⋯⋯자기 자신
을 위해 그가 생산해 내는 것은 그가 광산에서 파내고 있는 금도,
그가 건설하고 있는 궁전도, 그가 짜고 있는 비단도 아니다. 그가

자기 자신을 위해 생산하는 것은 임금이며, 그에게 있어서는 비단이
나 금이나 궁전 모두가 일정량의 생활용품들, 1벌의 면제품 상의나
몇 개의 구리동전, 지하실의 셋방으로 변해 버린다. 12시간 동안 옷감
을 짜고, 실을 잣고, 땅을 파고, 차를 몰고, 짐을 지고, 삽질하고, 돌을
깨고, 집을 짓는 노동자, 이 노동자가 과연 그 12시간의 옷감짜기, 실
잣기, 굴파기, 집짓기, 삽질, 돌깨기 등등을 참으로 그의 생명력의 발
현, 그의 생활로 생각하겠는가? 그 반대이다. 그를 위한 생활은 이 활
동들이 멈추는 곳에서, 밥상 앞에서, 포장마차에서, 잠자리에서 시작된
다. 그에게 12시간의 노동은 옷감짜기, 실잣기, 굴파기 등으로서는 아
무런 의미가 없으며, 오직 그를 밥상 앞으로, 술집으로, 잠자리로 보내
주는 돈벌이로서만 의미가 있을 뿐이다.」

맑스는 이러한 소외의 원인이면서 그것을 집약된 형태로 나타내는
것이 「인간의 인간에 대한 소외」라고 주장한다. 「노동 산물이 노동자
에게 속하지 않고 소원한 힘으로 그에게 대립된다면 이것은 그 산물이
노동자 아닌 '다른 인간'에게 속하기 때문이다.」 이때의 「다른 인간」은
노동 과정에 참여하여 잉여가치를 생산하는 임금 노동자가 아니라, 생
산 수단의 사적 소유자인 자본가이다. 소외된 노동은 자신의 대립물,
자신에 대한 지배를 생산하게 된다. 즉 자신의 생산물을 지배하는 자와
그 지배권을 산출함으로써 더욱 더 자신을 소외시키고 소외 속에 가두
어 버리게 된다.

맑스는 소외된 노동에 대한 분석에서 소외된 노동을 통해 지속적으
로 재생산된 사유재산에 대한 비판을 연결시키고 있다. 「초고」에서의
맑스는 사유재산이 소외를 낳은 것이 아니라 인간의 자기 소외가 사유
재산을 낳은 것이라고 주장한다. 이때의 사유재산은 인간 소외의 표현
이며, 인간의 전면적 본질을 사적인 이해관계에 묶어두는 족쇄이며, 인

간과 자연과의 관계를 왜곡시키고, 인간의 제욕구와 감각을 일면적이고 편협하게 만들어 버리는 비인간적인 소유형식이다.

맑스는 소외된 노동을 극복하기 위해 사유재산을 지양해야 한다고 주장한다. 그렇지만 그는 사유재산의 지양 그 자체를 목표로 하는 것이 아니라, 사유재산의 적극적 지양(Positive Aufhebung)을 통해 소외된 인간 본질을 되찾고자 한다. 이 때문에 맑스는 소박하게 사유재산의 철폐를 부르짖고 공평하게 나누어 갖자는 평등 공산주의(Gleichheit Kommunismus)를 조야한 공산주의라고 비판한다. 맑스는 인간 소외를 극복하기 위한 공산주의 운동이 실질적 인간주의(Reales Humanismus)이며, 자본주의 체제에 의한 인간 부정을 부정하는 노력이며, 소외에 대한 실천적 투쟁이라고 본다.

"그러므로 「인간의 자기 소외」인 「사유재산」에 대한 「적극적」 지양인 「공산주의」는 인간을 통한, 인간을 위한 「인간적」 본질의 현실적 「동화(Aneignung)」이다. 따라서 공산주의는 자기를 완전하고 의식적이며 지금까지의 발전의 모든 풍부함 안에서 생성된 「사회적」 존재로, 즉 인간적 인간에로 되돌려 주는 것이다. 이러한 공산주의는 완성된 자연주의로서의 인간주의이며, 완성된 인간주의로서의 자연주의이다. 그것은 인간과 자연, 인간과 인간 간의 갈등을 참으로 해결하는 것이며, 존재와 본질, 대상화와 자기 확증, 자유와 필연, 개인과 유 간의 싸움에 대한 진정한 해결이다. 그것은 역사의 수수께끼를 풀면서 자신이 이러한 해결을 의식하는 것이다."

XIV. 역사적 인간관

1. 희랍의 인간관

철학의 역사는 로고스의 활동에서 시작되나 사상의 최초의 형태는 인성론적인 것보다도 우주론적인 것이었으며, 그 대상인 우주, 즉 「코스모스」는 혼합의 존재적 형태로서 카오스이었다. 그런데, 희랍 철학이 서구 문화의 근원인 동시에 근간이 된 것은 이 카오스를 로고스로 발전시킨 데에 그 의미가 있다고 하겠다. 즉, 「코스모스」와 「카오스」에 대한 새로운 사상적 전개가 희랍 사람들의 철학적 사고의 발전에 있어서 특유한 차이었다. 희랍 사람들은 많은 신화를 가졌으나, 무엇보다도 보다 자유스러운 생활의 탐구를 위하여 「카오스」에서의 해탈(解脫)을 위한 「로고스」적인 노력을 한 것이 그 특징이었다. 희랍 사람에 있어서는 「코스모스」에 있어서의 모든 사물은 한정 없는 혼돈 상태이었으나, 그러나 그것은 전연 무질서한 것이 아니고 어디까지든지 조화를 가진 통일체로서 존재의 의미를 가지었다. 따라서 희랍 사람에 있어서는 조화는 가장 바람직하며 숭상하는 존재의 원리였다. 조화는 학문, 예술, 종교, 사회를 막론하고 모든 인간 생활을 지배하고 있었으며, 따라서 인간 생활은 이 조화의 원리에 의하여 비로소 원리적인 것으로 존재할 수 있게 되었다. 여기에서 희랍 철학자들에 있어서도 조화는 로고스적인 원리이었으며, 따라서 「로고스」의 발전은 우주의 질서를 형성하는 동시에 희랍 철학의 근간이었으며, 또 그 철학적 사고의 특징이었다. 그 철학은 「로고스」의 철학이었다.

희랍에도 신비사상(神秘思想)은 있었으며, 그것은 많은 신화로서 표상(表象)되었다. 다른 민족의 신화와 같이 희랍 신화도 우주의 창조와 신의 탄생에서 시작되었으며, 인간의 정신도 혼돈된 신비적인 것에서 발동한다고 하였으나, 그러나 희랍 신화는 신비에 대한 신앙과 신비스러운 의식에 의한 정신적 혼돈 상태에 그치는 것이 아니고 언어적 표현으로서 어디까지든지 언어에 의한 대화와 함께 행동적 표현, 즉 「아폴로」적인 성격이 강하였다. 그것은 다만 민간신앙(民間信仰)이나 의식적인 것이 아니고, 근원적인 신의 영위에 대한 사람의 도전이었으며, 인간생활에 대한 신의 반응에 관한 설화이었다. 그러나 신화는 아직 사물의 기원에 대하여서도 아무런 학문적인 설명은 아니었으며, 또 사람의 자연에 대한 자유스러운 명상도 아니고, 다만 신비한 것에 대한 믿음과 신화에 대한 신뢰인 것이었기 때문에, 아직 여기에는 과학적·합리적·철학적 관심은 없었다.

희랍 사람에 있어서는, 그들을 둘러싼 것이 자연이었으며, 그들의 생활과 직접 관여하는 절대적인 힘이 신화인 동시에, 그 신화는 자연과 사람과 신과의 융합에서 성립되어 있었다. 그러기 때문에, 자연은 다만 자연에 그치지 아니하고 인간화된 자연이며, 사람도 다만 사람에 그치지 아니하고 신격화된 특수한 존재라고 하는 데에서 신화는 성립되었다. 이와 같이 희랍 사람에 있어서는, 자연과 인간은 대립되어 싸우는 것이 아니고, 신비스러운 영(靈)에 의하여 하나로 융합되어 있는 것이 그 특색이었다. 여기에 있어서는 신에 대한 설화보다도 인간의 자연과 신에 대한 「레고메논」이었기 때문에 희랍 신화의 세계는 그 자체가 「로고스」적인 성격을 가졌다고 하겠다. 여기에 「뮤토스」, 즉 신화에서 「로고스」로 전환할 수 있는 계기와 함께, 그 전환 과정은 철학적 사고와 관련성을 가질 수 있는 중요한 요인도 있었던 것이다. 따라서 희랍 신화에 있어서는, 운명의 신도 지배하는 데 그치는 것이 아니고, 운명을 타개(打開)하는 반항의 힘의 의미를 많이 가졌다. 그런데 「뮤토스」적인 설화가 「로고스」적인 대화로 발전하는 데 있어서는, 언어는 판단의 의미 표현에 있어서 합리성과 객관성을 가져야 한다.

신화에 있어서의 세계와 사람의 융합은 신에 의한 통일이며, 이 통일은 영만이 가능한 동시에 그 절정은 감정의 시(詩)로서의 노래에 이르러서 무한한 전체적 감정으로 고양되었다. 그런데, 이와 같은 신비적인 감흥에 있어서는, 정신을 「로고스」에 의한 생명력으로까지 고양시키는 것이 아니고, 다만 자연과 신을 감정 속으로 인도한다. 그런데, 감정에 있어서는 주관성과 자의성으로 흐를 가능성이 크기 때문에 희랍에 있어서는 새로운 발전을 위하여서는 절제(節制)와 질서의 표현으로서의 「메트론」을 존중하였다. 「뮤토스」가 「로고스」로 발전하는 데 있어서 발달된 「메디아」는 언어로서, 서정시(抒情詩)에서 극(劇)으로까지 이르렀으며, 국가 생활에 있어서는 질서 있는 실천을 위하여 「레토릭」, 즉 수사학(修辭學)으로서 논리정연(論理整然)한 민중과의 대화를 통하여 「로고스」적인 것으로 이루어진다고 하였다. 즉, 로고스의 발전은 사람으로 하여금 사회생활에까지 이르게 하며, 그 사회생활에 있어서의 로고스적 발달을 레토릭에 의하여 실천하려고 하였다. 이와 같이 희랍 사람들은 뮤토스에서 로고스로 발전하는데 있어서, 로고스적인 것을 이지적(理智的)인 면(面), 감정적(感情的)인 면(面), 의지적(意志的)인 면(面)에서 나타냄으로써, 사람의 사고의 정신은 신비적인 것, 혼돈한 것에서 시작하여 주관적인 것, 개인적인 것을 거쳐서 객관적인 것, 사회적인 것에까지 이르렀다. 여기에서 그들이 발견한 것은 코스모스는 태초에서부터 다만 혼돈한 것이 아니고 질서 있으며, 절제 있으며, 규칙 있는 것이라고 하는 것이었다. 그와 같이 오랫동안의 정신적 발달을 거쳐서 신비의 세계에서 벗어나 학문의 세계의 새 경지에까지 이른 것은 이오니아학파에서 시작되는 희랍 철학이었다. 다시 말하면, 서양의 세계에 있어서 뮤토스에서 로고스로 발전시킨 최초의 민족이 희랍 사람이었으며, 그런 의미에서 희랍 철학은 서양 사상의 근간인 동시에, 역사상 영원한 빛을 가지고 있다. 그 철학자들은 코스모스를 학문의 입장에서, 뮤토스인 것으로서가 아니고 로고스적인 것으로 전체적인 통일체로서 파악한 최초의 개척자들이었다.

2. 탈레스 이후의 인간관

탈레스에 의하면 뮤토스에서 로고스로의 비약에서 시작된 희랍 철학은 대체로 소피스트 시대에 이르기까지는 자연 철학으로서, 그들 자연 철학자는 주로 자연적 존재에 대하여 논하였으며, 그들의 저작은 자연에 관한 논의가 가장 많았다. 물론 자연 철학자 중에는 사람에 대한 문제를 논하기도 하였으나, 대체로 육체적인 것으로서만 대상이 된 동시에 그 존재성(存在性)의 가장 근본적(根本的)인 것은 자연으로서의 물질이었다. 자연 철학자의 최후라고 하는 데모크리토스는 사람의 세계를 대우주에 대하여 소우주라고 하는 동시에, 어디까지든지 원자론적(原子論的)으로 생각하였다.

사람은 원자로서 성립되어 있는 만큼, 그 자체만의 자연적인 쾌락을 추구하고 고통을 피하려고 하는 쾌락적인 욕망의 지배를 받는 것은 당연한 일이다. 그러나 도덕의 원리는 자연적인 쾌락에 있는 것이 아니고, 육체적·정신적 조화로서의 선에 있는 것만큼, 쾌락의 무한한 추구성을 넘어선 자립 자족의 세계야 말로 선의 세계인 것이다. 그런데, 그는 많이 배우는 것보다도 많이 생각하여야 한다. 사람의 행복은 체력과 금전에 있는 것이 아니고 올바른 지혜(智慧)와 깊은 사려(思慮)에 있다. 통찰 없는 명예와 부는 완전치 못한 재산이다 등등의 말을 남긴 것으로 보아서는 사람의 세계는 다만 자연적인 것으로서 존재하는 동시에, 그 자신을 표현하며 그 자신에 대하여 반성(反省)하는 것으로서 존재할 수 있다고도 하였던 것이다. 그런 의미에서 데모크리토스는 자연 철학의 완성자인 동시에, 소피스트 이후 소크라테스에 이르기까지의 인간학에 대한 개척자라고도 할 수 있다. 그런데, 소피스트에 있어서는 자연의 세계인 퓨시스에서 인간의 세계인 코스모스 그리고 노모스로 전진하였으나, 그것은 양립에 그치었으며, 따라서 그들의 양론법(兩論法), 즉 변증론(辨證論)은 사람의 문제를 올바르게 해결할 수가 없었기 때문에, 그것은 소크라테스에 이르러서 비로소 인간 존재의 가치 인식의 올바른 기반을 갖게 되었다. 그것은 소크라테스의 「너 자신을 알아라!」하는 외침에서 시작되었다.

3. 르네상스의 인간관

13~14세기에 이르러서는 이중 진리(二重眞理)에 의한 지상의 세계가 점점 관심의 대상이 됨에 따라서 자연의 문제를 철학이 담당하였을 뿐만 아니라, 철학은 신학(神學)에서 독립하게 되자 새 시대의 기운은 착착 익어 갔다. 그러기 때문에, 교회의 권위뿐만 아니라, 모든 중세적(中世的) 권위와는 손을 떼고 고대에 있어서와 같은 사람 중심의 사상을 고취하는 개인과 서클이 많이 생겼으며, 따라서 고대의 인문주의적(人文主義的) 연구(硏究)는 대단히 왕성(旺盛)하였다. 그런데 이와 같이 그 이상을 고대의 인문주의적 희랍 사회에 두면서 중세와는 다른 새로운 근대적 개혁을 하는 데 있어서는 물론 고대와의 사상적 연결도 필요하였으나 그러나 무엇보다도 새로운 상업적·정치적 발달과 함께 자연 경제에 대한 화폐의 발달 등 중세적 봉건 사회(封建社會)와는 다른 자유 도시(自由都市)가 성립됨으로써 구질서의 급속한 전반적인 해체가 요구되었다. 이러한 새로운 운동이 일어난 중심지는 이태리였다. 이태리 사람들은 일찍이 인문주의적 자유의 분위기 속에 있어서의 독립적 인격의 성숙과 함께 정치·문학·예술에 있어서 르네상스적인 특성을 나타내는 동시에 지리적 발견에 의하여 시장과 교통이 확대되었을 뿐만 아니라, 인쇄술의 발달은 더욱 그것을 촉진시켰던 것이다. 중세적 초현실적(超現實的) 사상은 점점 뒤로 물러가고 직접 생활과 관련성이 큰 현실 세계에 대한 관심이 커짐에 따라서 영혼이 있다고 하던 자연과 함께 사람의 고민이나 기쁨 등이 그 문제의 대상이 되었으며, 그 모든 것이 새로운 발견이었다. 특히, 사람 자체가 생물학적 연구의 대상이 될 뿐만 아니라 역사적 기술이나 시적·미술적 표현의 중요한 소재가 되었으며 여기에서 세속적인 것이 시대와 생의 기쁨의 시

대에 따라서 사람을 신성시하는 인문주의의 시대가 새로운 시대로서
약동하였다. 이와 같이 르네상스 시대를 통하여 이루어진 사람 중심의
인문주의적 사상은 근대적 자유사상의 근간을 이루었다. 그런데, 인문
주의의 운동을 통하여 이루어진 사람 중심의 사상은 사람을 주로 개인
으로서만 문제 삼았으며, 더욱이 사회적·과학적 연구가 불충실하였기
때문에 영혼의 문제, 이성의 문제, 국가 생활에 대한 문제 등 새로운
근대적 생활에 대한 문제는 여러 가지 방면으로 논의되며 연구되기는
하였으나, 구사상과의 대결 및 구제도 문화와의 결정적인 싸움에 있어
서는 다만 인문주의적 사상적 발달만으로서는 오히려 많은 장애가 되
었다. 물론, 한편에 있어서는 적극적으로 근대적인 정치적·경제적·
사회적 개혁이 촉진되었으나, 그러나 다른 한편에 있어서는 항상 종교
문제와의 논쟁에 부딪쳤다. 이때에 중세와의 단절에 있어서 가장 결정
적으로 확고하게 이루어진 것은 자연 과학의 영역(領域)이었으며, 또
그것은 결국에 있어서 그 이후의 모든 영역에 있어서의 중세적인 것에
서의 단절(斷絶)을 적극적으로 촉진시킨 중요한 요인이었다. 17세기
이후의 자연 과학적 발달, 특히 수학적 자연 과학의 발달에 의하여 자
연에 대한 인과적 인식(因果的認識)의 기반이 확립되었을 뿐만 아니라,
엄정한 과학적 사고는 교회의 구속에서 벗어나서 새로운 자유스러운
탐구를 할 수 있었다.

다빈치, 코페르니쿠스, 케플러 등의 과학적 연구의 업적을 통하여
근세 자연 과학의 학문적 기초는 갈릴레이에 이르러서 그 과학적 방법
의 기반은 확립되었다. 이와 같은 과학적 연구에 의하여 운동의 법칙
을 발견하게 되자 이제는 자연의 운동은 신의 의지에 의한 창조가 아
니고 그 자신의 운동인 동시에, 그것의 인식은 신의 계시(啓示)에 의
한 것이 아니고 사람의 지적 발견이며, 그 능력은 사람의 오성(悟性)

인 것이다. 여기에서 자연에 대한 모든 지식의 원천(源泉)은 사람 자신에 있으며, 그 자연 과학적 방법의 발견도 사람의 특수한 정신적 위대성에 있음이 확인되게 되자 여기에서 사람의 정신적 우월성이 구현되었다. 즉, 진리는 오성에 의하여 증명되게 되었다.

이와 같은 과학적 인식의 확립에 의하여 더욱이 지식은 감관적 경험(感觀的經驗)에 의한 사실에 대한 지식에서 한걸음 더 나아가서 법칙이 오성에 의하여 확립되게 되었다. 오성은 지각 이상으로 경험을 통제하며, 현상의 실재성의 확립에 기여하며, 현상의 오류를 발견하기까지에 이르렀으며, 코페르니쿠스의 지동설(地動說)은 그 대표적인 것으로서 자연의 인식에 있어서는 오성이 신의 의지를 대신하게 되었다.

4. 과학적 근세 인간관

사람이 신을 대신 할 수 있으며, 따라서 사람도 신성(神性)을 가지고 있다고 함으로써 사람의 가치의 절대성을 강조한 것은 갈릴레이 이전에 벌써 부르노의 사상에도 나타났던 것이다. 부르노는 텔레시오가 감각적 경험론에 그친데 대하여 반대하고, 이성에 의하여 사람은 감각할수 없는 형이상학적(形以上學的)인 것에 대한 파악도 가능하다고 함으로써 이성에 의한 사람의 신성을 강조하였다. 여기에 있어서는 모든 사람은 오성이나 이성의 발달에 의하여 사람의 특유한 가치를 가질 수 있다고 하였다. 이와 같이 사람은 이제 세계와 환경에 대한 법칙을 탐구함으로써 지상 세계의 주인공으로서 진리에 대한 탐구의 권리가 사람에게 있었으며, 따라서 사람은 순응하는 것이 아니고, 지적인 발달에 의하여 적극적으로 극복하려고 하는 데까지 이르렀다. 이와 같은 사람

에 의한 세계의 변혁은 따라서 학문의 혁신에 있다고 함으로써 새로운
사람의 대개혁 사업으로서 사고의 새 길을 터놓은 사람은 베이콘이었
다. 베이콘은 사람 정신의 근본 능력을 기억, 상상 이외에 오성이 있다
고 함으로써 오성에 의한 인성론을 전개시키었다. 그런데, 이와 같은
외계에 대한 경험적·과학적 연구는 사람의 지각과 오성에 의한 외계
의 인식에 있어서 인간 정신에 대하여 그 확고한 체계를 확립한 것은
근세 이성론의 시조로서 데카르트였다.

XV. 종교적 인간관

1. 초기 기독교의 인간관

고대 서양 철학은 신화에서 벗어나면서 로고스에 의하여 사람의 문제를 전개시킨 데 대하여, 중세의 철학은 주로 기독교적 기반, 더욱이 적 교리 위에 입각하였기 때문에 중세의 인간관은 기독교적 인간관이 그 기반이 되었으며, 오랫동안 유럽의 사상을 지배하였다. 헬레니즘 시대 이후 교부(敎父)들은 아직도 신화의 세계를 지배하고 있는 인간의 가치를 절대시하는 인문주의적(人文主義的) 희랍 철학을 극복하기 위하여서는 희랍 철학의 연구와 함께 희랍적인 사고와 그 방식에 의한 기독교 신앙의 학문적 체계를 세우는 데 전력을 다하였는데, 그 완성자는 아우구스티누스였다. 여기에서 기독교적 신앙은 지식(知識)의 인식(認

識)이라고 하는 그노오시스에 의한 기독교의 정신화의 단계를 거쳐서
아우구스티누스에 이르러서는 신앙과 지식은 혼합되었다. 아우구스티
누스는 소크라테스와 같이 사람의 내적 생활을 중요시함으로써 「나는
신과 영혼을 인식하려고 하는 일 이외의 것은 아무것도 바라지 아니한
다. 밖으로 향하지 말고 너 자신 속으로 돌아가라. 내면적이야말로 진
리의 거처」라고 하였다. 사람은 더욱이 진리를 알려고 하는 의지를 가
지고 있으며, 자기 자신이 진리의 기준을 구하는 것 자체가 사람은 감
관적 지각 이외에 사고, 또는 이성이라고 하는 진리를 직관하는 고차적
인 정신적 능력을 가지고 있기 때문이라고 함으로써 아우구스티누스는
사람의 내적 성질의 고귀한 것을 인정하였다. 그러나 아우구스티누스
는 희랍적 사상에서 벗어나서 그 자신으로 확실하며 영원한 진리, 즉
이데아는 신에 있어서만 가능하다고 하는 동시에 신은 사람의 사고에
의하여서는 완전히 파악할 수 없다고 하였다. 신은 만물의 근원이며,
최고의 실재로서 최고의 선이며, 최고의 미며, 최고의 사랑이라고 하였
다. 최고의 진리에 대하여서는 사람의 정신은 신의 은총에 의하여서만
인식된다고 하였다. 그런데, 아우구스티누스는 여기에서 최고의 진리
가 파악되는 것은 사람의 의지에 의하여 가능하다고 함으로써 그런 의
미에 있어서는 사람의 핵심은 의지라고 하였으나 그것은 아우구스티누
스에 있어서는 「우선 믿어라 그러면 인식할 수 있을 것이다」라는 것을
의미하였다. 그러기 때문에, 여기에는 의지의 자유가 있는 것은 아니
고, 사람을 영원한 파멸(破滅)에서 구제(救濟)할 수 있는 것은 다만
신의 은총에 의하여서만 가능할 뿐이다. 여기에 따라서 세계사의 발전
도 아우구스티누스에 있어서는 신의 의지에 의하여 결정될 뿐이요, 사
람이 자력으로서 여기에 간섭할 수는 없다고 하였다. 이 세계에는 천국
과 지상 국가(地上國家), 신의 국가와 악마의 국가가 대립하고 있는데,

지상의 국가는 죄의 소산(所産)으로서 다만 지상에 있어서의 이기적인 목적을 추구하며 그 자체가 목적이 될 수는 없다. 인류의 발전은 다만 신의 계획에 의하여 이루어질 뿐이다. 다만 현세(現世)의 생활은 잠정적이나 도덕적 행동은 필요하며, 그것은 내적인 마음씨에서 이루어져야 한다고 하였다. 그러나 스콜라 철학의 전성기에 있어서는, 예를 들면 토마스는 사람의 의지를 무시하고 진리는 미리 정하여져 있다고 하였다. 그럼에도 불구하고 프란체스코파의 반항과 함께 13세기 후반에는 스코투스, 옥캄, 토마스의 등의 절대주의적 신관(絕對主義的神觀)에 반대하고 의지와 인격의 우위를 주장하는 사람들이 배출되어 이중 진리(二重眞理)에까지 이르렀다. 스코투스는 의지의 우위를 주장할 뿐만 아니라 의지를 영혼의 근본이라고 하였다. 사람의 의지와 자유의 자립성(自立性)은 대단히 크기 때문에 신의 은총도 자유 의지에 대하여서는 다만 보호할 뿐이요, 강제할 수는 없다고 함으로써 사람의 자유와 책임에 대하여 적극적으로 옹호하였다. 이와 같은 중세의 신(神) 중심 사상은 독일(獨逸)에 있어서의 신비주의(神秘主義)의 발달과 함께 르네상스에 의한 근대적인 인간 중심의 인문주의 사상(人文主義思想)으로 발전하였다.

2. 후기 기독교의 인간관

기독교의 인간관은 크게 4가지로 구분 지어 볼 수 있다.

첫째, 인간은 하느님의 모습대로 만들어졌다는 것이다. 즉, 인간은 하느님의 피조물(被造物)이라는 사실이다. 그래서 창세기(創世記)에는 마침 땅에 물이 솟아 온 땅을 적시자 하느님께서 진흙으로 빚어 만드시고 코에 입김을 불어넣으시니 사람 되어 숨쉬었다(2 : 6-7)라든가 하느님께서는 당신의 모습대로 사람을 지어내셨다(1 : 26-27)고 한 것은 인내천 사상(人川天思想)과도 유사한 맥을 같이 하고 있다. 특히, 흙의 인간들은 흙으로 된 사람과 같고, 하늘의 인간들은 하늘에 속한 그분과 같이 형상을 지니게 되었다(고 15 : 47-49)고 한 것은 또 하나의 주목거리이다.

둘째, 인간을 타락의 존재로 보고 그 구원의 여백(餘白)의 가능성을 제시한 것이다. 하느님이 인간에게 물은 최초의 질문은 네가 무엇을 했느냐 하는 인간의 행위를 물은 것이 아니다. 너 어디에 있느냐(창 3-9)라는 인간 실존의 위치를 물었다는 점이다. 이는 바로 하느님이 인간에게 희망의 길과 절망의 길을 동시에 제시하였으며, 또한 영생(永生)과 사망을 공존케 하는 선택의 과제가 되고 있다. 이 과제 중에서 약속의 과제가 가장 중요한 것이 된다. 창세기에서는 야훼 하느님께서 아담을 데려다가 에덴에 있는 동산을 돌보면서 이르기를 "이 동산에 있는 나무 열매는 무엇이든지 마음대로 따먹어라. 그러나 선과 악을 알게 하는 나무 열매만은 따먹지 말아라. 그것을 따먹는 날 너는 반드시 죽는다(창 2 : 15-17)고 하였다. 그러나 그리스도는 하느님과 인간과의 관계 개선의 여지를 동시에 마련하여 놓고 있다. 즉, 죄는 세상에 군림하여 죽음을 가져다주었지만 은총은 군림하여 우리 주 예수 그리스도로 말미암아 모든 사람을 하느님과 올바른 관계에 있게 하고, 영원한 생명에 이르게 됨을(로 5 : 21) 약속하고 있다. 또한 이 관계 개선에서 더욱 나아가 보다 실현 가능성을 약속하기에 이른다. 예수 그리스도는 안에는 진리가 있을 따름인데, 여러분들이 그의 가르침을 그대로 듣고 배웠다면 옛 생활을 청산하고, 정욕에 말려들어 썩어져 가는 낡은 인간성을 벗어 버리고, 마음과 생각이 새롭게 되어 하느님의 형상(形

像)대로 창조된 새 사람으로 갈아입어야(에 4 : 21-24) 한다고 하면서
보다 구체적인 행동 지침을 내리고 있다. 당신네들은 거짓말로 서로 속이
지 마십시오. 여러분은 옛 생활을 청산하여 낡은 인간을 벗어버렸고 새
인간으로 갈아입었기 때문에 새 인간을 자기 창조주의 형상을 따라 끊임
없이 새로워지면서 참된 지식을 가지게 된다(골 3 : 9-11)고 하였다.

셋째, 기독교의 인간관은 구원(救援)의 가능성을 믿고 생활한다는
것이다. 어찌 보면 기독교는 구원의 종교인지도 모른다. 여기에서의 구
원(救援)은 구원(久遠)일지도 모르지만 그러나 인간의 마지막 구원(救
園: 구하고자 하는 낙원)이다.

오늘날 기독교는 이 구원의 대상을 인간의 영혼과 하느님의 나라에
비중을 두는 보수 세력과, 육신과 지상에다 보다 강조점을 두는 진보
세력 사이에는 항상 논쟁이 일고 있다. 어떻든 간에 기독교는 인간에게
희망과 용기와 가능성을 약속하여 주는 인간관을 가지고 있다. 로마서
에 보면 그리스도께서 아버지의 영광스러운 능력으로 죽은 자들 가운
데서 다시 살아나신 것처럼 우리도 새 생명을 얻어 살아가게 될 것이
다. 예전의 우리는 그분과 함께 십자가에 못 박혀서 죄에 물든 육체는
죽어 버리고 이제는 죄의 종살이에서 벗어나게 되었다는 것을 우리는
알고 있습니다. 이미 죽은 사람은 죄에서 해방된 것이다(로 6 : 4-6).
또한 누구든지 그리스도를 믿으면 새사람이 됩니다. 낡은 것은 사라지
고 새것이 나타났습니다. 이것은 모두 다 하느님께로부터 왔다(고 6 :
16-18)고 기록하고 있는 것은 특이한 인간관이라 아니할 수 없다.

넷째, 인간관은 「관계적 존재(關係的 存在)」의 설정이다. 기독교는
인간을 고립된 인간으로 이해하지 않고 하나의 관계로서 이해하는 것
이 특징으로 되어 있다. 다시 말해서, 관계라는 공동체(共同體) 속에서
태어나고 살고 또 죽기 때문에 공동체의 신비가 있게 된다. 그래서 본

래 히브리말의 「아담」은 고유 명사가 아니라 집합 명사(集合名詞)로서
「사람」을 뜻한다고 하였다. 따라서 사람은 동물의 진화물이거나 후손
이 아니라 하나님의 피조물이라는 것이다. 이러한 공동체적 성격을 지
니고 있는 피조된 인간은 끊임없이 성장을 하는 존재로서 도리어 우리
는 사랑 가운데서 진리대로 살면서 여러 면에서 자라나, 머리이신 그리
스도와 한 몸이 되어야 하며, 우리의 몸은 각 부분이 자기 구실을 다함
으로써 각 마디로 서로 연결되고 얽혀서 영양분을 받아 자라난다. 그
리고 그리스도를 머리로 하는 교회도 이와 같이 하여 사랑으로 자체
를 완성해 나간다고 하였다(에 4 : 15-16). 또한 악마와 싸우는 공
동체로서 다음과 같이 쓰고 있다. 「여러분은 주님과 함께 살면서 그
분에게서 강한 힘을 받아 굳세게 되십시오. 속임수를 쓰는 악마에 대
항할 수 있도록 하느님께서 주시는 무기로 완전 무장을 하십시오. 우리
가 대항하여 싸워야 할 원수들은 인간이 아니라 권세와 세력의 악신
(惡神)들과 암흑세계의 지배자들과 하늘의 악령(惡靈)들 입니다. 그러
므로 지금 하느님의 무기로 완전 무장을 하십시오. 그래야 악한 무기가
공격해 올 때에 그들을 대항하여 원수를 완전히 무찌르고 승리를 거둘
수 있을 것입니다. 그러므로 굳건히 서서 진리로 허리를 동이고, 정의
로 가슴에 무장을 하고, 발에는 평화의 복음(福音)을 갖추어 신고, 손
에는 언제나 믿음의 방패를 잡고 있어야 합니다(에 6 : 10-17)」라고
적고 있다.

3. 불교의 인간관

인도의 사상은 일찍이 종교적 세계관과 밀접한 관계가 있었기 때문

에 철학적 사상도 그 범위를 넘지 못한 것이 특히 초기에 있어서의 특징인 동시에 그것이 또 그 이후 인도 사상을 오랫동안 지배한 것을 볼 때에는 인도 사상에는 서양 사상에 있어서와 같은 근대적인 발달의 변동이 거의 없었다고 하여도 과언이 아닐 것이다. 그런 의미에서 「인도에는 역사가 없다」고도 한다. 그럼에도 불구하고 인도에서도 철학 사상이 대두되었다고 하면 그것은 서양에 있어서와 같이 종교적 세계관의 지배에서 벗어나려고 한 데에서 찾아볼 수 있을 것이다. 그것은 대체로 서사시(事詩)시대의 말기인 세기 전 7세기에 종교적이며 신화적인 모든 개념에서 벗어나려고 한 노력, 즉 새로운 세계관의 성립(成立)에서 볼 수 있었다. 이와 같은 사상은 「우파니샤드」에서도 발견할 수 있다. 자유스러운 연구의 권리를 주장함으로써 그들의 새 지식은 전통적 권력의 힘을 약화시키었으며, 진리의 사람에 의한 파악을 촉진시키었다. 여기에서 회의(懷疑)는 위험한 것이 아니었으며, 직관은 탐구로 변하였으며, 종교는 철학에 그 권리를 양보하지 아니하면 안 되게 되었다. 여기에 있어서는 우주에 대한 자유스러운 연구는 신에 의한 것이 아니고 사람에 의한 것으로서 인간의 권리에 대한 사상은 뚜렷하게 출발하였다. 그러나 불교가 파생하고 육파 철학의 대립 이후에 있어서는 철학의 종교화 경향이 점점 강하였다. 물론, 개별적인 철학 사상에는 여러 가지 경향이 있었으나 대체로 인도철학(印度哲學)에 있어서의 특징은 종교적인 동시에 해탈(解脫)의 사상이었다. 사람의 최종의 목적은 생전과 사후에 있어서의 영원한 행복(幸福)을 찾는 것이며, 이것이 곧 「해탈」이었다. 여기에 있어서는 사람이 현실적 관심과 현세적 발달에서 벗어나며, 따라서 과학적 발달에는 무관심하고 객관적 진리의 인식을 목적으로 하지 아니하는 극히 소극적(消極的)인 생활 태도였다. 현실에서 도피하며, 생산에서 격리되며, 학문을 무시하고 다만 상상적

직관(想像的 直觀) 속에서 현심의 고뇌에서 벗어나기 위하여 영원의
관념 속에서 영생을 얻으려고 하는 지극히 추상적(追想的)인 것을 최
고의 목적으로 삼았다. 이것은 곧 「세계와 생활의 부정」이었으며, 그
사상의 특징은 염세적(厭世的)이었다. 그들은 현실에 대하여 체념하고
내적 생활 속으로 침잠(沈潛)하며, 정신과 심정의 자기안위(自己安慰)
속에서 만족과 행복을 구하였다. 그러기 때문에, 여기에서는 사람의 정
신의 참다운 발달과 자유정신의 발현을 부정하였다. 그들의 생활은 염
세관과 해탈의 사상에 의하여 비활동적(非活動的)이며, 극히 소극적인
식물적 생활 위에서 역사와 문화의 창조에서는 이탈하였다. 그들은 서
양 사상에 있어서와 같이 사람의 현실적 연구에 의하여 자유를 추구하
는 합리주의적 노력에까지는 이르지 못하였던 것이다. 그런 의미에서
인도 철학은 다만 관상적(觀相的)이며 망상적(妄想的)인 오도지견(悟
道之見)의 종교적 사상에 그치었던 것이다. 인도에 있어서 세기 전(世
紀前) 4세기에 철학의 노골적인 종교화 경향이 농후하자 새로운 종교
로서 불교(佛敎)를 성립시키었던 것이다. 이 원시 불교(原始佛敎)에
있어서의 사상적 특징은 자기 침체적인 해탈의 사상 이외에 「토템」 숭
배, 「애니미즘」 사상, 조상 숭배 사상, 자연 숭배의 신앙 또는 신비적
(神秘的)이며, 환상적(幻想的)이며, 신화적인 개념이 혼합되어 있었다.
여기에 있어서는 고뇌의 인생 생활에 떨면서도 죽음 앞에서는 사람은
무력하며 불행하다고 생각하는 사상이다. 따라서 인생은 「고뇌」라고
하는 사상과 함께 무상의 사상이 지배하였다. 여기에서 고뇌의 생존에
서 벗어나는 길은 「해탈(解脫)」과 「열반(涅槃)」이었다. 그들은 「제행
무상(諸行無常)」「제법무아(諸法無我)」「일체개고(一切皆苦)」를 근
본적 입장으로 함으로써 모든 생존은 찰나적으로 생멸 변천(生滅變遷)
하는 것으로 간주한다. 나(我)라는 주체는 여기에 있어서는 부정되고,

철저한 무아(無我)만이 진아(眞我)를 발견하는 길이라고 한 것은 소극
주의이며 체념주의로서 무아(無我)의 원리를 확대 해석하므로 실아(實
我)를 잃어버리는 결과를 가져왔다. 그 결과 인도 사상은 극히 현실 도
피적(現實逃避的)이며, 그것은 객관적 세계까지도 부정함으로써 그들
은 현실에 있어서는 아무 문제도 가지지 못하였다. 불교는 소승 불교와
대승 불교로 나뉘었는데, 소승 불교가 아(我)를 공(空)이라고 하는데
대하여 대승 불교는 아(我)와 법(法)을 모두 공(空)이라고 한다. 즉,
일체개공(一切皆空)의 사상으로서 사람은 전체라고 하는 깊은 심연 속
에 침몰되고 만다. 그것이 오도몰입(悟道沒入)이었다. 여기에서 불교
에 있어서는 사람은 인격적인 신에 귀의(歸依)하는 것도 아니고, 다만
해탈에 의한 오도의 길을 구하는 것이며, 과학적 발달이나 사회 개조에
의한 자유의 길을 구하거나 적극적인 발견에 의한 역사적·사회적 발
달의 길을 제시하지 못하고 현실과 너무나 동떨어짐으로써 전체 속에
융합된 신비적인 명상에 잠기게 되었다.

4. 유교(儒敎)의 인간관

유교라기보다는 오히려 유학(儒學)의 입장에서 공자(孔子)가 이해하
고 있는 인간관에 대해서 구체적 삶이라는 공간 속에서 인간을 어떻게
이해하려고 노력하였는지를 살펴보고자 한다. 그가 인간을 이해하는
입장은 지극히 인간주의적(人間主義的)이라고 생각한다. 인간 개념의
정립을 위하여 어떠한 매개개념도 필요로 하지 않는 순수한 입장에서
공자(孔子)의 인간에 대한 몇 가지 입장을 살펴보고자 한다.

첫째로, 공자는 형이상학적(形以上學的)으로 인간을 파악하지는 않

왔다. 즉, 형이상학적 세계보다는 현실 세계에 더 관심이 많았기 때문
이다. 따라서 형이상학적 개념에 의한 인간의 해석 또는 규정은 인간
존재의 현실적인 의미를 배제하여 버리기 때문이다. 「논어(論語)」를
통하여 전반적으로 이해할 수 있는 사상적인 특징은 현실 문제, 특히
사회의 무질서, 도(道)의 부재(不在), 강한 자의 약한 자에 대한 억압
등에 대한 문제들을 해결하기 위한 실질적인 해결 방법의 계시이다. 공
자가 인간 존재에 관심을 표명하는 것은 이러한 모든 문제들이 인간 행
위(人間行爲) 그 자체에서 비롯된다고 보고서 그 해결을 인간의 행위
구조(行爲構造) 속에서 찾고자 하였다.

둘째로, 인간은 상호간 서로 평등하다는 관점에서 인간을 이해하고
있다. 이러한 평등성은 인간의 사유에 의해서 추론된 결과이며, 이것은
사회에서의 보편적 규범을 제공하는 근거가 되고 있다. 즉, 인(仁)은
두 사람 사이에서의 사회적 관계를 뜻한다. 이러한 관계는 서로 간에
있어서 평등성이 성립될 때만이 참된 의미를 지닌다.

셋째로, 인간성은 고정된 것이 아니라 가변적(可變的)인 것으로 보
고 있다. 공자는 인간성을 착하다거나 악하다거나 하는 이론으로 규정
하지 않았다. 이러한 의도는 수기(修己)의 타당한 근거를 제공하게 된
다. 즉, 모든 사람은 꾸준한 실천을 통하여 인간의 참된 본성에 도달할
수 있는 가능성을 지니고 있다고 본다. 따라서 이러한 관점에서는 인간
의 선악을 논의하는 것은 특별한 의미를 지니지 못한다. 여기서는 우리
가 공자의 성선설(性善說)이나 성악설(性惡說)에 근거를 두는 이론보
다는 실성(實性)을 중요시 한 면을 다시금 알 수 있다.

넷째로, 공자는 인간이 가지고 있는 가장 큰 특징으로 사유(思惟)와
행위(行爲)를 들고 있다. 이러한 특징들을 이해하기 위해서는 우선, 우
리는 먼저 공자가 생각하는 행위가 무엇인가를 알 필요가 있다. 논어에

서는 이러한 실천적인 의미의 행위를 포괄하는 개념으로 다음과 같이 학(學)의 실천에서 표현하였다.

젊은 사람은 집에 들어와서는 부모에게 효도하고, 밖에 나가서는 어른을 공경 (恭敬) 하고, 모든 일에 삼가하여 신용이 있게 하고, 널리 대중을 사랑하되 특히 어진이와 친할 것이니 이를 실행하되, 남는 시간이 있거든 학문(學文)에 힘을 쓰라(학이(學而)편 6).

또 자하(子夏)이르되, 어진이를 높여 미색(美色)보다 중히 여기며, 부모를 섬기되 있는 힘을 다하며, 임금을 섬기되 몸을 바치며, 친구와 사귀되 말에 믿음이 있으면 그가 비록 배우지 않았다 할지라도 나는 반드시 그를 배웠다고 하리라(학이편 7).

그 다음으로 군자(君子)는 음식을 배부르게 먹기를 요구하지 않으며, 거처(居處)는 편안하기를 요구하지 않으며, 일은 재빠르게 하고, 말은 삼가하며, 도(道)있는 이에게 나아가서 자기를 수정(修正)해 가면 그야말로 학(學)을 좋아한다 할 것이다(학이편 14). 특히, 논어에서 공자의 사유가 가지는 특징으로서 순수한 지적 탐구(知的深究)로서의 인식은 발달하지 못하였다. 순수한 인식론적 입장은 찾아볼 수 없고 다만 도의 인식이 불가능함을 탄식한 내용이 있을 뿐이며, 도덕적 판단의 주체로서 사유가 있다고 하겠다. 공자는 성악설이나 성선설을 주장하지 아니 하였는데, 그 주된 이유는 실생활에서 사람은 두 가지 측면을 모두 가지고 있기 때문이다. 왜, 밖으로 드러나는 행위에는 이러한 선악의 갈림이 생기며, 그 원인은 어디에 있는가? 이러한 물음에 대해서 공자는 행위와 밀접한 관계에 있는 사유 속에서 해답을 찾으려고 시도하였다. 사유하는 능력으로서의 이성(理性)에서 공자의 윤리학은 성립된다고 보아야 하겠다.

마지막으로, 공자의 인간관에 있어서 인간 본성과 인(仁)과의 관계를 살펴보고자 한다. 인이란 개념은 공자 이전의 저술이라고 할 수 있는 역(易)이나 서(書)에서는 발견되지 않고 다만 시경(詩經)에서는 간헐적으로 발견되는데, 그것은 다만 인정(人情)의 아름다운 성질을 자칭하는 이름이다. 논어 속에서는 인의 본질에 대한 설명은 전혀 거론되어 있지 않다. 공자는 인은 개념적인 정의가 불가능하며 다만 수행적(修行的)으로 그 의미가 나타난다고 생각하여 인을 묻는 제자들에게 다양하게 대답하는데, 그중에서도 서로 모순되게 답하는 경우도 있다. 논어 가운데서 인에 관한 서술 가운데서 중요한 몇 가지를 선택하여 고찰해 보면 다음과 같다.

첫째, 인(仁)한 사람은 자기가 서고자 하면 남을 세우고, 자기가 통달코자 하면 남을 통달케 하는 것이니, 가까운 데서 터득하여 미루어 가는 것을 인에 이르는 방법이라 하는 것이다 (옹야(雍也) 편 30).

둘째, 내가 하기 싫은 일은 남에게 시키지 말지니, 논어에서 인을 말할 때에는 반드시 나와 다른 사람을 평등하게 대우하는 평등성을 강조하고 있다. 이러한 사상은 모든 사람에게 적용될 수 있는 인간애를 바탕으로 하고 있고, 이것은 인의 한 표현이라고 하겠다.

셋째, 공자의 제자인 안연(顔淵)이 인(仁)의 뜻을 물었더니 공자의 대답으로써 자기의 사욕를 이겨 예(禮)에 돌아가는 것이 곧 인이라고 하였다.

이상에서 살펴본 바와 같이 공자의 인간관은 「예(禮)」와 떨어질 수 없다. 그래서 공자는 사람이 참된 본성을 가지지 못하면 예가 별 의미가 없는 것이라고 말하고 있다. 예는 자칫 형식(形式)으로 흐르기 쉽기 때문에 예가 가지는 정신으로서 인을 더 중요하게 생각하였다. 그래서 자하(子夏)와의 대화에서 공자는 그림 그리는 비유를 들어서 흰 바탕을 먼저 만든 후에 그림을 그리는 것이라고 하여 밖으로 드러나는 예보다는 내면적인 정신이 더 중요함을 강조하고 있다. 그리고 공자는 맹목적인 예의 준수보다는 차라리 예를 지키지 못하더라도 예가 가지는 정신을 간직하는 일이 더 소중한 것으로 생각하였다. 따라서 사회 규범인 예는 인간의 본성이 객관화한 것에 지나지 않는다고 하겠다. 사회적 관습 내지는 규범은 인간의 심성에 근원을 두고 있으며, 인간이 만든 모든 제도도 법규도 인간 존재를 위하여 생겨난 것이라고 하겠다. 자기 절제에 의한 예외의 일치를 시도하는 것은 곧 보편화된 인간성과 개인적 심성과의 일치를 의미한다고 하겠다.

XVI. 죽음을 통해 본 인간관

1. 죽음과 인간

인간이 동물과 다른 점은 죽음을 인식함으로써 죽음을 전제로 하거나 죽음을 동반하여 삶을 영위하는 데 있다. 개체의 생명을 맹목적으로 연장하려는 본능적 욕망과 함께 죽음의 불가피성을 인지하는 능력을 갖고 있다는 점이다. 다른 동물과 구별되는 인간의 특징이다.

사회적 동물로서의 인간인 동시에 문화 생산의 주체로서의 인간은 어쩔 수 없이 자기가 생존하고 있는 사회 환경과 문화 양식의 절대적인 영향을 받지 않을 수 없다. 그러나 같은 사회, 같은 문화권 속에서 사는 사람들이라 해도 그들의 의식 구조와 생활 습속(生活習俗) 또는 종교적인 배경에 따라 삶의 양상이 모두 획일적으로 같을 수 없는 것과 같이 죽음을 인식하는 방법이나 의식도 그와 마찬가지이다. 즉 죽음을 인식하고 죽음을 평가하는 가치 기준이 다르기 때문에 삶의 태도와 방법도 사람마다 다르다고 할 수 있다. 죽음에 있어서 동양과 서양이 다를 수 없다는 「생자필멸(生者必滅)」의 확실한 원칙이 있음에도 불구하고 인간의 삶을 평가하는 방법이 같지 않다는 것은 각자마다 또 지역마다 죽음을 인식하고 평가하는 방법이 다르기 때문이다.

이를테면 내세(來世)의 구원을 믿는 사람과 신의 존재를 부인하는 태도와 심본(心本)은 크게 다르다. 죽음을 인식하고 죽음에 임하는 태도가 다르다는 것은 사람이 삶을 살아가는 방법이 다르다는 것을 뜻한다. 다시 말해서 인간의 삶 속에는 죽음의 인식이 투영되어 있다. 인간은 죽음의 생각 속에서 삶을 지탱하고 있다. 그렇기 때문에 삶도 알지 못하는데 죽음(死後)을 어떻게 아느냐고 하는 반문은 잘못된 것이다. 생의 리듬이란 어쩌면 죽음을 잊어버리는 일과 죽음을 생각하는 일의 번갈음이기에 인간은 늘 죽음의 망각과 죽음의 의식을 교체하면서 살아간다.

죽음에 대한 의문과 죽음의 문제가 해결된다면 삶의 문제와 의문은 저절로 해결될 수 있다. 이 죽음의 문제를 해결하기 위한 개인적인 유형을 보면 죽음과 대결한 사람, 죽음을 예찬한 사람, 죽음을 경멸한 사람, 죽음을 저항 없이 받아들인 사람, 죽음에 도전한 사람, 사랑을 통해 죽음을 극복한 사람, 죽음의 신비에 승복한 사람, 죽음에 희열과 만족을 느낀 사람 등 다양한 입장을 취한다.

그뿐만 아니라 종교적인 죽음의 형상들은 더욱 복잡하다. 삶과 죽음을 순환성으로 보는가 하면, 이와 비슷하게 죽음을 끝없는 윤회의 연속으로 보기도 하고, 죽었다가 다시 살아서 돌아온다는 부활성 또는 재생성도 있다. 또 어떤 종교에서는 환생성 또는 회귀성으로도 보고 있다.

무사성(無死性)을 주장하는가 하면 죽지도 않고 허공중에 날아다닌다는 비상성(飛翔性)을 믿는 종교도 있다. 죽으면 모든 것이 끝나 버리는 것으로 보는 절단성(絶斷性)으로 보는 많은 사람들의 생각 속에는 그렇지 않을 거라는 막연한 영원성이 마음 한구석에 자리 잡고 있다.

이렇게 놓고 볼 때 죽음이 없었더라면 아마 종교는 없었을 것이며, 죽음의 방식이 없었더라면 교리는 생겨나지 않았을지도 모를 만큼 종교와 죽음과는 불가분의 관계를 맺고 있다.

「인생이란 무엇인가」에 대해 확실한 대답이 나오기 어렵듯이 「죽음이란 무엇인가」라는 질문에 대해서도 자신 있는 해답을 준 사람은 없다. 수없이 많은 철인들이 죽음의 문제에 봉착했고, 또 많은 예술가들이 죽음을 소재로 작품을 창출했지만 죽음의 본질은 아직도 베일 속에 가리어진 채 그 정체를 드러내지 않고 있다. 인간이 인간으로 존재하는 한 죽음의 본질을 파악할 수 없다고 해서 인간이 죽음 앞에 좌절할 수는 없다.

죽음을 이해하는 새로운 시각을 세울 수 있다는 가설을 전제로 하여 동·서의 죽음관을 추구할 수밖에 없는 한계에 직면하게 된다. 친구의 죽음을 앞에 놓고, 부모의 죽음을 앞에 놓고, 사랑하던 사람의 죽음을 앞에 놓고, 나는 과연 무엇을 생각할 수 있을까. 죽음에 대한 주체적 자각이 없이는 삶의 올바른 자기 정립이 어렵다.

서양의 죽음은 망혼을 가라앉히는 진혼(鎭魂)이라면 동양의 죽음은 망혼을 불러들이는 초혼(招魂)으로 크게 구분해 볼 수 있다. 본 논문에서는 서양의 진혼과 동양의 초혼이 어떻게 전개되는지를 살펴보고 이 두 죽음의 모습이 한데 어우러지는 혼들의 합주(合奏)를 들어본 후, 죽음은 단순한 한 개인의 문제가 아니라 사회 전체의 파괴와 해체 그리고 인간 문명의 사활과 어떻게 직결되고 있는지 살펴보고자 하는 데 그 본의를 두고자 한다.

2. 한국인의 죽음관

죽음이 삶 못지않게 우리에게 중대함은 개인의 생사관에 있어서나 문명 사관(史觀)에서나 결코 서로 따로 존재하는 현상이 아니라 서로 의존적인 현상이라는 데 있다. 죽음은 삶이 종식된 상태이고 삶은 죽음이 오지 않은 상태이다. 삶과 죽음은 결코 분리하여 생각할 수 없다. 그래서 죽음의 중대한 문제가 한국인의 심성·생활·문화·사상·종교속에 어떻게 자리하고 있는가를 살펴보면, 첫째 한국인의 죽음의 상태, 둘째 한국인의 영육관(靈肉觀), 셋째는 한국인의 현세와 내세관이다.

「사례편람(四禮便覽)」에 보면 「질병이어든 천거정침(遷居正寢) 하고 기절내곡(旣絶乃哭)이라」, 하였다. 여기서 절이라는 말은 죽었다는 뜻으로 숨이 끊어지는 것을 말하는데, 호흡이 멈춘 상태를 두고 한국의 풍습에서는 「죽었다」고 말하지 않았다.

사람의 호흡이 끊어지면 그 사람의 입던 옷을 가지고 앞 처마로 지붕 가운데 올라가서 왼손으로 목을 잡고 오른손으로는 허리를 잡아 북쪽을 바라보고 「모복(某復)」이라고 세 번 길게 부른다. 여기서 모란, 죽은 사람의 생시에 쓰던 이름을 말한다. 이런 연후에 옷을 가지고 앞으로 내려와 광주리에 담아서 시체 위에 덮는다.

이때 지붕 위에 올라가는 것은 혼이 위에 있기 때문이며, 죽은 사람의 이름을 부르는 것은 이 혼이 다시 몸에 합하도록 하는 것이다. 이렇게 해도 살아나지 않으면 그때에야 비로소 「죽음」으로 규정하였다. 우리의 옛 풍습에서는 육체에서 영혼이 떠나 버리면 정말 죽은 것이고, 그 영혼이 다시 그 육체 속으로 돌아오면 다시 살아난다는 생각을 하고 살아왔다. 이러한 죽음의 상태관(狀態觀)은 한국의 장제(葬制)·설화·전설·민담·민속 등을 통해서 알 수 있다.

한국인의 의식의 저변을 흐르고 있는 가장 핵심적인 무교(巫敎)에서의 죽음관은 언제나 원한관계로 파악되었다. 그리하여 죽은 자에게는 죽음의 살(煞)이 끼었다고 믿었다. 특히 질병으로 죽은 자에 대해서는 살풀이를 해서 망령(亡靈)을 저승으로 보냄으로써 후환이 없도록 하자는 것이 무교의 사령제(死靈祭)의 주된 목적이었다.

지금도 남부지방의 「씻김굿」과 중부지방의 「진오기굿」은 무교에서 행하는 사령굿의 대표적인 것으로 꼽히고 있다. 씻김굿이란 죽은 자의 살풀이를 해서 망령을 저승으로 보내려는 굿이며, 진오기굿은 같은 의미를 가진 종교 행사로서 죽은 지 석 달 이내의 굿을 말한다. 또한 일년이 넘은 후의 굿을 오구굿이라 하는데 이 굿은 서울 지방을 중심으로 행하여진 것으로 못 다산 억울함을 풀어줌으로써 죽음이 완성되어 저승으로 잘 갈 수 있게 하는 초혼형식(招魂形式)의 굿거리를 말한다.

이와 같이 한국인이 막연하게 생각하는 죽음의 의미는 원한, 업력(業力)의 부족, 죄의 대가 등과 같이 부정적인 데 비해서 무교에서의 죽음은 삶의 마지막 종착역이 아니라 또 하나의 새로운 삶의 창조를 의미하고 있다. 이는 마치 불교에서의 불타의 변증법적 파기법을 통하여 차원을 달리한 영원한 삶을 사는 것이라든가 기독교에서의 인간은 하나님에 의해서 영원한 소외로부터 구원을 받고 새로운 삶을 누리게 된다는 것과 맥을 같이하고 있다.

한국인의 영혼관(넋·혼·혼백·영(靈) 등)은 두 가지로 구분하고 있다. 하나는 사람이 죽은 후에 저승으로 가는 사령(死靈)이고, 다른 하나는 살아 있는 사람의 몸에 깃들여 있는 생령(生靈)이다. 사령은 다시 조령(祖靈)과 원령(冤靈)으로 나누어져 조령은 평안하고 순탄하게 살다가 죽은 후에 저승으로 들어가는 선한 영혼이며, 원령은 생전에 원한이 남아 저승으로 들어가지 못한 영혼으로 인간을 괴롭히는 악령이다.

이와 같이 무교에서는 영혼들을 평안히 모셔서 저승으로 잘 가게 하는 데 특색이 있다. 그렇게 하기 위한 방법으로 각종 제의(祭儀)가 행하여진다.

한국인의 영혼에 대한 모습과 성격 규정은 살아 있는 사람과 동일한 인격적 대우를 하였다. 그리고 그 모습도 인체와 동일한 모양을 갖추고 있다고 믿었다. 죽은 후에도 가능하면 육체가 썩지 않기를 바라는 것이라든가 분묘 속에 생전의 용기를 부장품으로 넣어 주는 것도 죽은 사람이 지하에서도 생전과 꼭 같은 생활을 한다고 믿는 마음에서 나오게 된 행위이다.

죽음을 「돌아가셨다」 하는 것도 이 세상에서 살다가 늙어 수명이 다하면 저 세상으로 「돌아가서 살게 된다」는 한국인의 생사관의 반영이다. 또 분묘를 유택(幽宅) 또는 음택(陰宅)이라고 하여 이 집에는 영혼과 육체가 함께 있는 곳으로 유해가 평안해야 자손들에까지 큰 행운이 미친다고 믿었으며, 유해가 편치 못하면 자손의 꿈에 나타나 자신의 유해를 편안하게 해 달라고 호소를 한다고 믿었다. 그리고 그대로 해 주면 꿈에도 나타나지 않고 별 탈이 없이 지내게 된다. 또한 꿈에 나타날 때는 생전의 모습 그대로이며 공중을 자유롭게 떠다니며 시간과 공간의 제약을 받지 않고 비상한다는 것이다.

한국인은 사람이 죽으면 영혼이 육체를 떠나서 어디에 머무른다고 생각했을까. 영혼이 거(居)하는 곳이 「반함(飯含)」이라고 우리 조상들의 민담에 전해 온다. 반함이라는 것은 쌀을 물에 불려서 사발에 담아 버드나무 숟가락으로 시체의 입을 벌리고 세 번 넣는 것을 말한다. 이때 쌀의 뜻은 저승 갈 때의 양식을 의미하며, 세 숟가락은 쌀 만석(萬石)을 뜻하며, 돈을 세 번 넣는 것도 저승까지의 노자(路資)를 의미한다.

그리고 염(殮)할 때에 시체를 다섯 혹은 일곱 매듭으로 묶고 그 매듭에 창호지로 고깔을 만들어 씌우는 뜻은 저승의 열두 대문을 들어갈 때 그 문지기에 씌워 주기 위함이다. 문지기의 저승사자들이 고깔 쓰기를 좋아하기 때문이다.

시신(屍身)은 땅에 묻어 놓고 혼은 집에 모셔 와 대상(大祥) 때까지 아침저녁으로 음식상을 차려 삭망(朔望)을 드렸다. 그런데 대상 후에는 영혼이 어디로 가는가. 산소인가 아니면 저승인가, 또 저승은 과연 어디인가. 만가(輓歌)에서 들려주는 내용을 보면

「북망산 멀다더니 문턱 밖이 북망일세 앞산도 참참하고 뒷산도 첩첩한데 혼령은 돌고 돌아 어디로 가는가 황천이 어디라고 그리 쉽게 가랴든가.」

(※ 여기의 북망산은 본래 중국의 서울이었던 낙양 북쪽의 산 이름이다. 그런데 한나라 이후 이 산을 묘지로 사용한 후부터 공동묘지의 뜻으로 바뀌었는데 이것이 나중에 다시 저승의 개념을 가지게 되었다).

우리의 민담에서 저승의 모습을 묘사한 것을 보면 염라대왕이 있고 험상궂게 생긴 사자들이 있으며 아흔 아홉 굽이의 골짜기와 동굴이 있다. 또한 점점 갈수록 험하여지고, 위치는 하늘 쪽이며, 업적에 따른 곳간이 있는 것으로 보아 이와 같은 저승관은 불교의 영향을 다소 받은 것 같다.

3. 중국인의 죽음관

「내세관(來世觀)이 없으면 종교도 없다」는 말과 같이 중국의 유교는

내세관을 갖고 있지 않기 때문에 죽음관도 확실하지 않다.

공자의 제자인 계로(季路)가 공자에게 「죽음이 무엇입니까(敢問死)」라고 물으니 공자가 대답하기를 「태어나는 것도 모르는데 어찌 죽음을 알리오(子曰 未知其生焉知死)」라고 하였다. 그러나 공자도 경천(敬天)의 신앙은 가지고 있었다. 다만 그가 말하는 천(天)이란 구체적으로 무슨 천(神)인가는 설명하지 않고 안자(顔子)가 죽었을 때에 「噫, 天喪子天喪子」라고 하는 것으로 미루어 보아 천이 외경(畏敬)의 대상인 초인간의 존재임에 틀림없으나 그 천의 구체적 성격과 세계는 설명하지 않고 있다.

공자는 신보다는 인간존주(人間存主)요, 현실주의였기에 「죽음을 말하지 말고 귀신을 얘기하지 말라」라고 한 점으로 보아 유교의 죽음에는 피안이 없거나 있어도 그렇게 중요한 구실을 하지 못하고 있음을 알수 있다. 다만 유교의 죽음은 조상의 넋이 맺어져서만 우리들에게 실감되어 왔다. 살아 있는 사람들이 웃어른만을 섬겨야 했듯이. 죽은 넋의경우도 어른이거나 조상이 아니고는 문제가 될 수 없었다. 죽음도 어른이며 조상의 죽음만이 문제되었다.

장자의 도교적 입장의 죽음관은 아주 특이하다. 그에 의하면 몸이내 것이 아니라 천지의 위형(委形)이요, 생명이 내 것이 아니라 천지의 위화(委和)요, 성명(性命)이 또한 내 것이 아니라 천지의 위순(委順)이요, 자손이 내 것이 아니라 천지의 허물 벗음이라고 하였다. 여기의 천지는 사람이 아니라 사람의 힘을 초월하는 절대이다. 말하자면 신선일 수 있다. 인간이 변신된 신선에게는 죽음 자체가아예 없다. 다만 끊임없는 자기 정화요 성화(聖化)된 탈바꿈으로 영생의 존재다. 장자가 죽게 되었을 때 제자들이 성대한 장례식을 준비하고 있는 것을 보고

「내가 죽거든 하늘과 땅으로써 널을 삼고, 해와 달로써 한 쌍의 구슬을 삼고, 만물로써 제물을 삼는다면 내 장례가 이에 무엇을 더 필요로 하겠는가.」 하고 말했다.

이 말에 제자들이 반문하기를

「그렇게 되면 까마귀나 소리개가 선생님을 뜯어먹을까 걱정입니다.」

이에 장자는

「땅 위에 있으면 까마귀와 소리개의 밥이 되고 땅 밑에 있으면 땅벌레나 개미의 밥이 되지 않겠나? 저것을 빼앗아 이것에 준다고 하니 어찌 그리 편벽스러운가.」

하면서 그는 죽음에 대해서 다음과 같은 말을 남기고 있다.

"삶은 죽음의 동반자요, 죽음은 삶의 시작이니, 어느 것이 근본임을 누가 알랴? 삶이란 기운(氣運)의 모임이고 기운이 모이면 태어나고 기운이 흩어지면 죽는 것인데 이같이 사(死)와 생(生)이 같은 짝을 이루어짐을 안다면 무엇을 조심하랴."

"대지(大地)가 나에게 형체를 주고 생명을 주어 일하게 하였고, 나 이를 먹게 하였고, 죽음으로 쉬게 한다. 그리하여 내 생애를 잘 지냈으면 죽음 또한 즐거이 의연하게 맞이해야 한다."

라고 장자는 도가적 죽음관을 말하고 있다.

중국 고대의 주·한 시대에는 인간의 영혼을 상이한 두 가지 요소로 구분하였다. 즉 혼과 백(魄)으로 나누어져 있었는데 혼은 양(陽)에 관련되어 있고, 백은 음(陰)에 관련되어 이 둘이 조화 상태에서 육체에 생명력을 넣어 주고 육체를 유지시킬 때 인간이 살아 있는 것이고 혼(魂)·백(魄)·육(肉)의 3요소가 분리되면 죽는 것이다.

인간이 살아 있을 때 혼과 백은 다른 기능을 한다. 혼은 행동을 지시하는 힘에 해당하는 것으로 정신적인 경험과 지적인 활동을 하며 6·7세대쯤 남아 있으면서 위패(位牌)에 결합되어 제사 때마다 규칙적으로 재물을 받는다고 믿고 있다. 한편 백은 몸통과 사지(四肢)를 움직이게 하고 육체의 각 부분에 힘과 운동을 불어넣는 것으로서 시신이 다 썩어 없어질 때까지 살아남아 있게 된다. 이와 같이 중국인들은 도가의 불멸사상을 제외한다면 불교윤회의 무한순환론(無限循還論)이 들어오기까지는 죽음 뒤에도 혼백이 장기간 잔존하는 것으로 믿지 않았다.

죽을 때는 혼과 백이 분리되는 것이 정상이다. 사자의 친척들은 혼이 안전하게 목적지까지 호송되도록 새로운 절차를 밟는데 그 목적지는 신선일 수도 있고, 제(帝)의 세계일 수도 있다. 이렇듯 만사가 순조로우면 백은 육체 안에 남아 있는 것으로 생각하였다. 만약 백이 육체를 떠나 생전에 살던 곳으로 돌아오면 이를 귀신 또는 귀(鬼)라고 하는데 귀향을 의미하는 歸자도 「귀」로 발음되기 때문에 이 용어는 동음이의(同音異義)의 익살로 이중의 의미를 뜻한 것으로서 영어의 Revenant(망령)에 해당하는 표현이다.

왕충(王沖)은 그의 저서 「논형(論衡)」의 논사편(論死篇)에서 사람이 죽으면 귀신이 되고 귀신에게는 지각과 교감 능력이 있다는 죽음에 대한 일반적 주장을 반박하면서, 회남자(淮南子. BC 139)와 사현부(思玄賦, AD 78)의 예화(例話) 속에서 「일단 불이 꺼지면 다시 타오르지 못하는 것과 같이 죽은 사람이 귀신이 될 수 없는 것은 명백하다」고 하였다.

이상의 중국의 도·유사상과 고대 혼백사상을 통해서 볼 때 중국인은 죽음을 그다지 두려워한 것은 아니었던 것 같다. 오히려 그들 스스로 죽음의 공포나 무서움으로부터 안심과 위로를 받기 위하여 노력하였다. 살아 있는 사람의 가장 중요한 과제는 죽은 조상의 혼령을 위로하는 것이었다. 이러한 중국인의 죽음관은 한국민족의 죽음관에도 깊은 영향을 끼치게 되었다.

4. 인도인의 죽음관

인도인들은 이 세상에서 가장 큰 불가사의를 죽음이라고 생각하였다. 인도에서는 고래로 인간의 의식을 3가지 단계로 나누어 생각하여 왔다. 첫째는 각성의 상태이고, 둘째는 몽환(夢幻)의 상태이며, 셋째는 숙면의 상태이다. 한 개인의 의식의 성장은 숙면 즉 깊이 잠든 상태로부터 깨어 있는 상태, 즉 각성의 상태로 발전해 간다고 생각하였다. 이러한 의식의 발전 과정에서 죽음이란 것은 낡은 옷을 벗고 새 옷을 갈아입듯이 새로운 생명을 얻어 껍질을 벗는 새롭고도 영원한 재생으로서 파악하였다. 죽음을 바로 생명 과정의 하나로 보는 것은 힌두교와 불교에 공통되는 인도인들의 사상이다.

인도인들의 사상 속에서는 인간의 본질적 자아를 생·사의 순환을 벗어난 존재로 이해하기 때문에 현세의 죽음을 정복할 뿐만 아니라 내세의 생명과 죽음까지도 정복하기를 열망한다. 인간의 본질이 무엇이냐를 깨달았을 때 죽음의 공포는 자취를 감추고 생·사의 순환에서 자유로워진다. 이 깨달음을 체득할 수 있는 기회는 두 번 있다. 한 번은 육신을 가지고 있을 때이고 그 다음은 육신이 죽는 때이다. 육신의 죽음을 깨달은 자에게 있어서는 죽음이 아니다. 죽는 것은 육신이지 이른바 본질적 자아는 아니기 때문이다. 특히 소승불교에 있어서는 본질적 자아가 존재론적 위상을 갖지 않는다. 본질적인 자아를 깨달은 인간에

게는 죽음의 공포에서 면역이 되고, 죽음이 무의미하기 때문에 결과적
으로 죽음에서 극복되며 의식의 모든 단계, 숙면이나 몽환, 그리고 각
성의 상태까지도 초월한다.

불교에서는 따로 영혼을 말하지 않는다. 그러나 영혼에 해당되는 것
으로 아뢰야식(阿賴耶識)을 들고 있다. 이 아뢰야식이 육체를 떠났을
때를 죽음이라 한다. 이 아뢰야식은 현세의 육근(六根)과 육경(六境)
을 지니고 있으며, 선과 악을 공정하게 유지시킬 수 있고, 육식(六識)
의 작용을 통하여 사후의 윤회 및 생명체로 남아 있게 된다.

죽음의 공포는 시공 내(時空內)에 있는 대상과 자아를 일치시키기
때문에 생기는 것으로 본질적 자아 또는 원초적 초자아로 시간과 공간
을 초월하기 때문에 죽음을 벗어난다. 이때를 무(無)라고 하고 무를 파
악하는 관심은 심(心)에 있으며 심은 견성계불(見性戒佛)에 도달함을
내포하고 있다.

불교는 우리들의 죽음에다 저승을 마련해 주었다. 불교로 인하여 피
안(彼岸)이 있게 되었고, 또 그 피안에서 구제도 주어졌다. 영혼이 수
직으로 자리 잡지도 않았다. 믿는 자는 누구나 저승에서 복락을 누리게
되어 있으니까 불교는 저승에 갔다가 왕생하는 이정표를 제시하여 주
었다. 불가의 승려나 신도들이 죽음 앞에서 소리 내어 울지 않는 것은
이 세상의 모든 것에 애착심을 끊고 바른길을 잃어버리지 않기 위해서
이다.

일단 죽으면 영혼은 후생의 몸을 받을 때까지 중간 세계에서 머무는
데, 이곳을 중유신(中有身)이라고 한다. 이곳은 몸을 갖지 않는 영혼만
의 세계이다. 이 영혼은 후생의 몸을 받을 때까지 과거에 지은 업력(業
力)으로 유지되며 활동한다. 중유신에 머문 지 7일 혹은 49일 만에 내
생의 몸을 받는다고 하여 불교에서 7일제 또는 49제 등을 지내는 것은

바로 이 때문이다.

극락은 세 곳으로 구분된다. 즉 욕계(欲界)·색계(色界) 그리고 무색계(無色界)가 있으며, 욕계는 다시 육천(六天)으로 구분되고 색계는 다시 17천설(天說)로 나누어지며, 마지막으로 무색계는 그야말로 보살과 성인들만이 사는 극락인 동시에 영의 세계이다.

이렇게 보면 한국의 무교와 불교의 저승관에 대한 인식이 비슷하다. 이승과 저승 사이에 망령이 거처하는 중유(中有)는 외형상으로 매우 유사하다고 할 수 있다.

5. 기독교인의 죽음관

독일의 칼 라흐너(Karl Rahner)는 그의 저서 「죽음의 신학(On the Theology of Death)」에서 죽음은 「모든 사람이 감수해야 할 절대 명제인 동시에 신앙은 모든 사람이 죽음의 법에 예속되어 있다」고 하였다. 이는 죽음의 보편성을 전제로 하고 있다. 여기에서 죽음의 보편성은 생물학적 필연성에 바탕을 둔 것이 아니라 영적 존재로서의 인간에게 고유한 것, 인간이 하느님과 갖는 관계에 있어서 특별한 사실에 토대를 둔 보편성을 말한다. 「모든 사람이 죄인이다. 따라서 모든 사람은 죽어야 한다」는 사실에 근거하고 있다. 이를 거꾸로 말하면 모든 사람이 죽어야 하고 사실상 죽기 때문에 우리 모두가 파죄(把罪)하였다는 사실이 가장 직접적으로 인간 경험에 감지되고 있다.

가톨릭의 중세 종교 철학자들은 죽음은 영혼과 육신의 분리(Separation of body and soul)라고 서술하고 있다. 이러한 영육 분리의 죽음관은 신학적 욕구를 충족시킬 만한 본질적 정의가 미흡하다. 왜냐하면 영혼이 육체에서 스스로를 분리시키는가, 아니면 영혼이 육체에서 분리 당하는가에 대해서 명확한 해답을 주지 못하기 때문이다.

스콜라 학파에서는 영혼과 육신의 관계를 표현하여 영혼에 의한 육체의 형상화라고 하였다. 이 형상화는 영혼 자체와는 구분되는 단순히 부수적 현 실태가 아니라 영혼의 본체적 현 실태요 실재성이라고 하였다. 그리하여 질료의 형상화의 현 실태는 영혼의 존재와 실재를 구분하지 않기 때문에, 질료의 형상화라는 현 실태는 영혼 자체가 존재하기를 그칠 때에만 소멸된다고 보았다.

구약에서는 죽음의 보편성과 아울러 연관된 인생의 허무함을 창세기에서부터 시편 이후에까지 적시하고 있다. 그러나 구약은 죽음의 보편성에서 다시 새로운 죽음의 의미를 부여하려 한다. 그래서 죽음과 죄의 인과관계가 있는 것으로 본다. 하느님은 분명히 죽음을 만드시지 않았고 불사불멸하도록 인간을 창조하였으며, 인간은 죽음을 면제받을 소지를 안고 창조 받았다. 그런데도 인류의 원조가 자유로운 처지에서 하느님을 배척하였기 때문에 죽음이 이 세상에 들어왔으며 이 세상에서 죄악을 범한 인간은 「죽음」이라는 벌을 받게 된 연유를 기술하고 있다.

신약에서의 죽음관은 예수의 죽음과의 관계 속에서 이해하지 않을 수 없다. 말하자면 죽음관의 일대 변화를 가져온다. 인간이 그가 지은 죄의 벌로 죽음을 선고받았으나 신의 아들인 예수가 강생(降生)하여 인간의 조건으로는 승리적 극복을 감수해 낼 수 없는 고통스런 최악의 죽음을 완전경험(完全經驗)을 통하여 극복함으로써 벌 받은 인간의 죽음을 영원한 생명으로 부활하였듯이, 모든 인류도 이 세상의 종말에는 다 부활하여 영혼과 육신이 재결합하여 천국에서 영생을 누리게 된다는 것이다. 물론 이러한 기독교의 죽음의 교리에 대하여 충분한 신뢰와 이

해를 같이하고 있지는 않으나 인간의 자기 초월이라는 무아경(Ecstasy)
에 도달하는 방법적인 측면에서는 종교의 공통성이라고 할 수 있다.

결론적으로 기독교의 죽음관은 바울의 증언으로 요약될 수 있다. 즉
「내게는 그리스도가 생의 전부입니다. 그리고 죽는 것도 내게는 이득
이 됩니다.」 이는 바울에게 있어서 죽음의 피동적 규정으로부터 벗어
난 죽음의 자율적·능동적 규정으로 이해시키게 되었으며, 기독교인의
죽음은 헌신과 사랑으로 작용시키게 되었다. 따라서 기독교에 있어서
죽음이 하나의 위기인 동시에 사건으로 받아들이기는 하지만 생물학적
죽음은 하찮은 일로 경시되게 되었고 대신 부활사상에 중심을 두고 죽
음을 새로운 존재로 이끌어 주는 「희망의 시작」으로 보고 있다.

6. 의식(儀式)을 통한 죽음관

1960년 이탈리아의 니콜라스 레이 감독의 작품인 영화 「죄없는 야만
인(The Savage Innocents)」이 바렌(Barren)이라는 영문 모를 이름
으로 우리의 안방에 TV로 방영된 적이 있다. 이 영화의 배경은 에스키
모인들의 삶의 양식에 관한 문화인류학적 탐구의 성과를 상황 윤리에
따라 조명하는 것으로 죽음의식의 관점에서 한 장면만을 소개한다.

이누크(안소니 퀸)와 아이삭(요코다니)은 아이삭의 모친(이누크의
장모)과 같이 이글루에서 행복한 생활을 한다. 그런데 어느 날 아이삭
의 모친이 노쇠하여 고기를 씹을 수 없게 된다. 「고기를 씹는다」는 것
은 젊은 이누크가 사냥하여 잡아온 고기를 먹을 수 있는 형태로 저장하
는 가내 노동을 말한다. 즉 고기를 부지런히 씹어 뱉어서 그것을 저장
식품으로 만드는 식품 가공 행위이다. 어느 날 노파는 비타민 C의 부

족으로 괴혈병이 심하여 고기 씹는 노동을 할 수 없게 된다. 고기 씹는 노동을 할 수 없는 노파는 스스로 존재가치를 상실하게 된다. 무용한 존재로서의 노파는 인간적으로 헤어진다는 것은 슬픈 일인 줄 알면서도 딸과 사위에게 자기를 장례 지내라고 명령한다. 딸과 사위는 울면서 장모를 썰매에 태우고 끝없는 빙판을 가로지르는데, 이것은 한국판 「고려장」에 비유된다. 그런데 이 장모가 가는 곳은 흙무덤이 아닌 백곰이 먹이를 찾아 울부짖는 그러한 무서운 곳이다. 즉 살아 있는 장모를 백곰 앞에 바치는 것이다. 딸과 사위는 어머니가 백곰한테 산채로 뜯어 먹히도록 자리를 잘 마련해 놓고 썰매를 타고 돌아온다. 왜 사랑하는 사람끼리 죽음의 행사를 이렇게 치를까? 불륜폐도(不倫廢道)인가? 야만인인가? 아니다. 야만인으로 보는 우리가 야만인인 것이다. 노파는 조용히 백곰에게 뜯어 먹힐 것을 생각하면서 행복한 명상에 잠긴다. 영겁의 숙면의 경지에 몸을 던진다.

이처럼 에스키모인들에 있어서 죽음을 통하여 삶의 불멸성을 확보하려는 것은 매우 고등 종교양식이 아닐 수 없다. 에스키모인들은 삶의 환경 속에서 썩은 곳을 찾을 수 없다. 영원한 빙하에서 썩는 곳이라고는 백곰에게 먹히어 백곰의 위장 속에서 분해 되는 것뿐이다. 그리고 나의 후손들은 백곰을 또 잡아먹음으로써 나라는 존재는 유한성 속에서 끝나는 것이 아니라 영원히 자손들의 삶 속에 남아서 산다. 유한한 개체적 삶은 백곰의 위장을 통하여 우주적 삶의 무한성을 추구한다. 이는 마치 빵과 포도주를 예수의 살과 피로 대체시켜 영성(靈性)을 체득하는 성당의 미사보다도 더 엄숙하다.

미국의 인디언은 사람이 죽으면 그 시체를 큰 나무 꼭대기 위에 자리를 만들어 안치해 놓고 까마귀가 몰려들어 뜯어먹는 것을 보고 기쁘게 축하하는 의식을 치른다. 까마귀가 시체의 살점을 뜯어먹고 하늘로 나는 것은 그 인간의 영혼이 하늘로 비상하는 것을 상징한다. 인도의 봄베이 지방의 배화교도나 티벳인의 장례의식에서도 아직까지 사람이 죽으면 「죽음의 제단」에 시체를 올려놓고 온갖 새들이 날아와 쪼고 가는 것을 지켜보고 축배를 들고 있다.

홍적기 시대(洪積期時代) 유럽 일대의 고생 인류인 네안데르탈인은 자신의 주거지에 시체를 묻고, 시체 주위에 돌을 쌓아 압력을 받지 않도록 해 주며 생명의 온기를 회복시키려는 생각에서 시체를 노변(爐邊)에 묻고 시체와 도구를 함께 묻는 의식을 치렀다. 그리고 이집트의 파라오들이 영원한 삶을 영위할 내세를 위해 피라미드를 건조하고 미라를 만들고 「사자(死者)의 서(書)」를 만든 반면, 현세의 집은 간소하게 꾸민 기록을 보아도 그들이 얼마나 사후의 세계를 삶의 연속으로 생각하였는지를 알 수 있다.

프랑스의 선조인 고루아족들은 사람이 죽으면 다시 그 영혼이 다른 태내(胎內)에서 출생한다고 믿었다. 죽어도 몇 년 뒤에는 반드시 이 세상에 태어난다는 것을 확신하였기 때문에 그들은 내세에 지불한다는 약속으로 돈까지 빌려 쓰는 습관이 있었다. 그래서 죽음을 두려워하지 않아서 낙천적이요 열정적으로 전쟁에서 싸울 수 있었다고 한다.

이러한 죽음 의식(Thanatos rite)은 단군시대 우리나라에서 선인들이 남긴 고인돌과 선돌(立石)의 유적에서도 엿볼 수 있으며, 고구려시대에는 시체에 큰 새의 날개를 함께 묻어 주어서 죽은 사람의 영혼이 하늘 높이 날아가기를 바랐던 것이다.

신라시대에는 시체를 후장하여 금은 재화를 함께 묻어 주고 성대한 장례식을 치러 준 것을 볼 수 있다. 또 전남 남해안과 전북 서해안의 고창, 부안, 옥천 지방에서는 「초분(草墳)」이라 하여 시체를 매장하지 않고 가파른 비탈에 돌로 편편하게 자리를 만들어 그 위에 관을 놓고 이엉을 씌워 3년 내지 10년 동안 그대로 두었다가 살이 다 썩은 후에 뼈를 골라 시루에 찐 다음 매장하였다. 그 외에도 풍장(風葬)·수장 (樹葬)·석장(石葬)·토장(土葬), 조장(鳥葬) 등은 모두가 우리의 옛 죽음 의식이었다. 다만 에스키모의 백곰이 인디언에게는 까마귀로 바뀌었고, 우리에게는 다시 바람(風)으로 변해 왔을 뿐이다. 여기에서 우리는 동·서 죽음의 접합점이 모아지고 있음을 알 수 있다.

인간의 종교적 충동은 매우 복합적인 것이지만 그 복합적인 요소 중에서도 가장 원초적인 것은 「죽음의 문제」이다. 인간이 죽는다는 사실, 즉 인간의 삶이 일정한 시간의 종료를 가지고 있다는 유한성은 인간에게 그것이 인식되면서부터 그것을 극복하려는 노력이 일어나게 되었다. 「나는 죽는다. 나는 유한하다. 그러나 나는 죽고 싶지 않다. 나는 무한하고 싶다.」 「나는 죽고 싶지 않다」라는 명제를 뒤바꾸면 「나는 영원히 살고 싶다」가 되는데 이 「영원히 사는 것」을 철학적으로 표현하면 생명의 불멸성(life immortality)이라고 개념화된다. 철학은 끝없이 인간의 불멸과 가멸(可滅)의 대립, 긴장, 그리고 모순 속에서 자기 몸부림의 연속이었다. 철학은 삶 속에서 죽음의 공포를 해결하려고 모든 개념을 삶 속에 접목시키려고 했다. 죽음의 의식(death rite)의 발전은 인간의 삶의 문화구조 속에서 확인시켜 가고 있다.

7. 철학자들의 죽음관

죽음에 대한 철학적 이해를 접근시킴에 있어서도 죽음을 보는 시각에 따라, 시대·입장·학문적 배경·죽음의 성격·죽은 자와의 관계의

원근에 따라서 특히 문화와 종교에 따라서는 더욱 다양하여 하나로 조
망하기란 용이한 일이 아니다. 그러나 분명한 사실은 인간은 누구나 죽
기 마련이고, 죽음을 연기할 수는 있어도 피할 수는 없다는 사실이다.
또한 우리가 죽음에 대해 실존적인 측면에서 조작적 정의를 내린다면
죽음은 확실히 죽어 가는 과정(on dying)과는 다른 의미를 갖고 있다.
그리고 죽음이 결코 삶의 정반대가 아니라는 것과 비록 완전한 죽음은
누구나 한 번밖에 경험하지 않는다고 하지만 부분적인 죽음은 삶의 과
정에서 여러 차례 경험한다는 사실이다. 서양 철학자들이 죽음 앞에서
마지막 남긴 말을 보면 죽음의 심리를 짐작할 수 있다.

　희랍의 향락주의자 에피큐러는 「죽음은 최대의 악이지만 두려워할
것은 못 되며 목숨이 다해 죽는다는 것은 우리가 존재하지 않는다는 뜻
이다」라고 하였다. 또한 우리가 존재하지 않는데 죽음이 존재할 수 없
다는 논리를 펴면서 「죽음과 죽음의 심판이 두려워 향락을 주저하는
사람은 인생의 목적을 망각한 사람과 같다」는 것이다. 또 토마스 홉스
는 임종의 침상에서 「나는 나의 마지막 항해길에 올랐다. 그것은 끝없
는 암흑을 향한 공포의 도약이다.」 베토벤은 「창문을 열어라 더 많은
빛을!」 하는 외마디 말과 함께 숨을 거두었다. 칸트는 「이것으로 만족
한다」, 몽테뉴는 「인간의 가장 위대한 미덕은 죽음을 경멸하는 미덕이
다」, 소크라테스는 「이제 헤어질 때가 되었다. 나는 죽음의 길을, 당신
들은 삶의 길을 가야 한다. 그러나 어느 길이 더 좋은 길인지는 신만이
안다」, 마크 트웨인은 「인생의 참뜻을 이해할 수 있을 만큼 오래 산 사
람이라면 인간이 아담에게 큰 빛을 지고 있다는 사실을 알게 될 것이
다. 왜냐하면 아담은 이 세상에 죽음을 가져다 준 자선가이기 때문이
다」, 연극인 리블레는 「이제 더 위대한 것을 찾아야겠다. 막을 내려라.
희극은 끝났다」, 플라톤은 「내가 몇 번을 더 죽는다 해도 내 인생을 달

리 살 수는 없다」고 하면서 비교적 인생을 만족해하였다.

프로이트는 성(Sex)을 통하여 개인의 자기 보존과 종족 보존을 위한 「삶의 본능」만을 주장했다가 후에 무생물로 회귀하려는 인간의 「죽음의 본능」을 심층적으로 규명하게 되었다. 그는 문명의 진화 발전은 에로스(Eros)와 죽음의 투쟁을 통해서 이루어지며, 인간은 생성 본능과 파괴 본능을 동시에 갖고 있는데 문명의 진화는 인류가 생존해 나가려는 투쟁 과정에서 이루어진다는 것이다. 만약 살아 있는 것을 무기체(無機體)의 상태로 환원시키겠다는 인간의 본능, 다시 말해서 죽음의 본능(death instinct)이 없다면 생명체의 유지와 문화의 발전도 있을 수 없다는 것이다. 이처럼 죽음은 절망적일 수도 있고, 또 희망적일 수도 있는 양극상을 보이고 있다. 헤롤드 라스키는 죽음을 국가 권력적 관점에서 「어떤 국가든 죽음을 다른 국가에 떼어 넘길 힘을 기른다」고 하였다.

무신론자인 포이에르바하는 「그리스도교는 인간들에게 영원한 삶을 약속함으로써 현세적 삶을 포기하게 하고 하느님의 힘에 귀속을 강조함으로써 보다 개선된 현세적 삶과 노력을 희생시켰다」고 하였다. 이러한 포이에르바하의 죽음관은 곧 맑스에게 영향을 미치어 인간을 하나의 「물질의 화신」으로 규정하여 유물론적 인간관을 형성하는 데 결정적인 영향을 주었음은 주지의 사실이다.

죽음을 미학적 동경의 안식처로 생각하는 사람으로는 노발리스(Novalis), 브루노(Bruno)를 시작으로 하여 자기의 창작력이 절정에 이르렀다고 생각될 때 자살의 방법을 스스로 선택한 헤밍웨이, 카뮈, 반 고호, 가와바다, 미시마 유키오 등을 들 수 있다.

푸쉬(W. Fuchs)는 그의 저서 「현대 사회에서의 죽음에 대한 이해」에서 죽음을 두 가지의 일반적 요인으로 보고 있다. 하나는 생물학적 자연사, 그 다음은 사회적인 폭력사이다. 그에 의하면 죽음은 사회적 현상으로서 외부의 적이나 악령으로부터 유발되는 것으로 보았다. 따라서 죽음은 무(無)가 아니라 단지 새로운 사회질서 즉 그의 선조에게로 옮겨갈 뿐이라고 보았다. 그러므로 죽음은 누구에게나 평등한 가치를 가지는 것이 아니고 사회적 신분이나 지위에 따라서 죽음의 비중, 의식, 산자의 응분이 사자(死者)에 알맞은 대우를 받도록 배려해야 하는 까닭을 설명하고 있다.

실존적 죽음관을 대표하는 하이데거는 「인간은 죽기 위해 태어난 피조물, 또는 인간은 죽음과 직결된 존재」라고 하였다. 죽음의 의식 없이는 인간은 생존할 가치가 없다는 뜻이다. 그의 죽음관은 위의 푸쉬와 대립되고 있다. 하이데거는 죽음이란 생물학적인 현상이 아니라(물론 죽음의 보편성 우주성은 인정하지만) 개개인의 죽음은 그 사람만이 가지는 특수한 존재양상인 동시에 삶의 독자적 마무리이며 완성으로 인간이 사는 동안 스스로가 만든 결과의 실현이라 보았다. 좀더 구체적으로 말하면 존재하고 살아간다는 것은 객관적으로 정해진 시간 속에서 끝나는 것이 아니라 스스로를 이해하는 실존으로서, 삶은 외형적으로 나타난 죽음에 의하여 결정될 수 없다는 주장이다. 따라서 죽음의 객관적 결론은 원칙적으로 인정할 수 없다는 것이다. 비슷한 생각을 하고 있는 니체(Nietzsche)는 「초인은 항상 죽음을 인식하면서 산다」고 하였다.

샤르트르는 그의 저서 「존재와 무」에서 죽음은 결코 인간 자신에 의하여 소유될 수 없는 성질이라고 전제하면서 「인간은 인간의 죽음을 체험할 수 없고 다만 타인들에 의해 확인될 뿐」이라고 하였다. 이렇듯 실존주의에서의 죽음관은 외형상 세상과의 종말이라는 도식에서 벗어나 반대로 유한성을 분명히 인식한 후 인간 자신이 죽음으로 운명지어진 존재를 완수함으로써 이러한 종말을 이해·실천하도록 전체적인 존재를 내면화하게 된다. 이러한 죽음에 대한 내적 체험만이 경험적 자각을 강조하며, 죽음에 대한 주관적 체험의 내용은 인간의 삶에 긴장을 더해 주어 죽음의 무지에서 깨어날 때 인간의 참 의미를 강화하게 된다. 죽음에 대한 인식은 내면의 긴장감을 주는 데 비해서 죽음의 무지는 인간의 참 의미를 위축시킬 뿐만 아니라 갖가지 망상과 오해의 굴레에 묶이게 된다.

톨스토이는 「죽음을 완전히 잊고 있는 생활과 한 시간마다 죽음에 접근하고 있음을 의식하면서 사는 것은 전혀 다른 두 상태이다」라고 말하고 있는데, 다시 바꾸면 삶의 태도에 따라서 죽음을 맞이하는 태도가 달라지기보다는 죽음을 의식하는 심리에 따라서 삶의 방식이 달라진다고 할 수 있지 않을까 생각된다.

「죽음」에 대한 철학자들의 단편적 명제를 나열하자는 것은 아니었는데 어느 한 가지도 깊이 있게 다루지 못한 것을 천학(淺學)의 소이로 고백하지 않을 수 없다. 이 글을 쓰면서 우리는 죽음관에 있어 얼마나 많은 편견에 묶여 있었나를 알게 되었는데 이것은 큰 수확이라 하지 않을 수 없겠다. 그리고 흔히들 서구인은 어떻게 살 것인가에 대해 잘 알고 있는 반면, 동양인은 어떻게 죽을 것인가에 대해서 관심을 갖고 있다고 한다. 이 말은 서양인은 현세의 가치를 고귀하고 안락한 생활에 두고 그에 대한 설계를 잘한다는 뜻이며, 동양인은 근심과 슬픔이 없는 세상을 동경하여 무릉도원을 희구하였다는 뜻이다.

동양인과 서양인의 죽음에 대한 사유를 대비 식으로 유형화한다는 것은 동양인의 사유의 정지적인 비현실성을 직시하려는 전제에서 기술되기 일쑤이다.

한 철학의 입장에서 보는 죽음관에 의하면 고대 한국인들은 인간의 삶과 죽음을 별개적인 것으로 보기보다는 하나의 통일된 존재로 보았다. 사람이 살아 있다고 하는 것은 엄격한 의미에서 죽음의 유예나 연장을 의미하며, 현세의 삶은 이 세상에서 끝나는 것이 아니라 저 세상으로 계속되는 것으로 보았다. 두 개의 대립을 부정하면서 커다란 하나의 진리에 기준을 두고 보면 삶과 죽음은 둘이 될 수 없다. 즉 부정일치(否定一致), 생사일여(生死一如)에서 인간은 한없는 공간 속에서 수많은 시간적 변화를 하고 있는 숙명적 존재인 것이다.

시나이드만(Schneidman)이 1970년에 조사한 미국 대학생의 죽음관에 의하면 35%가 죽음을 삶의 마지막으로 보는 종말관을 보여 주었는데 비해 정순목의 1974년에 조사한 한국 대학생의 죽음관에는 31.0%가 종말관을 보여 주어 두 나라가 문화적, 종교적으로 배경의 다름에도 불구하고 죽음을 숙명으로 받아들이는 경향이 비슷하게 나타나고 있다.

그러나 서혜경의 1987년 「한·미 노인의 죽음에 대한 태도 연구」에서는 문화권이 다른 미국과 한국에 사는 노인들의 죽음에 대한 태도는 상이하게 나타났다. 미국 노인들은 죽음을 거부하는 경향이 강한 데 비하여 한국 노인들은 죽음을 순순히 받아들이는 경향을 나타내고 있다. 이는 윤회사상에 바탕을 둔 내세관이 한국인들의 심저(心底)에 깊이 깔려 있는 것으로 분석되고 있다. 이에 대해서는 좀더 과학적인 원인 설명의 뒷받침을 요구하고 있다. 그리고 동·서양의 젊은이와 노인의 죽음관의 차이를 보이는 것은 새로운 해석을 요구하고 있다.

평소에 죽음을 가볍게 생각하는 사람일수록 죽음의 장면에 처하면 더욱 심한 불안을 느낀다고 파이펠은 지적하고 있다. 임종을 집에서 맞이하게 하는 것은 죽음의 불안을 덜게 하는 일종의 심리적 신뢰 때문인 것이다.

브뤼에르(Bruyere)는 인간의 일생에는 세 가지 사건뿐이라 했다. 즉 출생, 삶, 죽음이 그것이다. 그런데 우리는 태어날 때 무엇인지도 모르고 태어났고 죽을 때는 고통 속에서 죽고 살아갈 때는 왜 사는지 모르고 있다. 그런데도 삶과 죽음에 대한 확실한 답변 없이는 인간은 하루도 불안해서 살 수 없다.

인간은 죽음에 무덤이란 집을 부여한 유일한 동물이다. 인간이 죽음에 집을 지어 주는 존재인 한 무덤은 죽음을 처리하는 곳간이 아니며, 무덤은 송장을 가두어 두는 곳간이 아니라 영혼의 안식을 위한 공간(空間)이다.

집이 삶의 곳간이라면 무덤은 죽음의 공간이다. 곳간과 공간 사이를 영육(靈肉)이 교차하면서 수수께끼를 풀어가고 있다.

XVII. 사회과학적 인간관

1. 철학적 인간학의 인간관

인간학의 과제는 다양한 인간관 가운데 공통의 특질과 경향을 찾아내는 인간관의 유형을 구성하는데 있다. 인간에 관하여 연구하는 학문을 인간학이라고 불리고 있다. 이 인간학은 동식물과 구별되는 한에 있어서의 생물 중의 인간이라고 하는 하나의 종(種)에 관한 지식의 일체를 포함한다고 할 수 있다.

따라서, 인간학은 생물 중의 하나의 종(種)으로서의 인간의 모든 특징은 말할 것도 없고, 인간의 소질·성격·인종(人種)·성별 등에 기인하는 여러 가지 차별을 연구하는 것이라고 생각된다. 그뿐 아니라, 다시 나아가서 인간은 자연적인 존재물로서만 있는 것이 아니라, 행동하고 창조하는 주체인 이상 인간학은 인간이 스스로 할 수 있고, 또 하여야 할 것도 다루어야 할 것이다. 다시 인간의 능력이나 당위(當爲)는 궁극에 있어서 인간이 취하는 근본적인 태도, 즉 우리들이 세계관이라고 부르는 것의 심리학적 연구도 인간학의 중요한 과제가 될 것이다.

이와 같이 생각한다면 일반적 의미에 있어서의 인간학에는 인간의 신체적·생물학적 고찰과 성격학(性格學)·정신 분석학·문화 형태학(文化形態學)·세계관학 등의 여러 가지 연구가 합류되어 있어, 인간학이란 이러한 일체의 연구의 총괄적인 명칭이거나, 또는 이러한 일체의 연구를 인간의 존재를 중심으로 하여 통일한 과학에 대한 명칭이 될 것이다. 그러나 현대에 있어서 특히 문제되고 있는 인간학은 철학에 속하는 것이다. 즉, 그것은 보통 철학적 인간학이라고 불리는 것이다. 모든 인간학적 연구는 그것이 어떠한 형태이건 또는 그것이 어떠한 경향이든 간에 모든 인간 존재의 어떤 측면만을 다루는 데 불과하나, 철학적 인간학은 인간적 존재의 부분적 요소가 아니라 그 전체적 구조를 다루는 것이 특징이다.

즉, 철학적 인간학은 인간이라는 대상을 전체로서 파악하여 이른바「전체 인간」을 연구하는 것이다. 하이데거는 인간학이 문제로 하는 것은 신체적·심리적·정신적 통일로서 파악되는 전체 인간의 존재라고 하였다. 그는 이 경우에 있어서 신체라든지 심리라든지 정신이라는 것은 각각 독립하여 취급될 현상 영역(現象領域)이라고도 할 수 있으나, 다만 집합된 것으로 생각되어서는 아니 되고, 설사 그러한 방법으로 행하여지는 존재론적 시험(存在論的 試驗)에 대하여서도 전체적 존재의 이념이 전제되어야 한다고 하였다. 철학적 인간학의 입장에 있어서 전체 인간의 존재가 필요하다는 것은 막스 쉐러도 인정하고 있다. 그는 종래의 철학이 대개 인간에 관한 좁은 이념을 전체로 출발하고 있는 곳

에 중대한 위험을 인정한다. 그는 고전적 의미에 있어서 이성적 동물
도 또한 실증주의자가 생각하는 도구를 쓰는 인간이나, 니체의 이른
바 「디오니소스적 인간」이나, 최근에 낭만주의(浪漫主義)에 있어서의
「생명의 병으로서의 인간」이나, 「초인(超人)」이나, 린네가 이른바 「이
성을 가지는 인간」이나, 라메트리의 「기계 인간」이나, 마키아베리의
「권력인」이나, 프로이트의 「리비도인」이나, 마르크스의 「경제인」이나
피창조물로서의 「아담」과 같이 인간에 관한 좁은 이념이라 하였다.

  그런 까닭에, 그는 이러한 인간에 관한 종래의 이념을 배제하고 새
로 전체 인간의 이념을 구상하고자 하였다. 실존철학자인 야스퍼스의
입장도 인간학을 철학적 기초학이라고 생각하고 있는 그는 인간에 관
한 과학으로서의 사회학·심리학·인간학을 들고 이러한 과학은 인간
을 대상으로 보는 것을 가르치는 것이요, 인간에 관하여 무엇인가에
의하여 인식은 되나 인간 그 자체는 인식되지 않는다고 한다. 이에 반
하여 실존 철학은 인간 그 자체 존재를 구명하는 것으로 이에 의하여
인간은 인간 자신이 될 수 있는 인식의 방법을 쓰는 것이라고 한다.
이러한 의미에서 실존 철학도 철학적 인간학의 계보에 속하는 것이라
고 할 수 있다. 딜타이의 생(生)의 철학도 인간의 생의 해석학적 구조
를 근거로 하는 한 철학적 인간학의 입장에 서는 것이라고 할 수 있
다. 이와 같이 최근의 철학계의 중심 과제가 인간에 있으므로 철학적
인간학이 주는 인간학이 모든 인식의 성격을 결정한다고 생각된다. 그
러나 인간관이라 하지만 결코 단일하지는 않다. 역사적으로 사회적으
로 각각 다른 인간관이 있을 수 있고, 이러한 인간관의 다양성은 모든
인식의 역사적 사회적 다양성에 상응하는 것으로 생각된다. 그러나 이
러한 다양한 인간관 가운데 어떠한 공통의 경향과 특질을 가진 종류를
생각하여 그것들의 유형을 생각한다면 모든 종류의 인식의 성격을 유

형론적으로 개괄하여 파악할 수가 있다. 결국 철학적 인간학의 과제는 인간관의 유형을 구성하는 데 있다.

2. 정치학적 인간학

계급 사회에 따르면 인간 사회는 옛날이나 지금이나 주인과 노예, 가진 사람과 못 가진 사람, 빼앗는 사람과 빼앗기는 사람, 소수의 지배 계급과 다수의 피지배 계급으로 이루어져 왔다고 보는 것이다.

이러한 계급적 사관에 의해서 역사를 해석한 대표적인 사람은 칼 마르크스였는데, 그에 의하면 「일체의 인간의 역사는 계급 사이의 투쟁의 역사」라고 단정적으로 말하고 있다. 그런가 하면, 루소는 「권력이 최초의 노예를 만들었고, 특히 노예들의 비겁함이 노예 제도를 영구화시켰다」고 비난했다. 한걸음 더 나아가서 니체는 인간 사회의 윤리를 지배 윤리와 노예 윤리로 나누고, 지배 윤리는 한 사람으로 하여금 자신의 모든 힘과 능력을 천부적으로 행사할 수 있고, 이 우주에 자신을 부과할 수 있도록 하는 힘의 윤리라고 설명하고, 또 노예 윤리는 어떤 제도나 체제 및 권력과 같은 경직된 질서에서와 같이 약자의 이익을 위한 것으로서 그것은 강자와 약자를 지배한다는 자연 질서와 모순 되는 굴종의 윤리라고 했다. 이러한 인간 사회의 권력 현상을 로렌츠는 사람이 사람을 도태시키는 악마적인 현상이라고 보고 사람이 사람에게 이리가 됨으로써 스스로 타락과 퇴화를 빚는 비극적인 현상이라고 규탄했다.

이렇듯, 사람들의 권력 욕구의 결과는 인간 사회를 지배와 피지배의 관계로 만들었다. 문화 인류학자들에 따르면 수렵과 채집 생활을 누리

던 문명의 초기 단계인 50-60만 년 전부터 사람은 자기 동료들을 지배
하기 시작했다. 얼마 안 되는 힘센 사람들이 지배 권력들을 획득하고
그것을 강화시키려고 하고, 다수의 피지배 민중들은 권위와 억압에서
벗어나려고 한다. 바로 그 둘의 투쟁, 곧 권력의 변증법적인 구조가 인
류의 정치와 사회 역사를 지배하였다. 이러한 변증법은 선과 악, 억압
과 해방, 압제와 자유, 평등과 차별, 개인주의와 전체주의, 자연적인
것과 인위적인 것과 같은 상호 모순의 대립과 갈등의 관계에서 어느 쪽
의 힘이 더 강한지에 따라 각 시대와 사회의 정치 형태를 결정짓게 된
다. 곧, 소수 지배 계급이 우세할 경우에 그 사회는 절대 왕정이나 독
재 정치나 전체주의 사회가 되었고, 일반 대중의 힘이 우세할 경우에
그 사회는 좀더 자유스런 민주주의 정치 체제를 지녔다.

정치적인 인간관에 있어서는 추구하는 전략가치가 절대 가치를 지향
하느냐 실용주의를 지향하느냐에 따라 이상주의형과 현실주의형으로
나뉜다. 라스웰이 주장한 것처럼 개인의 성격 유형은 심리학에 따라 가
학적인 인간, 피학대적인 인간, 초연한 인간, 신경질적인 인간, 강박
관념의 인간, 강요적인 인간 따위로 나뉘고, 이념에 따라 무정부주의
인간, 사회주의 인간, 자유주의 인간, 공산주의 인간, 보수주의 인간형
으로 나뉜다. 또, 변화에 대한 태도로 개혁주의형과 혁명주의형으로 나
눌 수도 있다. 그러나 위의 여러 유형은 대강 분류한 것이고 실제로는
여러 요인들이 복합해서 작용하는 다양한 인간형들을 생각할 수가 있
다. 그러나 여러 유형을 정치권력의 행사 방법에 따라 한껏 단순화시켜
보면 권위주의형과 민주주의형으로 나눌 수가 있다. 그러나 어떤 형의
정치적인 인간이거나 개인의 성격과 욕구와 동기가 정치로 표현되는
과정은 같다고 할 수가 있다. 곧, 모든 정치적인 인간들의 출발은 사사
로운 동기에서 시작함에도 불구하고 그것을 공적이고 사회적인 대상으

로 위장시켜 국민의 이익이나 공적인 명분으로 정당화시킨다. 이를테면, 국회의원이 되려는 어떤 사람이 국민 앞에서 자기 자신의 개인적인 욕망과 야심을 충족시키려고 출마했다고 말할 수는 없다. 또 아무리 폭력으로 권력을 잡았다 하더라도 대의명분은 국민의 이익을 위해서였다고 내세운다. 이처럼 권위주의형이나 민주주의형이나 그 동기는 같으며, 다만 권력을 얻고 행사하는 방법이 정당하고 평화적이냐 아니면 불법이고 폭력적이냐가 다를 뿐이다.

그런데, 흔히 정치와 사회와 경제가 안정되면 사람들의 성격과 태도가 온건하고 실용적이고 협조적이어서 문제를 평화스러운 방법으로 해결하려고 하며, 정치 변화가 격렬하고, 사회 갈등이 심하고 경제 불안이 가득 찬 사회에서는 사람들의 성격과 태도도 충동적이고, 공격적이고, 배타적이고, 감정에 사로잡혀 폭력으로 문제를 해결하려는 경향을 보인다. 물론, 정도의 차이는 있겠으나 공산주의 사회에도 민주주의형의 사람이 있을 수가 있고, 민주주의 사회에도 권위주의형의 사람이 있을 수가 있다.

자아 극복의 의지를 주장하는 니체는 「전제주의적인 인간들은 가장 냉혹한 괴물들이고, 가장 심한 거짓말쟁이」라고 규탄했다. 국민의 처지에서 볼 때에 국가의 소득이 늘어나고 발전하는데 개개인의 생활이 나아지는 것이 실감나지 않는 것은 그 때문일 것이다. 모든 것은 국민의 이름으로 빚어지는데 정작 국민에게 돌아오는 이득은 별로 없다. 지배 계층은 사치와 소비의 경쟁에 여념이 없고 국민은 절약과 인고의 경쟁에 고달프다. 라스웰은 「어느 엘리트이건 공동 운명의 상징과 이름으로 주장한다」고 말했다.

루소는 「제도가 아닌 사람에게 자기 자신을 의존한다는 것은 무질서한 것이어서 모든 악을 탄생시키고 그것은 마침내 지배자와 노예를 모두 타락시킨다」고 말했다. 그것은 권위주의에 사로잡힌 사람들이 지닌 인격이 예측할 수 없는 충동적인 감정의 요소, 정격적인 폭발성, 신화적인 요소 따위를 포함하고 있어 합리성이 모자라고 일관성이 없기 때문이며, 국민은 의존심과 비겁성을 지니고 있기 때문이다.

따라서, 지배자와 피지배자와의 관계를 합리적으로 정리할 필요가 있다. 앞에서 설명한 바와 같이 권위주의적인 지배자는 성장 과정에서 쓰라린 경험을 했거나, 비참한 환경 속에서 자랐거나, 그들의 희망과 욕구가 잇달아 좌절됐거나 하여 마음에 상처를 입은 정신적인 불구자로서 긴장과 불안과 열등의식 따위로 성격이 굳어진 사람들이기 쉽다. 그들은 끊임없이 상처받은 자아를 어루만지고, 보상을 받으려고 정치 통로로 자신들을 확인하고, 인정과 존경을 받으려 했다. 그들은 삶과 죽음의 갈림길을 수없이 겪은 자들로서 결단력, 추진력, 집중력 같은 문제 해결의 순기능적인 면을 지니고 있으면서 충동성, 독선, 공격성 같은 인간관계의 역기능적인 요소도 함께 지니고 있다. 한편, 피지배자로서의 대중은 비조직적이고 소극적이며, 남에게 의지하고 자기를 방어할 태세가 안 되어 있다. 특히, 현대 사회가 빚은 고립된 원자화 상태는 정신과 사회의 진공 상태를 일으킨다. 흔히, 일반 국민은 지배자의 적극성과 조직성과 전략에 견주어 소극성을 면치 못하고 오히려 지배자의 욕구와 기만에 편승하거나 묵인함으로써 권리의 주체가 아니라 의무를 감당하는 사람이 될 뿐이었다. 이것이 피지배자를 영구히 노예 상태로 전락시킨 요인이라고 할 수가 있다. 때때로 일어나는 시민의 저항은 쌓여 온 불만의 일시적인 폭발 현상으로 전혀 계획과 전략이 없기가 일쑤이고, 그러므로 호소하는 방법이 난폭성을 띠기가 일쑤이다. 이러한 현상은 지배자와 피지배자와의 사이의 이익이 서로 어긋나고 둘의 관계가 불균형을 이루기 때문이었다.

지배의 포악한 독선과 이기주의, 그리고 대중의 욕구와 좌절과 불만이 서로 받아들일 수 있는 한계를 넘어서기 때문이었다. 권위주의자는 원래 정신의 불구자인데다 성격이 허약한 자이기 때문에 자기의 열등의식을 위장하고 힘을 과시하려고 공격적이고 폭력적인 방법을 사용하므로 대중은 바탕이 수동적이고 비조직적이기 때문에 물리적인 힘의 열세를 극복하려고 폭력에 호소하게 된다. 지배자와 피지배자와의 사이는 서로 기대고 당기는 관계이어야 한다. 그러나 역사를 보면 이러한 관계는 서로를 보완하는 것이 아니라 서로를 부패시키고 타락시키는 부정적인 기능을 해 왔다.

그것은 지배자와 피지배자가 인격주의라는 통로를 통해 직접 만났기 때문이었다. 이들은 간접적이고 제도적인 정치를 통해 서로 기대고 당기는 관계를 맺어야 한다. 그러면, 대중이 그들의 기호(嗜好)와 성격에 맞는 많은 사회의 중간 단체에 들어가야 한다. 그러한 중간 단체들은 이익 집단 또는 압력 집단으로서 지배자의 독선과 충동성과 공격성을 누그러뜨리는 중개 구조로서 서로의 요구를 전달하고 조정하게 된다. 이러한 논리는 그 중간 집단들이 자치적이고, 객관성을 유지해야 한다는 것을 전제로 한다. 이것이 바로 보수주의 사회요, 민주주의 사회다. 민주주의 사회는 양쪽의 태도를 급진적이 아니라 점진적으로 만들며, 상처받은 권위주의자들의 충동과 감정 요인을 제도 속에서 소화시키고, 무질서한 대중들의 폭발적인 행동도 또한 제도 속으로 소화시킨다. 그러기에 대중은 분모요, 지배자는 분자다. 비극의 역사는 언제나 분자인 소수지배 계층이 분모인 다수 대중을 위해서 아래로 외길로 지배한 역사였다. 그것은 자연 법칙에도 어긋나고 수학의 논리에도 어긋난다. 따라서 역사와 사회는 분모인 대중이 분자인 지배자를 결정하는 자연법적인 사회가 되어야 한다. 그렇지 않고 지배자와 대중이 중간 과정을 거치지 않고 행동한다면, 서로가 아무 것도 잃지 않으려다가 많은 것을 상실한다면, 서로가 남는 것은 아무 것도 없는 폐허뿐이다.

복종만을 끌어내려고 폭력에 호소하거나 안전만을 지키려고 자신을 값싸게 팔아 버리는 것은 마침내 서로의 안전과 이익에도 좋지 않다.

3. 교육학적 인간관

인간에게 「개・돼지 같다」는 말이 가장 큰 모욕의 하나다. Booth는 미국의 교육을 제 나름으로 비판하고 제안하기를 교육은 사람을 기계나 동물 아니면 개미무리로 생각하고 있다고 통렬히 비판하고, 교육은 사람을 사람으로 봐야 한다고 주장하고 있다. 그의 말인 즉 조건 반사설이니 프로그램 학습 등은 사람을 마치 이렇게 단추를 누르면 저렇게 움직이는 기계로 보고 있는 것이며, 충동이나 동기나 상벌을 강조하는 것은 사람을 실험실의 쥐나 원숭이로 생각하는 것이고, 사회 목적이나 국가 목적을 강조하는 것은 사람을 개미굴이나 개미탑을 파거나 쌓고 하는 데에 여념이 없는 개미무리로 생각하는 것이라는 주장한다. 그의 주장은 과장된 감이 없지 않다. 그러나 「사람일 것」은 이렇듯 사람에게 큰 욕망이며, 사람에겐 「사람이 되니 것」이 가장 절실한 문제라고 할 수 있다.

더구나 전통적으로는 흔히 「인간의 갈 길」이라는 당위의 형식으로 인간 문제가 많이 제기되던 것이 근래에 와서는 「인간 상실」이라는 더 근본적인 형식으로 문제 삼아지게 되어 현대의 인간 문제는 더 심각하다. 교육의 경우, 이 문제는 더 심각하다. 교육은 바로 사람을 다루고 사람을 어떤 방향으로 육성한다는 것이 그 구실이기 때문이다.

인간이 다른 동물과 다른 가장 두드러진 특징은 탄생시의 풍부한 잠재 가능성과 연약, 무력, 무용하기 짝이 없는 현실성이라는 사실, 그리고 그의 성장기는 유난히 길다는 사실에서 출발해 보자. 망아지는 날 때부터 뛰어다닌다. 그러나 갓난아이는 뛰어다니기는커녕 그야말로 거의 젖 빠는 힘을 제외하고는 전적으로 엄마와 주변에 의존하는 무력·무용한 존재로 태어난다. 그러나 20年 후에 말과 사람을 비교하면 너무나 엄청난 차이가 있다. 우리는 이것을 말은 거의 극대의 현실성과 극소의 가능성을 가지고 태어나며, 인간은 극소의 현실성과 극대의 가능성을 가지고 태어난다고 기술해 볼 수 있다. 현실성이란 이미 이루어진 것, 된 것, 구현되어 있는 현상을 말하며, 가능성이란 아직 이루어지지 않았으나 이루어질 수 있는 잠재력을 말한다. 갓난아이는 글 읽는 힘은 없다. 그러나 그는 독서의 가능성을 가지고 있다. 가지고 있을 뿐만 아니라, 아주 풍부히 가지고 있다.

바꾸어 말하면, 현실성이란 정해진 것, 가야 할 궤도가 확정되어 있는 것을 의미하는 반면, 가능성이란 미정된 것, 어디로 가야 할지 불확정된 상태로 궤도 없는 벌판 또는 여러 갈래로 갈라진 갈래 길을 의미한다. 이과를 지망할 것이냐 문과를 지망할 것이냐, 이 파티냐 저 파티냐, 민주냐 전제냐, 셰익스피어식으로 To be or not to be, 살 것이냐 죽을 것이냐 등은 다 독특하게 인간적인 생존 양식이며 문제인 것이다. 갈림길에서 한 길을 택했을 때 그는 한 가능성을 현실성으로 확정해 가는 셈이다.

이런 전제적 고찰에서 우리는 몇 가지 견해를 더 도출(導出)할 수 있다.

첫째, 인간의 생존 양식과 그 의의는 타고난 풍부한 가능성 중에서 얼마나 넓고 깊게 실현하느냐에 있다. 다른 것이 같다면, 스키를 탈 줄 아는 사람이 못하는 사람보다 풍부하고 뜻있는 인생을 가지고 있으며, 다른 것이 같다면, 행렬 수학을 아는 사람이 모르는 사람보다 인간다운 인간이며, 다른 것이 같다면, 도둑과 살인자의 심정을 이해하는 사람이 보다 인간다운 인간이다. 그만큼 더 넓고 깊게 가능성을 현실성으로 옮겼기 때문이다.

둘째, 보다 풍부하고 인간다운 생존은 끊임없이 가능성을 현실성으로 옮길 따름만 아니라 가능성의 범위 자체도 더 넓게 통찰하고 개척한다. 학자들은 알면 알수록 모르는 미지의 세계가 앞에 더 넓어진다고 한다. 뉴턴에게는 모래알 하나를 안 것이 해변의 사장만큼 미지의 세계를 넓혀 주었고, 아인슈타인은 알면 알수록 우주의 절묘에 더 머리를 수그렸다. 가능성의 범위에 감축이 올 때, 그만큼 인간은 인간일 수 있는 범위를 감축하게 된다.

셋째, 인간이 인간적일 수 있는 최초의 과업은 가능성을 직면하고 대결 실현함과 동시에 도리어 그것을 유지하고 확대하는 일이다. 가능성을 직면함에는 응당 인간적인 용기와 능력과 지력과 책임감이 필요하다.

가능성의 일면은 "좋은" 것이지만 다른 면으로는 그야말로 "고(苦)"의 원천이다. 가능성이란 미정, 미확정의 상태이기 때문에 불안·불확실·갈등·문제·고심·자유라는 말과 거의 동의어인 것이다. 따라서 그것은 선악·미추·정오(正誤)·희비·고락·상벌·유의 무의(有義無義)·유리 무리(有利無利)·생사(生死) 등의 미확정된 갈림길을 직면하는 일이다. 이런 직면을 피하고 선·미·진·희(善·美·眞·喜)에로의 직통 코스를 확정 지시해 주기를 바랄 때, 인간은 동물이나 노예의 심정에 빠져 있는 것이다. 선·미·진(善·美·眞)에로의 길은 악·추·위(惡·醜·僞)에로의 길을 포함한 가능성의 장에서 자신이 선택 개척할 수밖에 없는 것이다.

넷째, 인간에게 있어 비극은 축복과 매한가지로 중요한 의미를 갖는다.

악·추·비·애·고·사(惡·醜·悲·哀·苦·死)등은 없어야 할 것이 있는 것이지 없으면 좋을 것이 있는 것이 아니다. 이것을 될 수 있는 대로 망각의 세계로 추방하고 눈가림하려 함은 도리어 환각적인 인생을 그리고 있는 것이다. 우리는 어떻게 살 것이냐는 가르치지 않는다. 어떻게 즐기고, 어떻게 행복해야 하나는 가르치지만 가능성의 넓은 갈림길에서 어느 길을 택하고, 개척하고, 실현하는 것은 「나」다. 내가 택하는 것이 아니라 남이, 또는 다른 무엇이 지시하는 궤도에 따라갈 때 나는 인간이기보다는 동물이나 노예이다. 그때에는 가능성이라는 말도 무의미해진다. 인간은 자연 우주의 일부이면서도 그 일부만은 아닌 「나」를 의식한다.

이에 반하여, 동물은 창조자가 만들어 놓은 대로 그의 섭리(攝理)에 따라 대자연의 일부로서만 무사(無私) 무아(無我)하에 궤도대로 살아가다가 죽는다. 그러기에 인간은 나와 대자연을 주체와 객체라 하여 대치시켜 보기도 하며, 대자연의 산을 헐어 버리고 강 위에 다리를 가로지르고, 우주 비행을 날려 대자연에 도전하기도 한다. 인간은 대자연의 일부이면서도 거기에 고립되고 소외된 자기를 의식한다. 인간은 그 성장 과정에서도 어머니의 일부였다가 차차 자아의식의 소유자로 성장한다. 미성년자와 성년자란 「나」로 행세하느냐 못하느냐에 있다.

인간에게 있어서 자아의식이란 가능성의 장과도 같이 축복이기도 하고 무거운 짐이기도 하다. 「나」의 의식이 있기에 자신이 명령자가 되고, 능동자로서 기자연과 환경을 나의 뜻대로 가동·가공하여 개척할 수 있고, 그 결과로 자아의 의미와 충일감(充溢感)을 찾을 수 있다. 그러나 반면, 외토리로 떨어져 「내가 나의 명령자」가 되며, 내가 갈래길에서 선택해야 한다는 것은 궁극 인간은 아무 데에도 기대고 의지할 곳이 없다는 것을 의미한다. 남의 집 문전에 내 버려진 고아와 같은 고독감이 쉴 새 없이 그를 쑤신다. 능동자, 자체 명령자로서의 능력과 의미 발견이 없으면 없을수록 이 고독감과 자기 무의미감은 더 심해진다.

그래서 이 고독감, 자기 무의미감이 견딜 수 없게 심해지면 인간은 자아의 길을 버리고 귀의·의타 등 자기포기의 길을 택하게도 된다. 대자연과 여러 집단에(국가, 일가, 가족), 군주에, 폭군에, 전체주의에, 우상(偶像)에 「나」를 거의 완전히 바치고 망각해 버리려 한다. 심리학이 말하는 「퇴행」처럼 그는 이런 엄마 품속에 안겨서 무사·무아, 그 품의 일부인 「赤子」로서만 존재하려 한다. 그러나 자기포기, 자기망각의 상태도 잠간(暫間)의 미봉책은 될지 모르나, 실은 더 쓰라린 상태다. 왜냐하면, 그것은 인간포기의 길이며, 동물이나 노예에로의 전락 상태를 의미하기 때문이다. 「나는 어디로 가고, 나의 인간은 어디로 갔느냐?」는 회의는 나는 외톨이라는 고독감보다 더 쓰라리다. 인간은 어쩌다 보니, 잃어버린 인간과 잃어버린 자아를 되찾아야겠다는 욕구에서 교육은 시작되었다.

4. 법철학적 인간관

법의 궁극 과제로 등장한 인간은 지금까지의 법학의 전통적 흐름이던 개념 법학이 붕괴되면서 법사회학이 새로운 각광을 받고 대두하였다. 개념 법학에서는 법규 그 자체의 의미가 중요시 되었으나 법사회학에 있어서는 법규 자체 보다는 법규가 규율하고자 하는 사회생활의 실체가 중요한 의미를 갖게 되었다. 법규 그 자체가 아무리 완전무결하다고 하더라도 그것이 사회의 실정에 부합하지 않는다면 그 법규는 사회

생활을 규율할 수 없게 되므로 따라서 법규로서의 기능을 상실하고 말 것이다. 여기에서 사회생활을 규율한다는 법규의 본래의 기능을 발휘 시키기 위해서는 사회생활 그 자체의 인식이 선결 문제가 아닐 수 없 다. 법사회학은 이러한 요청에서 출발한 것이다. 개념 법학은 두 가지 전제를 가지고 있다. 그 하나는 모든 인간은 이성을 구비하고 있다는 것이요, 또 하나는 모든 국가가 제정한 법은 완전하다는 것이다. 이 이 성이 구비된 모든 인간은 「인격」이라는 개념으로 표현되었으며, 완전 한 국가적 제정법은 「성문법」이라는 개념으로 표현되었는데, 이 인 격과 성문법이야말로 개념법의 2대 지주를 이루는 것이었다. 그리하여, 국가가 그 입법 기관을 통하여 법을 제정하기만 하면 이성을 가진 국민 들은 그 법이 내포하고 있는 개념을 잘 이해하고 파악하여 그 법이 명 하는 대로 잘 준수하면 사회생활은 원만하게 규율된다고 생각하였다. 그러므로 개념 법학에 있어서는 법은 제정되기만 하면 으레 그대로 시 행되는 것이라고 낙관시 되고 있었다.

그러나, 개념 법학의 낙관적 기대는 보기 좋게 배반되고 말았다. 국 가의 제정법은 예기되었던 대로 시행되지는 않고 국민들은 국가가 제 정한 법규와는 다른 생활을 영위하게 되었다. 그 원인이 어디에 있는 것인가를 탐구하고자 등장한 것이 곧 법사회학이었다. 법사회학에서는 인간의 사회생활은 전부 국가 생활로만 환원시킬 수 없을 뿐만 아니라, 오히려 국가 생활이 아닌 사회생활이 중요한 부분을 이루고 있는 것을 알게 되고 그 부분에 대한 해명에 중점을 두게 되었다.

이를테면, 개념 법학에서는 모든 법학은 국가학의 일부분에 지나지 않았으나 법사회학에 있어서는 그와 반대로 국가학은 법학의 일부분에 지나지 않는다. 국가 생활이 사회생활의 전부는 아니요, 국가의 제정법 이 없어도 사회에는 관습법이 있으며, 국가의 사법기관을 통한 재판이 없어도 사회 그 자체가 사회생활의 시비를 판단할 수 있으며, 국가의 강제가 없어도 사회 그 자체가 그들의 법을 유지해 나갈 수 있는 것을 알게 되었다. 사회가 있기만 하면 법은 있는 것이요, 국가를 구성하지 못하는 사회에 있어서도 법은 있다. 법의 개념을 정하고 법의 기능을 설명함에 있어서도 국가를 전제로 할 필요가 없다. 법은 사회 속에 살아가는 것이요, 반드시 국가 속에만 있는 것은 아니다. 법사회학의 출현으로 법학의 궁극 과제가 국가에 있지 않고 사회에 있다는 것이 밝혀졌거니와, 그러면 왜 국가의 제정법보다 사회의 관습법을 중요시하게 되었는가? 국가에서 의식적으로 제정하는 성문법은 사회에서 무의식적으로 형성되는 관습법보다 훨씬 합리적인 것만은 틀림없다. 그럼에도 불구하고 그와 같은 합리적인 제정법보다는 그 합리성이 빈약한 관습법이 사회생활의 규율에 더 중요한 역할을 한다는 것은 그 원인이 그 법을 제정하는 국가 측에 있다기보다는 오히려 그 법을 준수하는 국민 측에 있다고 할 수 밖에 없다. 법사회학은 국가를 법학의 왕자의 지위에서 추방하였거니와 그것은 사회생활의 현상적 관찰에서 온 것이요, 그 필연적 이유를 밝히지 못하고 있다.

사회를 구성하고 있는 것은 두말할 것도 없이 인간이다. 인간을 모두 합리적인 인격자로 규정하는 곳에 근대 법학의 출발점이 있거니와, 이와 같은 근대 개념 법학이 동요되었다는 것은 그 출발점에 있어서 그 인간에 대한 규정이 잘못된 것에 연유한 것으로 볼 수밖에 없다. 그렇다고 하면 새로운 법학은 다만 사회 현상을 관찰하는 법사회학만으로는 부족하고 그 사회 현상을 야기하는 인간 그 자체의 해명에까지 들어가야만 될 것이다. 모든 인간을 덮어놓고 합리적인 인격자라고 규정하고 인격 평등의 대원칙위에 근대 법학이 건설되었지만 이 근대 법학이 와해(瓦解)되고 새로운 현대 법학을 건설함에 있어서는 이 인격 평등의 대원칙의 전제가 되는 인간의 합리성 그 자체에 대한 검토가 필요할 것이다. 법학의 궁극 과제가 국가로부터 사회에로 변화되는 추이(趨移)를 보이는 것이 법학에 있어서 일대 진보라는 것은 의심할 여지가 없거니와, 그러나 그 인간에 대한 해명이 없이는 사회 그 자체를 해명할 수가 없다. 그러므로 새로운 법학의 궁극 과제는 사회에서 한걸음 더 나아가 인간 그 자체에 있다고 할 수 밖에 없다. 인간에 의한 인간 법학의 제정을 통하여 법철학의 최후의 목적인 인간화를 이루게 된다.

5. 생물학적 인간관

생물학적인 인간관은 현대 인간관의 기초가 되는 것이라고 할 수 있다. 우리는 인간이 본질적으로 어떤 존재인지를 살펴보기 위해서 특정한 종교의 교리나 혹은 어떤 형이상학적인 명제로부터 출발할 수는 없다. 그러므로 우리는 인간에 관한 개별 과학들 중에서 생리학을 골라서 이 과학이 우리의 인간 이해를 위해서 무엇을 알려 주는지를 살펴보아야 하겠다.

다윈의 진화론에 의하면 인간도 다른 생물과 마찬가지로 다른 하나의 동물로부터 진화된 동물이라고 한다. 다윈의 진화론이 생물학의 하나의 이론에 그치지 아니하고 1870년대 이후 하나의 세속적인 종교 운동처럼 번져 갔다. 대부분의 지식인들과 일반 소시민들은 물론 노동자들까지도 다윈의 진화론을 받아들여서 그들의 인생론과 세계관의 기초로 삼았다. 다윈의 진화론이 이렇게 큰 시대적인 영향력을 가지고 넓게 퍼진 데는 몇 가지 다음과 같은 이유가 있었다.

첫째로는 다윈의 진화론이 모든 현상을 인과 발생학적으로 관찰하려는 19세기의 과학 정신과 일치하기 때문이었다. 그 당시에는 자연 과학들이 인과율(因果律)을 절대시했을 뿐만 아니라, 인문사회 과학들에 있어서도 원인과 결과와 그리고 앞으로의 전망을 따지는 것이 거의 지배적인 연구 방법이었다. 그리고 진화라는 말이 그 당시에는 하나의 유행어가 되어 있었다. 모든 높은 것은 낮은 것으로부터 진화한 것이며, 모든 복잡한 것은 단순한 것으로부터 진화한 것이며, 모든 정신적인 것은 자연적이고, 물질적인 것으로부터 진화한 것이라는 것이다. 다윈의 진화론은 이러한 경향을 따라서 모든 생물들이 기원(起源)을 인과 발생적으로 더듬어 올라가서 결국 하나의 유기체(有機體)에 돌리는 것이다.

두 번째 이유는 그것이 그 당시의 종교와 문화에 대한 반발적인 경향에 편승했기 때문이다. 그 당시 종교가 일반 지식인들에 의해서 거부당한 이유는 우선 종교와 윤리적인 타락에 있었지만 다음으로는 자연 과학들이 종교의 전통적인 교리를 그대로 받아들일 수 없게 만들었기 때문이었다. 그래서 기적의 인물 모세를 믿는 것보다는 다윈을 믿는다는 것이 그때 사람들의 경향이었다. 이러한 종교에 대한 반발뿐만 아니라 또한 문화에 대한 반발이 다윈의 진화론으로 하여금 그렇게 큰 영향력을 갖게 했다.

그러나, 그 동안 다윈의 진화론에도 생물학적으로 설명하기 어려운 문제들이 많다는 것이 드러났다. 그래서 고전적인 형태대로의 다윈의 진화론을 그대로 받아들이기는 어렵게 되었다. 그리고 다윈의 진화론이 그렇게 큰 영향력을 가지고 모든 지식인들의 인생관과 세계관을 지배하던 시대와는 정신적인 상황이 달라졌다. 생물학도 20세기에 들어와서는 그 연구 방법이 다양해지게 되었다. 이미 말한 바와 같이 19세기에 있어서는 모든 현상들을 하나의 원리에 의해서 하나의 기원으로부터 인과 발생적으로 관찰하는 사고방식이 지배적이었지만 20세기에 들어오면서부터는 현상학과 형태론의 영향을 받아 여러 가지 현상들을 현재의 상태대로 형태적·구조적 특이성을 통해서 파악하려는 경향이 두드러지게 나타났다. 그러므로 이제 생물학은 인간과 다른 동물들과의 유사성에서만 관심을 갖는 것이 아니고, 인간의 다른 동물들에 대한 특이성에 더 많은 관심을 갖게 되었다. 이것은 인간이 비록 동물이라 할지라도 다른 동물들과 다른 점이 무엇이냐는 데 대한 관심을 말한다. 생물학의 이러한 경향의 연구를 위해서 큰 공헌을 한 사람은 윅스퀼 (Uexkull), 포르트만(Portmann), 게엘렌(Gehlen) 등이다. 그리고 이들의 연구는 철학적 인간학을 위해서 큰 도움을 주었다.

현대의 생물학이 알려 주는 인간의 특이성을 요약해서 설명하면 다음과 같다. 즉, 인간과 다른 동물이 결정적으로 구별되는 점은 동물이 그의 육체적인 구조와 기능에 있어서 인간보다 훨씬 특수화 혹은 전문화되어 있다는 것이다. 다른 동물의 모든 육체적인 기관들은 그의 자연적인 생활 조건과, 특수한 환경에 꼭 알맞게 되어 있다는 것이다. 그래서 포르트만은 신생아의 생물학적인 초기 양상을 연구하고 인간은 다른 동물에 비하면 미완성의 존재로서 출생한다고 했다. 다른 동물들은 그들의 살아야 할 자연환경에 꼭 맞도록 육체적인 기관들과 기능들이 특수하게 완성되어서 태어나기 때문에 환경에 대한 반응으로서의 행동의 도식도 기계적으로 결정되어 있다. 그래서 다른 동물들은 본능에 따라서 기계적으로 움직이면서 살아갈 수 있는 반면, 인간은 매우 미약한 본능만을 가졌다. 예를 들면, 동물의 치아는 육식이나 또는 초식에 알맞게 되어 있는데, 인간의 치아는 육식에도 혹은 초식에도 꼭 알맞게 되어 있는 것이 아니다. 그러므로 인간은 무엇을 먹고 살아야 한다는 것이 본능적으로 결정되어 있는 것이 아니다. 농사를 지어 곡식을 먹고 살든지, 목축을 해서 고기를 먹고 살든지, 어떤 종류의 요리를 만들어 먹고 살든지 그것은 인간 자신이 스스로 결정할 문제이지 자연적인 본능이나 육체적인 기관에 의해서 미리 결정되어 있는 것이 아니다. 수태 시기도 다른 동물들처럼 특수하게 결정되어 있지 않고 인간은 언제나 사랑할 수 있게 되어 있다.

이상과 같은 생물학적인 결과들을 통해서 인간의 본질과 관계된 몇 가지 사실을 우리는 배운다.

첫째로, 인간은 근본적으로 미완성의 존재로서 매우 넓은 가소성(可塑性)을 가졌다. 인간은 자신을 완성해 가야 할 책임을 스스로 지니고 있다.

둘째로, 인간은 자연의 모태에서 줄생한 대로 미완성의 존재이고, 문화의 모태 안에서 완성되어 간다. 제1의 모태에서 가역성만 가지고 출생해서 제2의 모태, 곧 사회 안에서 문화를 습득하면서 자신을 이룩해 간다는 것이다.

셋째로, 인간은 매우 빈약한 본능을 가지고 자연으로부터 출생했기 때문에 행동을 기계적인 본능으로만 결정하지 아니하고 문화적인 규범에 따라서 선택할 수 있다.

넷째로, 인간은 다른 동물처럼 폐쇄적인 자연 현상을 가진 것이 아니고 그 생물학적인 조건에 있어서 이미 개방적이기 때문에, 스스로 문화적인 환경을 창조한다. 이와 같이 행동을 선택하고, 문화를 창조하고 하면서 인간은 자아의식과 자유 의식, 그리고 사유 능력을 발전시킨다. 그러므로 자연적인 조건에서는 미완성의 존재가 문화적인 환경 안에서 인간이 되어 간다.

6. 경제학적 인간관

우리는 현대 사회에서 특이하게 나타나는 경제적인 인간관을 살펴볼 필요가 있다. 생산하고 도구를 만들고 이를 사용하는 인간은 이미 자신이 설정한 목적을 향해 애쓰면서 살아간다. 여기엔 모든 사물을 자신의 목표 실현을 위한 수단으로 전락시킨다. 인간 행위의 합리성은 기대할 만한 유용성을 최상의 목적으로 삼고 있다. 이로서 합리적인 사고가 나오게 된다. 주어진 상황과 조건을 자신이 정한 목표를 실현하는 데 사용한다. 이런 의미에서 인간은 경제적인 동물이라고 말할 수 있다. 문화 창조적인 인간관과 경제적인 인간관은 유용성의 원리를 중요한 목표로 삼는 점에 있어서는 서로 일치하고 있다. 이 원리는 모든 행위가 최상의 합목적성(合目的性)에 대한 목표를 갖는다는 기본 태도를 갖고 있다. 이러한 형식적 일치성에도 불구하고 두 인간관 사이에 있는 차이성을 간과할 수 없다. 창조적인 인간은 자신의 작업을 최상의 유용성에서 출발시키지만 이 작업 결과는 모든 사람에게 도움이 되는 방향으로 나타난다. 그래서 이 결실들은 노동해야 하는 인간의 고통을 가볍게 해 주고 동시에 새로운 형식의 기술적인 지배를 가능케 한다. 이에 비하면 경제적 인간의 유용성은 이웃에 편승하여 자기 개인적인 이익을 얻으려고 한다. 결국, 경제적인 인간은 비윤리적인 이기주의에서 출발하며 다분히 착취적이라는 것이다.

그러나, 고전 경제학에서는 자기 유익성을 넘어서 다른 사람의 이익에도 도움을 주는 관점을 확립하였다. 예를 들면, 경제생활의 예정 조화설을 주장했던 아담 스미스의 보이지 않는 손은 이기주의적인 경제활동이 사회 전체의 이익으로 자연스럽게 넘어갈 수 있다는 입장을 보여주는 개념이다. 그러나 현대의 자본주의 경제 체제의 현실은 고전 경제의 이론과는 전혀 달리 전개되고 있다. 경제적 인간관은 그런 의미에서 인간이 원래 만인의 만인에 대한 투쟁의 상태에 있다는 것을 그대로 제시한 것이다. 경제적인 실적을 성취하지 못한 사람은 인간의 가치마저도 상실하고 반면에 경제적 경쟁에서 승리한 사람에게는 모든 기회가 열려 있다. 경제적 인간관의 눈에는 모든 이웃이 적대자이며 투쟁자가 된다.

경제적인 경쟁 원리는 약자를 자신의 목표 실현의 계기로 삼는다는 일관된 전제를 갖고 있다. 여기서는 경제 주체는 그 능력을 법이나 윤리의 어떤 제한도 원치 않으며, 다른 경제 주체의 성취도 원하지 않으며, 자신의 욕구가 명하는 대로 가능하면 다른 사람을 억누를 수 있도록 작용시키는 것이다. 이러한 원칙에서 그에 맞는 수단을 선택하게 된다. 특히, 현대의 사회 발전과 더불어 경제적 인간관의 관점은 생산 방식을 개선시킨 창조적인 인간관과 결합하게 되었다. 전통 사회의 사고 방식은 새로운 정신에 의해 변화되었다. 삶에 대한 새로운 태도는 생산력을 폭발적으로 발전시켰다. 경제적 인간관은 현대 사회의 합리성이 요청되는 기본적인 동기가 됨으로써 결국 인간사회는 그 자체 커다란 위기를 맞게 되었다. 합리적으로 행위를 하는 주체는 도구적인 합리성이 요청되는 기본적인 동기가 됨으로써 결국 인간 사회는 그 자체 커다란 위기를 맞게 되었다. 합리적으로 행위를 하는 주체는 도구적인 합리성에 매몰되어 버렸고, 이제는 새로운 이성 개념을 요청하게 되는 상황에 도달하였다. 경제적 인간관은 그 자체에서 인간의 사회성과 인간의 도덕성이 필연적으로 보완되어야 하며, 이기적인 경제 행위가 사회 이익과 윤리 의식에 의한 제한을 불가피하게 불러오게 했다.

경제생활에서는 무서운 투쟁이 지속되기 때문에 경제 목표는 원래부터 비윤리적일 수밖에 없다. 만약 경제생활에 윤리가 적용된다면 이웃을 수단으로 생각하지 않고 목적으로 삼아야 하고, 이웃을 어떤 목표 실현의 대상으로 삼지 않고 그들의 고유한 존재와 가치를 인정해 주는 것이어야 할 것이다. 이러한 의미에서 인간의 본성적인 성질이 생물학적인 기초에 매어 있든, 문화 창조적인 특성을 가졌든, 경제적인 인간의 특성이든 간에 인간의 사회성을 떠나서 인간을 생각할 수는 없다. 인간은 사회 속에서 성장하고 또한 사회 속에서만이 자기실현을 도모할 수 있다는 점에서 경제의 사회성은 경제의 인간화를 수반하여야 한다.

XVIII. 한국인의 정체성(正體性)

1. 머리글

나는 누구이며 우리는 어떻게 살고 있으며 우리 민족의 정체성(正體性)은 무엇이며, 7천만 민족이 삶의 터전을 잡고 있는 이 땅은 어떤 나라인가? 시간적으로 올해는 한기(韓紀) 9189년, 개천(開天) 5889년, 단기(檀紀) 4325년, 서기(西紀) 1992년, 통일 염원 48년의 시점(時點)을 지나고 있다. 또한 공간적으로는 남북 위도 33도 6분~43도 2분이며, 동서 경도 131도 52분~124도 11분 사이에 위치하고 있다. 우리가 살림살이 차려놓고 생활하는 이 땅덩어리는 현재 아무리 늘려 잡아도 남북한을 합쳐서 22만㎢를 넘지 못하고 있다. 이는 세계 육지 면적 1억 5천만㎢에 비해서 우리가 차지하고 있는 땅의 비율은 0.15%

에 미치지 못하고 있다. 이런 좁다란 한반도에서 세계 인구 50억의 1.2%인 6천만 겨레가 공생하고 있다. 어떤 학자는 지하자원이라고는 아무것도 생산되지 않는 박토(薄土)라고 하였지만 결코 그렇지 않다. 한국은 북온대(北溫帶) 중에서 아시아의 동쪽 바닷가에 있다. 이 점에서 보면 한국의 위치는 교통이 편리한 문명발달의 적지(適地)이다. 일본 열도와 대륙 사이에 끼어 있고 지나다니는 길목이어서 좋은 점은 문물(文物) 수입이 용이하고 문화를 펼치는 데 편리하지만 또 나쁜 점은 외침(外侵)이 빈번하여 독립을 지켜 나가기가 여간 어려운 것이 아니었다. 사학계(史學界)의 일치된 견해로는 원나라 지배 60년, 몽고 30년, 일제 36년을 포함하여 932회의 외침에 시달려 온 민족이고 보면 통일신라 이후부터 치더라도 2년에 한 번꼴의 전쟁을 치른 셈이 된다. 그러다 보니 처음 나라의 터를 잡았던 곤륜산—실크 로드—차이탄 분지—천산산맥까지의 대륙국경사관은 만주사관으로 줄어지다가 다시 반도사관으로 좁아지다 못해서 3·8선을 경계로 분단사관으로 반백 년이 가까워 오니, 이 역사를 함석헌은 수난의 역사, 고난의 민족으로 규정하였다. 그래서 그는 우리의 금수강산(錦繡江山)을 외침을 막지 못한 땅이라 하여 금수강산(禽獸江山)이라고 하다가 분단의 한을 말할 때는 금수강산(禁囚江山)이라고까지 우리의 오늘의 역사를 울분으로 쓰기도 하였다.

우리가 지금 겪고 있는 지역간의 갈등, 세대간의 갈등, 도농간(都農間)의 갈등, 노사간의 갈등, 종교간의 갈등, 계층간의 갈등, 사제간의 갈등, 통일의 갈등, 분배의 갈등 등은 모두가 고난의 역사를 벗어나 희망의 길을 걷고자 하는 민족에게 주어지는 사명의 선물이라고 생각해도 된다. 우리가 지난 올림픽에서 미국 다음으로 세계 제4위를 한 것은 결코 갈등의 민족이 빚어낸 우연한 결과가 아니다.

갈등(Conflict)이라는 말은 사실 서구개념(西歐槪念)이다. 우리는 그것을 한(恨)으로 표현하였다. 이제 한민족은 한을 어떻게 삭히고 풀고 그리고 화합하는가를 규명하는 과제를 안고 있다.

2. 「한」민족의 정체성

얼마 전에 남북한 공동체 통일 방안이 「한민족 공동체 통일 방안」의 이름으로 나온 것이라던가 「한민족 체육 대회」라는 이름은 그 명칭부터가 매우 잘된 표현이다. 한민족의 「한」의 뜻은 우선 사전적인 의미로 보면 하나(一)라는 뜻을 지니고 있다(예: 한 개, 하나, 한 번). 두 번째는 여럿(多)을 뜻한다(예: 허구한 날, 한 아름). 세 번째는 가운데(中)의 의미를 지니고 있다(예: 한복판, 한가운데, 한여름, 한밤중). 네 번째는 큰 것(大)을 뜻한다(예: 한길(車道), 한밭(大田)). 다섯 번째는 대략(略)의 뜻을 가지고 있다(예: 한동안, 한나절). 그 외에도 「한」의 뜻은 正, 廣, 古, 光, 豊, 始, 同 등의 다양한 의미를 함의(含意)하고 있다. 이러한 「한」의 뜻을 지닌 한민족은 반만년 동안 밥은 한식을 먹으며, 옷은 한복을 입고, 집은 한옥에서, 글은 한글을 배우며, 약은 한약을 먹으며, 병은 한방으로 고치며, 나라는 한국에서, 핏줄은 한겨레를 이으며, 사상은 「한」사상으로(종교는 한얼교를 믿으며), 한풀이를 하며, 한마당에서, 한결같은 마음으로 한데 모여서 살며, 한동안 한배검(단군) 자손으로 한살이(一生)를 하여 온 한국인이다. 이중에서 가장 중요한 「한」의 뜻은 一中多이다. 즉 多中一이라 해도 좋다. 一 속에 多가 있고, 多속에 一이 있다는 말은 우리 한국인은 一과 多라는 두 개의 서로 다른 의미를 동시에 생각할 줄 아는 민족이라는 뜻이다. 사

람의 몸은 하나(一)지만 거기에는 눈·코·입·팔·다리 같은 여럿
(多)의 지체가 있다. 즉 우리의 몸은 하나이면서 동시에 여럿이다. 한
국은 하나이지만 거기에는 경상도·전라도·충청도·강원도·경기도
등 여러 도로 구성되어 있다. 이와 같이 우리는 사람을 처음 볼 때도
전체로서 하나를 보는 동시에 그 사람의 다양한 면을 여럿으로 나누어
본다면 그 사이에 골이 패이거나 감정이 고여 있을 자리가 없다.

동양적 사유(思惟)의 연원에서도 우리의 「한」적인 방법론은 허다하
다. 석가는 만법귀일(萬法歸一)을 주장하였고, 공자는 오도관일(吾道
貫一)을 주장하였는가 하면, 노자는 도생기일(道生其一)을 부르짖었다.
물론 예수까지도 주(主)도 하나요, 성령도 하나요, 믿음도 하나라고 하
였으며, 최근 서구 철학자인 브래들리는 인간의 인식이 전체를 하나로
서 파악하는 것을 「원초적 신앙」이라고 했고, 칼 야스퍼스는 「철학적
신앙」이라고 했으며, 플라톤은 잡다한 사물들을 모은 전체의 「하나」를
이데아(Idea)라고 한 것은 동서사상 모두가 「한」적 사고의 방법론이라
고 할 수 있다.

이러한 「한」적 사고를 가지고 우리가 안고 있는 잡다한 갈등의 구조
를 보면 매우 역동적(dynamical)인 틀을 발견할 수 있다. 하나는 여
럿(分裂)이 되지 않으면 정체(停滯)되고, 여럿은 하나로 화합되지 않
으면 분열되고 만다는 너무나 당위적인 이치에 도달하게 된다.

3. 「한」민족의 한(恨)의 밑바닥

한민족(韓民族)을 한민족(恨民族)으로 본 것은 그만한 이유가 있다.
한(恨)을 연구하는 학자들에 의하면 한국적 한(恨)의 발생 원인과 서

XVIII. 한국인의 정체성(正體性) 275

구적 갈등의 원인은 근본적으로 궤(軌)를 달리하고 있다고 보고 있다. 서구적 개념의 갈등(Conflict)이 무엇이냐에 대해서 사회학자들은 대체로 크게 두 가지 측면에서 이야기하고 있다. 하나는 개인의 심리적 원인에서 찾으려고 하고, 다른 하나는 사회적 원인에서 찾으려고 한다. 개인적인 원인이든 사회적인 원인이든 우리에게 관심의 대상으로 갈등 이론(conflict theory)이 소개되기는 60년대를 전후하여 학계에 쓰이기 시작하면서부터이다. 물론 서구에서의 갈등의 역사적인 연원은 훨씬 더 거슬러 올라간다.

Karl Marx의 계급갈등에서부터 T.Parsons, G.Simmel, R.Dahrendorf, 그리고 최근의 Coser의 갈등 기능론으로까지 이어지고 있다. 이들은 사회질서의 바탕을 이해관심을 달리하는 집단 사이에서 갈등이 그다지 격렬하지 않고, 자주 일어나지 않는다면 사회적 갈등은 축적되어 사람들이 긴장이나 불만을 끊임없이 해소할 기회가 적으므로 이해집단 사이에 극심한 긴장 상태를 유발하게 된다는 것이다. 다시 말해서 갈등이 자주 일어나지 않는 사회 체계에서는 한번 일어나면 그 정도가 매우 격렬할 가능성이 크고 따라서 체계의 변동도 극심할 공산이 크다고 하였다. 즉 갈등은 부정적인 측면도 있다는 것이 아니라 집단의 통합과 변동에 공헌할 수 있는 긍정적인 측면도 있다는 것이 갈등 기능론자의 입장이다. 마치 분열이 반드시 부정적일 수만은 없다는 「한」적 사유의 변증법적 논리와도 어느 면에서 상통한다고 할 수 있다.

그러나 한국인에 있어서 한(恨)의 연원은 역사와 민족의 면면 속에 함께 어우러져 있다. 이를테면 불안과 위축의 역사가 숨 돌릴 틈 없이 계속되었다. 7번의 몽고 침입, 3번의 일본 침략, 숱한 민란(民亂), 동란(動亂)이 그것이다. 한국인이 미국인이나 일본인보다 우울증이 심한 것으로 나타나고 있다는 한 연구 보고서가 있다. 또한 양반, 중서,

상인, 천인, 노비의 계급적 차별, 적서의 구별로 인한 유교적 계층의식
이 격심하였다. 노비(奴婢)는 거의 인간 취급을 받지 못한 채 1894년
갑오경장 전까지도 가축과 같이 매매되었다. 그리고 남존여비사상에서
의 칠거지악(七去之惡), 삼종지도(三從之道)는 한국 여인의 한을 굴종
으로 이어지게 하였다. 남편을 기다리는 아내의 마음을 그린 "정읍사
(井邑詞)"를 비롯하여 이별의 한과 연모의 정한(情恨)을 그린 고려
가사 "가시리", "서경별곡", "정과정", "한중록", "계축일기", "인현왕후
전", 그리고 한용운의 "님의 침묵", 소월의 "진달래꽃", 이효석의 "메
밀꽃 필 무렵", 김동인의 "배따라기" 등 끝없이 여인의 한과 원(怨)
은 이어진다. 웅녀의 한, 논개의 한, 심청의 한, 춘향의 한, 유관순
의 한, 이 모든 한의 응어리가 한겨레의 핏줄에 맺히고 서려 있다.

그러나 무엇보다도 민중에 대한 관리(官吏)의 경제적 수탈을 통한
가학(加虐)은 더욱 참혹하였다. 연암 박지원(朴趾源)은 "천고지사(千古
之事)의 한은 무엇보다도 부호들의 토지 겸병(兼倂)에 있다"고 탄식하
였다. 이는 오늘날 우리 사회의 다수 국민의 원성이 되고 있는 토지 공
개념의 조속한 실시를 바라는 것과, 조금도 다를 바 없다. 땅이 없어
살 집을 짓지 못하고 있는 일반 백성의 한을 재벌들은 알 리 없을 것이
다. 설사 똑같은 역사적인 경험을 가지고 있다손 치더라도 중국과 일본
에는 한은 없고 원(怨)만 있는데 유독 한국만이 한과 원이 공존하는 데
는 그만한 역사적인 이유가 있다. 중국의 논어, 맹자, 중용, 대학, 장
자, 노자의 문헌(文獻)속에는 한이라는 말이 없고 원이라는 글자만 나
온다. 예를 들어 논어에는 "貧而無怨難, 富而無驕易"라고 하였다. 즉 가
난하면서 원망하는 일이 없기는 어렵고, 부유하면서 교만하게 구는 일
이 없기는 쉽다는 뜻이다. 더욱이 서양에는 한도 원도 없다. 다만 비슷
한 의미를 전달하는 말로 Regret(유감), Resentment(분개),

Grudge(악의) 정도가 있을 뿐이다. 이와 같이 우리에 있어서 한이 자학(自虐)의 소산이라면, 원은 가학(加虐)의 소산이다. 자학은 이별, 슬픔, 기다림, 자탄, 자한(自恨), 정한 등 주로 안으로부터 밖으로 발생한 것으로 볼 수 있는 데 비해서, 가학은 버림받음, 미움 당함, 짓밟힘, 빼앗김, 억눌림 등으로 밖으로부터 안으로 발생한 것이다. 그러기에 한은 가슴에 맺히는 것으로 원은 심장에 품는 것이 되고 만다. 이 맺히고 품은 원한들을 우리 민족은 어떻게 해소하면서 생활하여 왔는가를 민족정신사적인 측면에서 논구하여 보고자 한다.

4. 한(恨)의 해소(解消)

맺힌 한은 풀어 버리면 되지만 심장에 품은 원(怨)은 항상 원통, 원망, 원한 등 복수의 의지로 남아 있다. 그래서 우리의 인간관계는 한에서 원으로 발전되지 않도록 자중하여 왔다. 우리는 어떠한 한도 원이되기 전에 풀어 버리고 살아왔다. 싸움(conflict는 갈등이기보다는 투쟁의 의미가 강함)을 말릴 때 우리는 곧잘 서로 「풀어 버려라」로 하듯이 억울한 것도 풀고, 분한 것도 풀고, 슬픈 일도 풀고, 하물며 심심한 것도 심심풀이로 풀어 버리고 생활하여 왔다. 이를테면 화풀이, 분풀이, 원풀이, 액풀이가 다 그것이다. 추운 겨울이 가고 봄이 오는 것을 解冬(겨울풀이)이라고 하는가 하면, 임부가 새아기를 낳는 것을 해산이라고 하였다. 인간관계가 원만하지 않을 때 「살풀이」를 하고, 무당의 「푸닥거리」도 죽은 영혼의 한을 풀어 준다는 데서 유래된 말이다. 한민족은 전통적으로 어떠한 분쟁도 풀이의 방식을 통하여 해결하였다. 서구의 인간관계 문화가 이치로 따지는 「긴장의 문화」라면 우리는 심정

(心情)으로 풀어 버리는 「해소의 문화」라 할 수 있다. 때문에 풀이는 딱딱하고 모난 논리가 아니고 그것 이전의 상호 융화요, 관용이요, 포용의 「원융회통」의 심정적 차원의 가치이다.

우리 민족은 풀이의 천재들이다. 말로나 심정으로 다 풀지 못하면 노래로, 시로, 춤으로, 해학으로 풍자나 예술의 형식을 빌어서 풀려고 하였다. 서울 올림픽은 단순한 스포츠 행사가 아니다. 그동안 미·소를 중심으로 동·서의 한마당 평화의 '살풀이'다. 동·서가 화풀이를 하는데 남·북이 통일의 한마당 '살풀이'를 못할 리 없다. 영·호남도, 노·사도, 사제간도 모두 신명나는 푸닥거리를 하여 갈등의 앙금을 거두어 버려야 한다. 풀어 버리는 방법을 통하여 흥(興)을 돋우어야 하고, 흥이 나면 기(氣)가 생겨서 이 기는 바람(風)을 일으킨다. 우리 민족의 정신적 뿌리는 기와 풍에서 찾아보아야 한다. 바람과 기는 알파와 오메가 사이다. 즉 바람의 뿌리가 기요, 기의 용솟음이 풍이다. 난기류와 한기류가 맞닿는 곳에 폭풍이 일어나듯이 기의 나타남이 풍이요, 풍의 나타남이 기이다. 따라서 우리 한민족의 기혼(氣魂)은 기풍(氣風)이다. 기는 물리학적으로 에너지(energy)요, 심리학적으로는 정감(feeling)이요, 사회학적으로는 힘(power)이요, 민족정신사적으로는 혼(spirit)이다. 이 전체적인 기를 맹자는 호연지기(浩然之氣)라고 하였다. 이 호연지기가 신바람을 일으켜서 용모(容貌)로 드러날 때는 풍채(風采) 또는 풍자(風姿)가 되어지고, 도덕을 표현할 때는 풍월(道)이 되며, 지혜로 발현될 때는 풍류(風流)가 된다. 이는 현대적인 표현을 빌리면 체(體)·덕(德)·지(智)가 된다. 순수 우리말로는 맵씨·마음씨·솜씨가 된다. 「씨」는 올이요, 올은 알·얼·올의 음가(音價)와 음의(音意)를 지니는데 그것은 다시 알은 體요, 얼은 魂이요, 올은 智가 된다. 풍은 이외에 풍기, 풍물, 풍수, 풍지(風智), 위풍(威風), 풍교

(風敎) 등 우리의 생활풍속 전체를 포괄하고 있다.

이와 같이 우리 민족은 온갖 한을 바람에 날려 보내면서 신명(神明) 또는 신풍을 일으키며 살아왔다. 바람이 잘못 불어 개인이나 국가가 한꺼번에 풍기가 문란할 때는 바람을 잡아 두는 지혜도 키워 왔다. 바람을 이용하여 남의 물건을 훔치는 사람을 "바람잡이"라고 하는 것같이 남녀간의 절도 있는 접합(接合)을 위해서 사주를 전달하는 사람을 "함잡이"라고 하며, 사물놀이패를 "사물잡이"라고 하는 것은 모두가 바람을 적당히 잡아 두는 역할을 하는 것으로 상징적인 의미가 있다.

그렇다면 우리 민족의 수천 년간 이렇듯 맺혀도 풀고, 꼬여도 풀고, 막혀도 풀고, 박혀도 풀고, 응어리져도 풀고, 풀면서 살아온 「한」의 민족이 남과 북의 분단의 한을 못 풀 리 없고 동과 서의 지역의 응어리를 못 풀 리 없다. 다만 남북이든 동서든 그것이 원으로 악화되지 않도록 해야 한다. 원은 반드시 복수의 악순환을 가져오기 마련이기 때문이다. 통일 문제도 광주 문제도 원을 품기 전에 한의 맺힘(매듭)일 때 풀어 버려야 하는데 이것을 오랜 기간 방치하여 두다 보니 원으로 악화되었다. 이 원의 매듭을 끊고 푸는 열쇠는 물질적 보상이나 법적인 조치만으로 본질적인 해소가 되지 못한다. 「한」의 멋, 「한」의 짓, 「한」의 꼴, 「한」의 힘, 「한」의 기, 「한」의 사랑, 「한」의 믿음, 「한」의 꿈으로 「한」의 회복을 시켜 주어야 한다. 즉 정체성의 동일적(同一的) 복귀이다. 한데, 한곳에서 한마음으로 한 솥에서 밥을 먹으며 한울타리에 하나 되어 살겠다는 공동체 의식이 우리 민족의 기개를 한가운데 모으는 일이다. 이를 최치원의 표현대로라면 접화군생(接化群生)의 묘합(妙合)으로의 자기개혁이다. 탄생의 산고(産故)를 겪어야 한다.

5. 한의 자기통제력(自己統制力)

앞장에서 우리 민족은 사회적 서구 개념의 갈등을 한국적 한의 개념으로 바꾸어 보면서 이를 한(恨) → 해(解) → 흥(興) → 기(氣) → 풍(風) → 「한」의 단계적 해소 방법을 제시하였다. 그런 가운데 현대적 개념의 갈등을 슬기롭게 해소하는 지혜스러움 못지않게 새로운 갈등의 생산을 억제할 수 있는 지혜도 함께 있어야겠다는 데 도달하게 된다. 물론 산업사회의 복합적 이해관계 구조 속에서 필연적 생성 갈등이야 불가피한 것이라 치더라도 가학적(加虐的) 원한이 될 만한 욕구적 한이라든가 사회적 한의 조장(助張)은 억제되거나 생산이 줄어지는 방향에서 이룩되어야 한다. 최근 우리 사회는 욕구적 한의 폭발로 새로운 계층간의 갈등을 분출시키고 있다. 영동 어느 고급 백화점에서는 아침에 문을 열자마자 여성용 타조가죽 핸드백이 285만원에 팔려 나가는가 하면, 이탈리아제 넥타이 15만 원, 다이아 스타킹 14만 원, 양변기 950만 원, 미제 대형 냉장고 300만 원짜리가 불티나게 팔려 나가고 있다. 그뿐만 아니라 농촌에서는 고추값 하락으로 울상을 짓고 있는데 강남 고급 아파트촌에서는 일제 된장, 간장, 고추장이 팔리고 있다면 이는 국민의 갈등의 골을 깊게 하는 일이 아닐 수 없다. 미제 젖병, 독일제 유모차, 중국제 돗자리, 이탈리아제 이쑤시개, 프랑스제 속옷은 늦게 백화점에 가면 구경하기조차 어렵다고 한다. 이러한 한국의 과소비성 사치 풍조를 보다 못해 외국 신문에서까지 심층 보도하기에 이르렀다. 미국의 워싱턴포스트지는 89년 9월 21일자 「갈등 겪는 과소비 풍조」, 「가치 체계의 변화로 고통 받는 한국」 등 제목을 달아 한국에서 무분별하게 과열되고 있는 과소비 사치 풍조를 꼬집으면서 「한국이 경제력에 비해 너무 일찍 샴페인을 터트린다」고 평하고 있다.

지금의 한국 경제는 중소 제조 기업이 문을 닫고, 점심 거르는 초등생이 8천2백 명에 이르고, 소년소녀 가장이 날로 늘고 있는데, 호화접객업소, 골프장, 호화 주택은 날로 증가하고 있다. 대지 200평 주택에 950만 원짜리 양변기에 앉아 7만 원짜리 손수건으로 코를 풀고 있다면 이것도 「내 돈 가지고 내 마음대로 쓰는 데 누가 뭐래」라고 한마디로 자기 합리화가 가능할 수 있을까? 부를 과시하려는 욕망이야 인간이면 누구나 가지게 마련이다. 그러나 이를 적절히 억제하고 과시보다는 선용(善用)에 관심을 두는 청부정신(淸富精神)이 확고할 때 국민 화합은 저변에 끈끈히 흐르게 된다. 그렇다고 청빈(淸貧)하여야 된다는 것이 다 좋다는 것은 아니다. 조선조 5백년은 자본 축적이 얕았고 그 결과 가난 속에 한민족이 세계로부터 얼마나 천시와 멸시와 침략을 받았던가를 나는 「한의 연원」에서 알 만큼 밝혔다. 이제 우리 경제의 1인당 GNP가 4천$인데 2만$의 일본보다 더 씀씀이가 크다면 이는 귀(耳) 있는 자는 들어봄직하다. 양담배가 1% 미만 팔릴 것이라고 보았던 것이 6%를 상회하기 시작하였다. 우리가 지금 국민의 교육 수준에 걸맞는 「욕구적 한」에 대한 자기 통제력을 갖지 못하여 이 한이 원으로 바꾸어 사회적 원으로 폭발하면 「한」의 근본도 흔들린다. 「한」의 유연성이 우리 겨레의 핏줄에 흐르기 때문에 결코 절망적이지는 않고 이렇게 발전한다는 사실이다. 욕구적 한에 대한 자기 통제력을 또 한번 발휘하는 날 우리는 산업체, 학교를 포함하여 모든 이익 집단에까지 발전의 활화산이 일어날 것이다.

6. 새로운 한민족상의 정립(定立)

새로운 한민족의 이상적인 인간상을 하나로 정립하기란 여간 어려운

일이 아니다. 왜냐하면 시대에 따라, 지역에 따라, 그리고 정립하고
자 하는 사람에 따라 결코 동일한 것이 아니기 때문이다. 그러나 현
재 지구상에는 크고 작은 나라가 무려 180여 개국이 각각 그들 나름
의 생활 문화를 가지고 살아가고 있다. 그중에서도 지구상에 어엿한
독립국가로 그들 나름의 독특한 문화를 유지하면서 국력을 보유하고
존재하는 국가는 그리 많지 않다. 그런데 이들 중 문화 주역 국가는 모
두가 독특한 국민 혼이나 인간상을 형성하고 있는 것이 하나의 공통적
인 특징이다.

  이를테면 영국은 신사정신(gentlemanship)을 매우 존엄하게 여기
고 있으며, 신생 미국은 개척자 정신(prontiership)이 양키이즘이 되
고 있으며, 프랑스는 학예인(學藝人: elitemanship)의 자만심이 아직
도 대단하다. 독일은 게르만 정신(germanship)이 강하게 작용하고
있다. 이러한 민족 우월의식이 너무 지나칠 때는 히틀러와 같은 광기
(狂氣)로 발작될 때도 있었다. 이스라엘이 2천년간 흩어진 유태민족을
다시 결집하여 현재의 이스라엘 공화국을 건설할 수 있었던 것은 시온
니즘(zionism)이다. 여기에 탈무드의 교육정신도 큰 몫을 하고 있다.
일본은 무사도(samurai)가 있어 일본 국민을 하나로 결집할 수 있는
화혼(和魂)이 있다. 중국은 군자지도(君子之道)가 있다. 그렇다면 우
리 민족을 이처럼 지구촌의 한 떳떳한 주인공으로 존재케 하는 정신은
무엇인가. "은근과 끈기"의 민족인가 청초한 "선비정신"인가 아니면 풍
월도(風月道)인가, 이 문제에 대해서 필자는 앞글에서 한민족은 「한」
사상이라고 이미 규정한 바 있다. 그래서 「한」은 한국인의 심정이요,
사상이요, 마음이다. 흰 한복을 입고(白衣), 흰 밥(白飯)을 먹기를 즐
기며, 흰 산(白頭山)마루에서 「한」(桓)의 정기를 받으며, 흰 집(白灰)
에서 白壽(99才)를 누리며 면면히 살아온 하얀 씨알의 백민(白民)이

곧 한민족이다.

우리 민족의 기질에 대하여 여러 가지 정의를 내린 것이 있는데 그 중에서도 이광수의 "민족개조론"에 보면 「우리 민족은 천부적으로 호양부쟁(好讓不爭)이라」하였다. 중국은 우리나라를 예의지방(禮儀之邦)이라고 격찬하고 있다. 또 평화지민(平和之民)이라고도 칭하고 있다. 東邦氣仁, 君子國人이라고 칭찬의 글로 채워져 있다.

한국인은 결점도 많다. 조선조의 사색당파가 아직도 사당 사색론으로 이어져 신문이 오르내리고, 신라의 삼국통일이 당군의 지원을 받았듯이, 아직 남북통일은 미군의 힘에 의존하고 있는 우리의 자주심이 그만큼 허약하다는 증거이다. 우리는 민족 고유의 종교를 갖지 못한 채 외래종교의 경시장을 제공하였다. 고구려에 선인(仙人)이 있었고, 신라에 화랑이 있었고, 고려 때 까지만 해도 국선(國仙)이 있었는데, 내려오다가 외래사상에 떠밀려 없어진 것은 참으로 부끄러운 일이 아닐 수 없다. 근세에 와서 동학이요, 증산교육, 원불교요, 대종교(大宗敎)요 하지만 그것은 밖에 들어온 남의 사상을 이리 따고 저리 따서 섞어놓은 비빔밥이지 정말 우리 고유의 종교는 아니다.

우리 민족은 이렇듯 그 원형을 규명하기가 매우 어렵다. 인정이 많으면서도 너무 잔인한 면이 있는가 하면, 점잖으면서도 극성스럽고, 겸손한 면도 있으면서 교만하기 이를 데 없고, 대범하면서 참을성이 없으며, 애국지사도 많은 민족이지만 민족 반역자도 그만큼 많다. 자기와 생각을 달리하거나 말이나 행동이 자기의 마음에 들지 않는다고 배척하거나 미워하는 사고를 가진 자가 많다. 이런 것들이 아직도 우리 사회의 갈등의 원인을 분출시키는 장본인이다. 「공동체」라는 말을 요즘와서 많이 강조하는 이유도 공동체 밖에서는 공존(共存)할 수 있으나 공동체 안에서는 병존(倂存)할 수 없다는 극단주의적, 반민주적 사고가 팽배하고 있기 때문이다. 우리 민족이 一中多와 多中一의 「한」의 원류를 정확히 인식할 수 있다면 오늘의 산업사회의 다양성, 다원성, 다층성과도 쉽게 적용할 수 있게 된다. 생각이 다른 사람을 미워하거나 눈앞에서 없어지기를 원한다면 이는 농경사회의 울타리 안의 혈연적 부족 심리에서 깨어나지 못한 미분화적(未分化的) 존재는 될지언정 확장되는 삶의 터(field)에서 틀(frame)을 세우고 공존과 실존의 자기 탈속을 하기에는 거리가 멀다.

원융회통(圓融會通)의 묘법을 다시 터득하여 마음의 통풍장치를 하여 어떤 다른 종교인, 다른 지역인, 다른 사상인, 다른 이념체제인도 차별 없이 더불어 어울려 살아갈 수 있도록 마음의 벽을 허물고 살아야 한다. 우리 조상들의 아름다운 풍습이었던 계(契), 향약(鄕約), 두레와 같은 협동생활의 정신을 오늘의 공동체 생활의 규범 윤리로 되살리는 것도 바람직한 것이다. 세계사는 이제 대서양에서 태평양으로 옮겨지고 있다. 토인비도, 게오르규도, 타골도, 하비 콕스도 모두가 서세동점(西勢東漸)의 회귀(回歸)를 예언하였다. 그러므로 동양은 다시 창조적인 본래의 모습으로 복원하여 돌아가기를 서둘러야 한다.

7. 맺는 글

필자는 「한」을 중심으로 갈등의 한국적 개념인 한의 극복을 위해서 여러 면에 걸쳐서 한민족의 장점과 결점을 함께 보고자 하였다. 여기서 얻어진 결론은 한국인의 가능성, 잠재력, 그리고 진취성은 무한한 것이었다. 그러나 우리의 내부가 균열되어 서로 복수의 원을 품는다면 역사는 우리에게 가혹한 시련을 과거 역사의 어느 때보다도 크게 피학(被

虐)하리라는 예측을 하여 볼 수 있었다.

이제 한국인은 주체적 자기 정체성을 그 어느 때보다도 확실히 확립해야 할 때가 되었다. 그렇다고 해서 북한처럼 문을 걸어 잠그고 하향적 평등 경제를 강요하면서 주장하는 「주체사상」은 마치 인큐베이터 안의 신생아와 같아서 문을 열었을 때는 허무하게 무너지고 마는 것은 하나의 사상적, 철학 이전의 생물학적 원리이기 때문에 거부되어야 하지만, 그렇다고 문을 개방하였다고 하여 무엇이든지 다 받아들이기만 해도 된다는 말은 아니다. 언제나 민족의 자주적 중심사상은 고정되어 있어야 한다.

최근, 우리의 건국이념이며, 교육 목표인 「홍익인간(弘益人間)」의 이념을 없앤다는 말이 있다는 신문 보도를 보고, 이제 정말 국민 분열의 핵폭탄이 터지겠구나 하는 우려를 하지 않을 수 없었다. 민족사상의 구심점(求心點)이 흔들리면 이는 민족존립의 자존심 문제이지 국민 갈등의 문제가 아니다. 어떤 특정 종교를 비호 두둔하자는 의도는 추호도 없다. 단재(丹齊) 신채호는 무엇이라고 말했던가를 다시 음미하여 보고자 한다.

『우리 조선 사람은 항상 이해(利害) 이전에 진리를 생각하려 하므로 석가가 들어오면 조선의 석가가 되지 않고 석가의 조선이 되며, 공자가 들어오면 조선의 공자가 되지 않고 공자의 조선이 되며, 무슨 주의가 들어와도 조선의 주의가 되지 않고 주의의 조선이 되려 한다. 그리하여 도덕과 주의를 위하는 조선은 있고 조선을 위하는 도덕과 주의는 없다. 아―이것이 조선의 특색이냐, 특색이라면 특색이나 노예적 특색이다.』

참으로 국수주의자가 아닌 한 강직한 민족주의자의 일갈이다. 일본은 만약 석가나 예수가 하네다 공항에 입국한다면 여권이 없으면 일단 출입국 관리 위반 혐의로 구속한 뒤 그의 사상을 별도로 연구한다는 것이다.

일본과 대만은 그들 나름의 연력(年曆)을 쓰고 있어도 아무 생활의
불편을 모르고 사는데 우리는 단기 연력을 아는 학생은 가뭄에 콩이고,
애국가 4절은 형식뿐이고, 태극기의 내력을 알거나 설명할 수 있는 사
람은 전무상태이다. 이런 모든 것이 우리 것에 대한 업신여김에서 나온
자기비하의 교육부재의 한 현상이다.

한국인은 이제 한민족 원형사관(原形史觀)으로 돌아가 조상들의 화
합을 다시 재현할 수 있기를 바라는 마음 간절하다. 신라의 화백(和
白), 조선의 국호를 화령(和寧)으로 제정하여 화해를 지행 하는 점이
며, 원효의 화쟁(和諍)등은 모두 화합주의의 민족임을 시사하여 주고
있다.

한겨레가 이 땅에 뿌리를 내려 살기 시작한 것은 지금부터 70만 년
전 선사시대부터이며, 알려진 사료(史料)만도 3~4만 년 전까지 거슬
러 올라간다. 해외 교포까지 합해서 7천만 겨레가 핏줄을 이어가고 있
는 사실을 주목하면 떨어져서는 살지언정 갈라져 살거나 싸울 이유가
전혀 없다.

최근 중국은 천문학적 국가 예산을 투입하여 소위 「동북공정」이라는
프로젝트를 통하여 우리의 고구려사를 중국 지방사로 편입하려고 하고
있다. 이는 어쩌면 우리 스스로 상고사를 가르치지 않고 방치한 것에
대한 중국 측의 반사작용일진데 결국 우리가 저지른 자승자박의 결과
를 초래한 것에 불과하다.

이제 늦게나마 상고사(上古史)에 관심을 쏟는 학자들이 늘어나는 일
은 다행한 일이며, 이들이 중국을 학술 답사한 후 우리 역사를 다시 써
야겠다고 충격을 받은 것은 늦은 감은 있으나 한민족사의 재정립에 크
게 기여하리라고 기대한다.

XIX. 한국 여성의 직업과 성윤리

1. 문제 제기

「인간은 신에 의해서 평등하게 창조되었다.」는 고전적인 명제에 얽매이지 않더라도 모든 인간이 개체적인 인격으로 존중되고 정치·경제·사회·문화 등 제분야(諸分野)에서 그 능력을 자유롭게 발휘하여 사회 발전에 공헌(貢獻)할 수 있도록 법적, 제도적으로 뒷받침되어 있다면 그것은 매우 중요한 의미를 가진다.

따라서 현재 산업 사회를 이룩하거나 이루고 있는 모든 국가에서는 헌법적 차원에서 개인의 존엄성과 법 아래서의 평등에 대하여 규정하고 있을 뿐만 아니라 직업 선택의 자유, 교육을 받을 학습권리, 노동의 권리 등 헌법에 명문화된 국민의 남자와 여자라는 성적인 차별마저도 철폐한 후 동일하게 고용과 대우를 보장하고 있는 추세를 보이고 있다.

한국은 「남녀고용평등법」(1987년 10월 26일 제정, 1988년 4월 1일 시행)이 전문 23개 조항으로 공포를 보게 되었다. 오스트레일리아는 「성차별 금지법」(1984년 3월 21일 제가, 1984년 8월 1일 시행)이 116개 조항으로 자세하게 규정하고 있으며, 벨기에는 「경제 개혁법 제5편」 및 「헌법 제6조」에 근로 조건, 고용 기회, 직업 훈련, 승진, 자영업(self-employment)의 기회에 관한 남녀간의 균등대우(1978년 8월 4일 제정, 1978년 8월 27일 시행)를 규정하고 있다. 또한 캐나다는 「인권법(1978년 7월 14일 제정)에서 국적, 인종, 민족, 종교, 성별에 따른 일절의 차별을 금지하도록 세부 사항을 규정하고 있다. 그 외에 덴마크는 「고용에 관한 남녀평등 대우법」(1978년 4월 12일 제정, 1978년 7월 1일 시행), 영국은 「성차별금지법」(1975년 11월 제정, 1975년 12월 28일 시행), 이탈리아의 고용에서 「남녀평등 대우에 관한 법」(1977년 12월 9일 시행), 일본의 「남녀 고용 기회 균등법」(1985년 5월 17일 제정, 1986년 4월 1일 시행), 네덜란드의 「남녀 균등 대우법」(1980년 3월 1일 시행), 노르웨이의 「양성의 평의에 관한 법」(1978년 6월 9일 제정, 1979년 1월 1일 시행)이 각각 남녀 고용의 기회 균등을 부여하고 있음에 비추어 볼 때 우리나라도 다소 늦은 감은 있지만 비교적 산업화된 선진국 대열에 끼일 수 있다는 것은 남녀고용평등법이 지니는 사회・경제적 효력이 그만큼 크기 때문이다.

그러나 아직도 한국적 현실에 있어서는 여성이 지니고 있는 능력, 여성에 대한 편견, 남녀의 역할 분담에 따른 고정 관념 등이 우리 사회 전반에 만연되어 있을 뿐만 아니라 사람들의 의식에 뿌리 깊이 잔재하고 있어서 직업의 선택, 기회 부여와 직장 내에서의 급료・승진에 있어서 남녀평등은 아직도 허울에 지나지 않고 있는 실정이다. 물론 여기서 말하는 남녀평등이란 개념은 여성의 생리적 특수성을 감안한 상태에서 이해되어야 할 것이 전제되어야 한다.

우리나라는 지난 1960년대 이후 5차례에 걸친 경제 개발 계획 및 경제·사회 발전 계획의 성공적인 추진으로 급속한 경제 성장을 이루었는데 이것은 여성 및 청소년 노동력의 풍부한 공급이 큰 기여를 하였음은 누구도 부인할 수 없는 것이다.

1980년대에 접어들면서 여성으로 하여금 교육 기회의 확충으로 인하여 고학력 여성 노동력이 급증하는 추세를 보이고 있다. 이러한 여성 고급 인력이 사회의 잠재력으로 사장(死藏)되어 이들에게 적절한 고용 기회가 부여되지 않고 있는 것은 국가적으로도 큰 손실이 아닐 수 없다. 그 첫째가 교육비의 과투입으로 인한 여성 인력의 경제적 손실이며, 두 번째는 여러 가지 사회 병리적인 제현상의 원인이 되고 있다는 측면이다. 그리하여 전인구의 반을 차지하고 있는 여성 인력의 적절한 활용이야말로 국가 발전에 직결될 뿐만 아니라 특히 미혼 여성은 미래의 어머니 역할을 담당해야 하는 여성 자원이라는 측면에서 이들에게 올바른 가정관, 성(性)윤리관, 그리고 사회관 확립의 문제는 산업 사회의 도시화 현상과 관련하여 심각한 문제로 부각되고 있다.

따라서 여성 고용 구조와 관련하여 성윤리 의식의 급속한 퇴락화 현상을 분류하여 봄으로써 새로운 성 윤리관을 모색하는데 그 의의를 두고자 한다.

2. 한국 여성의 고용 구조(雇用構造)

㉠ 차별적 여성 고용의 실태

1962년 이후 4차례의 경제 개발 5개년을 통하여 우리 경제는 고도 성장을 이룩하였으며 이는 풍부한 여성 노동력의 공급에 크게 의존해 왔음을 앞장에서 지적하였다. 여성의 고용 인력은 도시 및 공단 중심의 제조업 분야에서의 미혼 여성 인력과 농어촌에서의 남성대체 노동력으로서의 기혼 여성의 활용은 거의 중노동에 가까우리만치 혹심하므로 우리 경제 성장의 중요한 원동력이 되었다. 그러나 이와 같은 여성의 노동 생산에 대한 기여는 막중함에도 불구하고 이에 대한 정당한 평가와 수혜는 매우 부족한 형편이며 이는 여성의 차별적 노동 평가에 기인하는 것이므로 우리 사회가 풀어야 할 과제이기도 하다.

1988년 현재 우리나라 여성 경제 활동 인구는 620만 명으로 전체 경제 활동 인구의 41%를 차지하고 있으며, 한편 여성의 경제 활동 참가율은 44.5%로 최근에 오면서 남자의 연평균 경제 활동 증가율을 앞서고 있는 추세를 보이고 있다. 여성의 산업별 취업 실태를 보면 농림 및 어업이 34.7%, 임업 및 제조업이 24.0%, 사회 간접 자본 및 서비스업이 48%를 상회하고 있다.

또한 여성 취업자의 직업별 구성을 보면 농림·어업 34%, 생산직 20.2%, 판매직 18.6%에 편중되어 있어, 전문 기술 및 행정관리직 4.1%, 사무직에 종사하고 있는 여성은 10.1%에 불과하다. 이와 같이 여성 취업자가 중상위직보다는 하위직과 단순 생산직에 집중되어 있는 것은 여성의 교육 수준의 향상과 모순 현상을 나타내고 있다. 특히 여성의 고등 교육 수학률의 증가와 경제생활 참가율의 폭발에도 불구하고 전체 여성 인구 증가율은 1960년대를 기점으로 점점 감소되어 1984년에는 1.57%의 수준에 놓여 있던 것이 1988년에는 1.40%로 감소하는 양상을 보이고 있다. 이러한 감소 추세로 보면 향후 서기 2000년에는 1.2% 수준으로 낮아질 전망이다. 반면에 전체적으로 여성의 경제 활동 증가율은 1964년도의 36.5%에서 지난 1988년의 43.6%로 무려 7.1%나 증가율을 보였다.

이들 대부분의 여성 고용 상황은 직업의 불안정성, 저학력, 저연령, 저임금 하위직의 집중 등으로 구조적 특징을 나타내고 있다. 한편으로 고용주로부터 의도적으로 여성의 고학력 기피 양상도 함께 나타나고 있어서 여성 인력의 불평등한 취업 구조와 활용 형태는 노동 시장 내외에 산재하는 성의 차별 의식에 그 원인을 두고 있다. 그러므로 이와 같은 취업 구조상의 모순을 제거하고 여성으로 하여금 평등한 고용 기회를 확대하기 위해서는 사회 직업 현장에 존재하는 각종 차별 장치를 철폐시킬 때만이 여성이 올바른 성역할(Sexual Role)에 따른 직업관이 확립된다. 또한 올바른 직업관이 확립될 때 성모랄에 대한 올바른 가치관이 내면화될 것이다. 성모랄에 대한 정확한 인식 없이는 참다운 인간화는 기대할 수 없다. 이러한 인간화의 자각이 없이는 반사회적 병리 현상은 더욱 증폭하게 될 것이며, 이는 결국 성의 상업적 도패화의 형태인 윤락(Prostitution)을 촉진하는 결과를 가져오게 된다.

ⓒ 남녀 고용 평등법의 제도적 장치

한국은 남녀 고용 평등법이 지난 1988년 4월 1일을 기하여 시행을 보게 되었다. 그러나 법 이전에 의식의 변화 없이는 여성 고용의 실효는 가시적으로 나타나지 않고 있는 실정이다. 구미선진국에서는 이미 60~70년대에 남녀평등 차별에 따른 금지의 법제화가 시작되어 전술한 바와 같이 현재 18개 국가에서 남녀 고용 평등법의 효력하에서 취업 및 근무를 하고 있다.

그러나 우리나라에서도 늦게나마 남녀 고용 평등법이 많은 문제를 내포한 채 87년 9월 정기 국회를 통과한 것은 참으로 다행한 일이 아닐 수 없다. 이 남녀 고용 평등법은 헌법의 평등 이념에 따라 직업의 선택·취업·고용에 있어서 남녀가 평등 기회와 대우를 법적 장치로써 그 기능과 입법 정신을 다할 뿐만 아니라 한편 모성을 보호하고 직업 능력을 개발하여 노동 여성의 지위 향상과 복리 증진에 기여함을 목적으로 총 6장 23조 6으로 구성되어 있다.

그러나 남녀고용 평등법이 제대로 정착되기도 전에 동법의 개정의 필요성을 여러 여성단체에서 제기하고 있다. 그 이유는 동법이 제정되어 국회를 통과하기까지 처음부터 여성 단체로부터 공청회나 의견 개진의 면밀한 검토를 거치지 못한 책임도 있지만 여성에 대한 차별적 사회 인식의 보수적 고루함이 이 법의 여러 가지 미비점을 창출하게 된 원인이 되어 온 것도 부인할 수 없는 문제점이 되었다. 따라서 현대 산업 사회에 있어서의 여성의 노동력은 산업 발전 및 복지 국가 건설에 지대한 공헌을 하여 왔다.

특히 우리나라에 있어서는 70~80년대 고도 경제 성장의 주역이 여성이었음은 누구도 부인할 수 없다. 그럼에도 불구하고 성장의 과실인 온갖 보상과 포상은 남성에게만 주어졌다. 그 대신 여성은 억압과 불평등한 대우를 감수하면서 산업 현장의 그늘에서 소외된 채 최저 생계비에도 못 미치는 임금을 받아 왔다. 이러한 여성에 대한 전반적인 구조적 모순을 제거하고 여성의 고용 기회를 확대하여 사회적 지위를 향상시키기에는 현행 노동기준법의 제5조로는 여성의 권익 옹호에 여러 가지로 미흡하였던 것이다.

사회적으로 남녀평등의 실현을 실질적으로 보장될 수 있는 여성의 사회적, 경제적, 그리고 인간적인 지위 강화를 위한 남녀 고용 평등법의 제정이야말로 시대적 요청인 동시에 사회적 산물이지 않을 수 없었다. 그럼에도 불구하고 현행 남녀 고용 평등법은 이러한 입법 정신을 충분히 반영하지 못한 것은 하나의 문제점이다. 즉 동법에는 동일 가치 노동과 동일 임금 보장의 규정이 누락되어 있는 점이다. 두 번째 성차별과 모성 보호에 대한 엄격한 규정이 명시되어 있지 않다는 것이다. 세 번째는 근로 조건 등 가장 핵심적인 임금에 있어서의 성차별 금지를 규정하지 못하였다는 점이다.

따라서 우리나라 여성 노동자는 남성의 절반에도 못 미치는 성차별

임금을 받고 있는 상황하에서는 여성으로 하여금 비정상적인 직업으로부터의 유혹을 뿌리칠 수 없게끔 하고 있다.

한국 부인회는 남녀 노동자 1107명을 대상으로 조사한 결과에 따르면 노동자 중에서 22%가 남녀 고용 평등법이 있는지 조차 모르는 것을 나타났으며, 채용, 승진, 퇴직에 있어서 51%가 남녀 차별이 있다고 응답하였다.

이와 같은 남녀간의 구조적 고용 차별을 개선하고 여성 자신의 건전한 직업관을 확립하기 위해서 시급히 시정·개선되어야 할 사항으로써 ① 모집 직종에 대한 성별 명시, ② 여성에 한해서 미혼 요구 철폐, ③ 남성보다 여성의 낮은 연령 요구 철폐, ④ 동일 조건(학력·경력)하의 남성보다 낮은 직급(지위) 채용, ⑤ 여성의 임금, 승급, 승진, 배치, 교육 훈련 등의 차별, ⑥ 여성의 조기 정년제, ⑦ 결혼과 동시에 퇴직 규정 철폐, ⑧ 생리휴가, 산전 산후휴가, 육아 시간, 근무 시간 등의 불규칙적 적용은 현실 사회에 걸맞은 수준으로, 개선 보완되어야 한다. 그러기 위해서 동법이 효과적으로 정착되려면 정부의 제도적 보장 장치가 마련되어야 하며 동시에 여성의 충실한 업무 수행 능력의 겸비와 함께 사업주의 의식 전환이 뒤따라야 한다.

3. 한국 사회의 윤락 여성 구조

㉠ 윤락의 사회·경제적 성격

어느 사회를 막론하고 산업 사회로 들어오면 도시화(Urbanization)가 따르게 마련이며 도시화와 산업화는 이제까지의 대면적 인간관계에서 익명성(Anonymity)의 인간관계로 전환되면서 범죄가 급증하는 현상을 보이는 것이 일반적이다. 그 많은 범죄 중에서 성범죄·성폭력이 가장 두드러진 현상을 보인다. 따라서 윤락 행위가 구성이 되느냐 안 되느냐 하는 문제가 제기되지 않을 수 없다. 또한 직업윤리 정신에서 볼 때 윤락 행위가 직업으로 공인 받을 수 있느냐 없느냐 하는 문제와 나아가 직종구분상 어디에 해당하느냐의 문제가 논의되어야 한다. 따라서 윤락은 현대 사회가 안고 있는 필요악일 수밖에 없다고 보는 입장에 선다면 윤락의 개념 규정을 좀 더 정확히 하여 둘 필요가 있다.

우선 윤락(Prostitution)을 매춘 또는 매매춘으로 정의하고 있는 경우이다. Prostitution의 어원은 아테네에서 매물이란 의미의 Prostare에서 나왔다. 이는 또 독일어의 Prostitution 즉 "앞에 놓음"이란 의미로서 '제공', '저당', '담보'의 의미를 담고 있다. 이 경우에는 성을 상품화하여 판매하는 행위를 중심으로 보는 견해이다. 물론 이때의 성의 판매는 수요 공급의 경제적 원리에 따라서 상품화된 것이기 때문에 매매춘이라 불러야 마땅하다. 따라서 매매춘의 문제는 여성의 문제로 한정해서 취급할 대상은 못된다.

다음으로 윤락의 법적 정의에 따른 개념이다. 성적 서비스의 대가로써 금전의 수수 여부에 초점을 둔다. 따라서 성의 상품화가 아닌 성행위에 대해서는 법적으로 제재를 가하지 않는다는 입장이다. 우리나라 "윤락 행위 등 방지법" 제 2조의 용어 정의를 보면 '본법에서 윤락 행위라 함은 불특정인으로부터 금전 및 기타 재산성의 이익을 수수하는 약속을 하거나 기타 영리의 목적으로 성행위를 하는 것을 말한다'고 규정하고 있다. 또 국어사전에는 윤락, 매춘, 접대부, 창녀 등에 대해서 "여자가 도덕적으로 퇴폐하여 몸을 망치게 되는 타락한 상태에 빠지거나 또는 몸을 파는 것을 업으로 삼는 여자" 정도의 유사한 의미로 사용하고 있다.

그러나 비록 금전의 수수는 없다 할지라도 사회적으로 인정된 배우자 이외의 상대와 무차별적으로 성행위를 하거나, 반복적으로 아무런 정서적 교감이 없이 무절제한 성행위가 자행될 경우에는 법적, 사회적 제도가 가해질 수 있음을 내포하고 있다.

한국에 있어서 윤락행위(업)는 정당한 직업으로 인정받지 못하고 있으며 우리의 전통적인 성 윤리관에 위배되는 것으로 규정하고 있다. 1961년에 정부가 공창제를 만들려고 하였을 때 "공창제는 정부 스스로가 매매춘 행위를 인정하는 것이고 이는 여성에 대한 인권을 유린하며 모독적 발상이다"라는 강력한 반발에 부딪쳐서 결국 없어지게 되었다. 그 대신 법률 제771호로 공포한 '윤락 행위 등 방지법'이 제정되기에 이르렀다. 즉 동법에 의하면 '윤락 행위란 불 특정인으로부터 금액 기타 재산성의 이익을 수수 또는 약속을 하거나 기타 영리의 목적으로 성 행위를 하는 것'으로 규정하고 있다. 이와 같이 윤락 문제에 대한 정부의 대한 정부의 입장도 갈팡질팡의 정책 부재의 현상을 보이고 있다.

이와는 달리 서구의 경우는 접대부를 통칭 Hostess 또는 Service girl로 호칭되어 하나의 떳떳한 직업의식을 가지고 있으며 접대부 자신들도 직업적인 자긍심을 가지고 종사하고 있다. 그러나 남녀의 성문화(Sexual Culture)가 보수적인 한국에서의 윤락 행위는 아직도 하나의 직업으로 규정하기보다는 자신과 사회 모두가 떳떳하지 못한 것으로 인식하고 있을 뿐만 아니라 이는 최근의 인신매매, 성폭행 등의 문제와 결부하여 사회 문제의 커다란 암적 요소로 간주되고 있다.

인간의 성이 매매춘이라는 형태로 왜곡되는 현실을 사회 구조적인 시각에서 파악해야 한다는 입장에서 본다면 여성 위주의 도덕적 타락과 가치관의 혼란에서 이루어진다는 남녀 권위주의적인 사고방식이 존재하는 한 실질적인 매춘의 수요자인 남성의 역할에 대해서는 관대한 사회 풍토인데 대해서 윤락의 책임 소재는 남녀 공범 관계일 수밖에 없다. 또한 강간(Rape)에 대해서 여자의 책임을 강조하는 것이라든가 지난 87년 강간범에 대한 기소율은 35.6%로 살인, 강도 등 기타 강력범 기소

율에 비해서 절반 정도에 불과했다. 특히 재판 과정에서 신문을 할 때도 피해자인 여성이 노출이 심한 옷을 입으므로 강간 유발 여부, 반항의 정도, 피해자의 평소의 품행, 성경험의 유무 등 직접 강간과 상관없는 일에 집중하므로 피해 여성을 또 한번 강간당하게 만든다고 지적함으로써 성폭행에 대하여 남성에 지나친 관대한 풍토가 커다란 문제점이라고 하였다.

비록 부부 사이라 할지라도 강제에 의한 성관계는 넓은 의미에 있어서 강간으로 간주하고 있는데도 불구하고 '부부 사이의 강제 관계는 강간이 아니다'는 통념이 남성의 일반화된 의식이라는 데서 남성에 대한 성교육의 필요성을 지적하고 있다.

ⓛ 여성의 윤락화 과정

여성의 윤락화 과정은 다양한 경로를 보이고 있다. 우선 수입 면에서 보면 직공(26%), 식모(12%), 가사(무직 11%), 회사원, 요식업 종사자, 미용사, 소수 학생, 점원 등의 순으로 대부분의 여성이 직종, 보수, 사회 지위가 낮은 계층의 신분임을 보여주고 있다. 또한 시대별로는 60년대는 가사 종사자가 많다가 60년대 후반에는 식모와 여공의 비중이 높아지며 70년대 후반부터는 직공과 접대부의 비중이 월등하게 높아지는 추세를 보이고 있다.

이와 같이 여성의 저임금, 저신분, 저직종의 삼저 종사자가 윤락률이 높은 것은 그만큼 상대적으로 저임금으로부터의 착취, 저 신분으로부터의 열악한 대우, 저 직종으로부터 혹사를 고용주 및 사회로부터 당하고 있음을 반증으로 보여주고 있다.

한편 윤락 여성의 윤락 전의 수입을 보면(화폐 가치의 변동으로 현재와 비교하기는 어렵지만 1968년 당시 월 2,000원 이하가 42%를 차지하고 있으며, 윤락 후에는 월 6,000원~10,000원 이상으로 증액되었다. 따라서 여성의 윤락 동기 중에서 가장 큰 이유는 경제적으로 생활고와 가족 부양이 60.1%를 차지하고 있다. 두 번째 윤락 동기는 가정 불화 및 가족의 학대가 14.1%, 이성 문제로 시련, 결혼 실패, 성적 불만을 포함한 동거 생활, 임신의 수치가 14%, 기타 유인, 유감, 직업 소개소, 호기심, 허영, 일하기 싫음, 자포자기, 강제 등 복합적인 요인의 동기가 심리적으로 또는 내외 환경상으로 작용하고 있음을 보여주고 있다.

그러므로 가정불화는 가출 이유를 제공하게 되며, 가정불화 중에서 경제적 문제는 청소년들에게 심리적 충격을 주는 중요한 원인이 되고 있다. 즉 윤락행위를 처음 시작한 나이가 24세 미만이 81.8%로 나타나는 것을 보아도 가정의 평화스러운 분위기는 청소년의 가출을 막는 동시에 윤락의 길을 방지하게 된다. 또한 윤락 여성의 90% 정도는 가출시에 가족에게 통고하지 않는 셈이며, 연령은 점차로 낮아지는 추세를 보이고 있으며, 윤락 경과 기간은 2~3년이 41.5%로 나타났다.

여성의 윤락 경로(「윤락 과정의 경로 및 구조」 그림 참조)를 보면 부모의 성적 탈선, 가족 결손, 가정 빈곤, 저학력, 저신분, 저소득의 가정적인 배경으로 인하여 가정의 결손을 방지하는 것이 윤락의 전략화를 방지하는 것이며 나아가 보다 적극적으로 가정교육과 사회 교육이 연계적으로 노력해야 한다. 무엇보다도 여성의 고용을 위한 구직 조직이 윤락으로 연결되지 않도록 사회의 구조적인 경로(Route)를 차단하는 일도 매우 중요한 메커니즘이 되고 있다.

최근 가정 법률 상담소에 접수된 부부의 이혼 소송 가운데 결혼한지 3년 미만이 되는 부부가 전체의 67%의 차지한다고 하며 또 그 중 대한 이혼 결심의 이유로는 상대방의 부정이 절대 다수를 차지한다고 하였다. 물론 이때 상대방이라 할 때는 여성만을 가리킬 수는 없다. 사회 통념으로 간주되면서 여성은 반사적 억압으로부터 외출의 길을 넓혀 놓게 되었다. 따라서 부부 함께 가정 윤리를 확립할 필요가 있다.

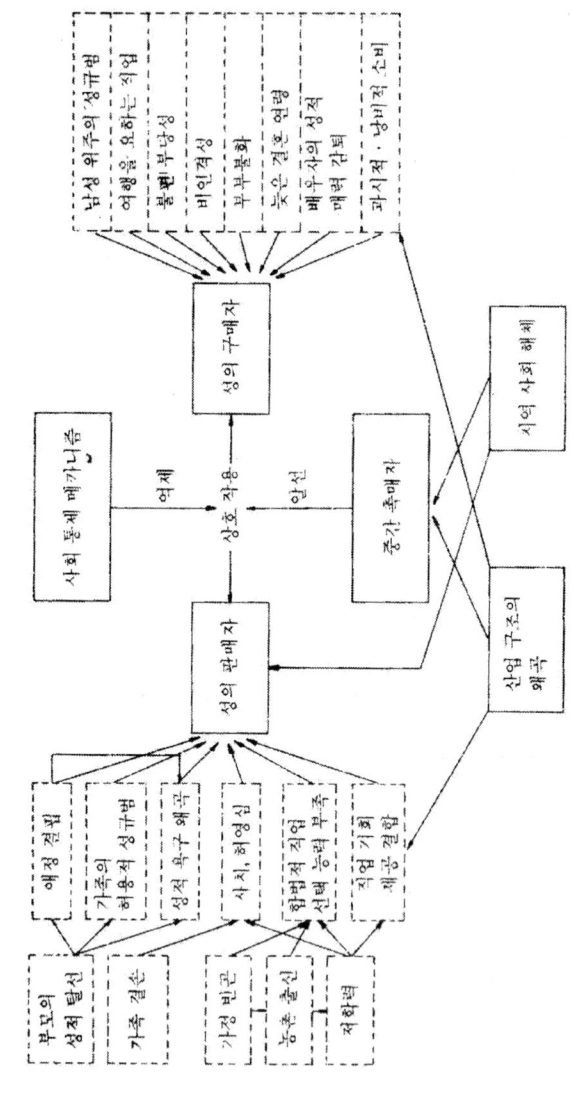

윤락 과정의 경로 및 구조

출처: 拙稿, 여성의 고용 구조와 윤락 여성(광장 '89. 4)

4. 윤락 산업의 경과 실태

㉠. 윤락 산업의 사회적 유발

최근 우리 사회가 안고 있는 문제 중에 향락 산업의 급증, 인신매매의 성행, 가정 파괴범의 극단화 현상이 일어나고 있다. 왜 이러한 단말마적인 범죄가 일어나고 있는지를 사회적인 맥락 속에서 알 필요가 있다. 일반적인 맥락에서 본다면 산업 사회의 진입 초기에 일어나는 황금만능주의, 불로 한탕주의, 인간 경시 풍조 등의 복합적인 원인일 수 있다. 그러나 왜 이러한 부도덕한 사회악이 만연하게 되는가의 보다 심층적인 근원은 인간의 양심의 포기에서 연유한다. 인간 양심의 포기는 정치의 부정의와 도덕 가치의 하위화가 결합되어 사회의 상층부를 덮고 있는 데서 악의 독버섯이 만연하게 되었다.

지금 우리나라의 윤락 조직이나 윤락 산업의 실태를 정확히 파악된 통계를 접하기가 매우 어려운 실정이다. 윤락에 대해 본격적인 연구가 시작되기는 1968년의 홍진옥의 「우리나라 윤락여성에 관한 연구」가 시작되면서 지금은 석사 논문의 수준만도 무려 30여 편에 이르고 있다. 특히 1989년 강영수는 「한국 사회의 매매춘에 관한 연구」의 석사 논문을 서울 용산역 주변의 매매춘 지역을 현장 조사를 겸한 매춘 여성의 사례연구를 통하여 이들의 형성 경로 및 사회·경제적 상태를 실제적으로 살펴보았다는 측면에서 살아 있는 논문으로 평가할 수 있다. 그에 의하면 최근의 우리나라 산업구조는 제3차 산업 부문에 크게 의존하고 있으며 이러한 현상은 불황에 따른 산업조정의 영향도 작용했지만 그보다는 노동 집적적인 공업화가 한계에 부딪침에 따라 자본 집약적 중화학 공업화로서 전환에 따른 고용효과의 감퇴가 서비스 부문의 고용을 촉발시키는 원인으로 보고 있다. 이러한 서비스 부문의 종사자는 심리적으로 고용이 불안정성, 영구 직업으로의 불확실성, 높은 이동성으로 인하여 그들의 수입의 대분이 단기적으로 쓰임으로 낭비성, 퇴폐성, 향락성이 내포되어 있어 급기야는 문화적, 정신적 타락까지도 조장하게 되는 원인으로 보고 있다. 물론 이러한 산업 사회형 윤락(Industrial Society Type Prostitution)이 사회적 윤락 유발의 전부는 아니다. 우리나라의 경우는 6·25 전쟁을 겪는 후 노동력의 상실 및 미망인의 증가, 외국군의 주둔, 사회적 격변의 어려움의 가중으로 매매춘 행위는 더욱 증폭되는 결과를 가져온 것도 사실이다. 이를 궁핍 사회형 윤락(Destitutional Society Type Prostitution)이라 할 수 있다. 이러한 사회적 유인 체계에 의하여 급증된 윤락현상은 사회악 일소의 차원에서 1961년 11월 군사혁명 정부에 의하여 「윤락 행위 등 방지법」이 제정·공포되었으며 뒤이어 1969년 응급 구호적인 시설 수용에서 예방 및 자립 갱생을 도모하는 사업으로 전환하여 부녀 보호소, 직업 보도소, 직업훈련원, 부녀 상담소 등을 운영하게 되었다.

윤락의 사회적 수발은 「궁핍과 낭비」라는 두 가지 극단적 양상에서 배태되는 커다란 이유를 지니고도 있지만 무엇보다도 남성 중심의 가부장적 문화하의 「매매춘의 필요악」이라는 가능 논리가 지배하는 여성의 성은 상품으로 승인하는 근거를 마련하게 될 것이다.

○. 윤락 산업의 실태

1968년 보사부 자료에 의하면 전국적으로 포주 1인당 10인의 윤락여성이 있는 것으로 되어 있다. 포주는 2,237명에 윤락여성은 22,670명으로 집계하고 있다. 포주는 윤락 여성의 신상에 대하여 크나큰 권한을 가지고 지배하며 날로 증가하는 인신 매매 행위를 공공연히 자행하고 있다. 그 결과 윤락 여성의 46% 이상이 포주의 위협 때문에 윤락가를 떠날 수 없다는 대답을 하고 있다.

이와 같이 강압적인 포주 밑에서 윤락 행위를 강요당하고 있는 여성들의 73%가 포주를 증오하고 있는 것으로 나타나고 있다. 그 외에도 윤락 여성은 애인, 깡패, 중개자, 매개자 등으로부터 3중, 4중의 정신적 육체적 고통을 당하며 또한 경제적 착취를 감내하고 있다. 윤락 여성이 점차적으로 증가하고 있는 앞의 윤락의 사회적 요인에도 그 원인이 크지만 자기 자신의 책임도 크다. 농촌 여성이 아무런 연고 없이 무작정 도시에로 가출하여 이질적인 도시 환경에 적응하지 못하고 윤락화되어 버린 경우가 많기 때문이다.

한편 1970년대 이후 정부가 외화 획득을 위해 정책적으로 기생 관광을 장려하였다는 사실이라든가 1980년대 이후 하루아침에 부동산으로 갑작스런 돈을 만지게 된 졸부가 산업 생산에 투자하기보다는 접객·유흥 서비스업에 집중 투자함으로써 향락 산업이 이상 비대하게 확장된 데도 정부가 매춘 산업을 간접적으로 조장한 책임을 면할 수 없다. 윤락 산업의 또 하나의 번창 원인은 열악한 저임금에 시달려 온 여성이 공장을 가려 하니 임금이 너무 적고, 향락 산업에 가려니 사회적 눈초리가 매서워서 갈등의 갈림길에서 서성이다가 '공순이나 기생이나 천대받기는 마찬가지인데 공순이보다는 목돈을 모을 수 있다는 안일한 사고가 성윤리 의식의 퇴락을 가속화시키게 되었다.'

사실 향락 산업에 종사하는 남녀는 대부분 월급은 명목뿐이고, 팁에 전적으로 의존하고 있다. 제조업체의 여성 노동자의 하루 일당은 3천 원을 상회하기가 어려우나 윤락 산업에 종사하는 여성의 한달 평균 수입은 80만 원, 룸살롱은 87~88만 원, 나이트클럽은 89만 원, 요정 기생 49~50만 원, 면도사 35만 원, 기타 맥주홀, 극장식 식당, 바, 사롱, 요정, 카바레, 사우나탕, 터키탕 등의 유흥 산업에도 정도의 차이는 있으나 대체로 생산 및 제조업의 임금의 배 이상을 상회한다.

최근 한국은행은 향락 산업에 소비되는 돈을 산출하는 방법으로 「무급 종업원 수×유급 종업원의 월평균 임금×12개월=약 1,184억 원」을 산출해 냈고 현대 사회 연구소에서는 1983년 기준으로 「무급 종업원 수×1일 평균 팁×월평균 근무 일수×12개월=약 1,992억 원」을 산출하였는데 이로부터 6년이 지난 1989년 현재의 인플레 금액을 추계한다면 약 3,500억 원이 소비된다.

그런데 향락 산업은 일반 산업과 경기 면에서 역기능적인 현상이 일어나고 있다. 즉 다른 산업은 수출 부진, 노사 분규 등으로 경기지수가 하향 곡선을 긋고 있는 반면 호화 향락 산업은 지속적인 호황을 누리고 있어 매우 기형적인 대조를 이루고 있다. 룸살롱의 경우 4명이 1회 이용 시 평균 50만 1천 7백 원이 드는 것으로 이는 1인당으로 계산하면 12만 5천 4백 원인 셈이다. 이는 도시 근로자 평균 임금 63만 1천 4백 50원에 비하면 룸살롱 1인 1회 이용 가격은 약 20%에 해당되는 것으로 정상적인 수입으로 향락 업소의 출입은 불가능한 형편이다. 더구나 이 조사는 중간 수준의 업소를 대상으로 한 것인 만큼 향락 농도가 짙은 호화 업소의 이용 가격은 더 높다는 추측이 가능하다.

윤락 여성이 생산업에 종사하는 것보다 고소득인데도 불구하고 경제적 독립이 어려운 조건이 것은 그들의 주소득이 대부분 월급제가 아니라 팁이나 윤락 행위에 화대에 전적으로 의존하고 있는 구조적 부조리에도 원인이 있지만, 또한 수입금을 포주와 반분하는 경우가 94%, 방값, 밥값을 공제한 후 반분하는 경우가 4% 기타 2%로 나타나고 있어 윤락 여성의 경제적 자립은 거의 불가능한 상태이다.

또한 수입 중 본인의 생활비, 지불을 제외한 사용도를 보면 가정생계비가 45.3%, 저축이 51.5%로 비교적 건전한 지출을 하고 구조적 착취성만 제거한다면 윤락 생활의 기간은 훨씬 단축될 가능성이 있다. 이들의 장래 희망을 묻는 말에 대하여 '조그마한 사업을 하고 싶다 27.9%', '결혼을 해야 한다 20.0%, '떳떳한 일이면 무엇이든 하고 싶다 14.3%, '기술을 배우고 싶다 7.5%, 공부를 하고 싶다는 반응도 3.7%에 달하고 있어 이들에게 사회 정책적인 뒷받침을 마련하여 준다면 얼마든지 윤락의 길에서 윤리적 생활로 전환할 수 있을 것으로 보아 오히려 유한(有閑)부인의 향락적인 과잉 소비 지출이 사회문제화 되고 있는 현실과 묘한 대조를 이루고 있다.

그러므로 현재 한국 사회의 윤락 여성은 사회 구조적 모순과 질곡에 포로가 되어 있으며, 법률상의 공동 정범이 포주에게 부채를 지게 되어 이를 갚지 못하여 인질 상태에서 생존권을 유린당하고 있다. 이러한 한국적 특성의 윤락 여성이야말로 가장 비인간적인 육체적, 정신적 파괴, 착취라는 점에서 이는 인류적 차원에서 그 원인을 해소시켜 보다 건전한 사회 직업윤리의 확립이 이루어져야 한다.

다음으로 또 하나의 윤락 산업의 기능을 띄우고 있는 것을 전국 20여 도시에 산재하여 있는 4만 명의 미군을 상대로 하고 있는 소위 기지촌 여성이 1만~4만 명으로 추산하고 있으며, 이들은 경제적 이유에서 윤락 행위를 하기 보다는 '국제결혼'이라는 요행을 잡아 낯모르는 미국에 가서 새 삶을 시작하겠다는 실낱 같은 희망에 매달려 질곡의 기지촌 생활을 하고 있다.

그 다음으로 1982년 정부에서 "제주도 종합 관광 개발 계획"이 확정되면서 1일에 내·외국인을 합쳐서 1만 2천 명 정도가 노비자(NO VISA)로 제주도에 들어오고 있다. 그런데 이들 관광객의 85%가 여행사가 제시하는 '기생 관광'의 여행 코스를 경험하고 있다. 제주도에서 경영하는 요정은 다른 곳과는 달리 기업화가 되어 있으며 한 요정마다 100~150명씩 접대부가 합숙을 하고 있다. 이곳 관광 요정의 주인은 주 지역 저명인사로써 공개적으로 권력의 배경을 행사하고 있다. 기생 관광 접대부가 성수기 때 모자라면 다음 순서로 콜걸이 대기하고 있다가 전화를 받고 매매춘하기 위하여 나간다. 따라서 제주도의 기생 관광은 곧 매매춘 관광이요, 이는 정부의 비호하에 여성이 성을 공개적으로 상품화한 조치라는 측면에서 정부의 도덕성을 의심케 하고 있다.

ⓒ. 윤락에 대한 사회적 책임

윤락의 성격을 크게 두 가지로 나누어 생각할 수 있다. 즉 전통형 윤락과, 산업형 윤락이다. 먼저 윤락이라 함은 양공주, 기지촌 여성, 청량리 588, 천호동, 미아리, 영등포 등 집단적으로 모여 윤락녀와 포주와의 인신매매의 관계에 묶여 있는 흔히 창녀라 불리는 분류가 이에 속한다. 이들은 산업형 윤락과는 그 발생과 배경이 기본적으로 달리하고 있다. 이들이 윤락으로 전락되기까지의 가장 큰 원인은 앞에서도 언급되었듯이 절대 빈곤 상태에서 저학력, 저소득이라는 소위 '3저 여성'이다. 이들은 아무리 매춘을 하여도 이 '3저'를 벗어날 수 없을 뿐만 아니라 포주와의 채무 관계의 누적(累積)으로 인하여 더욱 몸·마음·돈의 상처가 깊어질 뿐이다.

반면에 산업형 윤락의 발생은 사회가 산업화되면서 자연히 1, 2차 산업이 줄어들고 3차 산업의 서비스 업종이 발달되면서 직업의 분포를 변동시켜 놓게 되었다. 즉 관광, 접객, 도시 집중, 향락과 같은 산업 사회의 부산물로 등장한 것이 윤락의 간접적인 배경이 되고 있다. 이를테면 호스티스, 안마사, 면도사, 마사지걸, 기생, 바걸, 접대부 등이 생겨나면서 여기에 엄연한 직업여성의 진로가 열리게 되었다. 그런데 어떻게 하여서 이러한 직업을 가진 여성이 윤락 행위를 자의 또는 타의적으로 유혹이나 강요를 받게 된다는 사회 인식이 통념적으로 만연되게 되었는가 하는 것이 새로운 사회 윤리적 관심이 되지 않을 수 없었다. 마치 서비스업에 종사하는 여성이 잠재적 매춘자로 취급하기에 이른데 대한 사회적 책임 윤리가 제기되게 되었다. 현재 산업형 윤락 직종에 종사하고 있는 숫자는 80만~100만 명을 추정하고 있는 바 이들에 대한 사회 인식의 굴절을 바로잡는 일이 시급한 것이다. 그렇지 않고는 결국 우리 산업 구조의 왜곡과 파행으로 인하여 산업형 윤락은 더욱 확장 일로를 걷고 있을 뿐이다.

그러므로 매춘 여성을 줄이는 길은 완전 고용의 기회를 확대하여 여성 자신으로 하여금 자각의 눈을 뜨게 하여 올바른 성윤리 의식이 내면화된 연후에 직업관의 확립이 단계적으로 확립되어야 한다. 그 다음으로 정부도 이제는 경제 성장이란 미명하에 방치됐던 각종 유흥 업종, 향락 산업, 불건전한 서비스업 등과 같은 여성의 성 상품화를 촉발하는 소지를 적극 규제하는 정책이 함께 병행되어 사회 분위기를 정화하여 여론을 환기시킬 필요가 있다.

그러기 위해서 최근에 논의되고 있는 '남녀 고용 평등법'의 개정 내용에 포주의 착취 및 채권을 근절시킬 대책을 법적으로 뒷받침하는 일과 모든 산업형 윤락 가능 업종을 개방화함으로써 양성화된 직업군으로 정착시키는 행정적 계도가 있어야 한다. 동시에 매춘자와 함께 매춘자, 중간매자에 대한 처벌 규정도 강화할 필요가 있다. 또한 규제하 동시에 여성으로 하여금 신체적으로 감내하기 어려운 노동이나 격무로부터 받는 스트레스는 건전한 레크리에이션을 통해 해소할 수 있도록 공공 문화 센터의 확충, 최근 서울시에서 설치한 '청소년 디스코장'과 같은 것을 더욱 생활화시켜 그들의 성윤리를 바르게 인식할 수 있도록 훈련하게 한다.

ㄹ. 윤락화의 방지를 위한 교육적 정향(定向)

우리의 윤락 산업의 형태가 어떠하든 간에 윤락인은 날로 증가하는 추세를 보이며 이에 대한 사회적 책임은 더욱 가중되고 있을 뿐만 아니라 무엇보다도 교육적 처방이 있어야 할 것이다. 따라서 이러한 윤락화의 방지를 위해서 가정교육, 문화 정신 및 심리적 교육이 협동적으로 이루어져야 하는 노력이 전제되어야 한다. 오늘날 우리 사회는 구성원 전체가 문화적과 갈등과 가치 기준의 혼란의 시대를 살아가고 있다. 도구적 수단의 지식만을 추구하는 교육 풍토가 지속되는 한 다른 여타의 가치 덕목은 자리할 틈이 없는 것은 당연한 귀결이다.

88년에 우리나라는 '88 올림픽'을 훌륭히 치러 낸 선진 문화국임을 내외에 자랑하였다. 그러나 그와 동시에 '아기 수출국'으로 세계 제1위라는 치욕적인 불명예를 동시에 감수하게 되었다. 지난 80년부터 88년까지 버려진 기아, 잃어버린 미아가 년 평균 1만 3천명에 가까운 10만 5천 3백 26명에 달하며 이 가운데 56%인 6만 2천 3백 12명이 해외 입양(일명 아기 수출)되었다. 이들 입양아의 61%의 미혼모에 의해서 탄생되어 버려졌다는 사실이다. 이들 미혼모의 84.6%가 대다수가 15세~24세의 청소년층이며, 58%가 공단에 근무하는 생산직 근로자가 차지하고 있으며 사무직 및 학생도 29.9%를 차지하고 있는 것으로 나타났다.

이러한 미혼모의 발생은 윤락 못지않게 사회·교육적 대책의 수립이 요구되고 있다. 88년 올림픽 기간 중에 미국의 'Progressive'지는 '한국이 아기 수출이라는 특수 산업을 통해 연간 2천만 달러의 외화를 벌어들이고 있다'고 쓰고 있으며, 또 영국의 'Daily Telegraph'지는 '한국이 올림픽 기간 중에 중단했던 베이비 무역(Baby Trade)을 재개했다'며 '정해진 입양 요금의 2~3배로 주겠다는 제의 등 입양 신청이 쇄도하고 있다' 등의 근거 있는 자료를 인용하여 보도를 접하노라면 우리는 참으로 성윤리 의식의 자괴와 모멸감을 감출 수 없다.

여기서 분명한 사실은 미혼모의 발생 원인과 윤락녀의 발생 원인은 유사한 사회·가정·개인적인 배경을 지니고 있다는 것이다. 즉 저학력, 저소득, 저신분이라는 3저의 배경이 같은 것 외에도 결손 가족, 부모의 보수적인 성태도 및 성의식, 폐쇄적인 가부장적 권위주의, 불량한 친우와의 교제, 성지식에 대한 무지, 자아 정체감의 부정 등이 미혼모 발생률을 높여 주고 있다.

미혼모 발생에 대한 사회교육적 대책

발생 요인	세 부 요 인	대 책	세 부 대 책
사회 구조적	―가치관 혼돈	성윤리관 정립	• 사회 일반의 성의식 변화 유도
			• 성교육 실시 대상의 범위 확대
	―성역할 변화 ―대중매체의 영향	―사회적 책임감 형성	• 자발적인 참여 유도 • 사회 운동 캠페인
	―제도적 장치의 미비	―매스컴의 교육적 기능 강화 ―제도적 조건 정비	• 공익 광고 • 청소년 대상 정규 프로그램 확대 방영 • 여성 관련 행정 조직의 강화 • 관련 법률의 정비 • 부녀 상담소의 확충
가족 요인	―결손 가족	―가족 기능 강화	• 가족 상담 제도의 다원화·전문화
			• 저소득 및 결손 가정에 대한 지원 강화
	―부모의 폐쇄적 성태도 ―저소득 수준	―부모 성교육 ―경제적 지원	• 부모 교육 강화
개인적 요인	―성지식 결여 (낮은 교육 수준)	―청소년 성교육	• 학교 및 기관 성교육의 개선
			┌ 성교육 종합 전담 기구의 설치 ├ 학생 생활 지도 체제의 확립 ├ 교사 자질 향상 └ 교육 내용 및 방법의 다양화
		―자아 기능 강화	
	―자아 정체감의 불안정 대인 관계	―사회 적응 능력 개발	• 상담 및 청소년 활동 프로그램의 전문화
			• 지역 사회 기관의 기능 활성화
			┌ 민간단체의 활성화 ├ 지역 사회 기관의 연계 통로 결성과 활성화 └ 지역 사회 시설의 개방

출처: 여성 연구(제5권 제4호), 한국 여성 개발원, 1987, p.51.

이와 같은 성윤리 의식의 퇴락화에 대하여 보다 가시적인 사회 교육적 정책 대안으로서 우선 법률 개정 조치로서 28년 전에 개정된「윤락 행위 등 방지법」을 법률 명칭부터 현실에 맞도록「매매음 방지법」으로 적극적인 표현으로 고쳐서 이번 89년 9월 정기 국회에 상정하는 일이다. 그 개정의 주요 삽입 내용으로 "금지 행위 유형의 벌칙 강화"뿐만 아니라 특히 매매음(종래의 매매춘이 아님)의 문제가 단순히 성을 여성 개인의 윤리적 문제가 아니라 '사고파는' 사회 구조적 차원이 모든 사회 구성원 전체의 문제임을 부각시키고 있는 것이 되어야 할 것이다.

5. 결 론

이제 한국 사회의 윤락화 문제, 미혼모 문제, 성폭력화 문제는 엄연한 현실 문제로서 일시적 개탄이나 자가 비판만으로 해결될 수 없다. 인간의 자제력을 키울 각 개인의 도덕심의 제고와 병행하여 우리 사회의 우리 사회의 자생적 도덕성 회복 운동이 일어나야 한다. 그래서 윤락 문제와 미혼모가 버린 기아(棄兒) 문제는 사회적 차원의 임금 의식으로 임하는 사회 복지 체제의 구축이 뒤따라야 한다.

성윤리 문제는 개인의 성의식이 어떠한가도 문제이지만 이러한 퇴폐 사회 병리 현상을 방치하는 국가의 비도덕성도 함께 추궁되어야 한다. 인류의 존폐를 좌우하는 AIDS문제를 보다 근원적으로 퇴치하기 위해서 성에 대한 올바른 계도를 위해서, 각종 대중 매체인 잡지, TV, VIDEO, 음란 인쇄물 등이 철저한 사회책임 의식하에 교육 기능을 담당해야 한다. 오늘날 여성의 윤락화 문제(물론 남성까지도 포함해서)

를 차별적인 고용 문제와 결부시켜 보는 것만이 문제를 거시적으로 지적하는 것은 못된다. 급변하는 산업 사회에서 파생되는 각종 황금만능 풍조와 천박한 대중문화의 범람이 성도덕을 더욱 퇴락시키는 사회문화적 환경임을 지적할 수 있다.

성역할에 대한 가치관 검사 연구에 의하면, 경제적으로나 성적으로 가장 열악한 위치에 있는 빈곤층 여성은 중산층 여성을 준거 집단(Reference Group)으로 삼아 '일할 필요가 없는 팔자 좋은 가정주부'를 이상적인 여성상으로 추구하는 것으로 나타났다. 빈곤층 여성들이 이처럼 자신의 성과 노동을 스스로 비하하는 심리적 저변에는 여자라는 이유로 결혼 전에는 남자 형제들을 위해 공부를 포기하고 일찍 생활 전선에 나서야만 했던 절박한 상황과 결혼 후에 이를 보상받지 못하고 남편에게 성과 노동력을 착취당하는 데 대해서 이들의 사회적 소외감을 가중시키는 것으로 보고 있다.

여성의 의식 발전에 대한 장애는 여성 스스로의 장애적 행위자로서의 인식과 남과 여를 분리시키는 이중 구조 속에서 자신을 안주하려는 태도가 먼저 비판되어야 한다. 왜냐하면 인간의 의식의 변화 없이 사회 체제의 불평등이나 사회 환경의 변화를 기대하는 것은 매우 어렵기 때문이다.

오늘날 산업 사회의 특징인 다원화, 직업의 분화, 사회 구조의 원자화에 따라서 성역할에 양극화 개념은 서서히 무너지고 있다. 이에 편승하여 유니섹스(Uni-Sex)가 범람하고 있다. 이에 대해서 심리학자 융(Jung)은 다음과 같이 경고하고 있다. 즉 그는 성역할의 이원적 구조 개념을 주장하면서 남자든 여자든 인간에게는 남성본과 여성본의 특성이 어느 정도 공존하기는 하나 기본적으로 남자는 남성적인 Animus와 여자는 여성적인 Anima가 있어 구별 지워져 있다고 강조하였다.

최근 남녀 공학의 학생이 남녀 공학이 아닌 학교의 학생보다 정서적, 심리적으로 훨씬 안정되어 있으며, 성에 대한 가치관도 잘 인지되어 있는 것으로 보아 우리의 가부장적 제도 기재나 엄격한 유가적(儒家的) 가치관은 자칫 현대의 청소년의 성적 억압의 심리작용으로 탈선을 불러 오는 결과를 가져온다.

아직도 많은 여성이 여자로 태어난 데 대하여 불만과 자기 비하의 콤플렉스에 젖어 있는 한 남성 위주의 문화를 극복할 수 없다. 여성 중에서 다시 태어난다면 남자로 태어나고 싶다고 대답한 숫자가 59%에 달하고 있는 것은 놀라운 일이 않을 수 없다. 그렇다고 급진적 여성 해방론이 문제를 해결할 수는 없다. 우리 오랜 전통적 성규범이 이중 체제로 남성 위주로 이루어 온데서도 문제가 있다.

미래 사회를 내다보며 살아야 할 한국 여성의 성윤리는 단순히 신체 구조에 의해 결정되는 생리 현상으로만 볼 것이 아니라 사회·경제·문화적 맥락에서 복합적으로 연계하여 이해되어야 할 것이다.

XX. 한국인의 정서상의 특징

1. 한국인의 원형의식

한민족의 정신적 뿌리를 규명하는 것은 그리 쉬운 일이 아니다. 학자에 따라서 '한'의 민족으로 보는 사람도 있고, '수난의 여왕'으로 보기도 하고, 또 어떤 사람은 '은근과 끈기'의 민족성을 가지고 역사의 면면을 이어온 것이라고 표현하기도 한다. 또 다른 사람은 흰 옷을 좋아한다고 해서 '백의민족'이라고 하였다. 그러나 이러한 민족성 또는 민족정신의 표현에는 우리 민족성의 한 단면은 표현되고 있지만 포괄적인 표현으로는 다소 부족함을 느끼지 않을 수 없다.

따라서 우리 민족의 정신적 뿌리를 필자는 '바람(風)'을 일으키는 기(氣)에서 찾아보고자 하였다. 바람과 기는 알파와 오메가 사이이다. 즉 바람의 뿌리가 기요, 기의 뿌리가 바람이다. 난기류와 한기류가 맞닿는 곳에 폭풍이 일어나듯이 기의 나타남이 풍이요, 풍의 나타남이 기이다. 따라서 바람은 기요, 기는 생의 원동력이며, 이 생의 원동력에서부터 우리 민족의 삶이 시작되었으며 민족혼이 이어져 내려왔다.

그러므로 바람의 의미를 기상학적으로나 의미론적으로 해석하기보다는 우리 민족의 심리적 저변과 국민적 기혼의 측면에서 살펴봄과 동시에 한국적 인간상을 모색하는 출발점으로 삼고자 한다.

바람이 내포하고 있는 힘은 기(氣), 망(望), 원(願), 기(起), 력(力). 기(技), 작(作), 지(持), 욕(慾) 등으로 해석되어지고 있으나, 나는 여기에서 기(氣)를 중심으로 기술하는데 한정을 두고자 한다.

우리는 노래나 시를 훌륭하게 읊을 때 풍월을 읊는다고 한다. 또 시가에 능하면 풍류라고도 한다. 사람의 생긴 모습이 늠름하면 풍채라고 한다. 이와 같이 시가, 문장, 체(體)를 풍과 관련지어 부르게 된 것으로 보아서 우리 민족은 '바람의 민족'이라고 할 수 있지 않을까? 옛 화랑도를 풍월도라고 부른 것이며, 지금도 기분이 좋을 때를 신바람이 난다고 하거나, 새로운 정신운동을 신풍운동으로 부른 것은 바람의 정신적 의미를 강조하는 것이라고 할 수 있다. 이러한 지, 덕, 체를 종합된 기로 표현한다면 국풍이라고 부를 수 있다.

그러면 이러한 '풍'이 우리 민족의 정신에서 어떻게, 승화, 발전되어 왔나를 잠시 살펴보지 않을 수 없다.

풍류는 지적(智的)이므로 오늘날의 표현으로는 '솜씨'에 해당되며, 풍월은 덕적(德的)이므로 '마음씨'에 비유하여 볼 수 있고 풍채는 체적(體的)이므로 '맵시'에서 그 뜻을 밝혀 볼 수 있다. 우리말의 솜씨, 마음씨, 맵시의 「시」는 영어 seed인 동시에 원초적인 기발(起發)을 의미하고 있다. 따라서 「시」는 모든 생명의 근원인 동시에 우주의 형상을 상징하기도 한다. 모든 「시」가 둥근 원을 이루고 있는 것은 우리 민족의 상징인 태극도나 우주를 포함하여 모든 삼라만상을 원(圓)으로 표현하는 것으로도 우리 민족의 기와 풍과 원을 조화한 「시」의 민족임을 밝힐 수 있으리라 본다.

개인의 경우와 마찬가지로 거대한 생명체인 민족에게도 흥망이 있으며, 그 흥망의 되풀이 속에서 우리는 하나의 법칙성(lawness)을 감지한다. 민족에게는 저마다의 개성, 즉 원형(Archytype)이 있으며, 이것은 유사한 역사적인 상황 속에서 일정한 반응을 되풀이 한다. '역사는 결코 보이지 않는 신의 손'이나 '초월자의 의지가 빚어내는 것이 아니고 바로 민족형이 주체가 되어 전개되어 가는 것'을 원형사관(原型史觀)이라고 한다.

그런데 민족원형(民族原型)은 일단 형성되면 민족주체가 그대로 생존하는 한 거의 변치 않는다. 이점에서 민족은 개성을 지닌 거대한 생명체인 것이다. 마치 한 사람의 몸에 수십만 개의 세포가 늘 생과 사를 되풀이하여 개체의 생명을 유지하는 것과 같이 인간은 매일 태어나고 죽으면서 민족이라는 거대한 생명체를 유지하고 있다. 그리고 그 생명체 내에는 부동의 민족심성이 있는데 이를 민족원형이라고 하며 이 민족원형의 기반 위에서 민족고유의 문화창조의 주역이 등장하게 된다.

개념 정의상 좀더 원형(Archytype)의 정의를 살펴볼 필요가 있다.

캇시러는 '이 세상에 존재했던 어떤 민족이라고 하더라도 그 민족의 성립과 더불어 독자적인 신화가 만들어지며 이 신화는 그 민족의 운명이다'라고 하였으며 칼·융은 '어떤 민족이든 그 민족 나름의 정서, 감정 그리고 사고를 무의식적으로 지배하는 원형의식은 차츰 그 민족의 무의식 속에 자리 잡게 되어 원형무의식(Archytype Unconsciousness)의 정향을 이루게 된다'고 하였다. 물론 융의 무의식에 관한 연구는 프로이드의 영향을 받은 것이다. 프로이드는 처음으로 꿈에 나타나는 무의식의 세계가 보편적, 집단적, 선험적인 원형의 심상(心象)들과 깊은 관계가 있음을 제시하였다.

즉, 인간이 자신의 원형들을 제대로 깨닫지 못하면 그것들의 의미가 우리들의 꿈과 환상들 속에서 펼쳐진다. 원시미술, 신화, 심지어는 정신증 환자의 환각들도 우리에게 원형들의 본질에 대해 많은 것을 말해 줄 수 있다고 하였다.

원형에 따른 민족원형이 나오고 민족원형의 역사성을 규명하는 것이 원형사관이다. 이와 같은 맥락에서 한국인의 원형은 무엇인가?

그것은 사상으로 '한'이요, 민족적으로는 '천손족(天孫族)'이요, 역사적으로 단군사(檀君史)요, 이념적으로 '홍익인간'일 것이다. 이 전체를 묶어서 원형사적관점에서 살펴보고자 한다.

죽음마저도 '돌아간다'라고 표현할 만큼 강한 회귀성을 가지고 있는 우리 민족의 원형을 지켜 주는 가장 큰 요인은 무엇인가? 우리 민족만큼 남의 침략을 당한 민족도 이 지구상에 없다. 삼국시대 이후 피침의 빈도는 거의 2년에 한 번 꼴이었다. 특히 고려시대에 이르러서는 전쟁을 연중행사처럼 치렀다.

증산이 대순(大巡)의 고행(苦行)을 할 때도 청일전쟁, 노일전쟁이 일어나면서 한반도를 두고 누가 먼저 먹느냐의 주도권 싸움을 벌일 때이다. 이때 증산은 원시반본(原始返本)을 주창하면서 마음과 정신의 고향으로 돌아가는 길만이 우리 민족이 평화롭게 살 길이라고 보았던 것이다.

이제 우리 민족의 원형을 간파하는 데는 여러 갈래가 있을 수 있다. 그것이 가깝게는 '한(恨)'이라고도 하고, 멀리는 '한'이라고도 한다. 문화의 초점을 어디에 맞추느냐에 따라서 원형시각(原型視角)이 다를 수 있다.

민족원형은 민족문화 유산의 응집체이므로 민족 혼(魂)이 형성되기까지는 한민족 특유의 생활도구, 즉 문화목록이 작성된다. 이를테면 탈, 쟁기, 언어, 신화, 무당, 춤, 씨족유래, 아리랑, 화랑, 백의, 환경, 자연조건, 문물(文物), 풍수, 문학, 멋, 종교의식, 경전, 민족성… 등 이루 헤아릴 수 없을 만큼 많은 원형의 질감이 융합되어 있다. 이 원형 질감에서 종교, 철학, 사상, 성격, 생활, 행동양식 등이 주형(鑄型)되어 문화양식을 이룬다.

따라서 여기서는 한민족의 원형의식으로 회귀성(回歸性) 또는 귀소성(歸巢性)에 두고 이를 기술한 후 다음의 장(章)의 증산의 원시반본 사상과 접목시킴으로써 한민족의 원형심성(原型心性)을 논구하고자 한다.

첫째, 죽음의 회귀성이다. 우리 민족은 예부터 삶과 죽음을 엄격히 구분 짓지 않았다. 이 두 끝을 넋이 이어준다고 생각하였다. 그래서 넋은 기(氣)와 체(體)를 자유롭게 왕래하였다. 죽음은 육신의 허울을 벗고 넋으로 화하는 것이다. 한국인에 있어서 죽음은 삶을 잠시 외면한 상태일 뿐이다. 돌아갔으니 다시 돌아온다. 생과 사의 끊임없는 순환이라고 할 수 있다. 이러한 한국인의 죽음관에는 유·불·도의 죽음관의 영향이 크게 미쳤다.

두 번째, 신바람과 풀이를 통한 회귀의 식이다. 농악이나 사물패의 절정을 보노라면 절로 춤이 나오면서 목도 돌고, 몸도 돌고, 땅도 돌고, 하늘도 돈다. 또 강강술래가 달과 함께 돌아갔다가 돌아온다.

또한 풀이는 꼬이고, 뒤틀리고, 매듭진 응어리를 시원하게 풀어 버리는 감정의 원초적 발산이다.

봄이 오면 강물이 풀리고, 얼음이 녹으면 해동, 즉 겨울풀이라고 하였으니 자연의 원초적 해탈이다.

여인의 몸을 풀면 해산, 즉 아기를 낳는다고 하였으니 생명의 원초적 창조다. 뜨거웠던 가슴이 풀어지니 시원하여지듯이 말을 풀고, 사연을 풀고, 한을 풀고, 원을 풀어서 물레에서 타래실을 술술 풀어내듯이, 여인네의 치맛자락처럼 알맞게 땅 위에 끌리듯 말 듯한 신명나는 풀이가 우리 혼의 자리매김이다.

셋째, 뜨거움도 시원함으로 돌렸다. 우리는 뜨거운 국물을 혀를 굴려가며 마시면서도 차가운 물을 마시듯 '시원하다'고 한 것은 '마음이나 가슴이 시원하다', '사건이 시원하게 풀렸다'고 할 때의 시원함은 찬물이나 찬바람의 시원함에 비유하려는 것은 원시시대의 생식, 생육, 생수를 먹던 식성의 발로이다.

넷째, 우리는 무척 많이 알뜰히도 빌면서 살아왔다. 그런데 손비빔에는 두 가지가 있다. 죄를 지어 용서를 빌 때는 '직선반복의 손비빔'이었지만 천지신명께 소원을 빌 때는 '원형반복의 손비빔'이었다. 바로 여기 후자인 '둥근 손비빔'이 해 · 달 · 땅과 같이 원형을 끊임없이 돌리며 반복한 것은 무엇이든지 '해 달라고' 하는 귀의(巢)심리의 발로이다.

다섯째, 우리는 졸업한 학교를 모교라고 하며, 나라를 떠났을 때 조국 또는 모국이라고 부른다. 근본이 되는 사물을 모체라고 한다. 이러한 명칭은 우리의 심성이 다시 처음 태어난 모태(母胎)에로의 회귀의식(回歸意識)의 강한 충동의 표현이다.

그래서 남자는 평생 세 사람의 어머니를 갖는다고 했다. 첫째는 자신을 낳아 준 어머니, 두 번째는 어머니를 닮은 여인이거나 아내가 된 모상(模像)의 어머니, 세 번째는 한 남성이 죽어서 영원히 안기게 도리거 대지라는 이름의 어머니, 말하자면 대지모(大地母)이다. 이 대지모는 마지막으로 안착해야 할 성소(聖所)이다.

2. 한국인의 표현양식

바람을 이용하여 남의 물건을 훔치는 사람을 바람잡이(함잡이, 사물 잡이)라고 하는 것은 매우 상징적인 의미가 있다. 따라서 바람을 우리 민족기상에 어떻게 주체적으로 활용하느냐의 여부에 따라서 우리 민족 이 발전할 수도 있고, 멸망할 수도 있게 된다.

바람에 묻혀서 속고 속이며 스스로 멸해 가는 반인간적인 사건이 수 없이 많음은 서글픈 일이며, 그러한 바람을 제어하는 능력이 사회질서 와 사회에 있음에도 그것들의 기능이 발휘되고 있지 못하는 현실이 더욱 안타까울 뿐이다. 정신이 물질의 노예로 예속되어 버린 황금만능시대에 서 오늘의 이런 이야기는 오히려 공허한 소리로만 들릴 것이 뻔하다.

하지만 아흔 아홉 마리의 양을 두고 잃어버린 한 마리의 양을 찾는 데 온 신경을 쓰는 어리석은 인도주의적 사회질서의 확립보다는 일백 개의 사과를 보존하기 위해 썩은 한 개의 사과를 과감히 제거하는 용기 가 필요한 것이다. 명랑사회를 건설한다는 명제는 추상적 이론에 머물 러 있을 염려가 있다. 구체적 실천목표를 뒷받침해 주는 제도적 장치가 아직도 미흡한 상태이다.

바람이 강해지면 돌풍으로 변해서 상승기류를 타게 되면서 불연속선 을 만들게 되어, 결국 태양을 가리고 빗방울이 들이치게 만든다. 비가 들이치는 음지엔 독버섯이 피게 마련이고 퀴퀴한 곰팡이 냄새가 사회 구석구석에서 풍기게 된다. 그러기 전에 우리는 바람을 막는 처방을 익 혀야 한다.

한편 다원화된 현대사회에서 바람(氣)이 국민정신의 활력소의 역할 을 담당하고 있음은 부인할 수 없다. 가령 한때의 바람은 스트레스 해 소에 필요한 과정이고 한때의 경험을 교훈삼아 더욱 건전한 생활을 지속할 수 있게 된다. 그러나 바람 그 자체는 분명히 정신병의 일종이다. 왜냐하면 바람기는 곧 광기이기 때문이다. 미친 사람이 미친 둘 모르듯이 바람난 사람이 바람난 줄 모르기 때문에 스스로 신바람이 나서 사리 분별을 못하고 상승기류를 타고 휩싸여 먼지를 일으키며 세상 위를 맴도는 것이다.

바람은 정신을 마비시키는 마약과 같은 성질이 있어서 한 번 일기 시작하면 마침내는 걷잡을 수 없이 강한 회오리바람이 되어 모든 것을 안고 치솟아 허공으로 사라져 버리는 속성을 가지고 있다. 세상을 몰라서 속소, 너무 잘 알기 때문에 이용당하고, 또 알지도 못하면서 아는 체하다가 당하는 사람들이 모두 바람(기) 탓이다.

인간의 마음 바탕에는 근본적으로 이 바람(기)이 잠재되어 있는 것인데, 언제 어디서 어떤 형태의 바람으로 불어 댈지 모른다. 남녀노소, 빈부귀천, 학력다소, 교양유무에 관계없이 인간 스스로에겐 크고 작은 갖가지 형태의 바람이 순간적으로 또는 긴 시간 동안 일어났다. 사라지고 다시 일어나는 것이다. 바람은 곧 욕(慾)으로써 이러한 욕은 이성으로 얼마든지 다스릴 수 있기 때문에 바람피우는 사람보다는 바람피우지 않는 사람에게 더 많은 것이다.

하기야 우리 인간에게 욕이 없다면 창조와 발전도 없을 것이다. 무덥고 답답한 시간에 만들어지는 바람은 오히려 활력소가 되어 생활의 건전한 패턴으로 활용될 수도 있다. 그러나 바람의 심리는 결코 단순한 것이 아니며, 파멸을 자초할 수도 있기 때문에 반드시 주위환경에 미치는 영향을 고려하지 않으면 안 된다.

바람의 심리는 아편의 속성과 같아서 한 번 빠져들면 회복하기 어렵기 때문에 이성으로 그 기를 다스려야 한다. 그러기 위해서는 첫째, 넘치는 생의 힘을 창조적이고 생산적인 생활에 쏟아야 할 것이고, 둘째,

자기 분수를 알고 자기답게 현존 생활에 충실해야 할 것이며, 셋째, 미래지향적인 인생관을 가져야 할 것이다.

싸움을 말릴 때 우리는 곧잘 서로 풀어 버리라고 말한다. '풀어 버린다'는 것은 가슴에 맺혀 있는 욕구불만 또는 억울함을 물로 씻듯이 씻어 없애 버린다는 뜻이다. 사실 누가 더 이익을 보았고, 누가 더 손해를 보았고, 누가 더 잘했고, 누가 더 잘못했고, 이런 따위를 일일이 따진다는 것은 한국인의 전통 기질에는 어울리지 않은 일이다.

서양 사람들은 어떤 분쟁이 일어났을 때 그것을 꼬치꼬치 따져 계산하고 밝힘으로써 이른바 해결로 매듭을 지으려 한다. 이에 비해서 잘잘못을 따지거나 손익을 계산하지 않고 그냥 백지로 돌려 버리는 것이 한국인의 분쟁을 해결하는 전통적인 '풀이(解)'의 방식이다. 때문에 풀이는 딱딱하고 모난 논리가 아니고 그것 이전의 상호 융화요, 상호 관용이요, 상호 포용의 심정적 차원의 가치이다.

우리는 이 풀이를 소중히 여겨 온 국민이었다. 무엇이든 풀어 버리려 한다. 억울한 것도 풀고 분한 것도 풀고, 심심한 것도 풀어 버리려 한다. 이를테면 화풀이, 분풀이, 원풀이, 심심풀이 등이 바로 그것이다. 따라서 서구의 인간관계 문화가 이치로 따지는 '긴장의 문화'라면 우리의 그것은 심정으로 풀어 버리는 '해소의 문화'라 할 수가 있다.

한국의 토속 신앙을 보아도 '살풀이'라는 것이 있지 않은가. 무속에서 무당은 죽은 영혼의 원한을 풀어 주는 역할을 한다. 푸닥거리가 바로 그것이다. '푸닥거리'는 풀어 준다는 데서 비롯된 말이다. 우리의 토속 신앙을 통하여 우리 전래의 심정구성 유형도 미루어 헤아릴 수 있다. 예술형식도 감정을 풀어 주는 데 가치의 중심을 두었다.

노래를 부르는 것, 시를 짓는 것, 춤을 추는 것, 그 모든 것을 무언가를 풀기 위한 것으로 보았다. 말로 다 풀지 못한 것을 예술의 형식으로 풀려고 한 것이다.

한국인은 풀이의 천재들이었다. 이간의 영욕이 점철된 역사, 그리고 때로는 부조리한 사회 구조, 우리 한국인들은 외세에 짓밟히고 권력자에게 시달리고, 가난에 쪼들리고, 추위와 더위에 부대끼며 살아왔다. 그러나 풀 줄을 알았기 때문에 그 고통, 그 서러움, 그 원한들을 바람에 띄우듯이, 물로 씻어 내듯이 흘려버릴 수 있었다. 하다못해 헛웃음으로라도 풀고, 한숨으로도 풀고, 때로는 노래로도 풀고, 어깨춤으로도 풀어 왔다. 그리하여 뭇 고통으로부터의 해방과 구원을 받아온 것이다. 풀어 버리는 능력이 있는 한 어떤 비극이나 어떤 고통, 어떤 질곡도 한국인의 가슴을 찢지 못한다. 아무리 무서운 독을 퍼 먹어도 해독제가 있으면 겁날 게 없다.

한국인처럼 그 많은 독을 먹고 산 민족도 없지만, 결코 홍겹고 밝은 표정을 잃지 않았다. 다른 민족 같았으면 벌써 자기 상실을 했거나 증발 해 버렸을 상황 속에서도 한국인들은 그 고유한 신명을 잃지 않고 자기 생존을 유지해 왔다.

구미의 사회를 지배하는 것은 긴장이다. 그래서 그들의 현대 유행어는 '스트레스'요, '노이로제'이다. 그것을 견디지 못해 정신병원을 찾아가거나 에펠탑, 금문교, 고층 빌딩 옥상에서 투신자살을 하는가 하면, 차를 몰고 1백 마일로 달리다가 교통사고로 죽기도 하고, 마리화나나 섹스를 통하지 않고서도 바위처럼 억누르는 문명의 스트레스를 푸는 방법을 그들은 모른다. 서구에서 『자살 안내서』란 괴이한 책자가 불티나듯 팔리는 이유가 바로 여기에 있지 않은가 여겨진다.

그러나 한국인은 이 스트레스를 푸는 데 있어 단연 선진국이다. 한국인들은 너나 할 것 없이 별다른 것이 아닌 일에도 체질적으로 곧잘 신명이 오른다. 상춘 시기가 되면 어디서나 볼 수 있듯, 사람들은 흔히 장구 치고 춤추며 노래를 부른다.

도대체 한국인의 어디서 저 해일 같은 신명이 솟아오르는 것일까.

어깨춤이나 가락으로 표현되는 한국인의 신바람은 긴장이 아니라 풀어진 상태에서 얻어지는 활력이다. 그래서 이러한 신바람이 바로 우리 민족의 낙천성을 기르고 긴장을 푸는 고유의 심정을 길러 온 씨밭이다.

그렇다면 그 신바람의 본체는 무엇일까? 익히 알려진 대로 고대 문헌들이 말해 주는 한국의 고대 사상은 바로 '고신도(古神道)'로 표현되는 단군 사상이다. 구한말 학자 이능화(1869~1945)는 한국 무속의 유래를 천왕 환웅과 단군왕검에서 찾으면서 그것이 삼국시대와 고려, 그리고 조선시대에 어떻게 변천되어 온 것인가를 밝히고 있다. 그리하여 무격기원이 가무강신임을 그는 주장하고 있다. 이와 같이 고대의 단군 사상을 무교로 볼 때, 그 무교의 이념적 측면은 제정일치의 고대 집단 사회에서 '재세이화(在世理化)'로 하늘과 땅의 세계를 연결한다. 또 그것의 정감적 측면은 사실에서 보는 동맹 무천 등으로 놀이화되었다.

화랑도 역시 단군 정신의 확장이다. 화랑도에 있어서 중요한 사상의 근간으로 나타나는 현묘지도(玄妙地道)와 접화군생(接化群生)의 묘합으로 하나의 관절바디를 잇게 한 것이 바로 접신탈아(接神脫我)의 경지이다.

하늘의 광명정대함을 인간 세상의 이도(理道)로 잇는 '샤먼'은 무의에 참가한 모든 사람들을 무교의 접신탈아지경에 빠지도록 집단적 놀이에로 인도했다. 무교로서의 단군 정신의 이념과 정감을 잇는 핵심이 바로 '신바람'이다.

신바람의 이론적 추적을 자세히 하기는 어려우나 여하간 우리의 역사가 남긴 동맹, 무천, 영고, 한가위, 팔관회 등은 신바람을 대중적, 집단적으로 표출한 유희였다. 따라서 우리가 신바람의 본질을 이해하지 못한다면 우리 민족의 전통적 심정 형성이나 신라의 화랑도 등과 같은 우리 민족의 집단적 동력의 원천들을 제대로 알지 못할 것이다.

신바람은 두 가지의 의식 성향을 나타낸다. 하는 '푸는 의식'의 성향이고, 다른 하는 '어떤 것에 미치는 의식'의 성향이다. 푸는 의식과 미치는 의식은 동전의 앞뒤같이 동일한 의식의 두 가지 표출 형태이다. 때문에 신바람을 정감적인 측면에서와 이념적인 측면에서 잘 다듬어 키울 때, 고대 중국의 문헌이 증언하듯 '인방(仁方)의 나라' '군자불사지국(君子不死之國)'의 전통을 이어갈 수 있다는 것이다.

예를 들어 춤을 놓고 신바람을 생각해 보자. 즐거움 가운데 흥이 우러나오고, 흥겨움은 춤으로 표현된다. 환희의 극치이며, 생활 리듬의 최고 형태인 춤이야말로 신바람(신명)의 절정이다. 우리 겨레는 예로부터 노래와 춤을 즐겼다는 사실이 중국의 문헌에까지 기록될 정도였으니 참으로 신바람의 원류가 어디에서 연유했는가를 짐작하고도 남는다.

원효대사가 노래와 춤을 추면서 거리를 배회했다는 일화는 잘 알려져 있다. 원효의 춤과 노래가 바로 신바람의 표출 그것이 아니고 무엇이었겠는가. 신바람이 아니고서야 어찌 고명한 스님이 미친 사람처럼 춤을 추며 누빌 수 있었겠는가.

한국의 춤은 그야말로 흥과 정감, 즉 신바람의 총화라 해도 지나치지 않다. 마음이 무르익어 또 다른 신바람을 불러일으킨다. 어깨가 으쓱으쓱하면서 저절로 '좋다' '얼씨구' 하고 감탄이 솟아 나오게 되고 손끝의 움직임에 따라서 유려하게 어깨 곡선이 변화하며 발의 동작까지 곁들여 춤의 표정이 달라지기도 한다. 춤의 종류는 헤아릴 수 없이 많으나 그중 승무(僧舞)와 무무(巫舞)가 대표적이다. "얇은 사 하이얀 고깔은 고이 접어서 나빌레라" —조지훈의 시— '승무'의 일절처럼 승무를 출 때의 고이 접은 고깔은 나비 같은 느낌이 들고, 잔잔한 신바람의 선율은 피부에 와 닿는 듯하다.

춤이 신바람을 일으키고, 신바람은 춤을 낳는다. 멈출 듯하면서도 가고, 가면서도 멈추기도 하는 춤, 허리를 굽히는 듯하면서도 사뿐히 옆으로 돌아 나가는 곡선미의 연속인 우리의 춤에서 우리는 은근하면서도 흥겨운 정감, 그리고 신바람의 한 정수를 보게 되는 것이다.

아득한 옛날부터 흘러 내려온 우리 민족 고유의 심정 표상인 신바람, 이 신바람이 긍정적으로 승화될 때 적극적이며 진취적인 국민성으로 활달한 직부 의식, 주인 의식, 책임 의식으로 뜨겁게 달 끓는 애국 애족열로 구김 없이 발양될 것이다.

고대광실 높은 집에 살면서 칠보로 몸을 단장한다 해도, 호의호식 부러울 것이 없다 해도 신이 나지 않으면 행복을 느끼지 못했던 반면, 가진 것 누린 것 없어도 신바람(신명)이 나야 살맛을 느꼈던 민족이 바로 우리 조상들이었다.

'푸'는 철학이요. '홍'의 철학으로 민족의 본체를 더 규명하기 위해 연구되어야 할 신바람, 그 신바람은 바로 우리만르의 고유한 것이며 그 신바람의 힘을 창조적인 방향으로 돌려 민족 발전의 또 하나의 원동력으로 삼아야 한다.

모두 나날이 늘 새로이 신바람 나게 일하고 신바람 나게 살아야 한다. 신바람 난 농·어부, 신바람 난 공무원, 신바람 난 군인, 신바람 난 학생, 신바람 난 주부, 그리하여 이 땅에 신바람 난 사람들이 많을수록 좋다. 신바람이야말로 우리 민족의 저력을 일깨우는 기폭제요 활력소이기 때문이다.

3. 한국인의 심리 양상

우리 한국인의 가장 중요한 심층심리적(深層心理的) 특징은 「한의 심리(The Hahn)」임을 알 수 있다.

한국인의 한은 실로 다양하다. 어릴 때 가난했던 한, 부모님이 일찍 돌아가신 한, 사랑하는 이와 헤어진 한, 가고 싶었던 곳을 못 가본 한, 남들이 부러워하는 좋은 학교에 못 들어간 한…… 따위와 같이 실로 무수한 한이 우리의 사유(思惟)를 지배하고 있음을 볼 수 있다.

이러한 한은 우리의 독특한 언어구조를 통해서도 쉽게 찾아볼 수 있다. 우리 말 중에는 유독 '풀다'라는 말이 많이 있다. 예를 들면 서로 서먹서먹해진 사이에 만나서 '오해를 풀다', 또 임산부가 몸 속에 배고 있던 아기를 낳아 '몸을 풀다', 정치인사들이 만나 '사회문제를 풀어 간다.', '문제를 풀어 나가기 위해 대화를 하자', 정신 치료를 하다가도 칠가 잘 안 되면 '푸닥거리를 해야겠다고' 한다. 이때 푸닥거리라는 것은 귀신이 와서 그 사람 몸에 붙어 병이 났기 때문에 이 붙어 있는 귀신을 푼다는 것을 의미한다. 사돈 지간에 사이가 나빴던 것을 딸을 데리고 와 '화풀이를 한다', '어제 저녁 술을 많이 마셨으니 속을 풀어야겠다.', '우리 오랜만에 만나ᅥ 회포나 좀 풀어 보자', '날씨가 풀린다', '대동강 물이 풀리면 우리 만나자', '한풀이', '살풀이', '액풀이' 등 무순한 풀이 문화를 지니고 살아왔다.

이와 같이 '풀다'라는 개념이 우리나라의 감정과 언어 속에 적지 않게 깔려 있는 것을 볼 수 있는데 이것은 바꾸어 말하면 한국인의 마음속에서는 얽혀 있고 맺혀 있는 것이 아주 많다는 것을 유추해 낼 수 있다.

서양 사람도 맺혀 있는 것이 없는 것은 아니지만 그들은 이것을 '갈등(Conflict)'이라고 해석하고 있다. 즉 서양 사람들은 마음속에서 갈등이 일어나면 가만히 잇지를 못하고 마음속에 '역동적 반응'이 일어나서 죽기 아니면 살기로 마음속의 갈등을 풀어 나간다. 이에 반해 한국 사람들은 마음속에 있는 것을 10년 만에 푸는 사람도 있고, 또 1년 만에 푸는 사람도 있다. 이것이 서양 사람과 다른 점이라고 볼 수 있다. 그래서 정신분석학적으로 치료를 하면서 지난 40여 년 간을 고찰해 본 결과 모든 한국인의 마음 밑바탕에는 '한'이 있다는 결론에 도달하게 되었다.

모든 한국인은 그가 목사이든 스님이든, 유교주의자이든 국회의원이든 간에 마음의 맨 밑바탕에는 한의 심리가 광범위하고 뿌리 깊게 작용하고 있다는 것을 임상적으로 밝혀낼 수 있었던 것이다. 그래서 모든 한국인의 마음속에는 한이 있는데 서양의 갈등 심리와는 달라서 한국인의 한은 안개와 같다고 볼 수 있다. 한은 정신분석학에서 볼 때 인간의 본능적 욕구를 근원적으로 억압하고 또 억압했을 때에 마음속 깊숙한 곳에 머물게 되는 안개와 같은 찌꺼기라고 할 수 있다. 즉 한의 심리란 고요한 바람(願望)이라 할 수도 있고 마음속에 간직한 슬픔의 근원이라 할 수도 있고, 또 풀지 못한 욕심이라 할 수도 있고, 가슴속에 맺힌 응어리라 할 수도 있다. 이것은 단지 욕망의 억압으로 인한 갈망 (Wish)만이 아니라, 열렬한 그리움(Yearining), 뜻을 못 이룬 좌절감(Frustration), 표현해 버릴 수 없는 적개심(Mild hostility) 등 여러 가지 감정의 복합개념이라 할 수 있다. 마음속에 안개처럼 가라앉아 있어 다만 바라기만 할 뿐 결코 이것을 풀어야 한다거나 이 한을 못 풀었다고 발버둥치는 일은 없다. 무엇인가 바라지만 그것이 안 될 적에 인위적으로 반발하거나 기어코 이룩하려고 강박(強迫)하지 않고 어쨌든 인간의 힘으로서 어쩔 수 없고 숙명과도 같이 인간의 마음속에 간직한 채 살아갈 수밖에 없다고 보는 것이 한의 심리가 가진 특징이라 하겠다.

이 '한의 심리'는 한국인으로 하여금 전통적으로 운명에의 순응, 고난과 역경이 와도 언제까지나 기다리는 심성 등을 낳게 했던 것이고, 따라서 한은 마음속에서 조용하게 자리 잡게 되었기 때문에 평화로운 한으로 존재하고 있었던 것이다. 그래서 필자는 이것을 '정태적(情態的) 한(恨)' The static Hanh이라 명명하였다. 바로 이런 특성 때문에 인도의 시성 타고르는 한국을 가리켜 '고요한 아침의 나라'라 표현하기에 이른 것이다.

그러면 한국인의 한을 프로이드의 학설과 비교해 보자. 프로이드는 1926년에 쓴 논문인 '억압 증상, 불안'(Inhibition, Symptom & Anxiety)에서 프로이드는 서양 사람들이 마음속에서 대전쟁이 일어나 결국 미칠 지경으로 싸우게 되어 생겨나는 것이 '불안'이라고 했다. 하고 싶은 욕구와 그것을 억압하는 것이 마음속에서 싸우게 되어 도저히 참지 못하기 때문에 미치지 않을까 해서 생겨나는 것이 불안이다. 그래서 마음속에 불안이 생기다 보면 가슴이 울렁거리게 되고 심장이 급하게 뛰게 되고 더 심하게 되면 뒷목이 뻐근해지고 좀더 심하게 되면 혈압이 올라가는 현상이 오는 것이라고 프로이드는 보는 것이다. 마음속의 불안이 너무 커지게 되면 마치 한강에 홍수가 나서 둑이 무너져 내려 서울시 전체가 물바다가 되듯, 마음의 둑이 무너져 내리면 불안이 넘쳐흐르게 된다고 보았다.

서양 사람들은 원죄의식을 가지고 있고, 이것이 불안과 죄악감으로 연결되면 각종 정신방어기제를 통해 정신구조 내에서 활발한 분자운동처럼 움직이는 데 반해서 한국인은 어째서 조용한 한의 심리를 가지게 되었을까에 대해서 한국인의 정신구조를 분석한 것을 보면 다음과 같다.

첫째로 천지인의 조화정신이라 할 수 있다. 한국인은 단군왕검 이래 오늘날까지 수천 년 동안 홍익인간, 화쟁사상, 인내천사상으로 천인합일의 경지에 도달함을 강조하여 천·지·인 삼자의 조화정신 속에서 인간은 하늘과 땅의 이치를 따라야 한다는 것 때문에 자신의 욕구를 억압하기 시작했다고 볼 수 있다. 그래서 한국인은 하늘의 뜻, 자연의 법칙, 왕의 명령, 조상의 뜻, 자연의 움직임 등을 숙명처럼 받아들이고 살아왔다고 할 수 있다.

둘째로는 자연에 순응할 수밖에 없는 농경문화에 있다. 왜냐하면 우리나라는 농경문화가 발달해 있었기 때문에 농사가 잘 되다가도 벼락이 막 치고 태풍이 불면 하루아침에 다 날아가 버리니까 '하늘에서 하는 일은 아무도 못 말린다'라는 생각을 가지게 된 것이다. 그래서 '하늘은 어쨌든 복종하고 볼 일이다'라는 것이 한국 사람의 마음속에 면면히 내려오고 있는 것이다. 역천자와 순천자는 인간의 징벌 밖이었다.

다시 말하자면 서양인이 사막의 유목민족인데 반해서 한국인은 기마민족이라고는 하나 점차 농경문화를 정착시켰기 때문에 비와 바람, 폭풍우와 홍수, 태양과 달 등의 자연의 변화를 받아들이는 데 익숙해졌다. 그러므로 자연에 도전하는 게 아니라 자연이 주는 법칙에 순종하며 농사를 짓는 과정에서 오래 참는 법, 자기의 욕구를 억압하는 법을 몸에 익힌 것으로 보인다. 따라서 하늘의 천리(天理), 인간의 도리(道理) 등을 강조하게 된 것으로 보인다.

셋째로는 공맹사상에 의한 부모에의 복종에 있다. 「효경」이라는 책에서 보면, 공자는 효는 모든 덕의 기초이고, 모든 문화의 원천이라는 것을 밝히고 있다. 신체발부는 수지 부모라 하여 우리의 머리털 하나라도 전부 부모와 조상이 주신 것이므로 감사히 절대 복종하는 것을 당연한 윤리로 여겼던 것이다.

이 효를 출발점으로 하여 공자는 인간의 모든 행위를 5개의 중요한 관계로 분석하여 이것을 삼강오륜이라 하였다. 즉, 아버지와 아들의 관계(父子有親), 남편과 아내의 관계(夫婦有別), 형과 아우의 관계(長幼有序), 친구와 친구의 관계(朋友有信), 임금과 신하의 관계(君臣有義)

를 인간의 가장 기본적인 관계로 규정하여 그 규범들을 '인륜' 또는 '천
륜'이라 하였다. 이에 반하여 맹자는 인간으로서 없어서는 안 될 심성
적 조건으로써 사단(四端)의 마음과 관련하여 인·의·예·지의 사덕
(四德)을 가르쳐 주었다. 또한 유교는 이러한 인간의 도리뿐만 아니라
제례의식을 통해 조상을 숭배할 것을 가르쳐 주었고, 이것은 우리의 고
유의 무속신앙(shamanism)과 연결되어 씨를 뿌릴 때, 추수할 때, 질
병이나 재난이 발생했을 때, 가물었을 때 조상뿐만 아니라 천신, 지신
등 모든 신에게 제사를 지내는 관습을 낳았다. 종교적인 노래와 춤으로
써 하늘과 땅, 신과 인간이 아무런 모순 없이 조화를 이루었다고 할 수
있다. 이밖에도 공자는 '군자'가 해야 할 일을 가르치는 가운데, 군자는
고요와 침묵 속에서 하늘의 명령을 기다린다고 했고 사람과 하늘에 원
망하지 않는다고도 했다. 홀로 있을 때 자기를 삼간다든지(신독, 愼獨)
남을 원망하지 않는 태도에서 어떤 숭고한 종교적 인간의 모습을 볼 수
도 있다.

넷째로는 불교의 '아만(我慢)'을 버려야 한다는 데 있다. 불교는 인간
에게 이 세상의 모든 욕심을 끊을 것을 가르쳤다. 자기의 욕심을 참지
못하고 자기가 잘났다고 대들고 하는 것을 불교에서는 '아만(我慢)'이
라고 하여 자기의 욕심대로 사는 것을 천하에 나쁜 탐진치(貪嗔痴), 즉
탐욕과 증오와 미망의 삼독 중의 하나라고 하였다.

무명(無明)과 행(行)과 식(識)에서 연결되는 여러 가지 인연과 욕망
의 사이클에서 이를 과감히 끊어 버리고 무욕의 상태로 갈 것을 가르쳤
다. 또한 '자기' 또는 '자아'라고 하는 것 때문에 자기만 아는 자기중심
주의, 이기주의의 '가아'를 버리고 진아 또는 진여의 세계로 가도록 하
여 진정으로 대자유·대자재할 수 있도록 가르쳐 주었다.

다섯 번째로는 주역의 '체념'에 있다. 주역에서는 '달도 차면 기운다'

라고 하였다. '꽃도 열흘이면 진다', '권불십년(權不十年)'이다, '잘된 게 잘된 것이 아니고, 못된 게 못된 것이 아니다', '그 여자하고 같이 좋다고 도망가지만 언젠가는 너는 싫증을 느낄 것이다', 이런 식으로 주역은 인간에게 체념을 가르쳐 주었다. 예를 들면 동창들 간에 하나는 대학엘 못가 공장에 취직을 하고 다섯은 대학에 갔다고 했을 때에 대학에 못간 한 사람은 비록 마음이 심란할지라도 주역에 의하면 내가 잘못된 것은 그 다음에 잘되는 길이라 하여 대학 가는 것을 체념하게 된다는 것이다.

여섯 번째로는 대가족 제도의 '포괄적 자아'에 있다. 한국인이 전통적으로 자신의 욕구를 억압하고 자신을 겸양하며 살게 된 또 하나의 이유는 서양인이 양 몇 마리를 앞세워 동서남북으로 헤어져 방황하며 산 데 반해서, 한국인은 모를 심고 거두어들이면서 한집에서 대가족이 모여서 살았던 것과도 관계가 있는 듯하다. 한집이나 한 부락에서 조부모, 부모, 자녀, 손자 등이 한데 살다 보니까 자연히 웃어른에의 존경과 위계질서가 강조될 수밖에 없었을 것이고 재하자유구무언(在下者有口無言)의 가르침이 정착할 수밖에 없었을 것이다. 예를 들어 어떤 마을의 아이가 서울로 가겠다고 하여도 그 마을의 할아버지가 '안 돼' 하면 그것으로 끝나 버리는 것이다.

그러므로 대가족 제도라는 것을 정신분석학적으로 말하자면 대가족 제도 속에 묻혀 있는 자아, 즉 포괄적 자아라 할 수 있다. 그래서 한국인의 자아라는 것은 압력을 많이 받기 때문에 클 수가 없었던 것이다. 결국 자기를 양보하고 자기가 하고 싶은 일을 참는 마음이 수백 년 동안 내려올 수 있었던 것이다.

위에서 살펴본 바와 같이 한국인은 자신의 생각과 느낌을 표현하고 행동에 옮김에 있어서도 하늘의 뜻에 어긋나지는 않을까(샤머니즘),

사람의 도리에 맞은 생각을 하는가(유교), 너무 겸손하지 못하고 무엇이나 자기 마음대로 해도 된다는 자기중심주의의 생각은 아닌가(불교), 자연의 섭리에 어긋나는 일은 아닌가(주역)…하는 따위와 같이 동시에 여러 가지 기준에 맞춰 보는 과정이 무의식적으로 일어나게 되어 어떤 생각을 표현하고 행동을 함에 있어 수천 번을 더 참게 되는 것이다. 그러므로 한국인은 단군왕검 이래 수천 년의 역사를 이어오면서 우리의 무의식 속에 수많은 억압이 축적되어 마치 퇴적암처럼 쌓인 고요한 한을 형성하게 되었다.

XXI. 인간과 의상 심리(衣裳心理)

1. 글머리

  서양 격언에 「로망·로랑의 '연애론'을 읽지 않고는 연애할 자격이 없으며, 토마스·카라일의 '의상 철학'을 읽지 않고는 옷에 대해서 운운하지 말라」라는 말이 있다. 사실 '연애론'을 읽고 연애하기에는 때가 지난 것 같고 '의상 철학'을 읽고 옷에 대해서 말하기에는 너무 주제넘은 것 같아서 왠지 몸 둘 바를 모르겠다. 옷에 대한 연구는 필자의 전공과 거리가 멀지만 사람이 이 세상에 태어나 철들기 이전부터 옷을 입으며 살아 왔고, 또 앞으로 죽을 때까지, 아니 죽어서 무덤에 조용히 묻힐 때에도 인간은 수의(壽衣)를 입고 이 세상을 하직해야 할 운명이기 때문에 옷은 나의 전공 이상으로 관심의 대상일 뿐만 아니라 일상사이기도 하다.

필자는 '의상과' 학생을 대상으로 교양 과목을 강의할 때가 있다. 그
때마다 빼놓지 않고 하는 말이 있다. 그것은 의식주(衣食住)라는 말이
다. 이 말의 배열은 여러 가지 면에서 생각을 하게 된다. '식품 영양과'
에서는 식의주(食衣住)라고 할 것인가, '건축과'라면 주식의(住食衣)라
고 할 것인가, 누가 언제부터 배열한 복합어인지는 모르겠으나 아무튼
의식주(衣食住)라고 한 것은 한국 문화와 깊은 관련이 있을 것임에 틀
림없다. 언어의 배열은 아무렇게나 하는 것이 아니기 때문이다.

따라서 韓國的인 文化를 배경으로 하여 옷에 관한 사회 윤리적인 측
면을 개관하여 봄으로써 옷의 문화적 기능, 옷의 윤리적 기능, 그리고
옷의 사회적 기능이 어떻게 인간 생활과 유기적인 관계를 지우고 있는
가를 살피고자 하는데 그 목적을 두고 기술하고자 한다.

2. 한국 문화 속의 옷의 윤리성

앞에서도 잠시 논급되었듯이 의식주(衣食住)라는 말은 한국 문화와
한국인의 의식 구조와 깊은 관련이 있다. 즉 옷은 음식이나 주택보다
훨씬 상위 가치를 인정하는 개념일 수밖에 없는 이유가 몇 가지 있다.
첫째는 우리 속담에 "입은 거지는 얻어먹어도 벗은 거지는 굶는다"라는
말이 있듯이 아무리 가난한 사람일 지라도 옷을 입은 사람에게는 먹을
음식과 잠을 잘 집이 마련될 수 있다는 뜻이다. 그러므로 옷은 생존 조
건의 중요한 수단이 되고 있다. 두 번째는 금의환향(錦衣還鄕)이라는
말과 같이 옷은 인간의 내면적인 인격의 척도가 될 뿐만 아니라 사회적
인 성공의 척도가 되기도 한다. 그래서 좋은 옷을 입고 옛 고향으로 돌
아간다는 '금의환향'은 곧 성공을 뜻하고 있다. 이는 옷의 사회성을 가

장 잘 표현하는 말이기도 하다. 오늘날까지도 '금의환향'의 개념은 생생
히 살아서 있다. 따라서 옷은 사회적 성공 조건의 필수 불가결한 수단
이 되고 있다. 세 번째는 의식족이지예절(衣食足而知禮節)이라는 고사
(故事)가 있다. 즉 옷과 음식이 풍성한 연후에야 예절을 알게 된다는
말이다. 사람의 본능적인 욕구 중에서 식욕(食慾)이 가장 으뜸임에도
불구하고 식의(食衣)라 하지 않고 의식(衣食)이라고 한 것은 바로 인
간의 사회적 생존 가치가 본능적 요구 가치보다 더 중요함을 강조하는
뜻을 지니고 있기 때문이다. 그것은 예(禮)라는 글자의 뜻이 옷의(衣)
변에 풍성풍(豊)을 써서 옷이 풍부해야 예의를 가질 수 있다는 상징적
인 의미를 내포하고 있는 데서도 옷은 예절과 윤리 규범의 기본 요소가
된다. 네 번째는 의막약신 인막약고(衣莫若新人莫若故)라는 말처럼 옷
은 항상 새것이 좋고, 사람은 오래 사귄 사람이 좋다는 뜻인데 새 옷은
마음을 새롭게 해 주기 때문에 새 옷을 입었을 때는 마치 하늘을 날고
싶을 정도로 기분을 상쾌하게 해주는 역할을 한다. "옷이 날개"라는 말
은 바로 옷이야 말로 인간의 성격을 규정지어 주는 척도가 된다. 영국
속담에도 하루를 행복하게 살려면 이발을 하고, 한달을 행복하게 살려
면 새 옷을 입고, 일년을 행복하게 살려면 좋은 집을 지어라는 말이 있
다. 그러므로 인간이 새 옷을 입고는 나쁜 짓을 하지 못한다는 말이 있
듯이 옷을 어떻게 입는가에 따라서 그 입은 옷을 통하여 행동과 태도가
전혀 다르게 표현되는 것이다. 그러므로 옷은 인간의 성격과 태도를 바
르게 수정하여 주는 조정의 기능을 가지고 있다. 다섯 번째, 옷은 멋과
뽐의 기능을 가지고 있다. 옷이 만들어지기까지에는 솜씨를 필요로 하
지만 일단 만들어진 옷을 입었을 때는 맵시가 나야 한다. 우리말의 '뽄
떼'라는 말은 옷의 본태(本態)에서 연유되어 탁음화 현상으로 나타난
뜻이다. 본태란 모든 태도와 상태의 근본인 동시에 본질을 뜻한다. 그

러므로 본태(本態)는 맵시와 솜씨의 앙상블로 빚어 놓은 작품이다. 이 작품은 자기 자신의 만족뿐만 아니라 타인에게 즐거움을 주는 기능을 한다. 뽄떼의 또 하나의 뜻은 뽐이다. 뽐은 봄(見 또는 視)의 뜻으로 뽐내다(태(態)내다)할 때 가장 잘 그 의미를 가깝게 표현하고 있다. 그러므로 뽄떼는 봄태 즉 시태(視態)이다. 시태는 '보여 지는 모양 또는 볼 수 있는 상태'이다. 옷을 입었을 때는 타인이 봐서 뽄떼가 나야 하고 자신이 보아서 맵시가 나야 한다. 그래서 볼시(視)자도 옷의(衣)변에 볼견(見)을 붙인 데는 그만한 이유가 있다. 또한 한자의 자의(字意)에서 볼시(示)자와 옷의(衣)는 같은 변의 뜻으로 통용하고 있다. 그래서 옷을 만드는 솜씨와 옷을 입는 맵시는 다같이 선한 마음씨를 가지고 있다. 이 씨는 두 가지 뜻이 있는데 본다는 시(視)의 뜻과 또 하나는 씨(種) 즉 종자 또는 알의 뜻이다. 따라서 씨는 알인 동시에 뽐(態)이요 볼(視)이다. 그러므로 옷은 인간의 삶의 본질을 규정하여 주는 또 하나의 기능을 더 가지고 있다.

3. 옷의 사회 윤리적 성격

앞에서 옷이 한국인이 생활 문화 속에서 어떻게 인식되어 잠재적 기능을 수행하여 왔는가를 잠시 고찰하였다. 옷의 문화적 기능을 다루기 위해서 자연히 복식사(服飾史)나 복식 미학(服飾美學)의 배경 하에 논의되어어 되나, 이는 필자의 능력 밖의 일로 돌리지 않을 수 없다.

다만 옷의 사회 윤리학적 접근을 위해서 의상 심리학자인 로랜스·랑그너(Lawrence Langner)의 이론을 원용할 필요가 있었다. 즉 랑그너에 의하면 인간이 다른 동물과 다른 점은 의복을 만들어 입는다는 점이라고 하였다. 인간이 옷을 만들기 시작함으로써 남·여의 구별을 하게 되었다. 옷을 통한 남녀의 구별은 사회적 역할을 분담을 지워 주었다. 여기서 성(性)의 우월 의식이 생겨나게 되었으며 이 우월 의식은 남녀의 성적(性的)인 자극으로 발전되어 신비감을 불러일으키는 것이 되었다. 이와 같이 의복이 인간의 성적으로 또는 사회적 태도에 미치는 영향이 크다는 사실은 이미 언급되었듯이 대단하다. 중·고등학교 학생들이 교복을 입었을 때와 입지 않았을 때 사회적 태도를 유발하는 심리적 동기는 이미 우리가 충분히 실증적으로 보아 왔다. 그뿐만 아니라 어릴 때 남자아이에게 치마를 입혀서 기르고, 여자아이에게 바지를 입혀서 각각 10세가 되어서 나타난 태도를 관찰한 결과 성의 반대 행위가 심하게 나타났다는 실험 결과가 미국에서 나왔다. 특히 성인 남녀(成人男女)의 행동 양식과 성적 경향이 어린 시절의 부적당한 복장 생활에 의해서 평생 영향을 받고 있다는 사실과, 이러한 복장의 남녀 바꿔 입는 행태는 극단적인 경우에는 동성애로까지 발전된다는 사실이다.

따라서 옷의 사회 윤리적인 측면에서 본다면 오늘날 남녀간의 옷의 구별이 불분명한 소위 유니 섹슈얼 캐주얼웨어(unisexual casual wear)의 유행은 우선 남성으로 하여금 성(性)의 본질을 왜소화시킴과 동시에 여성으로 하여금 성의 적극성이나 개방성을 촉진하는 기능을 하게 된다. 이러한 남녀 성역할의 전도 현상은 결코 바람직하지 못하며 이는 나아가 성윤리 의식을 퇴락하게 하는 원인이 된다.

최근에 여성의 허리에 두른 가죽 벨트가 넓어지고 큰 요대를 메고 기다란 가죽 부츠를 신었을 때의 모습은 서양의 중세 기마병을 연상케 한다. 하기야 우리가 기마민족의 후예임을 드러내고 싶은 심리적 충동인지는 모르지만 아무튼 이러한 복장을 즐겨 입는 여성의 성격은 대부분 남성적인 성격의 소유자일 수가 많다. 이러한 성격이 바람직한 여성의 성격인가 하는 평가는 별개의 문제이다. 다만 현대 여성의 의상은 적절한 색감과 장식성을 재치 있게 조화시켜서 내면적인 즐거움을 표면으로 밀어내어 타인의 감정과 시각을 유연적인 자세를 만들어 연출할 수 있다면 이것은 여성의 분위기를 가장 절제 있게 그리고 여성 특유의 美가 발휘될 것이다.

남성보다는 여성이 옷의 유행은 매우 민감하다. 유행에 너무 민감하다 보면 자신을 상실한 채 인간이 옷에 쫓기는 우행(愚行)을 범하기 쉽다. 영국의 극작가 버나드·쇼는 남성이 쫓는 것은 여성이고 여성이 쫓는 것은 유행이라고 하였다. 유행은 사회 현상의 산물인 동시에 사회는 유행을 창출해 내는 모태이다. 그러므로 옷의 문화는 사회성을 한시도 떠날 수 없다. 옷의 모드를 추적하는 인간의 사회적 심리적 충동은 인류 역사와 함께 끊임없이 계속되어 질 것이다.

4. 옷의 언어적 기능

의상 심리학자 아리손·루리(Alison Lurie)는 그의 의상 언어론(The Language of Clothes)에서 인간은 수천 년 동안 언어와 함께 생활해 오면서 옷을 통하여 언어를 서로 나누었다고 하였다. 그에 의하면 인간은 난생 처음 대면한 사이일지라도 이미 오래 전에 거리나 집회 연회 등에서 많은 이야기를 나눈 기억이 있는 듯하고, 또 서로 많은 정보를 주고받으면서 무의식적으로 서로가 만나서 이야기하기 전부터 오랜 역사 속에서 언어로 많은 대화를 나누어 왔다는 것이다.

발작(Balzac)은 '이브의 딸들'이라는 소설에서 '여성들의 의상은 그 개인의 생각이나 말을 상징하는 표현이다'라고 표현하였다. 오늘날 기호학이 유행하듯이 사회학자들 역시 우리들에게 의상은 하나의 기호 언어이며 무언의 통화 체계라고 하였다. 우리가 옷가게에서 옷을 고르는 행위는 우리 자신의 의사를 분명히 나타내고 또 표현하기 위한 것이다.

옷을 통해서 사용되는 언어는 옷의 종류나 신분에 따라서 몇 개 안 되는 단어나 문장을 쓰지만 반면에 소위 유행의 선구자들 이라고 불리는 사람들은 자기 나름대로 수백, 수천 개의 단어와 문장을 구사하고 있다. 마치 새로운 소설은 새로운 언어를 구사하듯이 지금까지 한번도 입어 보지 못한 형태의 옷은 보다 많은 의미를 전달하는 것과 같다. 우리가 가끔 옷이 나를 대신해서 말해 준다고 할 때 그때 옷의 언어는 매우 기호적이며 함축적인 의미를 전달한다.

이러한 옷의 언어적 기능을 사회 윤리적인 측면에서 본다면 옷의 착용은 사회적인 품위를 창출할 뿐만 아니라 옷의 장신구는 권위주의적 사회에서 더욱 발달하였던 관계로 매우 획일적인 의사소통 체계를 형성하고 있었다. 그 대신 요즘 옷을 편안하고 편리하고 실용적인 것을 선호하는 경향은 옷의 권위나 부담을 덜자는 데 있다. 그래서 옷의 언어 구조를 부사나 형용사 또는 수식어와 같은 의미와 비유된다. 말할 때 너무 수식어를 많이 쓰는 사람과는 대화하기가 어렵듯이 장식을 많이 한 의상은 혼란스러워 보이거나 너무 인상적인 자극의 느낌을 주게 되는 경우와 같은 맥락이다. 그러므로 지나치게 사치스럽거나 장신구가 많은 옷은 그 의복을 통하여 권위주의를 불러오게 하는 단서가 된다. 간편한 옷이야말로 인간과 인간 사이를 더욱 친밀감을 주고받는 의사소통의 매개의 전달 기능을 촉진하는 데 크게 기여하리라고 본다. 자신이 입은 옷으로 인하여 상대방의 의사 기능을 차단하여 버리지 말아야 한다.

무용은 율동으로 사상과 언어를 표현하며, 미술은 색채와 구도로 언어를 대신하듯이 옷이야말로 언어적 기능을 가장 민감하고 솔직하게 표현하게 된다. 그러므로 옷은 기호요 그 자체가 하나의 상징적인 표현 예술인 동시에 언어적 기능을 수행하는 작품인 것이다.

5. 옷의 철학적 성격

영국 빅토리아 시대의 대표적인 수필가였던 토마스·카라일(Thomas Carlyle, 1795~1881)은 그의 대표 작품으로 「Sartor Resartus」라는 것을 발표하였다. 그런데 다소 난해한 뜻을 지닌 이 제목은 원래 The Tailor Patched(재봉사)라는 뜻을 가지고 있다. 카라일의 '재봉사'라는 제목 역시 그가 즐겨 읽었던 스위프트의 The Tale of a Tab(술통 이야기)중의 한 구절에서 힌트를 받았던 것이다. 스위프트의 (술통 이야기) 가운데 우주를 하나의 옷으로 보고 인간을 그보다 작은 소의(小衣)로 보았다. 카라일에 의하면 우주는 그 자체가 만물을 싸는 한 벌의 큰 옷과 같은 것이므로 인간은 다름 아닌 그 우주 내의 작은 코트(Microcoat)에 불과한 것으로 보고 그의 명저 '의상 철학'의 서론에서 이를 밝히고 있다.

의상은 우주(宇宙)의 보이지 않는 神이 현상화한 삼라만상이며 그리고 의상은 개인에 있어서의 영혼의 외면적 표상을 의미하는 것이다.

카라일은 영국에 살면서 독일의 관념 철학에 심취하였던 탓으로 현상과 실제의 문제를 다루면서 육체나 물질과 같은 외형적인 실체보다는 언제나 눈에 보이지 않는 본질적인 가치를 중시하게 되었다. 그에 의하면 문명 생활이란 영혼을 싸고 있는 의상(Clothes)의 고급 장식품에 불과하며 가장 성스러운 진리는 눈에 보이지 않을 뿐만 아니라 그것을 에워싸는 옷 속에 가려 있다. 카라일의 의상 철학의 핵심은 그의 유명한 철학 명제인 "영원한 부정"(Everlasting no)과 "영원한 긍정"(Everlasting yes)에 두고 있다. 그는 가식의 옷을 찢고 그 옷 속에 있는 사랑을 발견해야 한다. 즉 물질적 안락과 안이한 자기만족에서 쾌락을 추구 할 것이 아니라 신(神)을 사랑해야 한다. 신을 거부하고 정신적 가치를 믿지 않는 자는 人生에 대하여 '영원한 부정(否定)'을 주는 자이고, 노동과 정신력으로 人生에 깊은 의미를 찾는 자는 '영원한 긍정(肯定)'에 이를 수 있다. 따라서 人生을 육신적으로 또 영적으로 구원 받는 길이라고 하였다.

인간은 모두가 '습관의 노예'라고 한다. 습관이란 직물(織物)이 우주의 온갖 공기의복(Air Clothes)을 짜고 있음을 볼 때 철학은 이 공기의복을 맹목적으로 입을 것이 아니라 자기 초월의 부단한 투쟁을 전개해야 할 노력을 해야 한다.

카라일은 본서 제5장 '의상에 싸인 세계'에서 다음과 같이 쓰고 있다. 몽테스큐가 〈법의 정신〉을 저술했듯이 나는 〈의상의 정신〉이라는 책을 저술할 수 있다. 그 이유는 의상에 있어서도, 법에 있어서도 인간의 손은 우연에 따라 움직이는 것이 아니라 정신(Ethos)의 신비한 움직임의 시도를 받고 있기 때문이다. 인간의 온갖 유행(Fashion) 및 의상(Garments)에 관한 노력의 그늘에는 역시 일종의 건축적 개념이 잠재해 있다고 하였다.

사람이라는 몸과 옷은 아름답게 꾸민 건물을 이룩할 대지와 재료인 것이다. 주름을 잡은 외투에 가벼운 샌들을 받쳐 신고 흐르는 듯이 우

아한 모습으로 거니느냐, 높은 모자에 번쩍거리는 장식, 쩔렁거리는 띠
를 두르고 우뚝 솟느냐, 빳빳한 주름 동정과 아교풀을 먹인 스타킹, 커
다란 매듭 등을 사용하여 부풀어 있느냐, 또는 색깔에는 수수한 황갈색
에서부터 타오르는 듯한 진홍색에 이르기까지 사람에 따라 상이한 정
신적 특성은 빛깔의 선택에서 나타난다. 옷 재단이 이지(理知)와 재능
을 나타낸다면 빛깔은 기질과 심정을 나타낸다.

서자 카라일은 괴테의 〈파우스트〉속의 "우리의 꿈의 환영(幻影)"이라
는 독백적인 詩를 옷의 관점에서 다음과 같이 쓰고 있다.

> 삶의 물결 속에, 동작의 폭풍 속에
> 나는 걷고 있다. 일하고 있다.
> 위로, 아래로, 끝없는 운동으로
> 일하며 옷감을 짜 나간다.
> 출생과 사망,
> 무한한 바다,
> 삶의 불덩어리,
> 빼앗고, 주고,
> 시간의 소박한 베틀에 앉아 나는 짠다.
> 神의 옷을,
> 人間의 옷을 볼 수 있도록
>
> (제1부 501-509)

"의상 철학"은 전3부 12장으로 구성되어 있으며, 저술 당시의 시대적
배경과 역사적 환경, 그리고 저자 카라일의 깊은 철학적 사색의 연루
탓으로 인하여 일반 독자들은 쉽게 접하기가 어려운 용어, 해설 그리고
개념을 쓰고 있어서 매우 읽기가 어려운 것이다. 그러나 서두에서도 밝

힌 바와 같이 '의상 철학'은 의상학의 고전으로 진리를 담았을 뿐만 아
니라 의상학을 전공하지 않는 사람도 누구나 한번씩은 읽어야 할 명작
중의 명작임을 밝히면서, 철학과 의상이 어떻게 접목되어야 할지에 대
해서 다시 시도되어야 할 새로운 과제를 안고 있음을 지적하여 두고자
한다.

6. 맺는 글

필자는 본 원고를 마치면서 다음과 같은 가설적인 명제를 도출하여
보고자 한다. 즉 「옷은 멋있어야 한다. 왜냐 하면 옷이 옷다워야 하기
때문에······」 이 말은 옷의 기술적인 측면보다는 옷의 사회적인 측면과
윤리적인 측면을 포괄적으로 표현하려는 의도에서이다.

멋있는 옷이 되기 위해서 '멋의 정의에 대해서는 다음과 같이 일반적
으로 쓰고 있다. 즉 멋의 바탕은 풍류, 풍아, 풍취에 있으며, 멋의 표
현은 조화에 있고, 멋의 감정은 정신에 두고 있다. 따라서 멋의 3요소
는 형태미, 표현미, 정신 미에 두어야 한다.

오늘날 남·녀 간의 옷의 혼합화 현상은 개성의 혼합을 뜻한다. 개성
의 개별화가 옷을 통해서 표현되어야 됨에도 불구하고 서구풍의 몰개
성적인 패션의 맹목적인 모방이나 추종은 경계해야 한다. 더욱이 옷을
입(Wear)은 것이 아니라 옷을 걸치는(Throws) 패턴은 바람직한 의
상 패턴이라고 볼 수 없다.

다음으로 옷은 때와 장소와 직업에 따라서 적절하게 입어야 한다. 숙
녀가 회사 면접 때의 의상은 역시 숙녀다움의 美가 순간적으로 옷에서
풍긴다는 사실이다. 옷은 수수하면서 밝고, 그리고 세련되게 입어야 한

다. 세련미는 자신과 타인이 함께 즐거움을 공유할 수 있어야 하는 적절성을 요구한다.

요즘 우리 사회에서 과소비, 과사치, 과낭비라는 3과 주범의 여성의 옷이 주도적 한몫을 차지하고 있다는 사실에 주목할 필요가 있다. 신부의 옷감(흔히 말해서 禮緞이라고 함)이 고급이 아니라는 이유로 결혼한 달 만에 이혼을 당하거나 이를 비관하여 자살까지 하는 반사회적, 반인간적, 반도덕적 풍토가 아직도 이 땅의 고학력의 여성들에 의해서 자행되고 있다는 사실은 무엇을 말하는가? 우리는 마음의 옷깃을 여미고 다시 한 번 옷의 윤리학적 의미를 되새겨 보면서, 옷의 사회 윤리성이 더욱 요구되는 시대를 맞이하고 있다.

에 필 로 그

인간을 보는 여러 관점을 나름대로 정리하여 보았다. 인간이란 무엇
이냐 라는 전체적 물음에 대하여 모두가 부분적 대답을 하고 있음을 알
게 되었다. 이 흩어진 부분의 관점을 한데 모으면 전체적 관점이 되느
냐 하면 그렇지도 않다. 다만, 분명한 것은 인간은 단독으로 태어나서
더불어 생활하다가 단독으로 죽는다는 사실이다. 이 인간의 세 마디는
우열을 가름하기 어려울 정도로 제각기 굵은 외마디 선을 긋고 있다.
천지를 뒤흔드는 산모(産母)의 진통 끝에 아기의 울음소리에서부터 시
작하여 스스로 울며, 울리다가 끝내는 수많은 태아들의 울음 속에서 죽
어 가기까지 인간은 자기 관리를 한다. 그런데, 새의 울음소리는 즐거
운 노래 소리를 들려주고, 닭의 울음소리는 자기 자신과 함께 이웃을
깨워 주고 있는데, 인간의 울음소리는 허공 중에 어디로 날아가는가,
인간의 태어남은 자신의 의지와는 관계없었기에 인간은 자연에서 「然」
태어났다. 이 자연을 "인정(人情)"의 품이라고 해도 좋다. 그리고 수많
은 사람과 사람들 사이에서 서로 부딪치면서 살아가는 모습을 「연(緣)」
이라고 하였을 때 이는 "애정(愛情)"의 눈빛이라고 해도 좋다. 이렇듯
사모하지 않으면 살아갈 수 없는 사랑의 「연(戀)」 들이기에 이를 "열정
(熱情)"의 꽃으로 피우고 산다. 그리하여 얼마만큼 「연(連)」 하다가
각각의 "사정(事情)"에 따라 「연(煙)」 하게 되면 우리들 인간은 "「걱정」"

을 한다. 그러나 인간은 온통 「연」들의 숨바꼭질이라고 볼 수 있다.

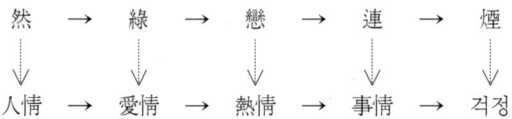

이렇게 삶의 모습을 그려 놓고 나니 마지막의 "걱정"만 한자로 표기할 수 없는 데서 또 다른 의미를 던져 주고 있다.

언제나 인간은 푸른 하늘을 부끄럼 없이 쳐다볼 수 있을는지⋯⋯. 최루 가스가 뒤범벅이 된 이 서러운 조국에 태어난 한(恨) 맺힌 한민족(韓民族)에게 있어서 그래도 이 땅, 이 강산, 이 조국은 나의 애인이요, 우리들의 따스한 안방이다. 그리고 이 시대가 아픔과 갈등으로 얼룩진 불행한 시대와 역사라 할지라도 이 시대와 역사는 역시 나의 애인이요 운명이다.

사랑은 나눌수록 커지고 미움은 나눌수록 작아진다. 거짓말은 나눌수록 악해지고 참말은 나눌수록 선해진다. 구원은 받거나 당하는 것이 아니라, 구원은 개척의 대상이요, 나눔의 대상이다. 단독의 대상이 아니고 모두의 대상이다. 우리가 이웃인 까닭은 가까이 있음이 아니고 따뜻한 정을 나눔이듯이 너와 나는 하나의 인연의 세계에서 같이는 있다고 하지만 차가운 겨울밤을 빈손을 녹이며 잔인하도록 쓸쓸히 그저 살아가는 거다. 그러기에 육체는 소모해 가며 없는 자에게 지혜를 주며, 생명은 노쇠해 가며 가는 자에게 시간을 준다고 하지 않았던가. 내 마음에 얼마나 많은 사람을 오해하고 질투하고 시기하고 미워하고 편견에 사로잡혀 긴 밤을 뜬눈으로 지새웠던가. 시간과 미움은 인간의 역사를 만들고 부수고 다시 만들며 끝이 없는 거라 하지만 진정 우리는 사랑도 미움도 없이 어두운 다릿목에서 그저 마주 서서 물끄러미 바라보고만 있을 뿐이다.

그러기에, 그는 무엇이라 했던가. 현명해 진다는 것은 상실에서 연유하는 것이요, 자유로워진다는 것은 포기한다는 것이요, 고독하다는 것은 풀려진다는 것이요, 내가 지금 숨쉬고 있는 이 장소는 나의 존재의 흔적이라고 하지 않았던가.

우리네가 살고 있는 이곳은 먼 천당도 아니고 가까운 지옥도 아니다. 살며 사랑하며 사색하는 곳이다. 왜 살고 어떻게 사랑하고 무엇 때문에 사색하는가는 첫째는 어머님 때문이고, 두 번째는 이웃들 때문이며, 마지막은 죽음 때문이다. 어머님의 까만 젖꼭지에 우리 생명들이 매달려 얼마나 숨을 쉬었던가. 굶주린 뱃속에 엉킨 허기를 어머님은 얼마나 참았던가. 숨을 거두는 인연의 마지막 순간에 물오리를 잡아가는 사람을 붙잡고 얼마나 애원을 하였던가. 이제 어머님은 가시었다. 회초리로 이만큼 키워 놓고 어머님은 영영 가시었다.

어머님이 계신 곳은 슬픔도 기쁨도 없는 곳, 사랑도 미움도 없는 곳, 영예도 낙오도 없는 곳, 학력도 가난도 부도 소용없는 곳, 무엇보다도 사상(思想)이 없어 더욱 편안한 곳, 지하 1미터, 바람도 계절도 찾아오다 마는 곳, 비도 눈도 찾아오다 마는 곳, 살아 있는 우리들과 가깝지도 않고 멀지도 않는 곳, 눈, 귀, 코, 입, 손, 발이 소용없는 곳, 그냥 영겁의 시간 속에서 굳어져 있는 채 생각하다 마는 곳, 영혼은 하느님의 관리에 맡겨 둔 곳, 이 세상에 한 푼의 재산도 남겨 두지 않고 떠나셨기에 더욱 걱정이 없는 곳, 이토록 일체의 부채도 없는 곳이기에 어머님의 마지막 자리는 평안하시리라. 이 얼마나 죽음은 위대한 것이며 죽음의 장소를 향하여 우리들은 만남의 연습과 헤어짐의 연습을 반복하여야만 했던가.

가난한 풀밭머리에서 가난한 풀만 뜯다가 돌아서는 나에게 작별의 노자를 손에 쥐어 주시던 어머님의 모습이 그리워 어떤 때는 죽고 싶을 정도로 외로울 때가 있다. 외롭다는 것은 나에게 아직도 소망이 남아 있다는 거다. 소망이 남아 있다는 것은 아직도 나에게 삶이 남아 있다는 거다. 삶이 남아 있다는 것은 아직도 나에게 그리움의 간절함이 응어리져 있다는 거다. 이렇게 저렇게 아무리 생각을 하여 보아도 어린 시절의 앞마당보다 더 좁은 이 세상에 나는 얼마나 몸부림쳤던가? 잔인한 이 세상에서 군림과 비굴의 신호등을 마주 보며 지금은 이렇게 물끄러미 눈을 깜빡이고 서 있는 거다.

두드리면 열리고, 구하면 얻어지고, 찾으면 만난다고 한 마태의 말씀은 우리의 행동방향을 제시하여 주셨다. 그러나 두드리지 않아도 문은 항상 열려 있고, 구하지 않아도 가져다 줄 터이고, 찾지 않아도 만나게 될 거라고 달마는 마음의 장벽을 내려치고 있다. 원수를 사랑하라는 권유에 미워해야 할 원수도 없다고 돌아서는 거부의 몸짓에서 또 다시 우리는 마음을 비운다는 자기모순에서 허우적거리는 건가?

그렇다, 지금쯤 고향 마을 앞뜰에는 빨간 나체의 사과와 감이 옷을 벗고 서리에 맛을 담그고 있겠지. 오늘도 붉은 단풍의 유혹의 간지러움을 견디면서, 동해의 부서지는 흰 파도를 꿈꾸면서 이 가을의 서울 한복판 목멱(木覓) 기슭에서 나는 나의 날개를 접고 있다.

나는 나의 대학생활의 말미를 책숲(書林) 속에서 보낼 수 있다는 것은 무엇과도 바꿀 수 없는 행복한 순간의 연속이다. 도서관에서 책 읽는 학생을 바라보는 것만으로 행복한 감동이 솟아오른다.

청소년은 인터넷에 중독 되고 어른은 알코올에 중독 되고, 도시인은 마약에 중독 되고 있다. 우리가 사랑에 중독 되자, 우리가 독서에 중독 되자, 우리가 봉사에 중독 되자.

2006년 새해 새날

배 영 기

도움을 준 책들

- 현대인의 성경전서, 생명의 말씀사, 1986.
- 불교성전, 방문사, 1985.
- 박일석 역, 우파니샤드, 정음사, 1970.
- 최재희, 칸트의 순수이성비판 연구, 박영사, 1975.
- 성옥연, 정신분석과 교육, 제일출판사, 1980.
- E · 프롬, 자유로부터의 도피, 범우사, 1982.
- E · 프롬, 인간은 파괴적인 동물인가, 홍성사, 1980.
- E · 프롬, 환상에서의 탈출, 집문당, 1981.
- E · 프롬, 꿈의 정신분석, 정음사, 1980.
- 박용헌, 학교와 지역사회, 교육출판사, 1979.
- 서양의 지혜, 을유문화사(세계문학전집), 1970.
- 헤겔(김종호 역), 역사철학 강의(Ⅰ · Ⅱ), 삼성출판사, 1979.
- M · 셸러(신상호 역), 철학적 인간학, 정음사, 1975.
- 볼노우 저 허재윤 역, 교육학과 인간학, 형설출판사, 1982.
- 조우화, 인간의 역사, 동녘, 1985.
- 이항녕, 법철학적 인간학, 평민서당, 1983.
- 이규호, 사람됨의 뜻, 제일출판사, 1980.
- 진교훈, 철학적 인간학, 경문사, 1983. 1983.
- 이계학, 경로효친과 교육, 서울특별시 교육회, 1985.
- 박영식, 플라톤 철학의 이해, 정음사, 1980.

- M·란트만(허재윤 역), 철학적 인간학, 형설출판사, 1970.
- 김상태 외, 기독교 개설, 백록출판사, 1985.
- 이은봉, 종교학개론, 형설출판사, 1985.
- 권재원, 인간학습과 교육, 형설출판사, 1984.
- 이수룡 외, 인간이해, 형설출판사, 1985.
- 김경동, 현대사회와 인간이해, 평민사, 1982.
- 윤팔중, 인간중심 교육과정이론, 교육과학사, 1983.
- 스티븐슨(임철규 역), 인간에 관한 일곱가지 이론, 종로서적, 1985.
- 정태위 역 피아제의 인지발달론, 배영사, 1980.
- E·뒤르깽, 교육과 사회학, 배영사, 1983.
- 김은산, 니일의 인간교육사상, 배영사, 1985.
- 김병옥, 칸트 교육사상연구, 집문당, 1986.
- 정원식, 인간과 교육, 배영사, 1978.
- 콜버그(김봉소 역), 도덕발달의 철학, 교육과학사, 1985.
- 박갑성 역, 성토마스 아퀴나스, 홍성사, 1980.
- 르낭, 예수전, 홍성사, 1981.
- 나혜원 역, 인간 마르크스, 두례, 1984.
- 이어령, 푸는 文化, 신바람의 文化, 갑인출판사, 1986.
- 김열규, 한국인 우리들은 누구인가, 자유문학사, 1986.
- 까뮤 외, 죽음의 철학, 청람, 1986.
- 김창호 역, 마르크스의 인간관, 동녘, 1985.
- 배영기, 대학국민윤리, 백록출판사, 1984.
- 배영기, 맑시즘의 도전, 문우사, 1983.
- 배영기, 삼강오륜, 민서출판사, 1986.
- 송기득, 인간, 한국신학연구소, 1985.
- 강재륜, 칼 마르크스의 인간론, 대왕사, 1985.
- 알랙시스(이회구역), 인간―이미지의 존재, 한마음사, 1984.

- 도널드먼로(김덕중역), 현대 중국의 인간이해, 청아출판사, 1984.
- 정동호 외, 죽음의 철학, 도서출판 청람, 1986.
- 톨스토이, 죽음에 대하여, 을지출판사, 1985.
- K. 라너(김수복 역), 죽음의 신학, 카톨릭출판사, 1985.
- 배영기, 인간을 어떻게 볼 것인가, 도서출판 세화, 1987.
- 김열규, 한국인 그 마음의 근원을 찾는다, 문학사상, 1987.
- 김인자 역, 죽음에 대한 심리적 이해, 서강대학교 출판부, 1984.
- 이인복, 한국 문학에 나타난 죽음의식의 사적 연구, 열화당, 1981.
- 이광규, 한국인의 일생, 형설출판사, 1985.
- 허재윤 역, 인간의 죽음과 존엄성(철학과 종교), 이문사, 1981.
- 장석만 역, 죽음의 저편, 평단문화사, 1986.
- 이정남, 죽음의 의미, 전망사, 1980.
- 박도식, 인생무상(삶과 죽음의 의미), 가톨릭출판사, 1987.
- 이계학 외, 국민정신교육방법 및 이론체계화 연구(I), 한국정신문화연구원, 1986.
- 권혜진, 죽음 의식에 관한 연구(중앙대학교 석사학위 논문), 1980.
- 박태상, 신라 향가에 나타난 죽음 의식의 고찰(방통대학 논문집), 1986.
- 김동욱, 죽음 인식을 통해 본 신라노래의 성격(한국정신문화연구원 부속대학원 석사학위논문), 1985.
- 김정우, 죽음과 삶(가톨릭대학 대학원 석사학위 논문), 1982.
- 이길홍, 죽음학에 관한 종합적 고찰(한국의 과학 제12권 제2호), 1970.
- 서혜경, 한·미 노인의 죽음에 대한 태도 연구(오하이오 주립대학교 박사학위 논문), 1987.
- 조우화 편, 인간의 역사, 도서출판 동녘(동녘신서 20), 1984.
- 진교훈, 철학적 인간학, 경문사, 1985.
- 임철규, 인간에 관한 7가지 이론, 종로서적, 1985.

- 송기득, 인간, 한국 신학연구소, 1985.
- G. Marcel, *The Existential Background of Human Dignity*, Harvard University Press, 1963.
- Bryson G, *Man and Society*, Princeton, 1945.
- Weston, *The Human Animal*, Chicago, 1954.
- Flew. A, *Body, Mind, Death*, Macmillan, N·Y, 1964.
- Montagu, *Man and Aggression*, Oxford Press, 1973.
- G. Marian, *On Being Human*, 1975.
- Carrel. A, *Man, The unknown*, Princeton, 1935.
- Allen, *On Human*, 1927.
- Hal Falvey, *The Seconds That will change our life* (Chicago: Wilcox & Follet), 1945.
- 함석헌, 뜻으로 본 한국 역사, 제일출판사, 1982, p.85.
- 졸고(拙文), 「한」으로서의 한(恨)의 극복, 독서신문(1988. 10. 30 일자).
- 김경동, 현대의 사회학, 박영사, 1983, p.98.
- 윤태림, 한국인, 현암사, 1970, p.275.
- 서광선, 한의 이야기, 도서출판 보리, 1988, p.154.
- 강만길, 분단시대의 역사인식, 창작과 비평사, 1981, p.278.
- 논어, 대양서적, 45면.
- 김열규, 한국인 우리들은 누구인가, 자유문학사, 1988, p.201.
- 배영기, 국민윤리, 백록출판사, 1988, p.52~53.
- 배영기, 상게서, p.61.
- 김상일, 한사상, 온누리, 1988, p.101.
- 동아일보(1989년 9월 23일자) 보도 재인용.
- 이병도, 한민족 그 불사조, 도서출판 일념, 1985, p.49.
- 함석헌, 전게서, p.100~103.
- 함석헌, 전게서, p.112.

- 배영기, 전환시대의 정치·교육사상, 백록출판사, 1989, p.211.
- 송호수, 위대한 민족, 보림사, 1989, p.234재인용.
- 손보기, 한민족의 기원(한민족제1호), 교문사, 1988, p.6.
- 이문자, 한국 여성의 애정 윤리 연구, 고대 교육 대학원 석사학위 논문, 1970년.
- 홍병호, 현대 사회에 있어서 성과 결혼 윤리의 연구, 외대 교육대학원, 1986년.
- 김희진, 성차별에 대한 연구, 고대 대학원 석사 학위 논문 1986년.
- 강선미, 성별 불평등 구조에 대한 사회학적 연구, 이대 대학원, 1981년.
- 김미경, 매춘을 통해 본 성 통제 구조, 이대 대학원, 1987년.
- 홍성표, 매춘 사회에 관한 연구, 고대 대학원 석사 학위논문, 1982년.
- 이서녕, 윤락 실태에 관한 연구, 경희대 교육 대학원, 1975년.
- 김명숙, 윤락 여성에 대한 제도적 고찰, 이대 교육 대학원 1981년.
- 유송자, 윤락 여성의 요인 분석과 선도 프로프램에 관한 연구, 이대 대학원, 1974년.
- 윤락 여성에 관한 보고서, 서울시 부녀 보호 지도소, 1966년.
- 강영수, 한국 사회의 매매춘에 관한 연구, 이대 대학원, 1988년.
- 현대 사회 연구소 편, 퇴폐, 윤락 문제 대처 방안 연구, 1984년.
- 남녀차별 개선 지침, 한국 여성 개발원, 1985년.
- 여성과 취업, 노동부, 1985년.
- 이경숙 외, 남녀 고용 평등법의 개정, 한국 여성 단체 연합회, 1989년.
- 최재석, 한국에 있어서의 윤락 여성 연구의 전개(아세아여성 연구), 1981년
- 서울특별시, 윤락 여성의 실태 조사 분석 결과 보고서, 1975년.
- 매춘 문제와 여성 운동, 한국 교회 여성 연합회(교육 자료 제3집), 1987년.
- 윤양헌, 준거 집단을 통해서 본 여성 의식 발전의 장애, 여성문제

연구회, 1989년.
- 한상범, 성의 사회학, 언어 문화사, 1976년.
- 여성사회학, 여성사회문제연구회 편, 도서출판 한울, 1985년.
- 박영신, 현대사회와 남녀평등, 현상과 인식, 1986년.
- 이미경, 성적 불평등에 관한 사회구조적 인식, 이대대학원, 1982년.
- 최재석, 한국 접대부의 연구-서울市의 접대부를 중심으로-(아세아 연구 제22집), 1983.
- Bell, R.R., 'Prostitution' Social deviance, the Dorsey Press, Homewood Illinois, 1971.
- Bell, R.R., Sex Roles and Sexism, Contemporary Social Problemsy, The Dorse Press, 1981.
- Blau, F.D., Sex Segregation of Workers by Enterprise in Clerical Occupations, Heath Company, 1975.
- Mary, S. Women's Wages and Job Segmentation, 1975.
- Jung, C.C. Contribution to Analytical Psychology; N.Y., Harcourt, Brace, 1961.
- Oppenheimer, V.K., The Female Labour force in the U.S.A., Berkeley University of California Press, 1970.
- Hirschi, T. Professional Prostitute: Social Problem in a Changing Sociely: Issue & Deviance Reston, 1975.
- 한국과 주요국의 남녀 평등법(전문), 여성 연구(제6권 제1호: 1988년 봄), 한국 여성 개발원.
- 남녀 차별 개선 지침, 한국 여성 개발원.
- 여성과 취업, 노동부, 1985
- 남녀 고용 평등법, 무엇이 문제인가? 한국 여성 민우회, 1988
- 이경숙, 남녀 고용 평등법의 개정, 한국 여성 단체 연합회, 1989
- 한국 부인회, 남녀 노동자 설문 조사, 1989. 4
- 김현조, 현대사회학, 진명 출판사, 1981

- 손덕수, 한국여성학 자료집(이화 여대 여성 연구소 편), 1988
- 사회 복지 법령집, 1984
- 이희승, 국어 대사전, 민중 서점, 1980
  '성의 사회학'에서는 윤락, 매춘, 접대부, 창녀 등에 대해서 엄격히 구별하여 그 개념적 성격을 규정하고 있다. 그러나 본 논의에서는 법적 정의와 사전적 해석에 바탕하여 윤락의 개념을 쓰고자 한다.
- 김선영, 강간에 대한 통념 연구, 박선미, 강간 범죄의 재판 과정에 나타나는 성차별적 선택성에 관한 연구, 이명선, 강간에 대한 여성학적 접근을 발표한 「또 하나의 문화」(1989. 6. 24) 토론 내용 참고함.
- 최재석, 한국에 있어서 윤락 여성 연구의 전개(아세아 여성 연구, 1981)
- 상게서(上揭書)
  대한부인회가 1987년 서울 지역 및 동두천 지역 등 전국 특정지역의 윤락녀 500명을 대상으로 설문 조사한 결과에 따르면 윤락녀의 가출 동기가 빈곤과 가정불화로 70%를 넘고 있는 것을 볼 때 "가정불화의 내용"이 산업화로 변화함에 따라 다르게 나타날 수 있음을 보여 준다.
- 송용비, 윤락 산업의 실태와 그 대책
  광장: 1989년 4월호
- 윤락 여성 실태 분석 결과 보고서(서울특별시: 1975년)
- 강영수, 한국 사회의 매매춘에 관한 연구-용산역 주변 매춘여성을 중심으로 한 사례 연구-이화 여자 대학교 대학원 석사학위 논문, 1989
- 한국 사회 구조와 변동, 한국 기독교 사회 문제 연구원 편, 1988
- 보건사회부편 「부녀행정사십년사」, 1987
- 유송자, 윤락 여성의 요인분석과, 선도 프로그램에 관한 연구(이화 여자 대학교 석사 논문)

- 1964년 보사부 통계에 의하면 1955년 접대부는 11만 명에서 1964년 33만 명으로 약 10년 동안 접대 여성 수가 3배 정도 증가한 것으로 추계한다면 1989년 현재는 약 150만 명으로 추정할 수 있다.
- 원석조, 접객 서비스업 여성 종사자의 생활 실태, 한국 복지 정책 연구소, 「사회 정책 연구 제7집」, 1985
- 매춘 문제와 여성 운동, 한국 교회 여성 연합회, 교육 자료 제3집, 1987
- 송용비, 전게(前揭) 논문
- 서울 YMCA 시민 자구 운동 본부는 지난 1989년 6월 12일~20일간 강남, 강동, 영등포, 신촌, 이태원 등 향락 업소 밀집 지역 13지역의 「룸살롱·스탠드바·성인 디스코·고급 사우나·안마 시술소·퇴폐 이발소」의 6개 업종 70업소의 「향락 산업 과소비 실태 조사」를 실시하였다.

  최재은, 전제 논문

  원석조, 전게 논문

  황한식, 한국 노동 시장의 구조, 도서 출판 돌베게, 1985

  남녀 고용 평등법 개정에 대한 정당 초청 토론 자료, 한국 여성단체 연합회, 1989

  김명숙, 윤락 여성에 대한 제도적 고찰(이화 여자 대학교 대학원 석사 학위 논문, 1981)

  서경숙, 미혼모 발생 예방대책에 관한 프로그램 개발(한국 여성개발원, 여성연구: 제5권 제4호, 1987, 겨울)

  조선일보(1989년 2월 12일) 재인용

  서경숙, 전게 논문

  김엘림, 윤락 행위 등 방지법의 개정 방향과 내용(한국 여성개발원 세미나 자료 논문 참고), (1989년 6월 30일 세계일보 재인용).

  윤양헌, 준거 집단을 통해서 본 여성 의식 발전의 장애(여성문제연

구회, 1989년)

Jung, C.G., Contribution to Analytical Psychology: New York, Harcourt, Brace, 1961

G.B, Shaw, (배영진역), 옥중일기, 서문사, 서문문고(12), 1979

Alison Lurie(유태순역), 의복의 언어, 경춘사, 1986. p.1-3.

상게서

Balzac(김성진역), 이브의 딸들(세계문학전집 36권) 을유문화사, 1967.

유태순역, 전게서

Thomas Carlyle(이창배역), 의상철학, (세계문학전집 17권), 을유문화사, 1973

상게서

조지훈, 멋의 연구, 일조각, 1973

●저 자 소 개●

·배 영 기·

건국대학교(법학사)·서울대학교 대학원(교육학석사)·단국대학교 대학원
(교육학박사)·상명대학교·서울교대·한국방통대·서울보건대·단국대학
교 교육대학원·경기대 등에서 강사 역임·현재 숭의여대 교수 및 도서관
장으로 재직중임.

학회활동으로는 우리문화연구소장, 한국국민윤리학회 부회장, 단군학회 부
회장, 통일부 정책연구관 및 통일교육 전문위원, 한국효(孝)학회 서울시
지회장, (사)한국문화콘텐츠학회 종교분과위원장, 배달학회 부회장, 한국미
래교육학회 편집위원 등을 역임.

사회활동(NGO)으로는 평통자문위원, 교총규칙분과위원, 정신개혁시민협
의회 공동대표, 개천절 남북공동행사 학술위원장, 효세계화 운동본부 운영
위원, 부정부패 추방실천시민회 행정대책위원장, 한반도 평화운동본부 운
영위원, 동학민족통일회 운영위원, 민족희망포럼 공동대표 등으로 활동하
고 있음.

연구실적으로는 『현대사회와 종교』, 『인간에 관한 종합적 이해』, 『산업사
회와 직업윤리』, 『지성인의 명저교양강좌』, 『죽음학의 이해』, 『윤리학과 윤
리교육』, 『한국문화와 직업사회』 등 30여 권의 저서가 있으며, 논문으로는
『생명윤리에 관한 생태학적 접근』, 『한국적 공동체의식의 현황과 과제』,
『동학이념과 통일』, 『상생윤리의 체계적 연구』, 『노동윤리의 상생론적 접근』 등
80여 편을 학회·학술지 등에 발표하였음.

◉ 인간학의 역사적 탐색

• 초판 인쇄	2006년 1월 2일
• 초판 발행	2006년 1월 2일
• 지 은 이	배영기
• 펴 낸 이	채종준
• 펴 낸 곳	한국학술정보㈜
	경기도 파주시 교하읍 문발리 526-2
	파주출판문화정보산업단지
	전화 031) 908-3181(대표) · 팩스 031) 908-3189
	홈페이지 http://www.kstudy.com
	e-mail(e-Book사업부) ebook@kstudy.com
• 등 록	제일산-115호(2000. 6. 19)
• 가 격	35,000원

ISBN   89-534-4180-3 93100 (Paper Book)
              89-534-4181-1 98100 (e-Book)